"十四五"职业教育国家规划教材

微课版

旅游学概论
（第六版）

新世纪高职高专教材编审委员会 组编

主　编　问建军
副主编　冯　清　王　昕
　　　　李　刚

大连理工大学出版社

图书在版编目(CIP)数据

旅游学概论/问建军主编. --6版. --大连：大连理工大学出版社，2022.1(2025.6重印)
ISBN 978-7-5685-3653-0

Ⅰ.①旅… Ⅱ.①问… Ⅲ.①旅游学－教材 Ⅳ.①F590

中国版本图书馆 CIP 数据核字(2022)第 022277 号

大连理工大学出版社出版

地址：大连市软件园路 80 号　　邮政编码：116023
营销中心：0411-84707410　84708842　　邮购及零售：0411-84706041
E-mail:dutp@dutp.cn　　URL:https://www.dutp.cn
大连天骄彩色印刷有限公司印刷　　大连理工大学出版社发行

幅面尺寸：185mm×260mm　　印张：16　　字数：370 千字
2005 年 5 月第 1 版　　2022 年 1 月第 6 版
2025 年 6 月第 5 次印刷

责任编辑：欧阳碧蕾　　　　　　　　　　　　　责任校对：刘俊如
　　　　　　　　　封面设计：对岸书影

ISBN 978-7-5685-3653-0　　　　　　　　　　　定　价：49.80 元

本书如有印装质量问题，请与我社营销中心联系更换。

前 言

《旅游学概论》(第六版)是"十四五"职业教育国家规划教材、"十三五"职业教育国家规划教材、"十二五"职业教育国家规划教材,也是新世纪高职高专教材编审委员会组编的旅游管理专业系列规划教材之一,曾获"教育部高等学校高职高专旅游管理类专业教指委第一届教学成果奖"。

"旅游学概论"是高职高专旅游大类各专业的一门专业基础课,在专业课程体系中占有十分重要的地位。为了让学生全面掌握该课程的基本知识和实践技能,我们在编写的过程中,坚持"工学结合、岗位对接"的指导思想,确立"能力本位、就业导向、全面发展"的基本理念,构建"项目设计+任务驱动"的编写体系,设定知识目标、能力目标和思政目标,融入课程思政元素,全面落实党的二十大精神,深入贯彻习近平总书记关于教育的重要论述通过项目实训、拓展训练等方式,努力实现理论知识、实践能力和职业素养的有机结合。本教材具有以下五个特色:

第一,以"项目导向、任务驱动"为主线,构建"项目设计+学习任务"编写体系,融基本知识、实训项目和拓展训练于一体,培养学生的基本能力,加强其岗位适应性。

第二,坚持"以能力为本位,以就业为导向,以全面发展为目标"的编写理念,把"工学结合、岗位对接"作为人才培养改革的切入点,调整教材目标任务的表现结构,通过分析工作过程确定学习内容,以适应教学做一体化的客观需要,培养学生的专业操作技能。

第三,对接"1+X"证书,融入国家标准和行业标准,实现教学目标与职业能力有效对接。依托编写团队的行业专家、教学名师和专业带头人,提高教材内容对旅游职业岗位群的适应性,将各类标准融入教材,实现教材与工作岗位、职业技

能资格证书的有效衔接。

第四，精选案例，与时俱进。本教材选择了一些行业发展的新现象、新问题作为案例，进行客观分析，引导学生关注行业热点，培养学生的职业素养。

第五，加强教材信息化建设，以适应互联网时代大学生学习的特点。本教材选择部分重点内容制作微课，方便学生学习教材内容，提高学生学习兴趣。

本教材由杨凌职业技术学院问建军任主编，苏州市职业大学冯清、河北政法职业学院王昕、陕西国际旅行社李刚任副主编。具体编写分工如下：项目六、七、十一由问建军编写；项目一、二、三、四由冯清编写；项目五、八、九由王昕编写；项目十由李刚编写。本教材由问建军拟定编写大纲，并负责全书统稿工作。

此外，编者参考、引用和改编了国内外出版物中的相关资料以及网络资源，在此表示深深的谢意。相关著作权人看到本教材后，请与出版社联系，出版社将按照相关法律的规定支付稿酬。

限于编者水平，教材中难免存有不当或错误之处，敬请各位同仁和广大读者批评指正，我们将不胜感激，并及时完善教材相关内容。

编　者

所有意见和建议请发往：dutpgz@163.com
欢迎访问教材服务平台：https://www.dutp.cn/sve/
联系电话：0411-84706672　84706581

目　录

项目一　旅游活动分析 ·· 1
　　学习任务一　旅游的基本含义介绍 ·································· 2
　　学习任务二　旅游活动构成要素分析 ································ 4
　　学习任务三　旅游活动的类型划分 ·································· 8
　　学习任务四　旅游活动的属性和特征分析 ·························· 13

项目二　了解旅游的产生和发展 ·· 19
　　学习任务一　了解古代旅行的产生 ·································· 20
　　学习任务二　了解近代旅游活动的兴起与发展 ···················· 25
　　学习任务三　了解现代旅游业的发展历程 ·························· 29

项目三　旅游者分析 ··· 39
　　学习任务一　旅游者概念介绍 ·· 40
　　学习任务二　旅游者形成条件分析 ·································· 44
　　学习任务三　旅游者类型及消费特点分析 ·························· 51

项目四　旅游资源分析 ·· 57
　　学习任务一　旅游资源的基本内涵介绍 ···························· 58
　　学习任务二　旅游资源的分类、调查与评价 ······················ 62
　　学习任务三　旅游资源的开发与保护 ······························· 73

项目五　旅游业构成分析 ·· 81
　　学习任务一　旅游业的含义及特征分析 ···························· 82
　　学习任务二　了解旅行社业 ··· 86
　　学习任务三　了解旅游饭店业 ·· 92
　　学习任务四　了解旅游交通业 ·· 99
　　学习任务五　了解旅游景区业 ·· 105
　　学习任务六　了解旅游购物业 ·· 111
　　学习任务七　了解旅游娱乐业 ·· 115

项目六　旅游市场分析 ... 123
学习任务一　了解旅游市场的基本内涵 ... 124
学习任务二　旅游市场细分与定位 ... 128
学习任务三　我国旅游市场分析 ... 133
学习任务四　世界旅游市场分析 ... 139

项目七　旅游目的地开发 ... 147
学习任务一　旅游目的地基本内涵分析 ... 148
学习任务二　旅游目的地的功能配置 ... 154
学习任务三　旅游目的地竞争力评价 ... 159
学习任务四　旅游目的地智慧旅游建设 ... 164

项目八　旅游文化介绍 ... 171
学习任务一　旅游文化的基本内涵分析 ... 172
学习任务二　旅游文化的形成、地位与功能 ... 178
学习任务三　旅游文化的建设与发展 ... 182

项目九　旅游影响分析 ... 189
学习任务一　旅游的经济影响分析 ... 190
学习任务二　旅游的社会文化影响分析 ... 194
学习任务三　旅游的环境影响分析 ... 198

项目十　旅游组织介绍 ... 205
学习任务一　了解旅游组织 ... 206
学习任务二　了解国际旅游组织 ... 210
学习任务三　了解中国旅游组织 ... 215

项目十一　旅游业发展前景分析 ... 223
学习任务一　世界旅游业发展前景分析 ... 224
学习任务二　中国旅游业发展前景分析 ... 228
学习任务三　旅游业可持续发展分析 ... 233
学习任务四　"两山"理论认知 ... 239

参考文献 ... 249

项目一

旅游活动分析

知识目标

- 掌握旅游的概念及其内涵
- 熟悉旅游活动的"三体"说、"六要素"说和"系统"说
- 掌握旅游活动类型的划分标准
- 了解旅游活动的基本属性和主要特征

能力目标

- 能够对旅游活动的构成要素进行全面的分析
- 能够按照不同的划分标准对旅游活动进行恰当的分类
- 能够深入地了解各种旅游活动类型的特点

思政目标

- 了解旅游活动在经济社会中的重要意义,培养学生的职业认同感
- 培养学生的社会主义核心价值观,养成良好的职业道德

学习任务一　旅游的基本含义介绍

任务导入　"中国旅游日"确立　助推中国旅游发展

联合国世界旅游组织秘书长在2001年首个"中国旅游日"的贺词中说:"400年前的今天,享誉世界的中国游记作家徐霞客开始撰写自己游历中国的见闻。而400年后的今天,中国已名副其实地成为世界旅游产业的领跑者,并不断向世界最大旅游目的地这一目标迈进。"

400多年后的今天,旅游不再是文人墨客、达官贵人的专享,而成为现代人生活的一个组成部分。统计资料显示,2019年,中国国内旅游达60.06亿人次,入境旅游1.45亿人次,出境旅游1.55亿人次。尤其是每年的黄金周,各地旅游市场更是井喷式的火爆。每个旅游景点,到处都是摩肩接踵的人群,周围的饭店、宾馆也是人满为患,应接不暇。虽然受到疫情的影响,近两年的旅游业受到了沉重的打击,但经历了2020年的低谷后,2021年旅游业总体上已呈现阶梯式复苏的态势,2021年前三季度,国内旅游总人次26.89亿,已恢复到2019年同期的58.5%,相信在2022年,旅游业复苏向上的态势不会停止。

思考　旅游已成为现代人的一种生活方式,那么,什么是旅游?怎样对旅游的概念进行界定?

学习导读

"旅游"是旅游学科研究以及旅游行业发展中最基本的一个概念,但由于旅游活动的涉及面广泛而复杂,人们对旅游的概念进行界定时所采用的目的和角度各不相同,因而对旅游的概念至今仍未有一个统一的认识。目前,国内外学者对旅游的定义大致可划分为两大类,一类是依据惯例,从抽象的理论出发给出的概念性定义;另一类是为满足统计工作的需要,对旅游边界进行划定的技术性定义。

知识链接

一、旅游概念的形成

在我国的古汉语中,"旅"和"游"是分开使用的。"旅"字和"游"字分别代表着不同的含义。"旅"字在中国商周时期就经常使用,如商旅是当时最活跃的一种旅行,《易经》中有一卦就叫"旅卦";而"游"字则是指以娱乐身心为目的的活动,外出求学称为游学、狩猎活动称为游田、天子出游称为游幸、士子在异乡做官称为游宦、以求法传教为目的的僧侣出行称为游方。"旅游"两字的连用最早出现在南朝诗人沈约(441—513)的《悲哉行》一诗中:"旅游媚年春,年春媚游人。徐光旦垂彩,和露晓凝津。"虽然此后在一些诗文中提到过"旅游"一词,但这一概念并没有被普遍地采用。直到20世纪六七十年代后,"旅游"一词才被逐渐使用起来。

"旅游"一词来源于法语中的"Tour"。在法语中,"Tour"的原意是指旋转、兜圈、环

行。18世纪,"Tour"这个词开始流行于英国,专指当时英国贵族子弟在完成规定的学业后,渡过英吉利海峡,前往欧洲大陆城市所进行的游学旅行,称为"Grand Tour"。1800年前后,"Tourist"一词开始出现,表示"旅游者"的意思。1811年,英国出版的《牛津词典》中出现了"'Tourism'(旅游)"一词,意思是"离家远行,又回到家里,在此期间参观、游览一个或几个地方"。

二、旅游概念的类型

现代学者对旅游所下的定义一般可分为两大类,即概念性定义和技术性定义。

(一)概念性定义

在德语中,旅游一词是由"陌生者"和"交往"两个词复合而成的。1927年,德国学者蒙根罗特在《国家科学词典》中提出了旅游的定义:狭义的理解是那些暂时离开自己的住地,为了满足生活和文化的需求或个人各种各样的愿望而作为经济和文化商品的消费者逗留在异地的人际交往。

1942年,在瑞士学者汉泽克和克拉普夫合著的《普通旅游学纲要》中对旅游的定义是:旅游是非定居者的旅行和暂时居留而引起的现象和关系的总和;这些人不会永久定居,并且不从事任何赚钱的活动。这一定义在20世纪70年代被"旅游科学专家国际联合会"(AIEST)所采用,因此,习惯上又被称为"艾斯特定义"。这是目前世界旅游界公认的最具有代表性的旅游的定义。

20世纪50年代,奥地利维也纳经济大学旅游研究所对旅游所下的定义是:旅游可以理解成是暂时在异地的人的空余时间活动,主要是出于修养;其次是出于受教育、扩大知识和交际;再次是参加这样或那样的组织活动,以及改变有关的关系和作用。

1966年,法国学者让·美特森认为,旅游是一种休闲的活动,它包括旅行或在离开定居地较远的地方逗留,其目的在于消遣、休息或丰富经历和文化修养。

1972年,英国萨里大学的伯卡特和梅特列克对旅游下的定义是:旅游发生于人们前往和逗留在各种旅游地的流动,是人们离开他们平时居住和工作的地方,短期暂时前往一个旅游目的地运动和逗留在该地的各种活动。

1980年,美国密执安大学商学院旅馆和餐饮管理系的罗伯特·麦金托什和夏希肯特·格波特合著的《旅游学——要素、实践、基本原理》一书中,是这样描述旅游的:旅游可定义为,在吸引和接待游客及其他访问者的过程中,由于游客、旅游企业、东道政府及东道地居民的相互作用而产生的一切现象和关系的总和。

1985年,我国经济学家于光远对旅游的定义是:旅游是现代社会中居民的一种短期性的特殊生活方式,这种生活方式的特点是异地性、业余性和享受性。

(二)技术性定义

联合国"官方旅行机构国际联合会"(AIGTO)对旅游的定义是:旅游指到一个国家访问,停留超过24小时的短期旅客,其旅游目的属于下列两项之一:①玩乐(包括娱乐、度假、保健、研究、宗教或体育运动);②公务(包括业务、出使、开会等)。

1991年6月,世界旅游组织(UNWTO)在加拿大渥太华召开"旅游统计国际大会",这次会议对旅游的基本概念进行了新的界定:人们由于闲暇、事务和其他目的而到其惯常环境之外的地方旅行,其连续停留时间不超过一年的活动。

从以上两大类定义的比较来看,概念性定义更多的是强调旅游的消遣性,认为旅游

是一种休闲的生活方式;而在技术性定义中,则并不强调消遣性是旅游的基本目的,只要是离开惯常环境,并且停留时间能够满足一定的条件,就可以看作是旅游。相比较而言,概念性定义所划定的旅游的范围比较小,它仅仅包括了以消遣度假为目的的消遣型旅游,而技术性定义的范围明显就要大许多,它将各种以事务为目的的差旅型旅游和以个人、家庭事务为目的的活动也纳入到了旅游的范畴中。

【思 考 题】

在"艾斯特定义"中强调的,旅游活动必须满足的条件有哪些?

学习任务二　旅游活动构成要素分析

任务导入　　购物天堂　旅游胜地

中国香港是一个充满奇迹和神话的城市。作为一个自由港,香港历来被称为"购物天堂",是购物人士喜欢去的地方。在这里,游客们可以购买到来自世界各地琳琅满目的商品,绝大多数的商品都没有关税,价格甚至比原产地还便宜。香港同样汇聚了世界各地的美食,各类餐馆应有尽有。辛辣的泰国汤、香浓的印度咖喱、丰腴的韩国烧烤、清新的越南沙律卷、鲜美的日本寿司等,总有一样能够满足游客的需求。香港的饭店业十分繁荣,种类齐全。游客来到香港,既可选择简朴廉价的宾馆,也可选择豪华昂贵的六星级酒店。无论选择什么样的饭店,优质贴心的服务都能让游客感受到家外之家的温馨。香港是世界交通枢纽之一,交通发达,优越的交通区位和便利的交通设施,保障了香港旅游业的发展。香港遍布各类景点,梦幻的迪斯尼童话王国,精彩多样的海洋公园,栩栩如生的名人蜡像、维多利亚港的璀璨之夜,每一处都让人赞叹不已。香港更是一个不夜城,中环兰桂坊、苏豪区、湾仔骆克道一带、铜锣湾和尖沙咀,酒吧、卡拉OK、夜总会,都是令居民和游客流连忘返的场所。

思考　香港旅游业的发达,是和其所具备的哪些要素分不开的?

学习导读

每一种事物的构成都存在着一些不可缺少的因素,同样,旅游作为一项综合性的社会文化活动,也是由不同的要素组成的。关于旅游的构成要素,存在着旅游"三体"说、旅游"六要素"说以及旅游"系统"说等几种不同观点。

知识链接

一、旅游"三体"说

根据旅游"三体"说的观点,构成旅游活动的"三体"是指:旅游活动的主体——旅游

者,旅游活动的客体——旅游资源,以及旅游活动的媒介——旅游业。要完成任何一种旅游活动,"三体"缺一不可。

(一)旅游活动的主体——旅游者

旅游是指非定居者的旅行和暂时居留而引起的现象和关系的总和。可见,旅游者是旅游活动的实践者,因而在旅游活动过程中,旅游者处于主体地位。旅游是人的活动,旅游者的存在是旅游活动得以实现的前提条件,没有旅游者就不会有旅游活动,也不会有由旅游活动所引起的各种现象和关系。

旅游者的存在使旅游资源的价值得以实现。引发旅游活动这一实践过程的,是人们对于旅游的需求。需求是人类产生一切行为的原动力,当人们在主观上有了一种对旅游渴望满足的欲望时,也就意味着旅游需求产生了。旅游需求的满足,需要借助于一定的旅游资源。这就使旅游资源的开发和利用具有了现实意义,也才能使潜在的旅游资源转化为现实的旅游资源。

作为旅游活动的主体,旅游者的数量规模、消费水平、旅游方式等都会对旅游业的发展水平及其内部构成产生直接影响。旅游业存在的前提条件是旅游者的旅游需求,因而旅游业的发展必须以旅游者的需求作为依据。也就是说,旅游业在开发和提供一切旅游产品和服务之前,都必须要对旅游者的旅游需求内容、层次和变动趋势进行调查研究和预测,才能保证它们所提供的产品和服务能满足旅游者的需求。

(二)旅游活动的客体——旅游资源

旅游资源是指那些能够刺激旅游兴趣和需求,能为旅游业所利用的各类事物和因素。在旅游活动过程中,旅游资源是旅游活动的客体,是作为主体的旅游者的实践对象。在任何旅游活动的开展过程中,旅游资源是吸引旅游者、激发旅游者旅游动机的直接因素,也是旅游业赖以生存和发展的重要物质基础和保证。

旅游者在挑选旅游目的地,进行旅游决策时,首要考虑的因素往往就是当地旅游资源吸引力的大小以及这些旅游资源能否满足自己的需求。构成旅游资源吸引力的因素是多种多样的,有自然因素,也有文化因素、社会因素以及其他因素,也可能是上述多种因素的综合。可见,没有旅游资源所构成的具有吸引力的环境,旅游者便不会前往旅游目的地,旅游活动也无法开展。

旅游资源不同于其他资源,它必须依托特定的地域空间,不可移动、无法复制,如果将其原封不动地移植到其他地区,其特有的内涵便会发生变化。因此,一个国家或地区旅游资源的丰富程度,是决定旅游业发展的基本前提之一。

此外,旅游资源大多是大自然的神奇造化及人类文化的珍贵遗存,它的易损性特点决定了一旦这些资源遭到破坏就难以恢复、不可再生,即使进行人工修复,其原有的价值也将不复存在了。因此,对旅游资源的合理开发和保护,将直接影响一个国家或地区旅游活动的规模、类型、发展水平及发展前景。

(三)旅游活动的媒介——旅游业

在旅游活动过程中,旅游业是旅游活动的媒介。旅游业把旅游活动的主体(旅游者)和客体(旅游资源)联系在一起,使旅游活动得以顺利开展。虽然在旅游业出现之前,旅游活动早已存在,但由于缺乏必要的旅游供给和旅游产品,旅游活动难以迅速地发展和普及,因而当时的旅游活动规模小、内容单一,不具有普遍的社会意义。

随着旅游活动的逐步开展,人们对旅游的需求日益增加,旅游业应运而生。旅游业是旅游活动发展的产物,但在其诞生后,又反过来推动了旅游活动的发展和普及。旅游业为旅游者提供了丰富的旅游供给和旅游产品,也使旅游者对旅游资源有了更多的认识和了解。这些有利因素不断地激发旅游者的旅游动机,从而推动了旅游活动规模的不断扩大。旅游业的发展是近现代旅游活动得以顺利开展的必要条件和手段,是旅游者和旅游资源之间的媒介和桥梁。

二、旅游"六要素"说

旅游活动"六要素"说认为,"食、住、行、游、购、娱"是旅游活动中六个最基本的要素,这些要素相互依存,缺一不可。

(一)食

食,即餐饮,是旅游供给中最基本的一项内容。旅游者是在拥有了足够的可自由支配收入后,才会参与到旅游活动中来,他们的消费能力都比较高。因而,对于他们来说,用餐不仅仅是为了简单地填饱肚子,满足生理需求,而是为了追求心理上、精神上或情感上的满足。美味可口的饭菜,安全、整洁、轻松、愉快的用餐环境是最基本的要求,而具有当地特色、体现深厚饮食文化传统的饮食则更能受到旅游者的青睐,甚至在某些情况下,餐饮本身就能成为一种旅游资源,吸引旅游者来访。由此可见,餐饮产品的质量,将直接影响旅游产品的整体质量。

(二)住

住,即住宿,是旅游活动得以顺利进行的基本保障。无论旅游者参与的是何种类型的旅游活动,都需要一定的体力支持。漫长的旅途难免会让旅游者产生疲劳,而舒适、安全的住宿设施能够帮助旅游者补充体力,是顺利参与后续旅游活动的有力保障。随着旅游业的发展,旅游活动的形式正日益多样化。旅游活动中消费结构的变化,意味着住宿设施也必然要逐步调整档次结构、类型结构和地域分布结构,按照旅游产业结构变化和旅游者需求结构的变化而变化,以最大限度地满足旅游者的消费需求。

(三)行

行,即旅游交通,是旅游活动的必要前提,没有"行"就没有旅游。旅游活动的异地性决定了在旅游活动中发生空间转移的不是旅游产品,而是购买旅游产品的主体——旅游者。旅游交通是帮助旅游者实现空间转移的必要手段,它既包括旅游者在旅游客源地和旅游目的地之间的往返交通,也包括旅游目的地之间以及同一目的地内不同景点之间的转移过程。快捷、安全、舒适的现代旅游交通不仅提高了旅游的舒适度,也丰富了旅游活动的内容,为旅游过程增添了许多的乐趣。湖上泛舟、策马驰骋、缆车观景,这些有异于日常生活的特殊体验,已不仅仅是实现旅游活动的一种手段,其本身已成为吸引旅游者的因素之一。

(四)游

游,即游览,是旅游消费的最终目的,也是旅游活动的基础部分。在旅游活动的"六要素"中,食、住、行、购、娱都是进行游览的必要条件或派生物。食、住、行是实现"游"的前向关联要素,是开展旅游活动的必要条件,一旦缺乏这些条件,旅游活动就无法开展;购、娱是"游"的后向关联要素,是提升旅游质量的充分条件。尽管"购"和"娱"的存在与否似乎并不影响旅游活动的开展,但对旅游者来说,这两个要素不仅能丰富旅游者的旅

游经历,还能使其对目的地留下深刻的印象;而对目的地来说,这两个要素则是旅游效益的关键所在,在效益构成中占有举足轻重的位置。旅游者外出旅游是希望在旅游的过程中经历和享受不同文化、不同生活体验带来的快感,因而"游"的关键就是要体现特色。对于旅游者来说,只有与众不同的体验,才是有价值的。

(五)购

购,即旅游购物,是旅游者在旅游过程中购买旅游相关产品的行为,是旅游的乐趣所在,也是旅游过程中必不可少的环节之一。通常,旅游者在旅游过程中会购买一些非日常性的特殊商品,如纪念品、艺术品、特殊的家庭生活用品等,用以满足馈赠亲友、玩味欣赏等需要。这种购物形式是与日常购物完全不同的体验,购买的大部分不是生活必需品,而且购物的环境也较为轻松、悠闲,因而购物不再是一种负担,而成为一种享受。尽管购物可能不是旅游者到目的地旅游的首要目的,但购物能增加旅游目的地的吸引力,使旅游活动的内容更加丰富多彩。

(六)娱

娱,即旅游娱乐,是旅游者在旅游活动中所观赏和参与的文娱活动,它是旅游活动中的休闲内容。随着人们生活水平的日益提高以及旅游消费观念的日趋成熟,人们对旅游产品和服务的质量有了更高的要求。"白天看庙、晚上睡觉"这样传统的旅游活动早已不能满足现代旅游者的需求。因此,旅游娱乐成为旅游活动中的一个重要组成部分。旅游娱乐活动大体上有两类:一类是有固定时间和场所、充分展示地方特色的大型文化表演活动,另一类是分散于城市中的休闲娱乐活动。对旅游者来说,旅游娱乐是参观游览活动的必要补充,它使旅游活动的内容更加充实;对旅游目的地来说,它是一种文化的传播和交流,也是延长旅游者逗留时间、增加旅游收入的有效手段。

"食、住、行、游、购、娱"是在旅游活动发展的初期,旅游者提出的最基本的旅游需求。随着旅游者旅游经验的不断丰富,以游览、观光为主的旅游活动已经很难满足他们个性化的需求,他们对旅游提出了新的更高的要求。旅游者对目的地的选择更加理性,目的地旅游资源、旅游环境、文化体验、科技元素等都将影响着旅游者的旅游决策。可见,传统的旅游活动六要素已经难以适应当前旅游发展的需要了。近年来,一些学者提出了旅游活动的新六要素,即资源、环境、文化、科技、余暇和金钱。

三、旅游"系统"说

旅游"系统"说认为,旅游系统架构包括四个部分,即客源市场系统、目的地系统、出行系统和支持系统。

(一)客源市场系统

客源市场系统是指位于游憩活动谱上各段落的休闲者和旅游者及其形成、活动背景等因素构成的一个子系统。客源市场系统研究的核心是旅游主体,即作为旅游产品消费者的旅游者,他们的旅游需求、旅游动机、旅游行为方式以及在选择旅游产品时的影响因素等。

(二)目的地系统

目的地系统主要是指为已经到达出行终点的游客提供游览、娱乐、经历体验、食宿、购物、享受或某些特殊服务等旅游需求的多种因素的综合体。目的地系统又包括旅游吸引物、旅游设施和旅游服务三个子系统。

(三) 出行系统

出行系统是使客源市场系统和目的地系统紧密相连的纽带。出行系统包括了旅游营销、旅游交通、旅游服务、旅游组织管理等。

(四) 支持系统

支持系统是保证旅游系统正常运转的保障因子，包括管理体制、政策法规、环境保护、人力资源、资金计划、安全体制、医疗卫生等。

【思考题】

怎样理解旅游"六要素"说中的六要素是相互依存、缺一不可的？

学习任务三　旅游活动的类型划分

任务导入　　不同标准下的旅游活动的类型划分

常见的旅游活动的类型划分标准有以下几种：

1. 按地理范围划分：国内旅游、国际旅游；
2. 按旅行距离划分：远程旅游、近程旅游；
3. 按目的归属划分：消遣旅游、事务旅游、个人和家庭事务旅游；
4. 按组织形式划分：团体旅游、散客旅游；
5. 按计价方式划分：包价旅游、非包价旅游；
6. 按费用来源划分：自费旅游、公费旅游；
7. 按旅行方式划分：航空旅游、铁路旅游、汽车旅游、游船旅游、徒步旅游等；
8. 按享受程度划分：豪华旅游、标准旅游、经济旅游；
9. 按活动内容划分：观光旅游、度假旅游、商务旅游、购物旅游、宗教旅游等；
10. 按年龄特征划分：儿童旅游、青年旅游、中年旅游、老年旅游等。

思考　学者们为什么要按照不同的标准对旅游活动进行分类，他们的目的是什么？

学习导读

作为一种综合性的社会现象，旅游活动很难有一个统一的划分标准，人们往往会根据自己的研究目的，采用不同的划分标准。可见，旅游活动的类型划分标准是多种多样的，每一种划分标准都是站在不同的角度来进行的。按照不同标准划分出来的类型，相互之间存在着交叉，因而旅游活动的类型划分并不是最终目的，只是为了更好地研究和分析不同旅游活动特点的一种手段。

同样地，为了更加深入地研究每一种旅游活动的类型特点，还可以进一步细分，如对度假旅游进行细分，可以按照时间长短、距离远近，以及形式、内容的差异等方面来进行：按度假时间长短可以划分为长期度假、中短期度假和周末度假；按度假地与居住地距离的远近可以划分为居住城市周边度假和中远程度假；按度假形式可以划分为家庭度假、

单位集体度假和自由邀约度假等;按度假内容划分,可以分为休闲度假、疗养度假、运动度假、观光度假、专业度假等。

知识链接

一、按地理范围划分的旅游活动类型

按地理范围划分,旅游活动可分为国内旅游和国际旅游两个基本类型。

(一)国内旅游

国内旅游是指人们在居住国境内开展的旅游活动,通常是指一个国家的居民离开自己的常住地到本国境内其他地方的旅游活动。这里所说的居民既包括本国的公民,也包括在该国境内长期居住的外国人。因而,常住我国的外国使馆、领事馆的工作人员,外国专家以及外国记者等,虽然他们的国籍不属于中国,但他们在我国境内所进行的旅游活动,仍被纳入我国的国内旅游范畴。

国内旅游是一个庞大的市场,人们在对这一市场进行研究时,同样也会根据不同的研究目的,采用不同的标准,对国内旅游的类型进行划分。

(1)按照旅游者在旅游目的地停留时间的长短,可将国内旅游划分为过夜旅游和不过夜的一日游两大类。当然,目前世界各国对国内旅游者的界定和统计方法并不完全一致,因此,不过夜的一日游是否纳入国内旅游的统计范畴,各国的做法不一。按照我国的统计标准,不过夜的一日游是被纳入国内旅游的统计之中的。

(2)按照旅游者旅游活动范围的大小,可将国内旅游划分为地方性旅游、区域性旅游以及全国性旅游三大类。地方性旅游是指当地居民在本区、本县、本市范围内的旅游,实际上是一种短时间、近距离的参观游览活动;区域性旅游是指人们离开本区、本县、本市的居住地,到邻省、邻市或邻县的风景名胜区的旅游活动;全国性旅游则是指跨越多个省份的旅游活动。

(二)国际旅游

国际旅游是指一个国家(地区)的居民跨越国境线到另一个或几个国家(地区)的境内所进行的旅游活动。同样,人们会出于各种不同的目的,对国际旅游进行分类:

(1)按照出入境的方向来划分,可分为出境旅游和入境旅游。出境旅游是指本国(地区)居民前往其他国家(地区)的旅游;入境旅游是指其他国家(地区)居民前来本国(地区)的旅游。在出入境旅游的统计上,我国的情况有些特殊。虽然香港、澳门和台湾都是我国领土不可分割的组成部分,但台湾尚未与祖国统一,香港、澳门回归后仍作为特别行政区实行高度自治,因而港、澳、台旅游者来内地(大陆)旅游仍然需要办理特殊的出入境手续,并且他们在内地(大陆)的消费也需要兑换货币,这在很大程度上与国际旅游类似。基于这些历史原因和现实情况,我国的旅游界,从官方、企业到学术界,都将港、澳、台居民赴内地(大陆)的旅游纳入入境旅游的范畴。同样,内地(大陆)居民前往港、澳、台地区的旅游也被列为出境旅游。

(2)按照在旅游目的地国家(地区)停留的时间长短来划分,可分为过夜的国际旅游和不过夜的国际一日游。一般而言,不过夜的国际一日游主要集中在一些相互接壤的国家(地区)。

尽管很多国家在统计国际入境旅游人次时,都将不过夜的国际一日游排除在外,但因为这些不过夜的国际一日游游客在目的地的消费很难从总的国际旅游收入中分离出来,所以在国际旅游收入的统计中,是包含不过夜的国际一日游游客在目的地国家(地区)的消费的。

(3)按照旅游者旅游活动范围的大小来划分,可分为跨国旅游、洲际旅游和环球旅游等。跨国旅游是指离开居住国到另一个国家或多个国家进行的旅游活动,这种活动以不跨越洲界为界限;洲际旅游是指跨越洲际界限的旅游活动;环球旅游是指以世界各洲的主要国家(地区)的港口风景城市为游览目的地的旅游活动。相对于其他两种类型的国际旅游,环球旅游不仅需要足够的资金支持,还要有充裕的时间,因而多数都是富裕的有闲阶层所进行的度假旅游。

(三)国内旅游与国际旅游的区别与联系

国内旅游与国际旅游是旅游活动的两个类别,两者之间既存在着一定的区别,又有着密切的联系。

1. 国内旅游与国际旅游的区别

(1)从旅游活动是否跨越国界来看,国内旅游是居民在本国境内进行的旅游活动,国际旅游是居民跨越国境线到他国家(地区)进行的旅游活动。是否跨越国界,是两者最本质的区别。

(2)从旅游活动的消费水平来看,通常,国际旅游的费用要远远高于国内旅游。这是因为:一方面,国际旅游路途遥远,旅游者需要支付昂贵的国际交通费用;另一方面,国际旅游需要办理护照、签证等旅行手续,需要花费额外的费用。

(3)从旅游活动逗留时间的长短来看,由于长距离的国际旅游所受到的时间限制比较大,因而国际旅游者往往是利用带薪假期等较长的闲暇时间来进行旅游活动的,充裕的闲暇时间使他们在旅游目的地国家(地区)逗留的时间相对较长。而国内旅游所受到的时间限制就比较小,旅游者可以选择带薪假期,也可以选择法定节假日,甚至可以选择周末时间进行旅游,因此,他们在目的地的逗留时间往往会短一些。

(4)从旅游活动的便利程度来看,旅游者选择国内旅游不需要办理复杂的手续,在旅游过程中一般也不存在语言的障碍,旅游活动比较便利。而选择国际旅游则会涉及出入境证件(护照和签证)、海关报关与验关、卫生检疫、货币兑换等各种旅行手续的办理及旅行前的准备。尤其是护照和签证的办理,需要花费较长时间,旅游者必须要提前做好准备工作,否则旅游计划就无法正常实施。再加上大部分国际旅游都存在着语言障碍,这就使得国际旅游的便利程度远远比不上国内旅游。

(5)从经济作用方面来看,国内旅游是平衡地区经济发展、缩小地区差异的重要手段,它将国内财富从一个地区转移到另一个地区,实现了社会财富的再分配,但在这一过程中,国内财富的总量并未因此增加。而国际旅游则起到了增加外汇收入、平衡国际收支的作用。它实现了国家之间的财富转移,使目的地国家(地区)的财富总量得以增加。

2. 国内旅游与国际旅游的联系

区别虽然存在,但国内旅游与国际旅游之间也存在着千丝万缕的联系:

(1)国内旅游是国际旅游的基础和先导,国际旅游是国内旅游的延伸和发展。相对于国际旅游而言,国内旅游具有费用支出较低、距离较短、所需时间较少、手续较为简便等特点,这样的旅游需求比较容易得到满足,因而人们的旅游活动往往是先从国内旅游开始的。随着经济的发展、收入水平的提高以及旅游供给水平的改善,国际旅游也会逐步发展起来。

(2)国内旅游是旅游活动的主体,国际旅游是旅游活动的重要组成部分。根据世界旅游组织近几年的统计,国内旅游人数占世界旅游总人数的90%以上。可见,国内旅游在旅游活动中的主体地位是十分明显的。但由于国际旅游具有增加外汇收入、平衡国际收支的特殊作用,大多数国家都非常重视发展国际旅游,使之成为旅游活动中必不可少的重要组成部分。

(3)国内旅游和国际旅游互补互促,共同促进旅游业持续健康发展。旅游活动的波动性相对较大,政治、经济、文化等各种因素都会对旅游者的旅游决策产生影响。尤其是国际旅游,其波动性更为明显。发展国内旅游,可在国际旅游市场发生波动时调节旅游设施的利用率,解决设施闲置的问题。旅游业的发展既不能完全依赖国际旅游,也不能单纯依靠国内旅游,合理地调节国内旅游市场和国际旅游市场的比例,才能保证旅游业的持续稳定发展。

二、按活动内容划分的旅游活动类型

按活动内容划分,旅游活动可以分为观光旅游、度假旅游、商务旅游、购物旅游、宗教旅游等。

(一)观光旅游

观光旅游是一种以参观、欣赏自然景观或人文景观为主要目的,以自然景观或人文景观为游览内容的旅游消费活动。在观光旅游过程中,旅游者通过观赏自然景观或人文景观,实现美的享受,达到丰富阅历、增长知识、调节身心的目的。这是旅游活动中最传统、最基本和最普遍的一种旅游形式。

观光旅游的特点是:

(1)停留时间短。观光旅游以游览为主要目的,旅游者往往期望在最短的时间内,花费最少的金钱,游览最多的景点,因而他们在各个目的地的停留时间都比较短。

(2)重访率低。观光旅游者的旅游动机是领略各地的自然景观或人文景观。旅游者在一个目的地大饱眼福后很少愿意故地重游,因此,其重访率比较低。

(3)受季节影响大。观光旅游,尤其是与自然景观有关的观光旅游,受气候等自然条件的影响比较大,因而观光旅游往往会呈现出明显的季节性。

(4)内容广泛。观光旅游的内容不仅涉及自然风光、动植物等自然景观,也包括历史古迹、文化名胜等人文景观,其内容极为广泛。

(5)适应性强。观光旅游的核心是审美,而对于美的追求是人类的共性,这就使得观光旅游拥有了极广泛的市场基础。无论是什么样的文化程度、生活阅历和价值取向的人,都不会排斥这种旅游活动。

(6)需求简单。参与观光旅游的人所需要的都是一些最基本的常规旅游产品和旅游服务。除了对游览的要求较高以外,观光旅游者对旅游活动中的食、住、行、购、娱这五个基本要素并没有太高的要求。

(7)经济效益低。作为一种最基本的旅游形式,观光旅游者的消费水平普遍不高,绝大部分的消费都是用来支付交通费用的,因而对旅游目的地来说,观光旅游的经济效益是较低的。

(二)度假旅游

度假旅游是以休闲、健身、疗养及短期居住等为目的的旅游活动。它是在观光旅游

的基础上,随着社会经济的发展、人们闲暇时间的增多而出现的。度假旅游追求幽静雅致的环境、丰富多彩的生活,是一种高层次的旅游活动。度假旅游的目的地通常是温泉、森林、海滨、乡村等风景优美、空气清新的地方。度假旅游能够使人消除疲劳、身心放松,因而受到了现代旅游者的青睐。

度假旅游的特点是:

(1)停留时间长。度假旅游者为了达到休闲和保健的目的,他们的行程往往会比较舒缓,在目的地停留的时间比较长。

(2)重访率高。度假旅游者在选择度假目的地的时候,往往不会考虑以前是否去过。相反,只要他们认为这是一个能够让他们感到满意的度假目的地,就会固定地到这一目的地进行度假,这就形成了度假旅游目的地相对稳定、回头率较高的特点。

(3)季节性明显。度假旅游对目的地气候条件要求较高,旅游者往往会选择当地最适宜的季节进行度假旅游,从而使度假旅游季节性尤为明显。

(4)在目的地的活动范围相对较小。度假旅游者在选定度假目的地后,往往会固定下来,在目的地及周围地区进行小范围的旅游活动。

(5)注重休闲和保健。度假旅游者的出游动机就是为了身心健康,因而他们更强调旅游的休息、放松和保健作用。在选择目的地时,他们首先考虑的是风景优美、气候宜人,其次是交通的便利、旅游设施的完善以及服务的优质。

(6)对娱乐设施要求高。度假旅游者在目的地停留时间较长,在此期间,他们希望每天的生活都丰富多彩,因而他们对娱乐、康体等综合配套设施的要求比较高。

(7)消费水平高。由于在目的地停留时间较长,度假旅游者在目的地的整体消费水平都比较高,对当地经济的促进作用也比较大。

(三)商务旅游

商务旅游是指人们出于与他人洽谈、会晤或交流信息等目的而进行的旅游活动,它是较早的旅游形式之一。在商品经济高度发达的今天,商务旅游的活动内容越来越丰富。它不仅包括传统的商务旅游,还包括会议旅游、奖励旅游以及大型商业活动等多种形式。商务旅游在世界各国旅游业的发展中,凸现出越来越重要的地位。

商务旅游的特点是:

(1)停留时间长。由于业务活动的需要,商务旅游者在目的地的停留时间通常都比较长,有时甚至会连续几个月停留在同一目的地。

(2)重访率高。商务旅游者对于目的地没有选择的权力,只能根据业务活动的需要来安排出行的地点,他们可能会多次往返于同一个目的地,重访率较高。

(3)不受季节影响。对于商务旅游者来说,旅行就是工作。旅行的目的地、交通工具以及往返时间等都是公司或组织安排的,他们自己无从选择。因而,他们的出行不受目的地气候条件的限制。

(4)消费水平高。商务旅游者的交通、住宿以及餐饮等各项费用都是由公司或组织来支付的,再加上他们本身也都是收入较高的阶层,因此消费水平比较高。

(5)对旅游设施和服务要求高。较强的消费能力使商务旅游者对价格并不敏感,他们更注重设施的完备与否和服务质量的高低。尤其是在选择住宿时,快捷便利的现代化办公设施已成为他们考虑的首要因素。

(四)购物旅游

购物旅游是一种以到异地购物为主要目的的结合都市观光的旅游方式。它是随着

社会经济的发展、交通方式的改变以及人们生活水平的提高而逐渐兴起的一种旅游方式。在一些商品资源丰富、价格优势明显的目的地,购物已成为诱发旅游动机的重要因素。

购物旅游的特点是:

(1)重访率高。购物旅游者的购物需求并非是一次性的,他们的需求在间隔一段时间后又会再次出现,从而使他们再次返回购物旅游目的地的行为成为可能。

(2)受目的地商品价格波动的影响大。购物旅游者在旅游过程中,所追求的是商品的物美价廉、物有所值。一旦他们所购得的商品在质量或价格上优于其常住地的商品,他们就会获得一种满足感。因而,目的地商品价格的波动,对他们的旅游行为会产生很大影响。这也就能够解释,为什么很多购物旅游者都会选择在目的地举办购物节、商品全线打折的时候出行。

(3)消费能力强。通常,购物旅游者的消费水平要高于一般旅游者。购物旅游者将购物作为出行的主要目的,他们在出行前已经做好了充分的计划,将购物的费用准备妥当,因此他们在消费时没有任何压力,表现出较强的消费能力。

(五)宗教旅游

宗教旅游是以朝圣、求法、布道、取经、拜佛和宗教考察为目的的旅游活动。宗教旅游是最古老的旅游形式,具有以下特点:

(1)重访率高。宗教旅游目的地所接待的旅游者中,不仅有前来朝圣和祈福的信徒,还有数量众多的前来还愿的信徒。宗教旅游者是目的地重访率较高的游客。

(2)拥有庞大而稳定的客源市场。据统计,全世界仅三大宗教的信徒就达 21 亿人,几乎占世界人口总数的三分之一,他们都有着强烈的朝圣寻宗的旅游需求,形成了庞大的宗教旅游客源市场。在一般情况下,宗教旅游活动具有显著的定向性。也就是说,某种宗教的信徒只会前往本宗教的圣地朝拜。因而,对于宗教旅游目的地来说,宗教旅游是一种客源市场比较稳定的旅游类型。

(3)吸引功能强大。对宗教信徒来说,能到自己心中的圣地朝圣,是虔诚的信徒们一生的追求。宗教旅游目的地,尤其是一些宗教圣地,对宗教信徒具有不可思议的吸引力。

【思考题】

观光旅游、度假旅游、商务旅游、购物旅游以及宗教旅游,这几种旅游类型之间有哪些相同点和不同点?

学习任务四　旅游活动的属性和特征分析

任务导入　　出国旅游的准备工作

1. 护照、签证:前往所在地公安局出入境管理处申请护照,前往各国领事馆申请签证;

2. 旅游费用:除现金外,还可以使用国际信用卡、银行汇票和旅行支票等方式携带外汇;

3. 生活必需品：包括洗漱用品、必备物品、针线包、化妆品盒、多用刀具、实用地图、指甲刀、防晒霜等；

4. 服装鞋帽：包括应季服装（夏季两三套，冬季一两套，主要以适用为宜，切忌过少或过多，还要有一套正式礼仪服装，以备正式场合使用），鞋子两双（以轻便舒服为主），帽子（夏季凉帽、冬季防寒帽）；

5. 行李箱包：坚固耐用的旅行箱或背包，箱包切忌过大，托运时不方便，皮箱最好有滑轮，以便于搬运。皮箱或背包上用不干胶条贴上自己的名签（中英文姓名，国别，前往的国家及地区）。此外还要准备一个手提袋或挎包、腰包，以便随身携带贵重物品，如护照证件、地图、笔记本、照相机、钱包等；

6. 旅游资料：出发前最好阅读一些介绍前往国家旅游景点、风土人情、民俗习惯及历史等方面的书籍资料，从而产生一个总体印象，减少整个旅游过程中的盲目性和被动性；

7. 礼品：国外都有收取小费的习惯，一般随团旅游者的小费由全程陪同人员统一付给当地司陪人员，作为旅游者个人可准备一些带有我国民俗特色的小工艺品等（如民间剪纸、京剧脸谱等）作为礼物送给朋友。

思考： 从以上出国旅游的准备工作可以看出，旅游活动具有哪些基本属性？

学习导读

旅游是人类社会经济和文化发展到一定阶段的产物。作为一种社会经济文化现象，旅游有其独特的属性和特征。旅游活动的基本属性包括：文化属性、经济属性、交往属性和政治属性。旅游活动的主要特征是审美性、异地性、暂时性和综合性。

知识链接

一、旅游活动的基本属性

微课：旅游活动的基本属性

旅游活动涉及社会生活的方方面面，是一项综合性的社会活动。它体现出文化、经济、交往、政治等方面的属性。

（一）文化属性

旅游与文化有着密不可分的关系，文化是旅游的内涵和灵魂，旅游是文化的载体和表现形式。旅游的文化属性不仅贯穿于旅游活动的整个过程，还体现在旅游产品和旅游服务的提供上。

1. 旅游活动本身就是一种文化活动

旅游者参与旅游活动的动机可能各不相同，但他们追求精神文化享受的目标却是一致的。对旅游者来说，旅游活动的最大收获就是精神的愉悦和美好的回忆，因此，没有文化就没有旅游。此外，旅游者不仅仅是文化的旁观者，他们更是文化的传播者。旅游者在学习了解目的地文化的同时，也将自己本地区的文化带给了旅游目的地的居民，对文化的传播和交流起到了不可忽视的作用。

2. 旅游需求具有文化性

旅游需求的产生受到多种因素的影响，旅游者的文化素质和文化背景是其中两个非常重要的因素。一般来说，文化素质越高的人，求知欲望越强烈，也越容易克服对陌生地区的心理恐惧。因此,他们外出旅游的需求往往比较强烈。生活在不同文化背景下的旅游者,其价值观、心理偏好以及认识事物的方法必然会有所不同,而这些因素都会对旅游者的旅游需求产生潜移默化的影响,从而最终影响到旅游决策的结果。

3. 旅游资源具有文化性

旅游资源是一切能够吸引旅游者的事物的总称,它既包括人文旅游资源,也包括自然旅游资源。人文旅游资源是人类自古至今社会活动的产物,是艺术的结晶和文化的成就,其文化性毋庸置疑。自然旅游资源,尽管它是自然界赋予的,但同样也离不开文化的渲染与烘托,它的命名、科学内涵的挖掘、景观特色的提炼等,都充满了文化的元素。只有具备了丰富的文化内涵,才能使自然旅游资源形成难以模仿和复制的独特吸引力。

4. 旅游产品与服务体现文化性

一个地区旅游产品和旅游服务的特色,往往与其文化的积淀是分不开的。旅游者在目的地所参与的生活方式的体验、风俗习惯的了解、建筑特色的欣赏以及餐饮服务的享受等,都是不同地域、不同民族的文化差异在旅游产品和旅游服务中的充分展示。

(二)经济属性

旅游活动是人类社会生活的一个重要组成部分,它与社会经济有着密不可分的联系。旅游活动是社会经济发展的产物,同时又对社会经济的发展起着巨大的推动作用。

在原始社会,落后的社会生产力决定了人们缺乏参与旅游活动所必需的物质基础和主观愿望。尽管存在着人们从一地到另一地的迁徙活动,但这并不能称之为真正意义上的旅行或旅游。到了阶级社会,社会经济缓慢地发展起来,贵族、僧侣等特权阶层开始参与到旅行活动中来。但当时的旅行活动不仅内容单一,其规模也是十分有限的。到了近代,社会经济快速发展,人们的物质生活水平不断提高,再加上各种有利因素的促进,使旅游活动规模日益扩大。第二次世界大战以后,社会经济高速增长,促使越来越多的人有能力参与到旅游活动中来,旅游逐渐成为一种大众化活动。由此可见,旅游活动是伴随着社会经济的发展而产生的,是社会经济发展的产物。

旅游者实现旅游目的需要借助于食、住、行、游、购、娱等诸多方面的产品和服务,而这些产品和服务的获得,则需要旅游者支付相应的费用,这就为目的地带来了巨大的经济效益。旅游者在目的地的消费不仅为当地旅游企业带来了直接的经济收入,还通过其扩散效应对当地经济中的其他方面产生间接影响。因而,旅游活动对社会经济发展的促进作用也是不容忽视的。

(三)交往属性

社会交往是人类生活中最基本的一种社会活动,通过社会交往人们可以建立起更好的人际关系、结交更多的朋友、获得更多的知识。在现代社会,人们对社会交往日益重视,而旅游活动正是一种比较理想的交往形式。旅游活动是以人员流动与交往为特点的活动,旅游者要实现旅游目的,必须完成从客源地到目的地的空间转移。在这种空间转移的过程中,不可避免地会产生人与人之间的交往。这种交往既包括旅游者与目的地居民之间的交往,也包括旅游者之间的交往。在这种交往过程中,每一位参与者的身份与地位都是平等的,这种不分贵贱的平等身份消除了以往因地位关系造成的人与人之间的情感隔阂,形成了一种轻松愉快的氛围。这种无拘无束的交往形式,摒弃了地域、民族、阶层、性别、年龄、职业等各方面的差异,使人们更好地进行沟通与交流,不仅增加了他们对其他地区政治、经济、文化等各方面的了解,还促成了和谐、友好人际关系的建立与发展。

(四)政治属性

旅游活动是一项综合性的社会活动,它不仅涉及文化、经济、交往等方面,也涉及政治方面的问题。国际旅游活动的开展对增进世界各国人民之间的相互了解和友谊、消除偏见和误解、缓和国际紧张关系、推进世界和平进程起着不可忽视的作用。对旅游目的地国家(地区)而言,更是起到了改善和提高本国(地区)国际形象的重要作用。因而,在现代国际交往中,旅游被赋予了"民间外交"的美称。此外,国际旅游活动的开展需要跨越国界,在这一过程中,旅游者必须要办理护照、签证等各种出入境的手续,而办理这些手续的繁简程度就能充分体现出两国之间的亲密程度。可见,旅游活动是具有社会政治属性的。

二、旅游活动的主要特征

人类的旅游活动有着悠久的历史,自从人类社会出现了剩余产品,人们的物质需要有了一定的满足时,旅游活动就开始出现了。从古至今,随着人类历史的演变,旅游活动的形式、内容和规模也不断地发生着变化,但无论过去还是将来,也无论旅游活动发生什么样的变化,其最本质的特征都是一致的。

(一)审美性

旅游者参与旅游活动的动机是多种多样的,他们所选择的游览对象也是多种多样的,但不论是出于何种动机、选择何种游览对象,旅游者追求审美体验的目的不会改变。当然,不同的游览对象会展现出不同的美学特征和审美状态,给旅游者带来不同的审美感受。自然旅游资源的形、光、音、色造就了自然景观的形态美、光泽美、音韵美和色彩美。以自然旅游资源作为游览对象的旅游者,在感受大自然的新奇瑰丽、多姿多彩与神奇伟大的过程中,会感到心灵愉悦,获得美的享受。人文旅游资源作为历史文化和现实文化的载体,其本身就是一种不可多得的艺术品,具有特殊的审美价值。以人文旅游资源作为游览对象的旅游者,不仅能对人类社会的历史文化和社会进步有更多的了解,还能得到审美心理的充分满足和心情的愉悦。可见,旅游活动是一种寻求美、探索美、欣赏美和享受美的综合审美实践活动。

(二)异地性

旅游是人们离开常住地到旅游目的地进行访问的活动,是人类社会的一种特殊生活方式,异地性是这种特殊生活方式的基本特征之一。旅游的异地性首先是由旅游产品的不可转移性决定的。与一般产品消费不同,旅游产品无法从目的地运送到客源地供旅游者消费。在旅游消费中,发生空间转移的只能是旅游消费的主体——旅游者。旅游者为了实现旅游的目的,就必须亲自前往旅游目的地。其次,异地性受到人们探新求异心理的影响。人们长期生活在单一的社会环境中,容易出现审美疲劳,对日常环境产生厌倦。人们具有喜新求变的心理,对未知领域充满了憧憬与遐想,期望暂时脱离日常生活轨迹,到旅游目的地去欣赏自然风光、体验异域文化,以达到开阔眼界、增长知识、消除疲劳、愉悦身心的目的。这就是为什么目的地与客源地的差异性越强,对旅游者吸引力越大的原因。

(三)暂时性

旅游活动与迁徙活动的本质区别就是暂时性。迁徙是人们由一地转移到另一地定居,其主要目的是为了谋求生存且不再返回原地。而旅游则是人们离开常住地,前往旅游目的地进行短暂的停留,在停留结束后仍然回到常住地的活动。通常情况下,旅游者总是利用闲暇时间进行旅游活动,受到闲暇时间的限制,人们在目的地的停留时间也是极其有限的。因此,旅游是人们在旅游目的地的一种短暂停留活动。

(四)综合性

旅游活动是综合性的社会活动,它的综合性主要体现在以下三个方面:第一,旅游需求与旅游消费具有综合性。旅游者在旅游过程中对食、住、行、游、购、娱等各个方面的服务都有需求,从而体现出需求的综合性。此外,在旅游活动中所进行的旅游消费同样具有综合性。旅游消费既包括生存性消费,又包括享受性消费和发展性消费,是实物消费、劳务消费和精神消费的综合。第二,旅游活动中服务的提供者具有综合性。为旅游活动提供服务的既有交通运输业、餐饮业、通信业等营利性经济组织,也有公安、海关、卫生等非营利性经济部门,众多相关产业和部门进行全面的协调与合作,旅游者的旅游活动才能顺利开展。第三,旅游活动的涉及面广,具有综合性。旅游活动涉及政治、经济、文化、自然等各个方面的事物和因素,是一种以经济形式表现出来的多元化和多层次的复杂综合体。

【思考题】

试总结现代旅游活动的基本属性,并指出理解这些基本属性的意义何在。

项目小结

由于人们对旅游的概念进行界定时所采用的目的和角度各不相同,因而对旅游的概念至今仍未有一个统一的说法。目前,国内外学者对旅游的定义大致可划分为两大类:概念性定义和技术性定义。旅游作为综合性的社会文化现象,它是由不同的要素组成的。关于旅游的构成要素,存在着"三体"说、"六要素"说和"系统"说等几种不同的观点。现代社会的旅游方式呈现出多样化的趋势,对旅游活动的类型进行划分,以便更好地分析和了解旅游活动的特点,已成为旅游理论研究和旅游业经营管理过程中的重要工作。旅游活动涉及社会生活的方方面面,是一项综合性的社会活动,它体现出文化、经济、交往、政治等方面的属性。随着人类历史的演变,旅游活动的形式、内容和规模也在不断发生着变化。但不管过去还是将来,无论旅游活动发生什么样的变化,其审美性、异地性、暂时性、综合性等主要特征却是一致的。

项目实训

1.试分析旅游的概念性定义和技术性定义之间的区别。
2.试分析国内旅游和国际旅游的区别和联系。
3.按活动内容划分,旅游活动可分为哪几种类型?每种类型的特点又是什么?

拓展训练　　另类福利:奖励旅游悄然风行

奖金已不再稀奇,奖品也难以挑选到最合适的,一种全新的犒劳优秀职工的方式正

在企业中悄然风行,这就是奖励旅游。近日,300多名金融保险界业务精英,抵达曾举办过2000年APEC峰会的吉隆坡金马皇宫酒店,尽享异国风光。据这次奖励旅游的组织者"广之旅"介绍,这是广东省内至今赴国外参团人数最多、接待档次最高的一个奖励旅游团。

来自广东各大旅行社的消息称,奖励旅游渐热羊城。有关资料显示,奖励旅游的接待人数从原来不到旅行社业务总量的1％上升到5％。"广之旅"有关负责人透露,该社今年已接待奖励旅游者近万人次。目前,一些三资企业和较大规模的民营企业经营者,纷纷采用奖励旅游的方式作为对员工的激励和嘉奖,一些大公司的奖励旅游还日渐升级。

管理者:融入企业文化

选择奖励旅游的企业管理者认为,相对于金钱和物质奖励,奖励旅游可以加强对员工的鼓励作用;通过奖励旅游及其"一张一弛"的有效调节,更利于激发企业员工的工作热情。而在奖励旅游这一特殊过程中,将企业文化融入其中,增强员工对企业的认同感,更是企业管理者选择奖励旅游的重要原因。奖励旅游给员工和管理者创造了一个特别的接触机会,在旅游这种比较放松的情境中做一种朋友式的交流。

参加过奖励旅游的员工说,以前公司的奖励都是奖金和奖品,拿到以后好像没过多久那种"光荣感"就没有了。平常忙着工作,没什么机会出去玩,有这么个机会出去见见世面挺好的。

旅行社:激活市场又一招

众所周知,如今旅行社已进入了微利时代。传统的观光旅游价格一降再降,在如今的旅游市场上如果只守着老线路必然举步维艰。无疑,奖励旅游为旅游市场注入了一剂兴奋剂。

业内人士介绍,奖励旅游在国外早已流行,成为企业除奖金外最好的激励方式。IBM公司、韩国三星公司、美国微软公司通过实践证明,奖励旅游的效果好于发年终奖之类的物质奖励。不过,奖励旅游对目前国内的企业来说还比较新鲜。针对这一现状,澳大利亚、新西兰、瑞士、日本和美国等国的旅游局与中旅总社联合举行了"奖励旅游在现代企业中的作用"专题研讨会,将奖励旅游这一旅游新概念介绍给国内的企业管理者。

奖励旅游已经开始受到国内企业管理者和员工的喜爱,显示出客源市场的巨大潜力,因此,奖励旅游备受业内人士关注,一开始竞争就异常激烈。据"广之旅"总经理郑烘介绍:"奖励旅游这杯羹好食不好分。许多旅行社都盯上了这一旅游新星,竞争十分激烈。提供更加体贴、细致的服务,配合主办单位开展有效的主题活动是赢得这一市场的关键。"据了解,为了抢夺这一市场,不少旅行社还成立了"会展奖励旅游拓展部"等专门负责此项业务的部门。

讨论 试分析奖励旅游有什么特点?旅行社可以根据这些特点设计什么样的旅游产品来满足旅游者的需求?

在线自测

项目二 了解旅游的产生和发展

知识目标
- 了解古代旅行产生的背景、发展概况及其特点
- 了解近代旅游活动产生的历史背景及其发展概况
- 了解现代旅游业发展的历史背景及其发展历程

能力目标
- 能够熟练区分迁徙、旅行和旅游
- 能够全面分析现代旅游业迅速发展的原因
- 能够深入了解旅游活动的基本特征

思政目标
- 了解我国旅游业发展取得的巨大成就,增强学生的专业自豪感
- 认识当前我国经济社会发展的新格局,坚定旅游行业发展信心

学习任务一　了解古代旅行的产生

任务导入　徐福东行寻仙山

据《史记》记载,秦始皇希望长生不老,公元前219年,徐福上书说海中有蓬莱、方丈、瀛洲三座神山,有神仙居住。于是,秦始皇派徐福率领童男童女数千人,带着粮食、衣履、药品和耕具等入海求仙,耗资巨大。但徐福率众出海数年,并未找到神山。公元前210年,秦始皇东巡至琅邪,徐福推脱说出海后碰到巨大的鲛鱼阻碍,无法远航,要求增派射手对付鲛鱼。秦始皇应允,派遣射手射杀了一条大鱼。后徐福再度率众出海,来到"平原广泽",他感到当地气候温暖,风光明媚,人民友善,便留下来自立为王,教当地人农耕、捕鱼、捕鲸和沥纸的方法,从此再未回到中原。

思考　徐福东行可否看作旅游活动?如果是,为什么?如果不是,应该如何定义他的这种出行?

学习导读

人类迫于自然因素或特定的人为因素,被迫从一个地方向另一个地方转移的现象称为迁徙。旅行是指人们为了实现一定的目的从一地向另一地的空间转移,但这种空间转移只是暂时性的,在短暂停留后还将回到原来的出发地。对旅游简单的理解就是旅行和游览,即出于观光和娱乐目的进行的旅行就是旅游了。

知识链接

一、古代旅行产生的历史背景

人类的旅游活动究竟始于何时,是否从人类开始出现之时起就有了旅游活动?这是常常让人疑惑的问题。要寻找这个问题的答案,就必须从人类的生产和社会活动的发展来寻找线索。

人类历史的开端可以追溯到原始社会。在原始社会的早期,生产力水平极其低下,人们使用着石块等简单的生产工具,从事着以采集和渔猎为主的生产活动,劳动剩余物几乎不存在。在这种情况下,人类既缺乏外出旅行所必需的物质条件,也缺乏外出旅行的主观愿望,因而,这一时期的人类并不具备外出旅行的条件。当然,这时也存在着一些人类由于自然因素或特定的人为因素,被迫从一个地方转移到另一个地方的现象,如发生地震、部落战争等,但这些转移并非出人类自身的意愿,而是为了生存的需要被迫进行的。很显然,这种行为与旅游的概念存在着相当大的差异。简单来说,旅游就是旅行和游览。旅行是人们为了实现一定的目的从一个地方向另一个地方的空间转移,但这种

空间转移只是暂时性的,在短暂停留后还将回到原来的出发地。游览则是观光和娱乐。将旅行和游览结合起来,即出于观光和娱乐目的进行的旅行就是旅游了。因而,从概念上分析,原始社会的空间转移只能被称为迁徙,而非旅行,更谈不上是旅游了。

到了新石器时代晚期,随着生产工具的不断改进和生产经验的广泛积累,原始农业和原始畜牧业逐步形成和发展,出现了人类历史上的第一次社会大分工。在此之前,各氏族、部落之间的交换现象虽然已经开始出现,但这种交换只是个别的、偶然的和小范围的,并非普遍的现象。自从畜牧业成为独立的生产部门后,分工使生产效率大大提高,产品有了更多的剩余,交换成为一种经常性的现象。此后,铁制工具的出现和畜力的运用,使农业生产得到了迅速的发展,越来越多的农产品为人类提供了可靠的食物保障,也为手工业的发展奠定了基础,从而出现了第二次社会大分工。随着农业和手工业的分工,直接以交换为目的的生产——商品生产开始出现。商品交换的日益频繁,交换地域范围的不断扩大,促使一批专门从事商品交换活动的商人应运而生,这就是第三次社会大分工。商人为了了解其他地区的生产和需求情况,使自己获得更多经营收益,产生了外出经商的需要。虽然这种空间的转移并非出自观光和娱乐的目的,但它与旅行的概念是相匹配的。因而,可以说是商人开创了旅行的先河。

人类社会的三次社会大分工,促进了生产力的发展和生产效率的提高,使剩余产品的数量不断增多,从而使剥削成为了可能。当一部分人积累了越来越多的财富时,他们逐渐脱离了劳动,成为剥削者,从而促成了阶级的产生。剥削者凭借手中的财富外出巡视和游玩,既具备了旅行的特征,又符合了游览的目的。所以,从形式上,它已经具备了现代旅游的基本要素,可以列入旅游的范畴。当然,这一时期的旅游活动仅仅局限在社会上的一小部分人之中,不论是从规模和范围来看,还是从内容和性质来看,它与现代旅游相比都存在着很大的差异。所以,可以将其看作是旅游的萌芽阶段。

二、世界古代旅行的发展概况

旅行活动的发展与社会、经济和文化的发展有着密不可分的联系,从世界范围来看,古代的旅行活动主要是从古埃及、古希腊、古罗马等人类文明的发祥地开始发展起来的。

在古埃及,神秘的金字塔和宏伟的阿蒙神庙吸引着众多慕名而来的参观者。每年举行的各种重大宗教集会,都会吸引大量的信徒前来参加。哈特谢普苏特是埃及的第一位女王,在她和父亲图特摩斯一世的葬祭殿的壁画中,雕刻了不少关于法老狩猎的图像以及女王为了促进贸易的发展从红海到普特国的场景。由此可见,在古埃及,宗教旅行和以贸易为目的的旅行很发达。

宗教旅行发展最为鼎盛的当数古希腊时期。古希腊的提洛岛、特尔斐和奥林匹斯山都是当时世界著名的宗教圣地。作为古希腊人最主要的宗教盛会——奥林匹亚节吸引了数以万计的参与者,他们从希腊各地、意大利、埃及、利比亚等殖民地以及更远的地方聚集到奥林匹亚参加或观摩盛会。这其中既有用歌唱、舞蹈和祭礼来向缪斯神表达敬意的朝圣者,也有接受各城邦的委派前来参加竞技赛事的运动员;既有借此机会来展示自己才艺的艺术家、作家,也有展示、销售商品的商人。虽然奥林匹亚节是一项宗教活动,但它对促进古代旅行的发展具有重要的意义。

古罗马时期则是古代旅行的全盛时期。西方有一句闻名世界的谚语——条条大道通罗马。这句谚语的起源来自古罗马大道的修建。古罗马大道是以首都罗马为中心,通

往全国的公路网。古罗马大道最初的作用是战争的需要,目的是尽量缩短行军距离,以便能迅速调动部队和确保供给。罗马帝国建立后,战争数量大大减少,古罗马大道成为罗马帝国的交通命脉,不仅促进了农业、手工业和商业的发展,也对旅行的发展起了巨大的推动作用。便利的道路系统,为旅行这一空间转移活动提供了基本的条件。罗马帝国为了给政府公务人员提供旅途休息的地方,在主要道路沿线设置了驿站,私人旅店也逐渐出现,为旅行的发展提供了充足的住宿设施。同时,罗马帝国的强大,使其货币为各国所接受,拉丁语成为通用的语言,这些都为旅行的发展提供了更多的便利条件。随着旅行条件的日益完备,一部分在政治上拥有特权,在经济上拥有巨大财富的特权阶级开始了以寻求享乐为目的的旅行活动。他们旅行的目的已不再局限于贸易和宗教信仰,而逐渐呈现出多样化特点。艺术鉴赏、保健疗养、徒步行走、参观庙宇、欣赏建筑、游览古迹以及自然观光等都可以成为他们出行的目的。埃及的金字塔、神庙,希腊的顿泊河谷,英国的巴思温泉疗养,都是当时极具吸引力的旅行目的地。

公元5世纪,罗马帝国走向衰亡,欧洲进入黑暗的中世纪封建统治时期。无休止的战乱、道路的衰败和贸易的萎缩,使发展旅行活动所需的客观条件不复存在,旅行活动进入倒退期。

公元七八世纪,阿拉伯帝国进入鼎盛时期,建立了地跨亚、非、欧三洲的强大帝国。以首都巴格达为中心的道路网络四通八达,东西南北的商道上,往来着中国、印度、威尼斯等各地的商人,他们将各自带来的特产在巴格达交换,同时将巴格达当地的产品转销世界各地。

13世纪的欧洲,中世纪最黑暗的年代已然退去,欧洲开始呈现出复兴的端倪,外交、贸易旅行逐步发展起来。从13世纪40年代起,西欧各国相继派出了传教士前往海外,这些使者不仅肩负着传播宗教的使命,同样也承担着外交的使命。米兰首先在意大利的北部城市设立常驻大使馆,其后又从意大利出发,将其逐渐扩展到欧洲其他国家,各个大国开始互派代表,外交旅行日益兴盛起来。欧洲经济在当时已经发展到了较高的水平,对外贸易也随之增长。德国、英国、荷兰、挪威、西班牙、葡萄牙等欧洲各国之间的贸易往来频繁。1241年,德国北部的两个城市吕贝克和汉堡首先结成联盟,共同保护水路和陆路贸易线路的安全,抵御车匪路霸及波罗的海和北海海盗的袭击。之后,越来越多的城市陆续加入这一贸易联盟,在鼎盛时期,其成员达到了60多个,极大地促进了波罗的海、北海和北欧大部分地区的贸易活动快速发展,贸易旅行日益昌盛。欧洲国家与东方国家的贸易活动同样发展迅速,大量的商人频繁地往返于欧亚之间。马可·波罗就是其中的典型代表。马可·波罗出生于意大利商业城市威尼斯的一个商人家庭,1271年,他跟随父亲和叔父前往中国经商。他们由威尼斯起程,经地中海、小亚细亚半岛、亚美尼亚、底格里斯河谷,到达伊斯兰教古城巴格达,再由此沿波斯湾南下,穿越伊朗高原、帕米尔高原,经敦煌、酒泉、张掖、宁夏等地,历时三年半,于1275年夏天抵达元上都,觐见元世祖忽必烈,并得到忽必烈的信任,成为其臣下。忽必烈对他很器重,除了让他在京城大都当差外,还几次安排他到国内各地和一些邻近国家进行游览和访问。1295年,马可·波罗回到了威尼斯,留下了著名的《马可·波罗游记》。

15世纪,出于对黄金和东方贸易发展需求的不断增加,欧洲人开始了开辟新航路的探索。随着欧洲商品经济的日益发展和资本主义萌芽的产生,黄金日益取代土地成为社会财富的主要标志。受《马可·波罗游记》的影响,欧洲人把东方看成是遍地黄金的人间

天堂,希望到东方去实现黄金梦的人比比皆是,再加上奥斯曼帝国占领了巴尔干、小亚细亚及克里米亚等地区,控制了东西方之间的通商要道,导致了欧洲市场上东方商品的价格猛涨。于是,欧洲商人渴望开辟另一条通往东方的商路,哥伦布、达·迦马、麦哲伦等航海家开辟了新航路的远洋旅行,不仅满足了欧洲贸易的需要,还使欧洲与世界各地区各民族之间的联系加强了,为世界市场的形成创造了条件。这一时期的航海旅行,兼有探险、考察的性质。

16世纪后期开始,欧洲的旅行活动有了新的发展。在英国,贵族子弟完成规定的学业后,都会渡过英吉利海峡,前往巴黎、罗马、威尼斯以及佛罗伦萨等欧洲大陆的城市进行游学旅行。他们在随行导师的引导下,参观大教堂、古代城堡和美术馆,认识西方文明史。在此期间,他们也要学习不同的语言,参加各种社交活动,并被介绍给欧洲的贵族们。这种游学旅行通常要花费数月甚至数年的时间,被称为"Grand Tour"。除了以教育为目的的旅行外,以保健为目的的旅行也开始出现。1562年,英国医生威廉·特纳发表一份研究报告,谈到天然温泉对各种体痛症状的治疗效果。这份报告的发表,在当时的英国乃至欧洲引起了温泉旅行的热潮,洗温泉浴成为一种流行的时尚。

三、中国古代旅行的发展概况

中华民族历史悠久,源远流长。中国古代的旅行活动,可以追溯到公元前21世纪的夏朝。夏朝商部落的王亥可以说是中国商业的始祖,也是中国贸易旅行的始祖。随着农业和畜牧业的发展,开始出现了剩余产品,出于发展壮大本部落以及换取奴隶主需要的物品的目的,王亥开始与周围的部落进行以物换物的商业贸易活动。之后,逐渐形成了专门从事远方贩运货物进行贸易的职业。由于这些从事贸易活动的人来自商部落,所以称作"商人",他们的交易活动也就因此被称为"商业活动"。

到了商朝,航海旅行开始出现。在商都殷墟出土的甲骨卜辞中就记载有商纣王征讨人方国(今连云港地区)时,曾两次渡淮水至齐国,然后沿海南下征战。在殷墟还发现了大量的鲸骨、海贝、海龟壳、蚌壳等,这些产于我国南海、东海或南洋一带的海洋物产,进一步说明了商朝已经存在着众多的海上航路,并与各地保持着频繁的贸易往来。

春秋战国时期商业异常繁荣,各国涌现出了一大批诸如陶朱公这样的卓有成就的大商人,商务旅行极为频繁。随着铁器的使用,社会经济的发展,城市的扩大和增多,市场也随之发展起来。同时,由于水陆交通的发展,全国大小城市日益紧密地联系在一起,使全国各地的物产、特产都可以方便地流通。供使臣出巡、官吏往来和传递诏令、文书等用的交通设施——驿站也开始出现。

秦始皇统一六国后,大修驰道,建立起以咸阳为中心的全国道路交通网,陆路交通极为便利。其国土东至大海,自北往南依次为渤海、黄海、东海、南海,漫长的海岸线为航海业的发展提供了极为有利的地理条件,海上交通日益繁荣。交通的发展对旅行活动起到了积极的推动作用。秦始皇本人在称帝的十一年间,先后进行了五次巡游。

西汉时期,为了维护王朝的安全,汉武帝派遣张骞两通西域,开辟了我国通往西方的国际陆路交通之路。通过这条横贯亚洲大陆的古代贸易的通道,从公元前2世纪到9世纪,以丝绸为主的中外贸易往来非常频繁,促进了东西方的文化交流和沿途各地的经济繁荣,特别是对中国蚕桑丝绸技术的西传起了巨大作用。学术旅行也是当时旅行活动的一种重要形式,司马迁是其中的典型代表。从20岁起,司马迁就开始外出游历,他的足

迹遍及江淮流域和中原地区，在所到之处考察风俗、搜集传说。成为汉武帝的近侍郎中后，司马迁又多次随武帝外出巡游，之后又被派遣出使云南、四川、贵州等地，了解当地少数民族的风土人情。在旅行过程中，司马迁接触了现实，开阔了眼界，积累了素材，为《史记》的写作打下了坚实的基础。

魏晋南北朝时期，皇室、士族、外戚之间的明争暗斗愈演愈烈。在残酷的现实生活面前，很多知识分子消极厌世、无心仕途，寄情于山水。谢灵运是东晋南北朝时期的著名诗人，他可以说是中国历史上见诸史册的第一位大旅行家。谢灵运辞官返乡后，他经常率领数百随从出入于深山幽谷，探奇觅胜。谢灵运酷爱登山，尤其喜欢攀登幽静险峻的山峰。有时为了登山，甚至雇工专门为他开路。他登山时常穿一双木制的钉鞋，上山取掉前掌的齿钉，下山取掉后掌的齿钉，这样上山下山都格外省力稳当，这种鞋被后人称为"谢公屐"。

隋唐时期，南北统一的政治格局形成，经济、文化逐渐趋于繁荣，水陆交通十分便利，这些都对旅行的发展起到了巨大推动作用。隋炀帝就是一位喜欢巡游的皇帝，他在位期间，修通了大运河，将钱塘江、长江、淮河、黄河、海河连接起来，使水运畅通、发达，也为旅行的发展提供了更为便利的条件，他本人就曾经沿着运河南下三游江都。隋炀帝每次巡游都摆足了帝王的气势与排场，劳民伤财，建造大型的龙舟，调动大量的人力和物力为其巡游活动服务。

唐代文人漫游之风也颇为盛行。在唐代，政治极为开明，寒门细族，没门第爵禄的荫庇，只要凭借自己的才华，都可以通过察举、征辟、科场、军功等途径跻身政坛，这就大大地激发了文人的政治热情。但不管哪条入仕途径，都需要充分展示自己的才华，或参加科举，或结交名人而被举荐，或凭借超凡才华被人征辟，凡此种种都需要四处活动，由此文人漫游之风应运而生。文人在游历山水当中，陶冶情操，结交朋友，增长阅历，增加才干，提高声望，以期找到一条入仕的途径。著名诗人李白在20岁时就只身出川，开始了他的游历生涯，他希望借此会聚朋友，结交社会名流，从而得到引荐，一举登上高位，实现他的政治理想和抱负，经过十余年游历活动，终于名动京师。天宝初年，由贺知章推荐，唐玄宗召见李白，命他供奉翰林，陪侍皇帝左右。唐代的宗教活动受到了朝廷的重视和资助，宗教旅行极为活跃。玄奘法师，历时17年，西行五万里（25 000千米），前往印度求法，大大促进了中印文化的交流；鉴真法师，为弘扬佛学，传播唐代文化，应日本的邀请，先后经历了五次东渡失败后，这位矢志不渝的高僧在双目失明的情况下，毅然决定再度出航，终于历尽艰辛踏上了日本的土地。

宋元时期发达的造船业和航运业，为海外贸易旅行的发展提供了重要的物质基础。指南针和水密舱技术在航海上的普遍运用是航海史上划时代的事件，使以往的中国帆船沿岸航行发展为跨洋航行。当时仅泉州一个港口就与日本、高丽、古城、渤泥、暹罗、马六甲、天竺、细兰、波斯、大食等57个国家和地区有海外贸易关系。宋元时期的文人旅行也非常盛行，范仲淹、苏轼、陆游等都是当时有名的旅行家。范仲淹对外出旅行情有独钟，经常忙里偷闲，不畏艰险，到处游览；苏轼受其父苏洵的影响，自小就对外面的世界充满了好奇，他一生游历了不少地方，留下了大量的千古名句；陆游认为诗人绝不能关起门来空想，只有从游历和阅历中，在生活的体验中才能获得灵感。陆游的诗词既有描述边塞、军旅生活的，也有描述田园生活的；既有游历名山大川之作，又有描述花鸟鱼虫、山川林木的，其范围极其广泛，这些都和他丰富的游历经验密不

可分。

明代初期,我国社会安定,国力强盛,拥有当时世界上最先进的造船技术和航海技术,从物质技术方面为远洋旅行创造了必要的条件。为了对外寻求发展,走国际贸易之路,明成祖朱棣命郑和七下西洋。郑和的七次远洋航行,经过了今天的东南亚、南亚、非洲东北部的大小30多个国家,航行5万多千米,对中国和所到地区的贸易和文化交流做出了巨大的贡献。同时,科学考察旅行开始盛行,其中最杰出的代表就是徐霞客。徐霞客从22岁第一次离开家乡决心远游,直到56岁逝世,他绝大部分时间都是在旅行考察中度过的。徐霞客的游历,并不是单纯为了寻奇访胜,更重要的是为了探索大自然的奥秘,寻找大自然的规律。在长达30多年的游历生涯中,他的足迹遍及全国大部分地区,写下了240多万字的游记,可惜如今大多失传了,留下来的经过后人整理成书,这就是著名的科学和文学奇书《徐霞客游记》。

清代初期,因为战乱旅行活动受到阻碍而走向衰退。直到康熙末年,文人旅行的风气又随着政治与经济的稳定而再次兴起,同时旅行相关书籍也陆续问世。清朝皇帝喜欢外出巡游,尤其是康熙和乾隆,他们都曾先后六次南巡,接触社会现实,了解风俗民情。

【思考题】

古代旅行活动兴盛的各个时期有哪些共同的特点?

学习任务二　了解近代旅游活动的兴起与发展

任务导入　　汤姆斯·库克对近代旅游发展的贡献

汤姆斯·库克(1808—1892),出生于英格兰。1828年汤姆斯·库克成为一名传教士,之后成为一位积极的禁酒工作者。为了帮助人们摆脱对酒精的依赖,他于1841年7月5日,包租了一列火车,组织了570人的团队,从莱斯特出发,前往20千米外的洛赫伯斯,参加在那里举行的英格兰中部地区禁酒大会。这次活动的往返车费每人仅为1先令,费用包括交通费用、乐队演奏赞歌、一次野外午餐和午后茶点。在途中汤姆斯·库克还详细地为他的团员讲解了沿途的景物和历史渊源。由于汤姆斯·库克自小在外流浪,对旅行者的需求十分了解,因而他对这些团员生活起居上的照顾可以说是无微不至。汤姆斯·库克通过这次禁酒活动,使他的团员开阔了视野,振奋了精神,焕发了新的活力,同时也使他们感受到了大自然的壮美与伟大,很多人因此戒酒成功。

·思考·　汤姆斯·库克组织的这次活动与古代的旅行活动有哪些不同?

学习导读

古代的旅行活动,与今天的旅游活动还存在着相当大的差异,具体体现在:第一,从

旅行活动的参与者来说，人数极为有限，主要集中在统治阶层和部分贵族阶层。第二，从旅行的目的来说，出于经济目的的商务旅行占主导地位。第三，从旅行的条件来说，旅行的配套设施和旅行服务极为缺乏。因而，我们只能称古代的旅行活动为旅行，而非旅游。至于近代旅游活动的兴起，则是从19世纪中叶开始的。

知识链接

一、近代旅游活动产生和发展的历史背景

微课：近代旅游活动产生和发展的历史背景

18世纪60年代，工业革命首先在英国爆发，随即传播到法、德、美等国。工业革命促进了资本主义国家生产力的迅速发展，也为近代旅游活动的兴起创造了有利的条件。

首先，工业的兴起和发展，使城市化进程迅速加快。大量人口从乡村向城市转移，并在城市中从事非农工作，他们的生活方式也开始向城市化转变。紧张的生活节奏和嘈杂的生活环境，使人们感到身心疲惫，他们渴望摆脱城市生活的压力和束缚，回归自然，让疲惫的身心得到休憩、调整，这就使越来越多的人产生了旅游的动机。

其次，工业革命的产生和发展，使得劳动生产率和经济效益大幅提高。财富总量迅速增长，使旅游活动不再是地主和贵族的特权。新的资产阶级固然有足够的支付能力和闲暇时间从事旅游活动，而工人阶级通过长期不懈的努力，工资水平逐步提高，获得了享受带薪假期的权利，从而使他们也有可能加入到旅游的行列之中。

再次，工业革命带动了交通工具的革新，使旅行活动更为便捷、快速。工业革命前，人们外出旅行的主要交通工具都是以人力或畜力来驱动的。工业革命完成后，蒸汽机技术在交通运输领域的运用，使人类有了火车和蒸汽轮船这些运载工具。新式交通工具不仅速度快、运载量大，大大缩短了旅行过程中的时空距离，使得远距离、大规模的人员流动成为可能，而且其票价相对于旧式的交通工具也显得更为低廉。

工业革命的推动，促使了近代旅游活动的产生，使旅游活动真正成为以消遣和娱乐为目的的旅行和游览活动。

二、世界近代旅游活动发展与旅游业萌芽

随着旅游人数的不断增加，人们旅游需求的增长与旅游供给和旅游服务的缺乏之间的矛盾开始逐步凸现。

英国的汤姆斯·库克可以说是寻求这一矛盾解决途径的第一人。成功的禁酒活动，不仅使很多人成功戒酒，也使汤姆斯·库克名声大振，很多对团体旅游感兴趣的人纷纷找到汤姆斯·库克，要求他提供旅游服务，这启发了库克。1845年，汤姆斯·库克在英国的莱斯特正式创办了世界上第一家旅行社——汤姆斯·库克旅行社，开始专门从事旅行代理业务，成为世界上第一位专职的旅行代理商。旅行社的出现标志着近代旅游业的诞生。由于汤姆斯·库克对旅游业的突出贡献，他也被尊称为"世界旅行社之父"。

同年，汤姆斯·库克组织了350人从莱斯特出发，乘火车和轮船到利物浦旅游。为了更好地策划和组织这次旅游活动，汤姆斯·库克事先进行了线路考察，以确定沿途所要停留

的地点和所要开展的参观游览活动,并根据考察的结果,编写和出版了世界上第一本旅游指南——《利物浦之行手册》。在旅游过程中,汤姆斯·库克不仅亲自担任了旅游团的陪同和导游,而且在所到之处还聘请了地方导游,这种形式成为今日旅游活动的基本模式。可以说这是人类历史上出于商业性目的的第一次真正意义上的团体消遣旅游。

1851年,在英国伦敦水晶宫举办了第一届世界博览会,汤姆斯·库克从英国各地组织了15万余人去参观。汤姆斯·库克为客人提供了周密的安排,从交通到住宿,从游览到餐饮,一切都有条不紊。比如,在客人去参观博览会之前,导游会把值得观看的展品做一个简要的介绍,并且把最佳的参观线路编成小册子,发给客人人手一本,以方便他们参观,这在当时可以说是一个极具创新的举措。

1855年,世界博览会在法国巴黎举行,汤姆斯·库克又组织了50多万人前去参观。这是世界上第一次有组织的团体包价出国旅游。这次活动在巴黎停留游览4天,全程采用一次性包价。这次旅游活动的组织,使汤姆斯·库克的业务打破了国界,扩展到了欧洲大陆。

到1864年,经汤姆斯·库克组织参加旅游的人数已累计达100多万。1865年,汤姆斯·库克父子的旅游公司成立。1867年,他们发行代金券,凡持有代金券的国际旅游者都可在旅游目的地兑换等价的当地货币,方便了旅游者进行跨国和洲际旅游。这种代金券可以说是当今旅行支票的雏形。1872年,汤姆斯·库克亲自担任导游,组织了9位旅游者进行为期222天的首次环球旅游。这次环球旅游使汤姆斯·库克的名字成为旅游的代名词,在欧美地区家喻户晓。

汤姆斯·库克的成功,促使欧洲及世界其他国家纷纷成立了类似的旅游组织。美国于1850年成立运通公司,从事旅行代理服务;英国于1857年成立了登山俱乐部,于1885年成立了帐篷俱乐部;德国于1890年成立了观光俱乐部。到20世纪初,英国汤姆斯·库克公司、美国运通公司、比利时铁路卧车公司成为当时世界旅行社中的三大公司。

三、中国近代旅游活动的迅速兴起

中国近代旅游主要是指1840年鸦片战争爆发后到1949年中华人民共和国成立的这段时期。这一时期的旅游活动人数进一步增加,范围更加广泛,中国旅游业也开始产生并逐步发展起来。

鸦片战争爆发,英国的炮舰轰开了清朝政府闭关锁国的大门,旅行活动开始走出国门。一些开明的官绅意识到西方文明已远远超越了当时的中国,在他们的推动下,清政府开始向美、日以及欧洲派送留学生,以期救亡图存。此后,越来越多的青年学子开始接受西式教育,游学各国,从而掀起了留学的热潮。

在我国最早经营旅游业务的旅行社都是一些由国外旅游服务机构为方便本国居民来华旅行而设置的分支服务机构。如在20世纪初进入中国市场的英国通济隆旅行社、美国运通银行旅行社、日本观光局等。他们在上海、香港等主要城市设立分支机构,开办代售旅行所必需的车船票等营业项目,发行被当时中国人称为"通天单"的旅行支票,几乎包揽了当时中国国内外所有的旅行业务。

1923年8月15日,著名爱国资本家陈光甫先生在上海创立了第一家由中国人自己投资创办的旅行社——上海商业储蓄银行旅行部(后改名中国旅行社)。陈光甫先生创办旅行部的主要目的并非是盈利,而是维护民族的尊严。陈光甫先生希望通过创办中国人自己的旅行社,来减少中国人在旅游中受到的歧视,希望为更多的旅行者提供方便,使

他们免受旅途之苦,同时也希望更多的人能够更好地了解中国悠久的历史文化和壮美的大好河山。

旅行部成立后的同年10月,全国教育联合会第九次会议在云南昆明举行,陈光甫争取到了为各省代表安排从上海至昆明旅途间的一切舟车食宿事项。过程中,旅行部提供的周到服务受到了教育界人士的称赞。旅行部业务活动的一举成功,坚定了陈光甫创办中国旅行机构的决心。随着业务活动的逐步扩展,前来旅行部办理旅游业务的人越来越多,原先银行内的营业处已无法满足业务需要。1924年1月旅行部迁往四川路,独立门户,以便于发展。为了更好地推广业务,旅行部首先在杭州设立分部,之后的五年间,先后在各地设立了11个分部。1927年6月1日,旅行部正式改名为"中国旅行社",旅行部与银行正式分离。

中国旅行社成立之初,业务活动较为简单,主要是代售火车票和轮船票。在中国航空公司成立后,开始代售飞机票。之后,其业务范围不断拓展。1924年,旅行部成立的第二年起,每年春季,都会组织前往杭州的旅游团,并协同铁路局开设游杭专列,开创了我国包专列旅游的先河。此外,旅行部还组织了海宁观潮、惠山游湖、富春览胜等各具特色的团体旅游活动。旅行部的业务活动不仅仅局限于国内旅游,国际旅游同样也开展得有声有色。1926年春天,旅行部首次组织了20多人赴日观樱花。1929年,杭州举行西湖博览会,中国旅行社从香港、南京、天津等地组织团体赴杭参观,并在展会期间为客人提供食宿、汽车租赁和游览等多种服务,深受客人的欢迎。1933年,为中国穆斯林组织麦加朝圣团,为其代办出国手续、各种票务等。同年,还为参加在柏林举行的第十一届奥运会的中国代表办理车船客票,并组织奥运参观团,前往柏林游览助威。

1932年,为了更好地拓展业务活动,中国旅行社专门设立了游览部。中国旅行社还开办了一系列与旅游直接相关的其他业务。如为了给游客提供更好的住宿设施,中国旅行社自1931年到1937年先后在沈阳、徐州、青岛、黄山等地投资兴建了21家招待所、饭店。为了帮助景区吸引游客,中国旅行社多次直接投资开发景区,如为戚继光的遗址修建华亭,为泰山修整登山道路等。此外,中国旅行社还为留学生办理出国手续,发行旅游支票,代办邮政电报等。1927年,中国旅行社创办了中国的第一本旅游杂志——《旅行杂志》,杂志邀请了当时国内许多著名学者和教授为其执笔,还聘请了许多国外的特稿记者,使之成为旅游者获取旅游信息的最佳来源之一。

1937年,抗日战争全面爆发,中国陷入了动荡不安的局势中,中国旅行社苦心经营了十余年的业务也毁于一旦。1949年中华人民共和国成立前夕,陈光甫先生移居香港,中国旅行社的业务重心也随之转移。1954年重新注册为"香港内地旅行社有限公司",成为内地在香港的旅游、铁路货运业务的主要代理。

除中国旅行社外,中国近代也出现过一些其他旅游组织。但由于中国当时半殖民地半封建社会背景的制约,这些旅游组织和中国旅行社一样,发展受到了严重的影响,使中国近代旅游业始终停留在起步阶段。

【思考题】

汤姆斯·库克1841年组织从莱斯特前往利物浦的旅游活动,为什么被称为人类历史上出于商业性目的的第一次真正意义上的团体消遣旅游?

学习任务三　了解现代旅游业的发展历程

任务导入　　大众旅游活动的兴起

现代旅游是指第二次世界大战之后，尤其是 20 世纪 60 年代以来迅速普及于世界各地的社会化大众旅游活动。第二次世界大战结束后，社会趋向稳定，各国经济开始逐步复苏，旅游活动日益频繁，旅游业发展迅猛。1950 年，全世界国际旅游者的人数为 2 528 万人次，国际旅游外汇收入为 21 亿美元；到 1960 年，短短 10 年时间，全世界国际旅游者就增长到了 6 932 万人次，是 1950 年的 2.74 倍，平均每年增长 10.6%。国际旅游外汇收入则从 1950 年的 21 亿美元增加到 1960 年的 68.67 亿美元，是 1950 年的 3.27 倍，平均每年增长 12.58%，这一数据远远高于当时世界经济的平均增长率。这种趋势，在之后的 50 多年时间中，得以持续保持。世界旅游城市联合会（WTCF）与中国社会科学院旅游研究中心共同发布的《世界旅游经济趋势报告（2020）》显示，2019 年，全球旅游总人次（包括国内旅游人次和入境旅游人次）为 123.1 亿人次；全球旅游总收入（包括国内旅游收入和入境旅游收入）为 5.8 万亿美元，相当于全球 GDP 的 6.7%。

思考　现代旅游业获得迅速发展的原因是什么？

学习导读

现代旅游业的迅速发展与第二次世界大战后整个国际社会的政治局势相对稳定、经济快速发展、生产效率大幅提高、交通运输工具不断进步、城市化进程进一步加速、教育事业和信息技术的飞速进步、全球经济一体化趋势的不断加强，以及政府大力扶持和鼓励等各方面因素密不可分。

知识链接

一、现代旅游业发展的历史背景

现代旅游业的迅速发展与第二次世界大战后整个国际社会的政治、经济、科技、文化等各方面的因素密不可分。

（一）国际政治局势的相对稳定为旅游业的快速发展奠定了坚实的基础

第二次世界大战被称为是 20 世纪世界历史的重大转折点，国际政治局势由战前的动荡不安过渡到战后的和平与发展。战后世界和平与战争力量对比的改变，使各国在处理国际关系时更多地以对话代替对抗，以缓和与合作代替战争或冷战。相对稳定的国际政治局势，为各国经济的快速发展提供了持久的动力。而随着国际合作的开展，各国之间相互依存的国际经济关系

也反过来抑制了新的冲突的爆发。半个多世纪以来,尽管由于各种因素的存在,导致了局部战争时有发生,但大规模的世界性战争并未发生。从全球整体来看,和平与发展始终占据着主导的地位,这就为世界旅游业创造了良好的发展机会,使世界旅游业在短短的几十年中迅速崛起。

(二)经济的快速发展使人们的收入水平不断提高

第二次世界大战结束后,饱受战争之苦的世界各国纷纷开始全面恢复和发展经济。战后的半个多世纪里,世界经济的年平均增长率接近4%,世界国民生产总值达30万亿美元。随着各国生产力的发展和整体经济实力的增强,各国人民的生活水平也获得了改善和提高,越来越多的人开始过上了富裕的生活。人们在物质生活得以满足的基础上,普遍地开始关注和重视进一步提高自己的生活质量,开始寻求精神生活的享受。旅游作为一种放松心情、陶冶情操的活动,日益成为普通民众精神生活的一个重要组成部分。

(三)生产效率的提高使人们有了更多的闲暇时间

第二次世界大战后,美国等资本主义国家率先掀起了以原子能和电子信息技术的发明与应用为先导的第三次科技革命。新的科技革命使生产力的各要素发生了根本性变化,尤其是在劳动者自身素质方面。科技革命使人类掌握了更多的先进知识,提高了自身的素质和能力,这就为生产效率的提高提供了必要保障。统计资料显示,1951年到1975年期间,各国劳动生产率的提高速度明显快于战前:英国为2.6%,美国为3.2%,法国为4.3%,德国为4.4%,日本更是高达8.8%。生产效率提高了,人们的工作时间随之缩减,从而使闲暇时间不断增加。到20世纪90年代,人们的闲暇时间已增加到了41%。到21世纪,随着新技术的发展,更有望使人们的闲暇时间增加到50%,这就为人们从事旅游活动提供了时间上的保证。

(四)交通运输工具的进步缩短了旅行的时空距离

第二次世界大战后,随着科学技术的进步,交通运输工具种类数量的增加和运行速度的加快,使人们的旅行时间不断缩短,旅行费用不断减少,从而使大众旅游成为可能。在传统交通方面,铁路运输中新型的内燃机车和电力机车逐渐代替了落后的蒸汽机车,运行速度不断加快,日本、法国、英国、美国等国家都先后修建了高速铁路,大大提高了铁路的运载能力;远洋运输中造船技术不断改进,集运输、食宿、游览、娱乐和购物为一体的豪华邮轮取代了单一客运功能的远洋航船,船只运行速度不断加快,即使是进行环球航行也变得轻而易举了;作为新型的交通工具,汽车和飞机在战前已经应用于商业运营,但因为安全、价格和舒适度等诸多因素,其使用受到了很大限制。战后汽车制造技术不断改进,随着私人汽车的普及率不断提高,长途公共汽车运营网络不断完善,高速公路网络不断延伸,汽车以其快捷、方便、灵活的特点,成为人们中短途旅行的首选交通工具。与此同时,飞机制造技术的完善以及航空运输网络的形成,也使航空运输的安全性、舒适性大大提升,运输的成本不断下降,从而使飞机成为人们远距离旅游的首选。

(五)城市化进程的进一步加快激发了人们的旅游动机

第二次世界大战后,世界各国的城市化进程进一步加快,城市人口密度不断提高。1960年世界城市人口10.32亿,城市化率34.2%,1980年世界城市人口17.04亿,城市化率39.6%,2000年世界城市人口28.54亿,城市化率46.6%,2020年世界城市人口42.69亿,城市化率56.2%。

(六)教育事业的发展和信息技术的进步使人们对外面的世界充满了好奇

第二次世界大战后,世界各国都把教育看成是一项长期生产投资,非常重视发展教育事业。教育的发展一方面增加人们了对外部世界的了解,激发了他们的求知欲望;另一方面也使人们克服了对异国他乡的陌生感和恐惧感,从而对外出旅游更有信心。而信息技术的发展则使旅游信息的传递变得更为方便快捷,人们可以通过更多的媒体来了解世界各地的自然风光、风土人情,以便帮助他们更好地计划和组织旅游活动。

(七)全球经济一体化趋势使世界各国、各地区之间的联系不断加强

第二次世界大战后,世界经济在科技的推动下迅速地恢复和发展,经济一体化的进程也成为发展的必然趋势。各国、各地区之间的经济利益错综复杂,其相互依赖的程度不断加深。经济上的互惠互利使各国、各地区之间的交流与合作日益频繁,这就为商务旅游市场的发展注入了巨大的动力。

(八)政府的扶持和鼓励使旅游业的发展有了坚强的后盾

作为世界公认的朝阳产业,旅游业对经济的推动作用是举世瞩目的,它不仅能为旅游目的地带来丰厚的外汇收入,还能减缓地区间经济发展差距,创造就业机会,带动一系列相关行业的发展,因而越来越多地受到了世界各国政府的普遍重视。为了促进旅游业的发展,各个国家纷纷采取了各种有效的扶持措施,如政府投资旅游基础设施的建设,政府积极组织和参与旅游产品的推广、税收优惠、简化出入境手续等。在各种国际性的会议中,各国政府更是把旅游服务贸易列为重要议题加以探讨。当各类危机出现时,政府的各类应对措施又为旅游业的迅速恢复铺平了道路。埃及卢克索事件、印尼巴厘岛袭击旅游者惨案都是危害旅游形象和破坏旅游市场环境的事件,最终都是由政府出面得到了妥善的解决。

二、世界现代旅游业发展的基本特征

从世界范围来看,现代旅游业的广泛发展,表现出以下四个基本特征:

(一)旅游业增长的持续性

第二次世界大战后,旅游活动日益成为人们日常生活的重要组成部分。世界旅游组织的统计资料显示,从20世纪50年代至今,世界旅游业发展整体上呈现上升的趋势。从表2-1可以看出,国际旅游人次从1950年的2 582万,增加到了2019年的123.1亿,增长了476.76倍;国际旅游收入更是从1950年的21亿美元,增加到了2019年的5.8万亿美元,增长了2 761.9倍。当然,表中数据也显示,在1980—1983年以及2001年和2003年,国际旅游人次和国际旅游收入有所波动。20世纪80年代初期的波动起源于当时的国际性能源和经济危机,在经历了四年的小幅波动后,1984年旅游业又恢复了全面发展的趋势。第二次波动出现在2001年,受主要旅游客源市场的经济衰退和"9.11"恐怖活动的影响,国际旅游人次和国际旅游收入均出现一定程度的下降,但这次下降到2002年即得以恢复。第三次波动出现在2003年,受非典疫情的影响,国际旅游人次出现了下降,但当年的国际旅游收入仍保持上升的趋势,而旅游人次也在第二年就恢复并突破了非典前的数量。由此可见,在这些年中,无论是国际旅游人次,还是国际旅游收入,波动都是暂时的,旅游业发展的总趋势是持续上升的。

表 2-1　　　1950—2019 年世界国际旅游人次和国际旅游收入统计表(节选)

年份	国际旅游人次/百万	国际旅游收入/亿(美元)	年份	国际旅游人次/百万	国际旅游收入/亿(美元)
1950	25.82	21	1990	415	2 300
1960	69.32	68.67	2000	697	4 753.59
1970	159.69	179	2001	693	4 630
1979	274.00	833.32	2002	715	4 740
1980	254.84	1 023.63	2003	694	5 140
1981	285.06	1 016.84	2004	763	6 220
1982	286.73	984.20	2007	900	8 000
1983	292.44	981.55	2011	982	10 000
1984	319.04	1 028.11	2019	1 231	58 000

(二)旅游活动参与者的大众性

现代旅游活动与古代旅行活动及近代旅游活动最大的区别在于它的大众性。现代旅游活动的参与者已不仅仅局限在少数特权阶层的范围之内,而是扩展到了各个阶层的普通大众。随着世界经济的发展,各国人民生活水平的普遍提高以及带薪假期权利的获得,越来越多的普通大众具备了参与旅游活动的条件,旅游活动真正成为人人都可享有的权利。正如世界旅游组织在 1980 年公开发表的《马尼拉宣言》中明确提出的那样,"旅游业是人类社会基本需要之一。为了使旅游同其他社会基本需要协调发展,各国应将旅游纳入国家发展的重要内容之一,使旅游度假真正成为人人享有的权利"。现代旅游活动的大众性还体现在旅游形式上。有组织的旅游团体或旅行社包价旅游的规范化旅游模式,成为占主导地位的旅游形式。这种形式对于缺乏旅游经验的旅游者来说,大大增加了他们的安全感,提升了旅游的质量,同时也节省了费用开支。正是这种形式的旅游,为旅游者消除了外出旅游的种种障碍,促使越来越多的人参与到旅游活动中来,形成了大众旅游。

(三)旅游活动地域上的集中性

随着世界旅游业的迅猛发展,旅游活动的参与者数量日益增加,旅游活动的地域范围也日益扩大,从严寒的南极大陆到湿热的热带雨林,从白雪皑皑的珠穆朗玛峰到神秘莫测的海底世界,到处都遍布着旅游者的足迹。但旅游者并非平均地分布于世界各地,旅游者在确定旅游目的地时,往往也会选择一些热点国家或地区,从而使旅游活动呈现出地域上的集中性。根据世界旅游组织的统计资料显示,2015 年,世界各地区接待国际旅游者数量占全球总量的比例分别为欧洲 51%、亚太地区 24%、美洲 16%、非洲 5%、中东 4%。由此可见,经济越发达的地区,旅游业市场发展越成熟,对旅游者的吸引力也越强。欧洲集中了全球最多的工业化国家,经济较发达,旅游市场也相对成熟,因而前往欧洲的旅游者达到了 6.80 亿人次,占世界整个旅游市场份额的一半以上。亚太地区主要国家的经济综合实力在近年来迅速增强,从而使亚太地区旅游市场不断繁荣,游客数量达到 2.79 亿人次,成为第二大国际旅游接待地区。

(四)旅游市场竞争的激烈性

旅游业是全球经济发展中规模最大、增势最强、前景最好的产业之一,它对整个国民经济产生的巨大推动作用是其他产业无法比拟的,因而各国、各地区对旅游业的重视也

达到了前所未有的程度。因此,旅游竞争已不仅仅局限在企业与企业之间,而是扩大到各国和各地区之间。各国、各地区政府为了推动本国、本地区的旅游业发展,积极地投入到旅游业的开发和建设中去。政府投资进行道路交通等基础设施建设,做好社会治安和环境卫生的整治,为旅游业的发展提供了良好的基础环境。政府出面利用旅游博览会、各种媒体以及举办各类活动对本国、本地区的旅游整体形象进行促销。例如,亚洲金融危机以后,中国香港特别行政区拿出上亿港币成立了盛事基金,通过举办大型促销活动加快复苏旅游业。为了吸引旅游者,一些国家元首和政府首脑甚至亲自出面为本国的旅游业做广告。例如,美国的布什父子,先后为促进美国旅游业的发展拍摄过宣传广告。老布什把振兴旅游业作为恢复美国经济的突破口,1992年,由他亲自拍摄的一则向民众介绍美国丰富旅游资源的电视广告在英国播出后,立即引起轰动,从而使到美国旅游的英国游客大幅增长。小布什在"9·11"事件后,为了恢复人们的旅游信心,也亲自参加了旅游广告片的拍摄,广告片在很多国家播放,同样也取得了非常好的效果。此外,英国前首相布莱尔、韩国前总统金大中也都曾为促进本国旅游业的发展拍摄过宣传广告。

三、中国现代旅游业的快速发展

中国现代旅游业是指中华人民共和国成立后的旅游活动。70多年来,中国的旅游业取得了惊人的发展,其发展可以划分为两个主要的阶段,分别是1949—1978年的外事接待阶段和1978年以后的全面发展阶段。

(一)外事接待阶段

这一时期,旅游是作为一项政治性的"民间外交"而存在的,旅游业以外事接待为主,具体可分为三个阶段:

1. 初步创立时期

从中华人民共和国成立到20世纪50年代中期,是中国现代旅游业的初步创立时期。中华人民共和国的第一家旅行社成立于福建厦门。由于地理环境和历史背景等因素,厦门拥有众多的归侨、侨眷以及厦门籍海外侨胞,是著名的侨乡。中华人民共和国成立后,为了方便海外侨胞回国探亲,1949年11月19日,厦门市军管会在接管了旧"华侨服务社"并对其进行整顿后,于同年12月正式创立了中华人民共和国成立后的第一家华侨服务社。此后几年里,广东省、福建省和许多中心城市相继成立华侨服务社。中华人民共和国成立后,来华公务出差和旅游的外籍人士也逐渐增多,为了更好地完成这项严肃的政治接待任务,1954年4月15日,经周恩来总理提议和政务院的批准,成立第一家面向外国旅游者开展国际业务的旅行社——中国国际旅行社总社成立,并在上海、天津、广州、杭州、南京等地成立了14家分社,其主要业务活动是承办除外国政府代表团以外的所有其他单位委托的外宾以及外国自费旅游者在中国的食、住、行、游、购、娱等各项接待工作。1957年,各地华侨服务社在北京召开专业会议,决定对全国华侨服务社进行统一管理,并在原有名称的基础上增加"旅行"二字,于是,华侨旅行服务总社在北京成立。

尽管如此,中国的旅游业在此期间的发展还是极为有限的。在国际旅游方面,由于当时以美国为首的资本主义国家对中国实施政治孤立、经济封锁和军事包围的政策,中国国际旅游的发展受到了很大的阻碍。国内旅游方面,由于旅游基础设施和旅游需求的缺乏而发展缓慢。因此,这一时期的旅游业基本上是以外事接待为主。

2. 逐步开拓时期

从20世纪50年代中后期到"文化大革命"前,是中国现代旅游业的逐步开拓时期。经过10多年的努力,我国的外交工作取得了巨大的进展,先后与50多个国家建立了外交关系。1963年年底到1964年年初,周恩来总理率团先后出访了埃及、阿尔及利亚、摩洛哥等亚非14国,这次历史性的访问,不仅增强了中国同亚非国家的团结与合作,也大大提高了中国在国际上的地位和声望。1964年1月,中国与法国的建交,更是标志着中国同西欧国家关系有了一个重大的突破。同年,中国民航开通了前往巴基斯坦、中东和阿富汗的三条国际航线,架起了通向世界的空中桥梁。随着我国外交工作的全面开展和国际交通的日益便利,自费前往中国旅行游览、洽谈贸易的旅游者不断增多。为了做好旅游接待工作,进一步推动旅游业的发展,1964年7月,经全国人大常委会批准成立了中国旅行游览事业管理局。这一时期中国旅游业的管理体制实行的是政企合一的体制,国家旅行游览事业管理局和中国国际旅行社总社是"两块牌子,一套人马",对外招徕用国旅总社的牌子,对内行业管理则行使国家旅游局的职能。

在中国旅行游览事业管理局党组关于第一次旅游工作会议的报告中明确指出,发展旅游事业的目的,一方面是通过旅游工作,宣传我国革命和社会主义建设成就,促进各国人民对我国的了解,增进相互之间的友谊,扩大我国的政治影响;另一方面,亦可为国家吸收更多的外汇资金,支援第三线的建设。可见,尽管这一时期中国的旅游业取得了较快的发展,但发展旅游业的主要目的仍然以外事接待为主。

3. 崎岖发展时期

"文化大革命"的十年,是中国现代旅游业的崎岖发展时期。20世纪60年代中期,世界旅游业正处于大发展的时期,而我国的旅游业却由于"文化大革命"这场劫难而停滞不前,甚至出现了倒退的现象。旅游活动被斥为"资产阶级的享乐""修正主义的温床"而被禁止。华侨旅行服务社被撤销、国旅业务被迫停止,大批旅游业工作人员受到迫害。旅游业几乎陷入了瘫痪的境地,入境旅游者日益减少。

20世纪70年代后,这一局面才得以逐步扭转。1970年,周总理批示"中国旅游局的机构还是需要保留的",同年8月,外交部提出了《关于旅游体制改革的意见》,使旅游业基本恢复到"文化大革命"前的格局。1971年2月,毛主席在旅游局的接待人数报告上指示"人数可略增加",旅游接待工作开始逐渐恢复和发展起来。与此同时,1971年10月25日,第二十六届联大以压倒性人数通过了第2758号决议,明确"承认中华人民共和国政府是代表中国在联合国的唯一合法政府,中华人民共和国是安理会五个常任理事国之一";1972年2月,美国总统尼克松访华,中美建交;同年9月,日本总理大臣田中角荣访华,中日建交。外交上的胜利,使中国的国际地位大幅提升、对国际旅游者的吸引力日益增强,为中国旅游业的恢复和发展创造了良好的条件。1972年8月,中国华侨旅行服务总社恢复营业。为了进一步做好海外华侨、港澳同胞、台湾同胞和外籍华人的旅游接待工作,1974年1月,经国务院批准在华侨旅行服务总社的基础上成立中国旅行社,根据周恩来总理提议,保留"华侨旅行服务社总社",同时加用"中国旅行社总社"的名称。

1973年,周恩来总理在旅游工作会议上做出指示,旅游接待工作不能继续赔钱,"对旅游者应按原则收费"。此后,对旅游团的收费问题,又经过了几年的讨论才逐步达成了共识,1975年,财政部开始对旅游外汇收入下达指标。至此,中国的旅游业才逐步摆脱了外事接待的身份,进入了全新的发展时期。

(二)全面发展阶段

1978年,党的十一届三中全会开启了改革开放的历史新时期,中国旅游业也随之进入全面发展时期。改革开放40余年,中国旅游业的发展驶入了快车道,已成功地实现了由旅游资源大国向世界旅游大国的跨越,并正在为早日成为世界旅游强国而不懈努力,旅游业发展成绩斐然。

1. 旅游管理体制不断完善

为了进一步加强对旅游行业的管理,1978年3月,中国旅行游览事业管理局改为直属国务院的中国旅行游览事业管理总局,由外交部代管;成立各省、市、区旅游局,负责地方的旅游行业管理;并成立由国务院副总理耿飚任组长,铁路、民航、外贸、轻工、商业等部门负责人为组员的旅游工作领导小组,从而建立起了中央和地方的分级管理体制以及与相关行业的横向协调机制。

1978年8月,中国旅行游览事业管理总局改为由国务院直接领导。中国国际旅行社总社作为事业单位进行企业化管理,各省市分社根据各地具体情况由地方决定。旅游业开始进入企业化运作阶段。

1982年7月,中国旅行游览事业管理总局与中国国际旅行社总社按"政企分开"的原则,分署办公和经营。同年8月,中国旅行游览事业管理总局正式更名为中华人民共和国国家旅游局。局、社的分开,为强化行业管理、推动旅游业的加速发展创造了有利的条件。

1986年1月30日,经国务院批准成立了第一个全国综合性旅游全行业组织——中国旅游协会,在旅游企业与政府之间起到了沟通、纽带和桥梁作用。

从1988年到1998年,国家先后出台了三次"三定"方案,实现政府机构精简和职能转变,进一步促使国家旅游局机关与直属企业彻底脱钩。1988年10月,国家旅游局"三定"方案出台,全面系统地规定了旅游管理体制改革的具体实施方案,使政企职能进一步清晰化。1994年3月,国务院办公厅批准印发了《国家旅游局职能配置、内设机构和人员编制方案》,对政府和企业的不同权责进行了更为详尽的划分,进一步下放企业自主经营权,政府的功能逐步向行业管理、间接管理、调节式管理转变。1998年,国务院办公厅印发国家旅游局机构改革"三定"方案,再一次大幅精简了机构设置和人员编制,进一步明确了中央和地方、政府和企业的相关职能。

此后,《旅游发展规划管理暂行办法》《导游人员管理条例》《旅游区(点)质量等级的划分与评定》《中国公民出国旅游管理办法》《旅游规划通则》《旅游饭店星级划分与评定》等一系列行业性管理条例和办法的颁布,使旅游行业管理朝着法制化、规范化的道路迈进。

2018年3月,第十三届全国人民代表大会第一次会议通过了《深化党和国家机构改革方案》,决定组建文化和旅游部,同年4月8日文化和旅游部在北京正式挂牌。

2. 市场规模不断拓展

改革开放以来,中国旅游业发展迅猛,入境旅游、国内旅游和出境旅游三大市场全面繁荣。入境旅游市场方面,对外开放的不断扩大以及对外经济文化交流的日益频繁,使我国和平、安全、发展的国际形象为越来越多的国际旅游者所接受,从而为大力发展入境旅游带来了良好机遇。入境旅游市场始终保持着良好的增长势头,各项经济指标屡创新高。1978年,接待的国际旅游者仅为181万人次,国际旅游收入为2.62亿美元,位居世界第41位。2019年,入境旅游人次为1.45亿,国际旅游收入为1 313亿美元。

国内旅游方面,随着居民生活水平的稳步提高和带薪休假制度的不断完善,国内旅

游日益成为人们日常生活的重要组成部分。2019年,国内旅游人次达到60.06亿,国内旅游收入达5.75万亿元人民币,成为世界上规模最大的国内旅游市场。

出境旅游方面,市场增长势头异常强劲。从1983年中国内地居民自费赴港澳地区探亲旅游开始计算,中国出境旅游发展经历了探亲试验、调整放开和快速发展三个阶段。从人数上看,中国(内地)居民出境旅游热情日益高涨,人数持续增长,尤其是进入21世纪后,年增长速度均在两位数。2019年,出境旅游者达1.54亿人次,从出境目的地来看,出境旅游目的地也由原来的香港、澳门地区,扩展到了除南极洲以外的世界六大洲。

3. 产业规模进一步扩大

我国经济的快速发展和旅游市场的不断繁荣,进一步促进了旅游产业的快速发展。1978年,我国涉外饭店数量仅有137家,客房1.5万间,旅行社也仅有国旅和中旅及其所属的100多个分社,数量极为有限。1984年7月,国务院批准国家旅游局《关于开创旅游工作新局面几个问题的报告》,准许在旅游基础设施的建设方面,采取国家、地方、部门、集体、个人一齐上,自力更生和利用外资一齐上的原则,促使大量资本涌入旅游业,使旅游投资者和经营者多元化,为产业规模的壮大奠定了坚实的基础。

饭店业方面,数量、规模、类型都有了极大的发展。到2019年,纳入全国星级饭店统计管理系统的饭店有8 920家。世界著名的饭店集团纷纷加快了进入中国市场的步伐,并在此展开全面布局。据不完全统计,已有40多家国际饭店管理集团的70多个品牌进入中国,共管理1 000多家饭店。世界排名前十位的国际饭店管理集团已全部进入我国市场。本土酒店管理集团逐渐从吸收模仿阶段发展到自主创新发展阶段,32家本土酒店集团跻身世界酒店三百强。

旅行社方面,1980年,中国青年旅行社成立,形成由国旅、中旅、青旅三家垄断经营的局面。1984年,国务院就旅行社的体制改革做出决定,打破垄断,放开经营旅行社,旅行社由行政事业单位改为企业。此后,旅行社开始迅猛发展。1998年,外资旅行社开始进入中国旅游市场。同年6月,由国旅总社、云南旅游集团股份有限公司和瑞士力天集团有限公司合资的,经国家批准在我国境内开设的第一家中外合资旅行社——云南天力旅游有限责任公司成立。2001年,中国加入世界贸易组织,并承诺到2005年年底,中国允许外商在国内成立独资旅行社。2003年7月,首家外资独资旅行社正式准入中国,即日本航空公司所属的日航国际旅行社有限公司在北京设立,提前兑现中国入世承诺。2019年,全国旅行社总数达到38 943家。OTA(Online Travel Agent,在线旅行社)发展迅猛,2019年中国在线旅游市场交易规模约10 059亿元。

旅游交通方面,截至2019年,中国公路总里程已达484.65万千米,高速公路里程达14.26万千米,居世界第一。"五纵七横"国道主干线基本贯通,连接了首都、各省省会、直辖市、经济特区、主要交通枢纽和重要对外开放口岸,覆盖了全国所有人口在100万以上的特大城市和93%的人口在50万以上的大城市。道路系统的完善,使中短途旅游更为方便、快捷。铁路交通方面,从1997年开始,全国铁路先后进行了6次大提速,主要干线开始以时速200千米的高速运行。2021年12月30日,京港高铁安九段开通运营,标志着"八纵八横"高铁网京港(台)通道商丘至深圳段全部贯通。至此,中国高铁运营里程突破4万千米,中国铁路营运总里程突破15万千米,居世界第一位。铁路运行速度的提升,大大缩短了旅行的时间。在航空交通方面,2019年,我国有民用航空机场238个,其

中定期航班通航机场237个,定期航班通航城市234个;全年完成旅客运输量6.60亿人次,其中,国内航线完成旅客运输量5.75亿人次,港澳台航线完成旅客运输量1 107.6万人次,国际航线完成旅客运输量7 425.1万人次。

【思考题】

为什么在改革开放后,我国的旅游业会获得如此巨大的成绩?

项目小结

旅游作为一种社会经济文化现象,是随着生产力的发展和社会的进步而逐步产生并兴起的。在原始社会早期,人类既缺乏外出旅行所必需的物质条件,也缺乏外出旅行的主观愿望,因而,这一时期的人类并不具备外出旅行的需求。人类社会的三次社会大分工,促进了生产力的发展和生产效率的提高,旅行活动开始出现。但古代旅行活动仅仅局限于社会上的一小部分人,不论是从规模和范围来看,还是从内容和性质来看,它与现代旅游相比都存在着很大的区别。18世纪60年代,产业革命的爆发促进了资本主义生产力的迅速发展,也为近代旅游活动的兴起创造了有利的条件。1845年,汤姆斯·库克创办了世界上第一家旅行社——汤姆斯·库克旅行社,成为近代旅游业诞生的标志。第二次世界大战之后,国际社会趋于稳定,各国经济开始逐步恢复,旅游活动日益频繁,旅游业发展迅猛。时至今日,旅游业已成为世界上规模较大的产业之一。

项目实训

1. 以小组为单位,组织学生讨论"古代、近代以及现代旅游(旅行)发展的背景有何区别",指定学生代表在班级陈述讨论结果。

2. 以小组为单位,组织学生讨论"在外事接待阶段,中国旅游业的发展有哪些特点",形成小组讨论结果。

拓展训练 《中华人民共和国旅游法》(以下简称《旅游法》)实施带来的实质变化

变化一 以自由活动代替购物

《旅游法》规定:旅行社组织、接待旅游者,不得指定具体购物场所,不得安排旅游者购物。

旧版旅游合同:行程表中会将每一日的进店购物数量、名称进行标注。

新版旅游合同:完全取消了进店购物项目,行程表里仅有每日旅游线路、景点、交通、住宿。此外,旅行社在行程中都会留出半天或者一天的自由活动时间,方便游客购物。

业内解读:"十一"假期过后,游客前往东南亚旅游,不会再被强迫去燕窝店、药油店等导游拿回扣的购物点购物,这会大大增加游客游览的时间;而欧美等地的奥特莱斯、巴黎春天等购物胜地,导游也不会带着游客前往。若游客本身有购物需求,可以在行程中的自由活动时间内自愿前往。

变化二　小费包含在团费中

《旅游法》规定:导游和领队禁止向旅游者索取小费,诱导、欺骗、强迫或者变相强迫旅游者购物或参加另行付费旅游项目等。

旧版旅游合同:团费不包括境外小费,小费属于"旅游合同不包含"的费用范围。

新版旅游合同:团费中包含境外小费、导游及领队服务费、境外交通服务费,并标注了每日价格,以及共交付几天的小费。

业内解读:以往游客在境外旅游过程中,领队或导游经常会要求付给地陪或者司机师傅小费。通常都是领队和导游要多少钱,游客就给多少钱,但到底该不该给、该给多少,却没有人知道。将小费写到旅游合同中,既让游客明确知道在当地花了多少小费,也可以有效控制当地导游乱收小费的情况。

变化三　自费项目全部取消

《旅游法》规定:旅行社组织、接待旅游者,不得安排另行付费旅游项目。

旧版旅游合同:单独列出所有的自费项目,并且自费项目占用行程时间。

新版旅游合同:自费项目不包含在行程的游览景点中,或者干脆取消。

业内解读:以往游客报名低价团,旅行社为了降低团费,连一些必去的景点都改成自费项目。比如,去法国旅游,凡尔赛宫的门票费需要游客自理,非常不合理。"十一"假期过后,这些"必去"的景点费用全部含在团费中,游客不用再掏一分钱,当然团费价格也会相应地上涨。

变化四　不可抗力损失双方买单

《旅游法》规定:因不可抗力造成游客滞留的,旅行社应当采取相应的安置措施。因此增加的食宿费用,由旅游者承担;增加的返程费用,由旅行社与旅游者分担。

旧版旅游合同:并没有单独列出遇到不可抗力因素时应该如何分担责任。

新版旅游合同:作为合同"补充说明",把相关内容按《旅游法》规定列出,要求合同双方共同执行。

业内解读:"十一"假期过后,如果出现因飞机延误取消、天气原因等"不可抗力"因素,导致行程出现问题,费用需要游客和旅行社共同承担。比如,若旅游当地出现动乱,需要紧急撤离到其他地方,这部分费用由旅行社和旅游者分摊;若飞机取消,导致游客滞留当地,多出来的食宿费用由游客承担,返程机票若需重新单独购买,则由旅行社和游客均摊。

讨论　《旅游法》的实施对今后中国旅游业的发展有何意义?

在线自测

项目三

旅游者分析

知识目标

- 了解国际旅游者、国内旅游者的基本含义
- 掌握旅游者产生的主、客观条件
- 熟悉旅游者的类型划分及其消费特点

能力目标

- 能够根据我国统计标准,确定旅游者统计范围
- 能够了解影响当地旅游者需求的各种主、客观因素
- 能够全面分析各种不同类型的旅游者及其消费特点

思政目标

- 了解旅游者的旅游需求,培养学生的服务意识
- 以古今中外著名旅行家为榜样,做中华优秀传统文化的传承人

学习任务一　旅游者概念介绍

任务导入　2021年前三季度国内旅游数据情况

根据国内旅游抽样调查结果,2021年前三季度,国内旅游总人次26.89亿,比上年同期增长39.1%。(恢复到2019年同期的58.5%。)其中,城镇居民19.34亿人次,增长38.2%;农村居民7.55亿人次,增长41.4%。分季度看,一季度国内旅游人次10.24亿,同比增长247.1%;二季度国内旅游总人次8.47亿,同比增长33.0%;三季度国内旅游总人次8.18亿,同比下降18.3%。

国内旅游收入(旅游总消费)2.37万亿元,比上年同期增长63.5%。(恢复到2019年同期的54.4%。)其中,城镇居民旅游消费1.91万亿元,增长62.6%;农村居民旅游消费0.45万亿元,增长67.0%。

人均每次旅游消费879.68元,比上年同期增长17.5%。其中,城镇居民人均每次旅游消费990.17元,增长17.7%;农村居民人均每次旅游消费596.66元,增长18.1%。

·思考·　旅游人次和旅游收入是如何进行统计的？哪些人可以作为旅游者来统计,哪些人不能作为旅游者来统计？

学习导读

旅游者是旅游活动的主体,是旅游三大要素的基本要素。然而,如何给旅游者一个概念性定义以区分旅游者和非旅游者,目前国际上还没有形成统一的标准。各种国际组织、不同国家都会根据统计和研究工作的需要来制定自己的标准。

知识链接

一、国际上关于旅游者的定义

在国际社会,习惯上将旅游者按其是否跨越国界为标准,划分为国际旅游者和国内旅游者。对国际旅游者的界定,目前已取得了较为统一的认识,但在国内旅游者的界定方面,还存在着较大的分歧。

(一)关于国际旅游者的定义

1. 国家联盟统计专家委员会的定义

在两次世界大战的间歇期间,国际旅游收入迅速增长,因此,在统计上迫切需要有一个更准确的定义。1937年,国家联盟统计专家委员会首次提出了国际旅游者的定义,"国际旅游者是指离开其惯常居住地,到其他国家旅行至少24小时以上的人"。

2. 世界旅游组织的定义

1950年,国际官方旅游组织联盟(世界旅游组织的前身)对国际旅游者的定义进行了修正,具体包括:

(1)在国外学习且膳宿在校的学生同样被视为旅游者进行统计;

(2)到他国访问且停留时间不超过24小时的人员被视为国际短途旅游者;

(3)途经他国,但不作法律意义上停留的人员被视为过境旅行者。

1963年,联合国罗马会议提出了"游客"(Visitor)的新概念,将游客定义为"除了为获得有报酬的职业以外,基于任何原因到其他一个不是自己常住国家访问的人员"。在此基础上,根据游客在一个国家停留时间的长短对游客进行细分,具体可分为两类:一类是过夜游客(Tourist),简称旅游者;另一类是一日游游客(Excursionist)。旅游者指在所访问的国家逗留时间超过24小时,且是以休闲、商务、家事、使命或会议为目的的临时性游客;一日游游客指在所访问的目的地停留时间少于24小时,且不过夜的临时性游客(包括海上巡游者)。同时规定,游客的定义不包括那些在法律意义上并未进入所在国的过境旅客。1968年,联合国统计委员会正式通过了罗马会议对旅游者所下的定义。同年,国际官方旅游组织联盟通过了这一定义。1970年,欧洲经济与发展组织旅游委员会也通过了这一定义。

1976年,联合国统计委员会通过《国际旅游统计暂行准则》,对国际游客的界定作了更为明确的表述。具体包括以下条件的人员:

(1)旅行目的是娱乐、医疗、宗教、探亲、运动、会议、学习或过境的人员;

(2)外国轮船船员或飞机机组成员中途在某国作短暂停留者;

(3)逗留时间不足一年的外国商业或公务人员;

(4)国际团体雇佣的工作时间不超过1年的雇员或回国进行短暂访问的侨民。

该准则同样对非游客进行了详细的界定:

(1)为了移民或谋求职业的目的而进入其他国家的人员;

(2)以外交官或军事人员的身份进行访问的人员;

(3)隶属于上述各类人员的随从人员;

(4)流亡者、流浪汉或在边境往来的工作人员;

(5)逗留时间超过1年的人员。

国际游客又可分为国际旅游者和国际一日游游客。国际旅游者指在目的地国家的住宿设施中至少度过一夜的游客。国际一日游游客指未在目的地国家住宿设施中过夜的游客,其中包括未在目的地国家住宿设施中过夜的游船巡游乘客,但不包括未在法律意义上正式进入该国的过境旅客(如乘飞机在某国中转的乘客)。1981年,世界旅游组织(UNWTO)将该定义纳入当年出版的《国际和国内旅游信息收集和反映技术手册》中,初步实现了有关国际旅游者的较为统一规范的定义。

(二)关于国内旅游者的定义

对于国内旅游者的界定,目前尚未形成统一标准。世界旅游组织在1963年提出的"游客"概念,仅仅是针对国际旅游者而言的。1980年,世界旅游组织《马尼拉宣言》将游客定义引申到所有的旅游活动中。国内旅游者是指一个人到他通常居住地区以外的本

国另一地区旅行,时间不超过1年,且主要目的不是从目的地获得经济利益。国内旅游者可分为国内过夜游客和国内一日游游客。国内过夜游客指在本国某一目的地至少逗留一夜,最长不超过一年,且以休闲、商务、家事、使命或会议为目的的人。国内一日游游客指在目的地逗留不足24小时且不过夜,以休闲、商务、家事、使命或会议为目的的人。但这一定义在各国进行国内旅游统计时并未被完全接受,各个国家都在世界旅游组织定义的基础上,根据本国国情对国内旅游者的范围进行了不同的界定。

1. 美国对国内旅游者的定义

美国国家旅游资源评审委员会对国内旅游者的定义是:为了出差、消遣、个人事务或出于工作上下班之外的其他任何原因而离家外出旅行至少50英里(单程)的人,不论其在外过夜还是当日返回。

2. 加拿大对国内旅游者的定义

加拿大政府部门对国内旅游者的定义是:离开其所居住地边界到至少50英里以外的地方去旅行的人。

3. 英国对国内旅游者的定义

英国旅游局对国内旅游者的定义是:基于上下班以外的任何原因,离开居住地外出旅行过夜至少一次的人。

4. 法国对国内旅游者的定义

法国旅游总署对国内旅游者的定义是:凡基于消遣、健康、出差或参加各种形式的会议、商务旅行、改变课堂教学的修学旅行等原因离开自己的主要居所,外出旅行超过24小时,但不超过4个月的人均可视为国内旅游者。

从上述各国对国内旅游者的定义可以看出,各国在进行国内旅游者人数统计时,所采用的方法虽然并不完全统一,但实质上都以时间和距离两个方面为标准来界定国内旅游者的范围。美国、加拿大等北美国家以外出距离为标准来界定国内旅游者,而英国和法国等欧洲国家则以是否在外过夜为标准来界定国内旅游者。

二、我国关于旅游者的解释

20世纪70年代末,随着我国改革开放政策的实行,海外旅游者人数急剧增加,为了更好地了解旅游业的发展状况,进一步做好旅游接待工作,国家统计局开始对来华旅游者进行统计,并对相关概念做出解释。

(一)我国关于国际旅游者的解释

1979年,国家统计局对国际旅游者做出如下界定:凡纳入我国旅游统计的来华旅游入境人员统称为海外游客。海外游客是指来我国大陆参观、旅行、探亲、访友、休养、考察或从事贸易、业务、体育、宗教、会议等活动的外国人、华侨和港澳台同胞。其中,外国人指拥有外国国籍的人,包括加入外国国籍的中国华人;华侨指持有中国护照,但侨居外国的中国同胞;港澳台同胞指居住在我国香港、澳门和台湾地区的中国同胞。同时规定,游客是出于上述目的离开常住国到我国内地连续停留时间不超过12个月,并且主要目的不是通过所从事的活动获取报酬的人。其中,常住国指一个人在1年的大部分时间内所居住的国家或地区,或虽然在这个国家或地区只居住了较短的时间,但在12个月内仍将

返回的这个国家或地区。在我国旅游统计的具体实践中，通常把海外游客称为入境游客。

海外游客包括海外旅游者和海外一日游游客。海外旅游者指在我国大陆旅游住宿设施内至少停留一夜的外国人、华侨和港澳台同胞。海外一日游游客指未在我国旅游住宿设施内过夜的外国人、华侨和港澳台同胞。海外一日游游客应包括乘坐游船、游艇、火车、汽车来华旅游，在车(船)上过夜的游客和机、车、船上乘务人员，但不包括在境外居住而在境内工作，当天往返的港澳台同胞及周边国家居民。

此外，还规定了以下八类人员不属于我国的海外旅游者：

第一，应邀来华访问的政府部长以上官员及其随行人员；

第二，外国驻华使领馆官员、外交人员以及随行的家庭服务人员和受赠养者；

第三，常住我国 1 年以上的外国专家、留学生、记者、商务机构人员等；

第四，乘坐国际航班过境不需要通过护照检查进入我国口岸的中转旅客、机组人员、在口岸逗留不过夜的铁路员工和船舶驾驶人员及其他人员；

第五，边境地区来往的边民；

第六，回国定居的华侨以及回内地(大陆)定居的港澳台同胞；

第七，已在我国定居的外国人和原已出境又返回我国定居的外国侨民；

第八，已归国的我国出国人员。

从我国国家统计局对海外旅游者的解释来看，我国对来访者是否可以列为海外旅游者主要是以其定居地和来访目的为标准界定的，这与世界旅游组织对国际旅游者的定义内容还是基本相符的。

(二)我国关于国内旅游者的解释

国家统计局对国内旅游者的概念做了如下界定：国内旅游者是指为了观光游览、休闲度假、探亲访友、就医疗养、购物、参加会议或从事经济、文化、体育、宗教活动而离开其常住地到我国境内其他地方访问，连续停留时间不超过 6 个月，并且其出游目的不是通过所从事的活动谋取报酬的人。国内旅游者包括在我国境内常住 1 年以上的外国人、华侨以及港澳台同胞，但不包括以下人员：

第一，到各地巡视工作的部级以上领导；

第二，驻外地办事机构的临时工作人员；

第三，调遣的武装人员；

第四，到外地学习的学生；

第五，到基层锻炼的干部；

第六，到境内其他地区定居的人员；

第七，无固定居住地的无业游民。

与国际旅游者相类似，国内旅游者同样可分为国内过夜旅游者和国内一日游游客两大类。国内过夜旅游者是指我国大陆居民离开常住地，在我国大陆境内其他地方的旅游住宿设施内停留至少一夜，最长不超过 6 个月的国内旅游者。国内一日游游客是指我国大陆居民离开常住地 10 千米以外，出游时间超过 6 小时但不足 24 小时，且未在我国大陆境内其他地方的旅游住宿设施内过夜的国内旅游者。

【思考题】

长期居住海外的中国公民到国内来旅游,属于国际旅游者还是国内旅游者?长期居住在国内的外国人到我国境内其他地方旅游,属于国际旅游者还是国内旅游者?

学习任务二　旅游者形成条件分析

任务导入　　歌曲《我想去桂林》

　　我想去桂林呀　我想去桂林
　　可是有时间的时候我却没有钱
　　我想去桂林呀　我想去桂林
　　可是有了钱的时候我却没时间
　　在校园的时候曾经梦想去桂林
　　到那山水甲天下的阳朔仙境
　　漓江的水呀　常在我心里流
　　去那美丽的地方是我一生的祈望
　　有位老爷爷他退休有钱有时间
　　他给我描绘了那幅美妙画卷
　　刘三姐的歌声和动人的传说
　　亲临其境是老爷爷一生的心愿
　　我想去桂林呀　我想去桂林
　　可是有时间的时候我却没有钱
　　我想去桂林呀　我想去桂林
　　可是有了钱的时候我却没时间

思考　听了这首流行于20世纪90年代中期的歌曲,你认为要成为一个旅游者必须具备的条件是什么?

学习导读

　　旅游是人们的一种有目的、有意识的审美体验活动,旅游需求能否产生、旅游活动能否实现会受到诸多因素的影响,这其中既有收入水平、闲暇时间等客观因素,也有旅游动机等个人主观因素,只有当这些必要的客观条件和主观条件都成熟了,潜在的旅游者才能转变为现实的旅游者。

知识链接

一、旅游者产生的客观条件

旅游者产生的客观条件涉及收入水平、闲暇时间、交通运输、政治因素、自然环境、身体状况、家庭结构等多方面的因素。这些因素相互交融,共同影响着人们的旅游决策。其中,收入水平和闲暇时间是实现旅游活动的两个重要的决定因素。

微课:旅游者产生的客观条件

(一)收入水平

旅游活动是一种消费行为,旅游者在旅游过程中购买各项旅游产品和旅游服务,需要付出一定数量的货币,而旅游者是否有能力支付这些货币,就成为旅游活动能否实现的首要条件。恩格斯把人类的生活资料分为三个层级,即生存资料、发展资料、享受资料。一般而言,人们会优先满足生存资料的获取,在此基础上才会去追求发展资料和享受资料的满足。旅游活动具有愉悦身心、体现地位、增加阅历的功能,是一种较高层次的精神文化消费,因而旅游产品和旅游服务既是发展资料,又是享受资料。人们只有在基本的生存资料得以满足后,才有可能产生旅游动机,并实施旅游行为。

根据国际经验,当一个国家的人均国民生产总值达到800~1 000美元时,居民将普遍产生国内旅游的动机;人均国民生产总值达到4 000~10 000美元时,将产生出国旅游的动机;超过10 000美元时,则会普遍产生洲际旅游的动机。我国改革开放以来,经济增长对旅游活动的促进作用也充分说明了这一事实。1978年,我国人均国民生产总值只有379元人民币,到2007年,我国人均国民生产总值达到18 700元人民币,扣除价格上涨因素,30年间增长了16倍。与此同时,我国旅游业也随之快速增长。20世纪80年代中期,随着居民收入的逐步增加,我国的国内旅游开始起步,20世纪90年代开始高速发展,2000年以后,我国出境旅游市场也开始迅速发展。2019年,我国国内旅游人次达到60.06亿,出境旅游人次达1.54亿,如今出境旅游对于我国居民来说,已不再属于高消费了。

当然,一个人(或一个家庭)的收入并非全部用于旅游活动,因而真正决定旅游动机能否转化为旅游行为的,是每个家庭的可自由支配收入。所谓可自由支配收入是指在一定时期(通常指一年)内的全部收入扣除纳税、社会花费(健康和人寿保险、老年退休金和失业补贴的预支等)、日常消费必须开支部分以及为预防意外进行适当储蓄后的剩余部分。许多相关研究表明,当一个家庭的收入不足以购买基本生活必需品时,很少会外出旅游,然而一旦这个家庭的收入水平超过这一临界点,用于旅游的消费便会迅速增加,且增加比例会超过收入的增长速度。美国人口统计局、美国旅游资料中心以及许多市场调研公司的调查结果都表明,人们外出旅游与家庭收入水平有着直接的联系。在美国,年收入在15 000美元以上的家庭外出旅游的可能性,比年收入低于这一水平的家庭高2倍;年收入在25 000美元以上的家庭外出旅游者更多,相当于年收入在5 000美元以下家庭外出旅游数量的5倍。

收入的多少不仅影响着人们的旅游消费水平,还会影响到人们的旅游消费结构。旅游消费结构按其不同的用途,可分为"食、住、行、游、购、娱"六个方面需求的消费。其中,饮食支出、住宿支出、交通支出、游览支出等,是进行一次旅游活动所必需的而又基本稳定的消费,被称为基本旅游消费;而旅游购物支出、娱乐休闲支出、邮电通信消费等,并非是每次旅游活动都需要的,并且是具有较大弹性的消费,被称为非基本旅游消费。一般而言,收入水平越高的旅游者,非基本旅游消费支出的比重越大,基本旅游消费支出的比重就越小。其原因就在于,基本旅游消费作为旅游过程中不可或缺的消费,缩减的可能性较小,而非基本旅游消费的弹性相对较大,在这方面节省开支就容易得多。

此外,收入水平同样也会影响旅游者对目的地和旅游方式的选择。收入水平较高的家庭,在旅游目的地和旅游方式等方面有更多的选择余地,他们可以随意挑选世界上任何国家和地区作为他们的旅游目的地,选择快捷舒适的飞机作为他们的旅游交通方式,选择富丽堂皇的高级酒店作为他们的住宿设施,而丝毫不必考虑这些花费会不会对其家庭的其他消费行为产生不利影响。而收入水平较低的家庭在这方面所受的限制就相对较大。

由此可见,收入水平对旅游者的产生起到了决定性的作用,但这也并非意味着收入水平高的人就一定会成为旅游者。旅游是一种异地性、暂时性的生活方式,与普通产品的消费不同的是,发生空间转移的不是旅游产品,而是购买旅游产品的主体——旅游者。因而,在达到一定收入水平的基础上,闲暇时间又成为旅游者产生的必要条件。

(二)闲暇时间

通常,人生的时间由三部分组成,分别是工作时间、生活时间和闲暇时间。人们在日常生活、工作、学习等必需时间之外,可以自由支配,用来从事娱乐、消遣、社交或其他自己所感兴趣活动的时间,称为闲暇时间。对于闲暇时间,人们可以根据自己的意愿,随意地加以安排,因而闲暇时间又被称为可自由支配时间。

然而,闲暇时间也并非都能用来从事旅游活动。闲暇时间的分布有以下四种情况:

第一,每日闲暇:即每日扣除必要的工作和生活时间之后剩余的闲暇时间。这部分闲暇时间较为零星分散,不能用于从事旅游活动。

第二,每周闲暇:主要是指周末公休时间。目前,世界上绝大多数国家都已经实施了5天工作制,因而一般周末公休时间均为2天。我国从1995年5月1日起也实行了5天工作制,全年累计周末公休日达104天。美国犹他州从2008年8月起,更是率先实行了4天工作制,这意味着人们的闲暇时间将进一步增加。周末短途旅游已成为人们逃离都市、放松心情的绝佳方式。

第三,公共假日:即人们通常所说的公共节假日。世界各国都会根据本国的民族传统节日确定本国的公共假日。尤其是近年来,随着劳动生产率的提高,各国公共假日的数量都在不断增加。我国的公共假日也从最早的7天,发展到2000年的10天,2008年,国家再一次对法定节假日的时间安排进行了调整,总天数增加到11天,并将清明、端午、中秋增设为国家法定节假日,允许周末上移下错,与法定节假日形成连休。连续3~7天的公共假日,为中短途旅游提供了充足的时间。

第四,带薪假期:工业革命以来,经过工人阶级百余年的艰苦斗争,很多国家都以法

律的形式规定了带薪假期制度。在带薪假期的发源地法国,员工的带薪休假已达每年6周;在芬兰,工薪阶层有6周的法定带薪假期,芬兰政府还要求雇主向休假员工提供额外的津贴,以保证他们有足够的钱外出旅行或消费,而不是待在家中枯坐度过假期;在加拿大,《劳动法》规定,雇主每年必须给雇员带薪假期,随工作年限的增长假期要延长,一般短则两周,长则一个月,这是员工福利的一部分;在德国,法律规定,每人每年享有30~40天的带薪假期,人们可以根据自己的实际情况拆分安排休假日期,但至少有一次休假必须达到12天,德国政府积极鼓励员工休假,对不休假的员工不给予任何经济补偿。相对于其他几种闲暇时间,带薪假期时间比较长,从而成为人们进行长途旅游的最佳时机。

由此可见,数量充足、分布集中的闲暇时间是旅游者产生的必要条件。

(三)其他客观因素

除了收入水平和闲暇时间这两个主要影响因素外,旅游者的旅游决策还会受到其他诸多客观因素的影响。

1. 旅游目的地的政治、社会环境和自然因素变化

旅游者在旅游目的地的选择过程中,政治、社会环境是其必须要考虑的一个重要因素。只有一个和平稳定而又安全的目的地才可能成为旅游者的选择。由于政治、社会环境的不稳定,从而对旅游者的决策产生影响的实例屡见不鲜,如2001年的"9·11"事件,使旅游者对航空安全产生担忧,导致全球旅游者人数锐减;尼泊尔因政局不稳,近年来旅游人数持续下滑。

自然因素变化的影响同样不容忽视。2004年,印度尼西亚海啸使印度、印度尼西亚、马尔代夫、泰国和斯里兰卡等国的旅游业受到重创,亚太地区因为印度尼西亚海啸所导致的旅游损失高达30亿美元;2008年5月12日的四川汶川大地震,不仅对交通、电力、通信等旅游支撑条件造成重大破坏,而且直接损毁了不少旅游住宿设施和旅游景观。据四川省旅游局初步估算,全省旅游业直接损失至少超过500亿元,尽管地震不会改变我国旅游业的整体发展趋势,但其对四川旅游业短期的影响还是比较大的。

2. 旅游者身体条件和家庭人口结构

参加旅游虽然是一项有益于身心健康的活动,但由于个人身体健康状况的不同,也并非所有的人都适合参与。统计资料显示,2017年我国入境的人员中,14岁以下(包括14岁)人数占3.1%,15~24岁人数占49.9%,45~64岁人数占29.2%,65岁以上(包括65岁)人数占4.5%,可见老年人和儿童所占的比例相对较低。究其原因,主要还是因为身体条件的限制,体力达不到外出旅游的要求,而不得不放弃旅游活动的参与。另外,由于儿童身体条件的特点,使得拥有儿童,尤其是4岁以下婴幼儿的家庭,在外出旅游的选择上也受到了很大限制。当然,近年来随着人们生活水平的普遍提高和医疗保健技术的不断进步,老年人身体状况有了大幅度的改善,再加上市场普遍看好"夕阳红市场",纷纷推出了针对老年人身体条件特点的专项旅游产品,从而使老年市场所占的份额呈现日益上升的趋势。

二、旅游者产生的主观条件

客观条件的具备为人们的出行铺平了道路,但人们是否会踏上旅途,还取决于其主观上是否具有外出旅游的意愿,也就是说是否具有旅游动机。

(一)旅游需要与旅游动机

当一个人缺乏某种东西的时候,会感到身心不安、紧张或不舒服,从而产生对这种东西的需要。而需要一旦出现,就会使人产生欲望和驱动力,以寻求这种紧张不安状态的消除方法。这种驱动力就是动机,它是推动人们从事某种活动的内在动力,导致行为的产生。动机是为了实现需要的满足而产生的,这就决定了有什么样的需要,就有什么样的动机。旅游动机就是一个人为了满足自己的某种需要而决定外出旅游的内在驱动力,即促使一个人产生有意向旅游的心理动因。

那么,是什么样的需要使人产生了旅游动机呢?要回答这个问题,首先必须了解一下人的需要究竟有哪些。对于需要的分类,现代普遍接受的是美国行为科学家亚伯拉罕·马斯洛的需要层次论。马斯洛认为人的需要包括五个层次:

第一,生理需要,指维持人类自身生命的基本需要,包括食物、水、住所和睡眠以及其他方面的需要;

第二,安全需要,指使生理、心理免于受到伤害的需要,包括心理安全、劳动安全、职业安全、经济安全等方面的需要;

第三,社交需要,指要求与他人建立情感联系的需要,包括友情、爱情、归属等方面的需要;

第四,尊重需要,指对成就的自我感觉和受到他人尊重的需要,包括自尊、受他人尊敬、赏识、赞美以及获得地位和声望的需要;

第五,自我实现需要,指个人的成长与发展、发挥自身潜能、实现理想的需要。

需要的这五个层次,是由低到高,逐级形成,并逐级得以满足的。其中,生理需要和安全需要属于人类最基本的物质方面的需要,是较低级的需要;而社交需要、尊重需要和自我实现需要则属于人类精神方面的需要,是较高级的需要。旅游作为一种愉悦身心、体现地位、增加阅历的精神文化消费活动,其动机的产生必然是建立在基本物质需要得以满足的基础上的。因而,旅游动机的产生是与马斯洛需要层次论中的后三个层次的需要,即社交需要、尊重需要和自我实现需要密切相关的。

(二)旅游动机的类型

随着旅游活动的日益普及,越来越多的人加入旅游活动的行列中,旅游者的构成呈现多样化的趋势。不同国家、民族、年龄、性别、职业、受教育程度的人,其需要必然各不相同,出游的动机也是多种多样的。为了更好地对旅游者的动机进行研究,各国学者尝试着对旅游动机进行合理地分类,其中比较具有代表性的分类包括以下几种:

1. 德国学者格里克斯曼对旅游动机的分类

德国学者格里克斯曼是最早尝试对旅游动机进行分类的学者。他在1935年出版的《一般旅游论》中,将旅游行为动机分为四大类型,分别为心理动机、精神动机、身体动机和经济动机。

2. 日本学者田中喜一对旅游动机的分类

日本学者田中喜一在1950年出版的《旅游事业论》一书中,对格里克斯曼所提出的四类旅游动机进行了进一步的细分,具体包括:

第一,心理动机:思乡心、交际心、信仰心;

第二,精神动机:知识的需要、见闻的需要、欢乐的需要;

第三,身体动机:治疗的需要、保养的需要、运动的需要;
第四,经济动机:购物的需要、商业的需要。

3. 美国学者罗伯特·W. 麦金托对旅游动机的分类
美国学者罗伯特·W. 麦金托把旅游动机分为四类:

第一,身体方面的动机:包括休息、运动、消遣、娱乐及其他与身体健康直接有关的,这类动机都有一个共同的目标,即通过身体的活动来消除紧张和疲劳;

第二,文化方面的动机:包括了解和欣赏异国他乡的文化、艺术、风俗、语言和宗教等动机。这类动机主要和人们求知的欲望相关;

第三,交际方面的动机:包括接触其他民族、探亲访友、结交新朋友以及摆脱日常事务、摆脱家庭和邻居等,这类动机主要和人们意图缓解压力的欲望相关;

第四,地位和声望方面的动机:包括事务旅游、会议旅游、考察旅游、实现个人兴趣爱好的旅游和求学旅游等,这类动机与人们自尊和受尊重的欲望相关。

4. 澳大利亚学者波乃克对旅游动机的分类
澳大利亚学者波乃克把旅游动机分为以下六种:

第一,休养动机:包括异地疗养等;
第二,文化动机:包括修学旅行、参观、参加宗教仪式等;
第三,体育动机:包括观摩比赛、参加运动会等;
第四,社会动机:包括蜜月旅行、亲友旅行等;
第五,政治动机:包括政治性庆典活动的观瞻;
第六,经济动机:包括参加订货会、展销会等。

由于各位学者所采用的分类标准不同以及观察问题的角度不同,他们对旅游动机的分类也是各不相同的。对旅游者来说,他们的旅游决策,并非仅仅是由某个单一的动机所引发的,而往往是多种动机综合作用的结果。因此,只有深入研究旅游者的各类动机,了解旅游者的各种需求,才能开发和提供给旅游者真正需要的旅游产品和服务。

(三)影响旅游动机形成的因素

人的行为都是出于某种需要的满足和某种动机的驱使,但同样的需要也可能导致不同的行为。这是因为,动机的产生不仅取决于需要,还会受其他多种因素的影响。

1. 个性心理特征

所谓个性心理特征,就是个体在其心理活动中经常地、稳定地表现出来的特征,主要体现在人的气质、性格和能力这三个方面。气质是人典型的、稳定的心理特点,也就是平常所说的性情或脾气,有人做事快速灵活,而有人做事则迟钝稳重,这就是气质不同所引起的。性格是指人对现实的态度和行为方式中,比较稳定的独特的心理特征,有人内向,有人外向,有人活泼开朗,有人则沉默寡言,这些都是人的性格特征。而能力则是成功地完成某种活动的个性心理特征,如音乐的才能、绘画的才能、语言的才能等,都是一个人能够顺利完成某种活动的心理前提。

不同的个性心理特征对旅游动机的形成必然会产生不同的影响,于是许多学者开始对两者之间的关系进行研究。其中,美国的心理学家斯坦利·帕洛格的研究是最具代表性的。帕洛格对数千名美国人进行了调查,并根据调查结果将人的心理特征分为五种类型:自我中心型、近自我中心型、中间型、近多中心型和多中心型。

如图 3-1 所示,自我中心型和多中心型的人是两种极端类型,他们所占的比重极小。

自我中心型的人做事谨小慎微、中规中矩、不爱冒险,他们喜欢安逸的生活和熟悉的气氛,因而他们往往会选择自己熟悉的目的地进行常规性的旅游活动。而多中心型的人则截然相反,他们思想开放、思维敏捷、兴趣广泛,他们喜欢新奇的事物,喜欢冒险,喜欢体验与众不同的经历,因此,他们更多地会选择独自前往偏僻的非旅游区进行探险性的旅游活动。

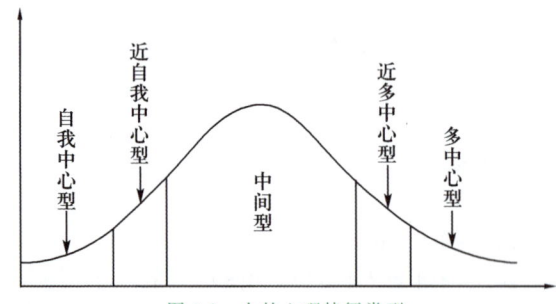

图 3-1 人的心理特征类型

除了两种极端类型外,绝大多数人属于中间的三种类型。可见,人的个性心理特征类型呈现出中间大、两头小的正态分布。中间型属于表现特点不明显的混合型,近自我中心型和近多中心型则分别属于两个极端类型与中间型之间略倾向于各极端特点的过渡类型。由于人们心理特征类型不同,他们在出行的频率、目的地的选择和旅行方式的采用等方面也各有不同。越是靠近多中心型的人,其外出旅游的可能性就越大,对旅游目的地的选择范围也越广。

2. 个人自身条件

旅游动机的形成除了受个性心理特征的影响外,性别、年龄以及受教育程度等个人自身条件的影响同样不容忽视。

就性别而言,男女两性由于生理上的不同以及在家庭和社会中地位和作用的不同,他们在旅游动机上也存在着很大的差别。女性旅游者的出行主要是出于文化动机、购物动机、浪漫动机等,而男性旅游者的出行动机则更多地与体育锻炼、探险、度假等有关。一项对英国游客做的抽样调查发现,82%的男性更倾向于休养和参观旅游设施;而58%的女性则表现出更活跃的行为,如参加历史和文化的体验性活动、徒步和购物游。

就年龄而言,由于不同年龄的人所处的家庭生活周期的阶段不同,从而导致其旅游动机也各不相同。在已婚无子女阶段,由于没有抚育子女的任务,年轻夫妇的旅游欲望都很强烈。但新的家庭刚刚成立,经济基础相对薄弱,他们的旅游消费层次是比较低的;到了已婚有子女阶段,虽然旅游的欲望并未降低,但孩子的出生,使家庭生活的重心发生了转移,旅游的动机受到了压制,外出旅游的概率大大降低,即使偶尔进行旅游活动,也更多以孩子为中心来选择旅游产品和服务;在中年阶段,尤其是子女已长大离家,处于空巢期的夫妇,他们的身体条件良好,经济较为宽裕,因而旅游的动机变得很强烈,旅游消费层次也比较高;在老年阶段,他们的时间充裕、经济条件较好,只要身体条件允许,他们出游的概率也很大。

就受教育程度而言,文化程度越高的人,其旅游的动机就越强烈。他们所掌握的知识使他们对目的地有更多的了解,能更容易适应当地环境、克服对陌生地区的心理恐惧。同时,他们的求知欲望也更为强烈,对外面世界充满着憧憬与期待,希望

通过旅游活动增长见识、开阔眼界。因而,文化程度高的人更愿意参与到旅游活动中来。

3. 社会因素

每一个人都生活在社会大环境中,社会的政治、经济、文化等因素都会对人的旅游动机产生影响。

政治的稳定、国与国之间的友好关系会促使旅游者产生旅游动机。近年来,随着国际关系和各国旅游事业的不断发展,为便利各国公民之间的友好往来,不少国家相互签署了免签协议,即双方公民持有效的本国护照可自由出入对方的国境,而不必办理签证手续。入境手续的简化,不仅使外出旅游的费用降低了,更节省了旅游者的时间和精力,从而大大提高了旅游者的积极性。

社会整体经济环境对旅游动机的影响同样不可小觑。1997年爆发的东南亚经济危机,使整个东南亚地区的社会经济受到严重创伤,企业倒闭、公司裁员、货币贬值、日用消费品涨价、居民生活水平下降,从而使人们的旅游动机受到了抑制。

不同的社会文化环境,导致人们的价值观、信仰以及对事物的看法和认识都存在很大的差异,这同样也会影响到人们旅游动机的产生。

由此可见,旅游者的产生既受到客观条件的制约,又受到主观条件的影响。对这些因素进行充分而深入的研究,将有助于我们更好地了解旅游者的需求,激发旅游者的动机,将更多潜在的旅游者转化为现实的旅游者。

【思考题】

对比周围经常外出旅游的人和很少外出旅游的人,他们分别具备或缺乏哪些影响旅游决策的条件?

学习任务三　旅游者类型及消费特点分析

任务导入　　**香港四日游行程安排一**

第一天:上海—香港

指定地点集合,专车前往机场,搭乘航班前往东方明珠——香港。前往东南亚最大的【海洋公园】游玩。游览香港最美丽的海滩【浅水湾】。驱车前往【太平山】,俯瞰维多利亚港迷人景色,回酒店休息。

第二天:香港

早餐后参观香港历史最悠久的大学【香港大学】。参观【DFS 国际免税店】,参观【紫荆花广场】及香港【会展中心】。参观【星光大道】感受明星们的风采。乘船夜游【维多利亚港】,欣赏美丽的维多利亚港独特夜景,回酒店休息。

第三天:香港

专车从酒店接各位贵宾前往【迪斯尼乐园】,在美国小镇、幻想世界、明日世界、探险世界中尽情游玩,最后在灿烂绚丽的烟花表演中结束一天愉快的行程。

第四天：香港—上海
于指定时间集合，专车送往香港机场，搭乘飞机返回上海。全程顺利结束！

香港四日游行程安排二

第一天：上海—香港
上海直飞航班前往香港，乘车游览香港独特夜景，回酒店休息。

第二天：香港
全天自由活动。可事先在我社购买【迪斯尼乐园】门票。

第三天：香港
全天自由活动。香港是美食家的天堂，在这个"美食之都"里，随时随地都能给您带来无限滋味的大满足！随后开始"血拼之旅"，【尖沙咀】是香港名店最集中的购物区，从国际顶尖品牌旗舰店汇聚的广东道及北京道，到香港本地品牌与欧洲品牌如橱窗式排列的弥敦道，再到潮流及出口货集中地的加连威老道，还有位于香港岛【铜锣湾】的时代广场——集购物、饮食、娱乐于一体，都是热衷淘宝的您的必到之处。奔波了一天之后，您还可自行前往香港多彩夜生活的最佳之地【兰桂坊】，感受香港的夜店文化！

第四天：香港—上海
早餐后，驱车前往【赤柱】（停留约1小时），可以在靠海的赤柱大街散散步，可以去逛逛香港本地人都喜欢光顾的【赤柱市集】。前往【DFS国际免税店】，DFS国际免税店汇集了世界最著名、最受欢迎的名牌精品，是香港政府唯一认可的国际免税商场。于指定时间集合，专车送往香港机场，搭乘飞机返回上海。

·思考· 同样是香港四日游，为什么旅行社要提供两条截然不同的行程安排？安排一和安排二分别适合什么样的游客？

学习导读

现代社会旅游者的构成日益呈现出多样化的趋势，不同的旅游者具有不同的需求和动机，购买行为和购买习惯也不尽相同，因而，旅游业所提供的产品肯定不能局限在单一的种类上。这就需要对旅游者的类型进行划分，以便向不同的市场投放不同的产品，最大限度地满足旅游者的需要。

知识链接

一、旅游者类型划分

关于旅游者类型的划分，目前没有统一标准。人们在对旅游者的类型进行划分时，往往都从自身研究的角度和目的出发，采用不同的划分标准，其结果也必然有所差异。常见的分类方法有以下九种：

（1）按照旅游目的划分，旅游者可分为消遣型旅游者、差旅型旅游者、个人及家庭事务型旅游者。

(2)按照地理范围划分,旅游者可分为国际旅游者、国内旅游者、洲际旅游者、环球旅游者。

(3)按照组织形式划分,旅游者可分为团体旅游者、散客旅游者。

(4)按照计价方式划分,旅游者可分为全包价旅游者、半包价旅游者、零包价旅游者、非包价旅游者。

(5)按照费用来源划分,旅游者可分为自费旅游者、公费旅游者、奖励旅游者。

(6)按照消费水平划分,旅游者可分为豪华型旅游者、标准型旅游者、经济型旅游者。

(7)按照出行方式划分,旅游者可分为航空旅游者、铁路旅游者、公路旅游者、水上旅游者、徒步旅游者。

(8)按照旅游距离划分,旅游者可分为短程旅游者、远程旅游者。

(9)按照旅游活动内容划分,旅游者可分为文化旅游者、观光旅游者、访古旅游者、会议旅游者、疗养旅游者以及形形色色的专项旅游者等。

二、旅游者的消费特点

按照旅游目的对旅游者进行分类,是我们最常见的一种划分方法。这里我们以这种划分方法为例,来了解一下不同旅游者的消费特点。

(一)消遣型旅游者

消遣型旅游者是指通过娱乐、消遣来获得精神上的放松,以缓解紧张、享受临时变换环境所带来的欢愉为主要目的的旅游者。消遣型旅游者主要包括度假旅游者、观光旅游者、文化旅游者、探险旅游者等。消遣型旅游者的消费具有以下特点:

1. 旅游活动的自由度较高

消遣型旅游者是三类旅游者中对旅游目的地、出行时间、停留时间、交通方式等各方面选择自由度最高的一类。消遣型旅游者外出旅游的目的就是为了寻求身心放松所带来的愉悦,有人认为探寻历史遗迹是一种愉悦,有人认为尽情地享受日光浴是一种愉悦。对于消遣型旅游者来说,他们可以根据自己的喜好,自由地选择目的地,而不用受到他人的限制。在出行时间的安排上,也没有任何外界因素限制,他们可以根据自己的闲暇时间,灵活地决定出发和停留的时间。在交通方式的选择上,消遣型旅游者会根据出行的距离、旅行的线路以及自己的经济条件,自主地选择交通工具。由于消遣型旅游者选择的自由度高,因而这类旅游者也成为旅游目的地及旅游行业中的同类企业竞争最为激烈的市场部分。

2. 外出旅游的季节性较强

消遣型旅游者出游的季节性主要是由两个因素决定的。其一,消遣型旅游者的出游大多是利用公共假日或带薪假期的时间。其中,公共假日的时间较为固定,它成为外出旅游季节性形成的一个主要因素。带薪假期的时间虽然可以由旅游者自行决定,但人们通常都会选择最为适宜的季节外出旅游,同样也影响着旅游季节性的形成。事实上,在我国常提起春游、秋游,却没有夏游和冬游,就是因为春秋两季是旅游的最佳季节,人们都愿意选择在这两个季节出游。其二,受旅游目的地气候条件的影响。一些旅游目的地的自然景观存在着季节性的差异,这些旅游资源在不同季节对旅游者吸引力的大小是不同的,这也是形成季节性特点的一个重要因素。

3. 对价格较为敏感

消遣型旅游者属于自费旅游者，他们对价格都比较敏感。他们在选择旅游目的地、旅游线路、旅游住宿设施以及旅游交通工具等各项旅游产品和旅游服务时，会把价格作为重要的参考因素。一旦价格超过了他们的心理承受能力，就有可能对他们的旅游决策产生影响。此外，由于自费的原因，消遣型旅游者也更关心旅游产品和旅游服务的价格与其价值是否相符，当他们认为价格过高，背离了实际价值的时候，便会转向购买其他产品和服务。

（二）差旅型旅游者

差旅型旅游者是指出于工作方面的需要而外出的旅游者，他们外出的目的是以完成业务活动为主，兼顾参观、游览。差旅型旅游者主要包括商务旅游者、会议旅游者以及文体交流旅游者等。近年来，随着国际交往的日益频繁，差旅型旅游市场增势强劲，成为旅游业发展中不可忽视的重要组成部分。差旅型旅游者的消费具有以下特点：

1. 出行次数频繁

差旅型旅游者的出行频率是三种类型的旅游者中最高的，并且出于工作的需要，他们可能会多次往返于同一个目的地。目前，全球差旅型旅游者的人数占旅游者总人数的1/3，国际上许多著名的连锁饭店通过调查发现，差旅型旅游者已占全球住房游客的53%，占连锁饭店客源的60%。在我国，商务旅游者、会议旅游者和文体交流旅游者三者所占的比例达到了39.5%，已经接近并有望超过消遣型旅游者。

2. 逗留时间较长

差旅型旅游者在旅游目的地的平均逗留时间也远远高于其他类型的旅游者。调查显示，海外商务客人在华停留超过15天者达15%，文体交流客人停留15天以上者达21.4%，而观光客人停留15天以上的仅有5.8%。

3. 出行的自由度较低

差旅型旅游者出行的主要目的是为了完成业务活动，因而业务活动发生的时间和地点，决定了他们出行的时间和目的地。因此，他们的选择性很小，甚至根本没有选择的余地。

4. 不受季节的影响

旅游目的地气候条件的限制，并不会影响差旅型旅游者的出行。对于差旅型旅游者来说，他们的旅游目的地、出行时间、出行方式，都是由公司或组织决定的，旅行就是他们的工作。因而无论是严寒酷暑，还是风霜雨雪，只要目的地的业务活动有需要，他们都必须在规定时间内到达。

5. 对价格不敏感

差旅型旅游者属于公费旅游者，其住宿、餐饮、交通等各项费用的支付都是由其所在的公司或组织承担的，其消费能力较强。较强的消费能力使得差旅型旅游者不太关注旅游产品和服务的价格，而更注重服务设施和服务质量。据统计，来华参加商务、会议活动的海外客人的人均日消费比观光客人的人均日消费高出20%以上。

（三）个人及家庭事务型旅游者

个人及家庭事务型旅游者是指出于探亲访友、健康疗养、购物和解决其他个人或家庭事务而外出的旅游者。这类旅游者出行的目的是以解决问题和事务为主，兼顾参观、游览。个人及家庭事务型旅游者的消费特点比较复杂，具体表现在以下两个方面：

1. 出行的自由度方面

就旅游目的地而言，个人及家庭事务型旅游者的目的地是由事务发生地点所决定的，旅游者在这方面没有选择的自由。就出行时间而言，则视事务的特点而定。如果待处理的事务是探亲访友、健康疗养、购物等常规事务，则旅游者选择的自由度就比较大，他们可以利用公共假期或带薪假期灵活安排出行时间；但如果待处理的事务是出席婚礼、联系调动工作、探望生病的亲友等临时性或紧迫性的事务，旅游者选择的自由度就比较小了，他们没有其他的选择，必须在特定的时间出行。

2. 对价格的敏感度方面

由于个人及家庭事务型旅游者属于自费旅游者，因而他们大多对价格比较敏感，在这一点上，他们与消遣型旅游者的特点是相同的。旅游产品和旅游服务的任何价格波动，都可能对其旅游决策产生影响。但在需要处理临时性或紧迫性事务时，这类影响的效果会大大降低。例如，一个要出席亲友婚礼的旅游者，不会因为机票价格的上涨而放弃这次旅行，但他可能会改用火车、汽车等其他交通工具前往目的地。

【思考题】

请按照旅游活动自由度的高低、季节性的强弱以及价格的敏感度等指标分别对旅游者进行排列。

项目小结

旅游者是旅游活动的主体，是旅游业赖以生存和发展的基础。目前，国际上对国际旅游者的定义已经形成较为统一的认识，大部分国家采用了世界旅游组织给出的定义，即"游客"指一个人到他通常居住的国家以外的另一个国家旅行，时间不超过一年，但主要目的并不是为了从访问国获得经济利益，国际游客又可分为国际过夜游客和国际一日游游客。但对于国内旅游者的界定，国际上尚未形成统一标准。我国对旅游者的界定与世界旅游组织的定义基本相符。旅游是人们有目的、有意识的主动活动，旅游需求能否产生、旅游活动能否实现受到诸多因素的影响，这其中既有收入水平、闲暇时间等社会经济因素的影响，也有旅游动机等个人心理因素的影响，只有当这些必要的客观条件和主观条件都具备和成熟了，潜在的旅游者才能转变为现实的旅游者。现代社会旅游者的构成日益呈现出多样化趋势，不同的旅游者具有不同的需求和动机，购买行为和购买习惯也不尽相同。因而，旅游企业提供的产品不能局限在单一的种类上。这就需要对旅游者的类型进行划分，以便向不同的市场投放不同的产品，最大限度地满足旅游者的需要。

项目实训

1. 准确判断不属于我国的国际旅游者和国内旅游者的各类人员，并说明原因。

2. 以小组为单位进行讨论，分析各种不同类型旅游者的消费特点，并在班级汇报讨论结果。

拓展训练

汇率变化影响出游方向，"美元消费国"成首选地

元旦将近，上海各大旅行社纷纷推出了出境购物游线路，其目的地除了传统的新加坡外，日本、韩国、法国、意大利等国也进入了"血拼一族"的视线。

上海报业集团《新闻晨报》联合某大型旅游网站的一项调查数据显示，由于近年来美元不断贬值，欧元身价持续攀升，约有15%的旅游者考虑将旅游目的地从使用欧元的国家转向东南亚、中东等使用美元为主的国家。

讨论 根据本项目所学的知识，分析这些旅游者是属于哪种类型的旅游者，他们的消费特点是什么？

在线自测

项目四

旅游资源分析

知识目标

- 掌握旅游资源的概念、特征及研究意义
- 熟悉国家标准体系中旅游资源的基本类型
- 理解旅游资源开发与保护之间的辩证关系

能力目标

- 能够熟练运用各种旅游资源调查方法
- 能够独立完成旅游资源分类、调查与评价
- 能够对旅游资源开发的内容进行系统规划

思政目标

- 了解我国丰富的旅游资源,激发学生热爱祖国大好河山、灿烂文化的感情
- 学习"绿水青山就是金山银山"的生态文明理念,肩负起生态发展的责任与使命

学习任务一　旅游资源的基本内涵介绍

任务导入　　桂林旅游资源综合分析

桂林是我国著名的旅游胜地，旅游业十分发达。桂林旅游业的发展，与其丰富、独特的旅游资源是分不开的。桂林山水是世界公认的旅游品牌，是中国自然风光的典型代表。人们常用"山清、水秀、洞奇、石美"来概括桂林山水的美学特征。山石嶙峋的喀斯特地貌、举世无双的秀丽漓江、美不胜收的丹霞景观、叹为观止的龙脊梯田等，使桂林无愧于"甲天下"的美誉。"千峰环野立，一水抱城流"的迷人景色，令多少中外游客为之折服！同时，桂林又是一座历史悠久的文化名城，遗址遗迹比比皆是，人文资源不胜枚举。1982年，国务院公布首批24座历史文化名城，桂林就是其中之一。

· 思考 ·　旅游资源在旅游业发展中起什么作用？

学习导读

旅游资源作为旅游活动的三大要素之一，是旅游业赖以生存和发展的基础。旅游资源的种类、数量、规模、特色、组合程度、分布状况、开发条件、保护水平等，在很大程度上决定着一个国家或地区的旅游发展总体水平。因此，我们有必要认真研究旅游资源，不断加强旅游资源的保护和管理，从而实现旅游资源的高效、持续利用。

知识链接

一、旅游资源的基本内涵

（一）资源的含义

关于资源的一般含义，1972年联合国环境规划署认为，资源是指在一定的时间条件下，能够产生经济价值，提高人类当前和未来福利的自然资源的总称。由此可知，在当时条件下，资源的含义仅仅局限于自然界。

到20世纪90年代，学术界较为普遍地关注资源含义的拓展，开始将非自然的社会及人文性质的资源形态纳入资源范畴，认为资源的内涵既应该包括现存的各种自然要素以及由其组合而成的自然环境，也应该包括人类利用自然要素加工、改造、生产出来的各种经济物品以及由其组合而成的各种经济环境，还应包括人类在上述基础上形成并不断增长的人口、知识、技术、文化等社会环境要素。

综上所述，全面考虑资源的历史演进、现实状况以及未来社会经济发展的客观需要，

我们对资源的概念作如下表述:所谓资源是指一定的社会历史条件下存在的,能够为人类开发利用,可以通过人类劳动为社会经济生活创造财富或资产的各种要素。由此可见,资源的含义是相当宽泛的,既包括各种自然资源,又包括各种社会资源。

(二)旅游资源的基本概念

关于旅游资源的概念,国内外的旅游研究者曾经有过多种表述。不同的学者依据不同的学科背景,站在不同的研究角度,提出自己的看法、见解和主张,有些颇为精辟独到,但也有很多是望文生义的简单解说。

为了加强对旅游资源的规范研究,中华人民共和国国家质量监督检验检疫总局于2017年颁布了《旅游资源分类、调查与评价》(GB/T 18972—2017)的全国通用标准,对旅游资源定义如下:旅游资源是指自然界和人类社会中,凡能对旅游者产生吸引力,可以为旅游业开发利用,并可产生经济效益、社会效益和环境效益的各种事物和因素。另外,为了便于以后的学习,我们在这里还需要介绍"旅游资源单体"这一概念。在《旅游资源分类、调查和评价》(GB/T 18972—2017)国家标准中,旅游资源单体是指可作为独立观赏或利用的旅游资源基本类型的单独个体,主要包括"独立型旅游资源单体"和由同一类型的独立单体结合在一起的"集合型旅游资源单体"。

从国家标准所给出的定义可以看出,旅游资源的本质内涵包括多个方面:第一,旅游资源必须具有吸引力。一种事物或因素是不是旅游资源,关键是看它能不能对旅游者产生吸引力,对游客的吸引力是判别旅游资源的重要依据。第二,旅游资源包含的内容是动态变化的。一方面,随着科学技术的进步,人类探索未知的领域不断延伸,引起旅游资源的范围扩大。例如,太空旅游就是随着航天技术的成熟而出现的;另一方面,由于人们生活水平普遍提高,旅游需求出现了多样化、个性化的发展趋势,导致旅游资源的范围扩大。例如,近些年如火如荼地开展的乡村旅游,将广大农村地区的乡村景观以及中国几千年来的农耕文化当成了旅游资源。第三,旅游资源的形态呈现出多元化。旅游资源既可以是自然的,也可以是人文的;既可以是有形的,也可以是无形的;既可以是物质的,也可以是精神的;既可以是历史的,也可以是现实的,其具体形态是多种多样的。

二、旅游资源的主要特征

(一)美学观赏性

与其他资源相比,旅游资源的突出特征就是具备审美价值,能够给人们带来美的体验。虽然旅游资源的内容各不相同,形态也是千差万别,但无论是名山大川、河流瀑布,还是文物古迹和民俗风情,无不具有美学观赏价值。并且,旅游资源的美学特征越突出,观赏性就越强,对游客的吸引力也就越大。因此,在旅游资源开发利用过程中,需要将其美学价值充分挖掘出来,使游客能够察觉到美的存在并得到美的享受,从而实现释放情感、陶冶情操、消除疲劳、愉悦精神的根本目的。

(二)地域分异性

任何一种旅游资源,不管是自然旅游资源还是人文旅游资源,都需要以一定的地理空间为载体。旅游资源在地表沿一定方向呈现分异或分布的规律性现象就是地域分异性,它表明旅游资源空间分布的差异性。比如,我国的喀斯特地貌主要分布在云贵高原一带,沙漠戈壁则分布在广袤的西北内陆地区,秦始皇兵马俑只有西安才有,风花雪月的美景却是古代秦淮地区最盛。地域分异性特征是旅游客流产生的根本动因,因此,在旅游资源开发过程中,必须突出旅游资源的地域分异性,彰显地方特色。

(三)内容广泛性

旅游资源的内容广泛性主要表现在两个方面:一是指旅游资源品种多样,类型复杂。既有为数众多的自然旅游资源,又有不胜枚举的人文旅游资源,所有这些旅游资源相互依存,共同作用,在一定的地域空间范围内形成一个有机整体,从而发挥吸引功能,实现旅游价值;二是指构成不同旅游资源的景观要素是复杂多变的。旅游资源总是与特定范围的自然、生态、环境等载体融为一体,并且与不同地域的民族、文化、社会特征密不可分,简单孤立的景观要素很难形成高品位的旅游资源。

(四)时间节律性

由于受自然因素和各种社会因素作用的影响,旅游资源往往在时间上呈现出节律性变化。大部分自然旅游资源总是伴随四季更替周而复始地出现,例如,隆冬腊月的吉林市冰挂,秋意盎然的北京香山红叶,夏季多雨的安徽黄山云雾,春季烂漫的河南洛阳牡丹。有些自然景观的节律变化周期却短得多,比如日出、日落、潮涨、潮汐,则明显地呈现出日变化规律。同时,受自然节律或节气影响,一些人文旅游资源也呈现出不同的时间分布,如中国哈尔滨的冰灯会、巴西的狂欢节等。

(五)空间固定性

旅游资源总和区域环境融为一体,与地域文化密不可分,任何一种旅游资源都分布在与之相适应的特定地理环境中,带有强烈的地方色彩和区域特征,因此,旅游资源一般是不能移动的,存在明显的空间固定性特征。近年来,尽管在许多主题公园中出现了大量的微缩景观——将一些著名的旅游资源进行复制、模仿和再造,但这些微缩景观仍然不能与实体景观相提并论。因为,旅游资源一旦脱离了与之相适应的生存空间,其个性特征、特殊内涵以及旅游吸引力,都将会大打折扣。

(六)脆弱易损性

旅游资源的脆弱易损性主要表现为旅游资源本身的脆弱性和旅游资源环境载体的易损性,不管是自然旅游资源还是人文旅游资源,一旦遭到破坏,将极难恢复原貌。例如,人类历史遗存下来的许多文物古迹,如果开发利用时被损毁,即使进行人工修复,也难再现昔日风采,导致了旅游价值的降低甚至丧失。另外,环境条件是旅游资源的载体,对旅游资源价值的形成十分重要,但各种各样的环境条件都是特别脆弱的,会在自然力和人类活动的共同作用下受到污染和破坏。

(七)变化发展性

旅游资源的本质在于满足人们的审美体验需要。人类的审美能力是随着社会实践的增多而逐步形成和发展起来的。不同的时代,人们关于旅游资源的认识和价值判断存在着极大差异,对旅游资源的理解也不断发生着变化。除此之外,现实生活中的部分旅游资源,完全可以通过人工进行创造和加工。因此,旅游资源总是存在着变化发展的特征。根据这个特点,旅游资源贫乏的地区照样可以发展旅游业。

三、研究旅游资源的重要意义

(一)旅游资源是开展旅游活动的前提条件

旅游消费是一种典型的异地消费形式,旅游活动之所以能够开展,就是因为异地的旅游资源对人们产生了强大的吸引力,从这个层面上说,旅游资源是开展旅游活动的前提条件。在旅游活动的食、住、行、游、购、娱这六大要素中,"游"是一个关键性的要素,而构成这个关键要素的正是旅游资源以及在此基础上开发而成的景区景点。可以这样说,没有旅游资源,人们的旅游活动便不可能发生。

(二)旅游资源是刺激旅游需求的外在动因

区域旅游快速发展的决定性因素是旅游需求的形成和增长,而影响旅游需求的因素是多方面的。除了旅游者自身的一些主观因素外,其他客观条件对旅游需求的影响作用也特别大。当外部条件都已经具备的时候,旅游资源的品位越高,对旅游者的吸引力就会越大,那么,旅游者的需求欲望就会变得越强。因此,对于任何一个旅游目的地来说,品质优良的旅游资源是刺激旅游需求的有效手段。

(三)旅游资源是设计旅游产品的重要因素

旅游产品是由旅游资源、旅游设施、旅游服务等多种要素共同组成的综合性产品。其中,旅游资源是构成旅游产品的重要组成部分,它是旅游产品设计、旅游项目规划以及旅游线路安排中必不可少的内容。一个旅游目的地所拥有的旅游资源的数量和质量,决定着该目的地旅游产品在旅游市场上的竞争力。因此,旅游资源以及在此基础上加工而成的景区景点,在旅游产品设计中的作用十分显著。

(四)旅游资源是推动旅游产业发展的客观基础

任何一个地区想要发展旅游业,就必须具备旅游产业发展的各种要素条件,而旅游资源作为区域旅游开发的基础性条件,在旅游产业发展中起着十分重要的作用。当然,没有旅游资源的地方不一定就不能发展旅游业。但是,旅游资源丰富的地区,其旅游业发展后劲一定很足。因此,尽管旅游资源的内涵日益扩大,旅游活动的方式也在不断增加,旅游产业发展对于旅游资源的依赖程度似乎在逐渐淡化,但无论如何,旅游资源仍然是推动旅游产业发展的客观基础。

【思 考 题】

旅游资源的内涵和外延,会随着时代的发展而不断变化吗?

学习任务二 旅游资源的分类、调查与评价

任务导入　《旅游资源分类、调查与评价》国家标准介绍

旅游资源的内涵极为丰富,外延也相当宽泛,其数量种类之多,涉及范围之广,的确非常复杂。因此,如何对旅游资源进行科学分类,并在分类的基础上对不同地区的旅游资源进行广泛调查和综合评价,是一个特别突出的理论和实践问题。自改革开放以来,随着我国旅游业的快速扩张和迅猛发展,对旅游资源的研究也在不断深化,有不少专家学者提出过旅游资源分类和评价的有效方法。为了便于规范和统一,国家质量监督检验检疫总局于2017年颁布了《旅游资源分类、调查与评价》(GB/T18972－2017)国家标准,将旅游资源分为8个主类、23个亚类、110种基本类型。同时,对每一类旅游资源的综合评价,给出了具体的指标体系和赋分办法。

·思考· 认真阅读《旅游资源分类、调查与评价》(GB/T18972－2017)国家标准,你认为这种分类方法科学吗?有无需要完善的地方?

学习导读

旅游资源的分类、调查与评价,是旅游资源开发利用的基础性工作。一个国家或地区若要发展旅游业,就必须了解其旅游资源的存量规模、品质结构以及分布状况等具体内容。唯有如此,才能在旅游资源开发过程中,做到科学有序、合理安排,确保旅游资源的高效利用,最终实现旅游业的持续、稳定、健康发展。

知识链接

一、旅游资源分类

(一)旅游资源分类的含义

分类亦称归类,是根据分类对象的异同把事物集合成类别并系统化的过程。旅游资源分类,就是根据旅游资源的共同特点和存在的差异进行归并,划分出具有一定从属关系的不同等级类别(类型)的工作过程。旅游资源分类的目的,在于通过各种分类系统的建立、补充和完善,加深对旅游资源属性及其组合分布状况的认识,发现并掌握其特点和规律,为实践工作中的旅游资源开发利用提供有效的帮助和指导。

在划分出来的同一类别(类型)中,其属性有相似之处,不同类别(类型)之间则存在

一定的差异。例如,人们通常根据成因将旅游资源分为"自然旅游资源"和"人文旅游资源"两大类别(类型)。其中,自然旅游资源全部为天然赋存、自然形成的;而人文旅游资源则是在人类活动的作用和影响下形成的,两者之间的成因存在着明显的差别。同时,依照自然旅游资源和人文旅游资源各自内部的差异,又可以将其进一步划分出次一级的类别(类型)。再依此类推,所有旅游资源就会形成具有一定从属关系的不同等级的类别系统。

(二)旅游资源国家标准分类体系

关于旅游资源的分类体系,国内众多学者提出了不同的分类方法。但是,由于分类方法过多,导致体系标准过于繁杂,从而造成旅游资源分类非常混乱。于是,为了规范旅游资源的分类体系,促进旅游行业健康发展,2017年12月29日,国家质量监督检验检疫总局颁发了《旅游资源分类、调查与评价》(GB/T 18972—2017)国家标准。该标准根据旅游资源的性状、形态、特征等,将我国旅游资源划分为8个主类、23个亚类、110种基本类型三个基本层次,见表4-1。

表 4-1　　　　　　　　　　旅游资源基本类型释义

主类	亚类	基本类型	简要说明
A 地文景观	AA 自然景观综合体	AAA 山丘型景观	山地丘陵内可供观光游览的整体景观或个别景观
		AAB 台地型景观	山地边缘或山间台状可供观光游览的整体景观或个别景观
		AAC 沟谷型景观	沟谷内可供观光游览的整体景观或个别景观
		AAD 滩地型景观	缓平滩地内可供观光游览的整体景观或个别景观
	AB 地质与构造形迹	ABA 断层景观	地层断裂在地表形成的景观
		ABB 褶曲景观	地层在各种内力作用下形成的扭曲变形
		ABC 地层剖面	地层中具有科学意义的典型剖面
		ABD 生物化石点	保存在地层中的地质时期的生物遗体、遗骸及活动遗迹的发掘地点
	AC 地表形态	ACA 台丘状地景	台地和丘陵形状的地貌景观
		ACB 峰柱状地景	在山地、丘陵或平地上突起的峰状石体
		ACC 垄岗状地景	构造形迹的控制下长期受溶蚀作用形成的岩溶地貌
		ACD 沟壑与洞穴	由内营力塑造或外营力侵蚀形成的沟谷、劣地,以及位于基岩内和岩石表面的天然洞穴
		ACE 奇特与象形山石	形状奇异、拟人状物的山体或石体
		ACF 岩土圈灾变遗迹	岩石圈自然灾害变动所留下的表面痕迹
	AD 自然标记与自然现象	ADA 奇异自然现象	发生在地表一般还没有合理解释的自然界奇特现象
		ADB 自然标志地	标志特殊地理、自然区域的地点
		ADC 垂直自然带	山地自然景观及其自然要素(主要是地貌、气候、植被、土壤)随海拔呈递变规律的现象

(续表)

主类	亚类	基本类型	简要说明
B 水域景观	BA 河系	BAA 游憩河段	可供观光游览的河流段落
		BAB 瀑布	河水在流经断层、凹陷等地区时垂直从高空跌落的跌水
		BAC 古河道段落	已经消失的历史河道现存段落
	BB 湖沼	BBA 游憩湖区	湖泊水体的观光游览区与段落
		BBB 潭池	四周有岸的小片水域
		BBC 湿地	天然或人工形成的沼泽地等带有静止或流动水体的成片浅水区
	BC 地下水	BCA 泉	地下水的天然露头
		BCB 埋藏水体	埋藏于地下的温度适宜、具有矿物元素的地下热水、热汽
	BD 冰雪地	BDA 积雪地	长时间不融化的降雪堆积面
		BDB 现代冰川	现代冰川存留区域
	BE 海面	BEA 游憩海域	可供观光游憩的海上区域
		BEB 涌潮与击浪现象	海水大潮时潮水涌进景象,以及海浪推进时的击岸现象
		BEC 小型岛礁	出现在江海中的小型明礁或暗礁
C 生物景观	CA 植被景观	CAA 林地	生长在一起的大片树木组成的植物群体
		CAB 独树与丛树	单株或生长在一起的小片树林组成的植物群体
		CAC 草地	以多年生草本植物或小半灌木组成的植物群落构成的地区
		CAD 花卉地	一种或多种花卉组成的群体
	CB 野生动物栖息地	CBA 水生动物栖息地	一种或多种水生动物常年或季节性栖息的地方
		CBB 陆地动物栖息地	一种或多种陆地野生哺乳动物、两栖动物、爬行动物等常年或季节性栖息的地方
		CBC 鸟类栖息地	一种或多种鸟类常年或季节性栖息的地方
		CBD 蝶类栖息地	一种或多种蝶类常年或季节性栖息的地方
D 天象与气候景观	DA 天象景观	DAA 太空景象观赏地	观察各种日、月、星辰、极光等太空现象的地方
		DAB 地表光现象	发生在地面上的天然或人工现象
	DB 天气与气候现象	DBA 云雾多发区	云雾及雾凇、雨凇出现频率较高的地方
		DBB 极端与特殊气候显示地	易出现极端与特殊气候的地区或地点,如风区、雨区、热区、寒区、旱区等典型地点
		DBC 物候景象	各种植物的发芽、展叶、开花、结实、叶变色、落叶等季变现象

(续表)

主类	亚类	基本类型	简要说明
E 建筑与设施	EA 人文景观综合体	EAA 社会与商贸活动场所	进行社会交往活动、商业贸易活动的场所
		EAB 军事遗址与古战场	古时用于战事的场所、建筑物和设施遗存
		EAC 教学科研实验场所	各类学校和教育单位、开展科学研究的机构和从事工程技术试验场所的观光、研究、实习的地方
		EAD 建设工程与生产地	经济开发工程和实体单位，如工厂、矿区、农田、牧场、林场、茶园、养殖场、加工企业以及各类生产部门的生产区域和生产线
		EAE 文化活动场所	进行文化活动、展览、科学技术普及的场所
		EAF 康体游乐休闲度假地	具有康乐、健身、休闲、疗养、度假条件的地方
		EAG 宗教与祭祀活动场所	进行宗教、祭祀、礼仪活动场所的地方
		EAH 交通运输场站	用于运输通行的地面场站等
		EAI 纪念地与纪念活动场所	为纪念故人或开展各种宗教祭祀、礼仪活动的馆室或场地
	EB 实用建筑与核心设施	EBA 特色街区	反映某一时代建筑风貌，或经营专门特色商品和商业服务的街道
		EBB 特色屋舍	具有观赏游览功能的房屋
		EBC 独立厅、室、馆	具有观赏游览功能的景观建筑
		EBD 独立场、所	具有观赏游览功能的文化、体育场馆等空间场所
		EBE 桥梁	跨越河流、山谷、障碍物或其他交通线而修建的架空通道
		EBF 渠道、运河段落	正在运行的人工开凿的水道段落
		EBG 堤坝段落	防水、挡水的构筑物段落
		EBH 港口、渡口与码头	位于江、河、湖、海沿岸进行航运、过渡、商贸、渔业活动的地方
		EBI 洞窟	由水的溶蚀、侵蚀和风蚀作用形成的可进入的地下空洞
		EBJ 陵墓	帝王、诸侯陵寝及领袖先烈的坟墓
		EBK 景观农田	具有一定观赏游览功能的农田
		EBL 景观牧场	具有一定观赏游览功能的牧场
		EBM 景观林场	具有一定观赏游览功能的林场
		EBN 景观养殖场	具有一定观赏游览功能的养殖场
		EBO 特色店铺	具有一定观光游览功能的店铺
		EBP 特色市场	具有一定观光游览功能的市场
	EC 景观与小品建筑	ECA 形象标志物	能反映某处旅游形象的标志物
		ECB 观景点	用于景观观赏的场所
		ECC 亭、台、楼、阁	供游客休息、乘凉或观景用的建筑
		ECD 书画作	具有一定知名度的书画作品
		ECE 雕塑	用于美化或纪念而雕刻塑造、具有一定寓意、象征或象形的观赏物和纪念物
		ECF 碑碣、碑林、经幡	雕刻记录文字、经文的群体刻石或多角形石柱
		ECG 牌坊牌楼、影壁	为表彰功勋、科第、德政以及忠孝节义所立的建筑物，以及中国传统建筑中用于遮挡视线的墙壁
		ECH 门廊、廊道	门头廊形装饰物，不同于两侧基质的狭长地带
		ECI 塔形建筑	具有纪念、镇物、表明风水和某些实用目的的直立建筑物
		ECJ 景观步道、甬路	用于观光游览行走而砌成的小路
		ECK 花草坪	天然或人造的种满花草的地面
		ECL 水井	用于生活、灌溉用的取水设施
		ECM 喷泉	人造的由地下喷射水至地面的喷水设备
		ECN 堆石	由石头堆砌或填筑形成的景观

(续表)

主类	亚类	基本类型	简要说明
F 历史遗迹	FA 物质类文化遗存	FAA 建筑遗迹	具有地方风格和历史色彩的历史建筑遗存
		FAB 可移动文物	历史上各时代重要实物、艺术品、文献、手稿、图书资料、代表性实物等,分为珍贵文物和一般文物
	FB 非物质类文化遗存	FBA 民间文学艺术	民间对社会生活进行形象的概括而创作的文学艺术作品
		FBB 地方习俗	社会文化中长期形成的风尚、礼节、习惯及禁忌等
		FBC 传统服饰装饰	具有地方和民族特色的衣饰
		FBD 传统演艺	民间各种传统表演方式
		FBE 传统医药	当地传统留存的医药制品和治疗方式
		FBF 传统体育赛事	当地定期举行的体育比赛活动
G 旅游购品	GA 农业产品	GAA 种植业产品及制品	具有跨地区声望的当地生产的种植业产品及制品
		GAB 林业产品与制品	具有跨地区声望的当地生产的林业产品及制品
		GAC 畜牧业产品与制品	具有跨地区声望的当地生产的畜牧业产品及制品
		GAD 水产品及制品	具有跨地区声望的当地生产的水产品及制品
		GAE 养殖业产品与制品	具有跨地区声望的养殖业产品及制品
	GB 工业产品	GBA 日用工业品	具有跨地区声望的当地生产的日用工业品
		GBB 旅游装备产品	具有跨地区声望的当地生产的户外旅游装备和物品
	GC 手工工艺品	GCA 文房用品	文房书斋的主要文具
		GCB 织品、染织	纺织及用染色印花织物
		GCC 家具	生活、工作或社会实践中供人们坐、卧或支撑与贮存物品的器具
		GCD 陶瓷	用瓷石、高岭土、石英石、莫来石等烧制而成,外表施有玻璃质釉或彩绘的物器
		GCE 金石雕刻、雕塑制品	用金属、石料或木头等材料雕刻的工艺品
		GCF 金石器	用金属、石料制成的具有观赏价值的器物
		GCG 纸艺与灯艺	以纸材质和灯饰材料为主要材料制成的平面或立体的艺术品
		GCH 画作	具有一定观赏价值的手工画成作品
H 人文活动	HA 人事活动记录	HAA 地方人物	当地历史和现代名人
		HAB 地方事件	当地发生过的历史和现代事件
	HB 岁时节令	HBA 宗教活动与庙会	宗教信徒举办的礼仪活动,以及节日或规定日子里在寺庙附近或既定地点举行的聚会
		HBB 农时节日	当地与农业生产息息相关的传统节日
		HBC 现代节庆	当地定期或不定期的文化、商贸、体育活动等

注:如果发现本分类没有包括的基本类型时,使用者可自行增加。增加的基本类型可归入相应亚类,置于最后,最多可增加2个。编号方式为:增加第1个基本类型时,该亚类2位汉语拼音字母+Z,增加第2个基本类型时,该亚类2位汉语拼音字母+Y。

(资料来源:国家质量监督检验检疫总局《旅游资源分类、调查与评价》,2017)

(三)建立旅游资源国家标准分类体系的作用

首先,旅游资源是一个国家或地区进行旅游开发、管理和编制旅游发展规划的基础,因此,旅游资源的分类体系应便于旅游资源调查的顺利开展,并有助于调查后期的评价

工作。旅游资源国家标准分类体系,对旅游资源基本类型的划分较为详细,为调查者提供了一个可以遵循的客观依据,增强了对旅游资源实际调查工作的指导性。

其次,旅游资源国家标准分类体系,注重了旅游资源的观赏属性,强调了现存状况、形态、特征等因素在资源类型划分中的作用。例如,"地质地貌过程形迹"亚类,按形态差异分为凸峰、独峰、峰丛、石(土)林、奇特与象形山石、岩壁与岩缝等基本类型,从而减弱了自然科学(地学)在分类中的作用,突出了资源的审美含义。

最后,旅游资源国家标准分类体系,分别增加了"自然景观综合体"和"人文景观综合体"两个亚类,使旅游资源单体区分更加符合实际情况。例如,山丘型景观、台地型景观等一般具有较大空间规模,由多种要素和不同景点组成,内部联系紧密,将其归并在某一要素类型不能反映资源全貌。因此,把它们划分在"自然景观综合体"亚类中,就有了更为直接的现实意义。

二、旅游资源调查

(一)旅游资源调查的含义

旅游资源调查是根据旅游资源国家分类标准,对一定区域范围内的旅游资源种类、数量、规模、结构、级别、特征、成因、空间分布、组合程度等方面内容进行深入细致的统计和整理,以确定旅游资源的存量状况,并为区域旅游开发提供决策依据的工作过程。

根据调查方式和精度要求的不同,旅游资源调查可分为旅游资源详查和旅游资源概查两个层次。旅游资源详查是为了了解和掌握整个区域旅游资源的真实情况而展开的全面调查,因此,调查涉及的内容非常详细;旅游资源概查是为了了解和掌握特定区域或特种类型的旅游资源情况而进行的专门调查,其调查范围一般较小。

(二)旅游资源调查的内容

开展旅游资源调查的根本目的是要掌握旅游资源本身的各种状况及其所依存的外部环境条件,从而确定旅游资源的开发利用价值,为编制区域旅游发展规划提供可靠资料。因此,调查内容应该包括以下三个方面:

1. 旅游资源的环境背景调查

旅游资源的环境背景调查主要包括自然环境调查、人文环境调查以及环境质量调查。自然环境调查具体指调查区概况、地质地貌要素、水体要素、气象气候要素、动植物要素等方面内容;人文环境调查具体指调查区的历史沿革、社会经济发展水平、制度措施、法律环境、交通通信、供水供电、医疗卫生以及当地居民态度等基础性内容;环境质量调查具体指调查旅游资源开发利用过程中的环境保护状况,包括人为因素造成的各类污染以及治理程度,还有对传染疾病、放射性物质、易燃易爆物品等的管理。

2. 旅游资源的本身状况调查

旅游资源的本身状况调查主要涉及对旅游资源的种类、数量、规模、结构、特征、成因、空间分布、组合程度等方面的基本情况的调查,并需要提供调查区的资源分布图、风

景照片、影像资料以及其他图件资料。另外,对与主要旅游资源相关的重大历史事件、名人活动、文艺作品等旁证资料,也需要尽量搜集并加以提供。需要特别说明的是,对旅游资源本身状况的调查,整个运作过程必须做到科学、客观和准确,严格保证调查成果质量,因为这将直接影响到各类旅游资源的开发利用以及区域旅游业的发展前景。

3. 旅游资源的开发条件调查

旅游资源的开发条件调查具体是指旅游供给要素调查、旅游客源市场调查以及旅游区位关系调查。旅游供给要素调查包括与旅游活动开展密切相关的交通、住宿、餐饮、游览、购物、娱乐等各种软、硬条件的调查;旅游客源市场调查是对客源范围的大小、数量的多少、消费能力和水平、居民出游率以及影响客源产生的各种因素的调查;旅游区位关系调查涉及各类旅游资源的互补搭配情况、旅游活动的各种要素组合及协调性、景区景点的积聚程度、相邻地区旅游开发的影响、旅游产业的区域地位等具体内容。

(三)旅游资源调查的方法

1. 现有资料统计分析法

现有资料统计分析法是通过收集旅游资源的各种现存数据资料,从中选取与调查项目有关的内容进行分析研究。该方法主要适用于种类多、涉及范围广的区域,在旅游资源分析方面能够提供帮助,对于确定特定调查区的资源特色和旅游价值具有重大意义。

2. 现代科技手段分析法

现代科技手段分析法是通过使用各种声像摄录设备(照相机、摄像机等)、地理遥感技术、全球定位系统(GPS)、北斗卫星导航系统、先进测量手段、现代物探技术等,在调查区进行实地勘察的时候,将各类旅游资源全面完整地记录下来,从而提高调查资料的精准性和科学性。

3. 田野勘测调查分析法

田野勘测调查分析法是旅游资源实地调查时最常用的一种方法,调查人员通过观察、踏勘、测量、记录、填绘、摄像等方式,亲身接触旅游资源,获得客观感性认识,形成第一手宝贵资料。田野勘测工作需周详、细致,调查者要勤于观察、善于发现、及时记录、整理现场。

4. 访谈询问调查分析法

访谈询问调查分析法是旅游资源调查的一种辅助方法。调查人员通过走访当地居民、召开座谈会、发放调查问卷等方式,一方面增加信息的收集渠道,补充遗漏数据资料;另一方面为实地勘察提供线索、确定重点、把握方向,从而提高旅游资源调查的效率和质量。

三、旅游资源评价

(一)旅游资源评价的含义

旅游资源评价就是从合理开发利用和保护旅游资源及取得最大社会经济效益的角度出发,运用特定的方法,对一定区域内旅游资源本身价值及其外部开发条件等进行综合评判和鉴定。旅游资源评价是在旅游资源调查的基础上进行的深层次研究工作,涉及

范围非常广泛,内容结构十分复杂,且不同的评价者因为审美观的区别,必然导致评价结果产生差异。旅游资源评价直接影响区域旅游资源开发利用的程度,关系到旅游地的发展前途和命运,因此,客观而科学地评价旅游资源是旅游地综合开发的重要环节。

(二)旅游资源评价的原则

1. 全面系统原则

旅游资源类型多种多样,其功能价值也不尽相同。这就要求我们对旅游资源进行评价时,不仅要注重旅游资源本身的规模、结构、成因、特色等多种因素,还要把旅游资源开发利用的区位、环境、客源、交通等作为外部条件纳入评价范围,全面完整地进行综合衡量和系统评价,准确地反映旅游资源的整体价值。

2. 动态发展原则

旅游资源的特征及其开发利用的外部条件,总是处在不断发展变化之中的。这就要求我们在对旅游资源进行评价时,不能只顾眼前情况和现有条件,应用动态发展的眼光来看待未来的变化趋势,从而对旅游资源及其开发利用前景做出科学、准确和全面的评价,注意避免一味地夸大其词、盲目拔高的评价通病。

3. 尊重事实原则

旅游资源是客观存在的事物,因此,对其进行评价应从客观实际出发。这就需要在旅游资源调查的基础上,广泛运用地理学、历史学、经济学、建筑学、审美学等相关学科的知识,对旅游资源的形成、本质、属性、价值、功能等核心内容,进行实事求是的客观评价,既不可低估也不可夸大,应做到恰如其分。

4. 兼顾三大效益原则

旅游资源评价的主要目的,就是为区域旅游开发和社会经济发展提供决策依据,因此,旅游资源评价必须兼顾经济效益、社会效益和环境效益。只有充分考虑和全面权衡三大效益,才能确保旅游资源科学合理的利用,正确处理好资源开发与环境保护之间的辩证关系,从而促进区域经济、社会和环境的协调持续发展。

5. 定性与定量相结合原则

总体来说,旅游资源评价可分为定性评价和定量评价,因此,我们既要从理论方面对旅游资源的性状特征进行深入全面的定性分析,又要根据一定评价标准和评价模型,将各种评价因素予以指标量化,进行定量分析比较,把定性描述用定量关系来求证,努力避免各种主观色彩,确保评价结果更加客观、公正和可信。

(三)旅游资源评价的内容

从系统的角度看,旅游资源评价的内容应该包括三个方面:旅游资源个体品质评价、旅游资源组合系统评价和旅游资源开发条件评价。

1. 旅游资源个体品质评价

旅游资源个体品质评价,就是对旅游资源的特征、性质、状态、成因、数量规模以及功能价值等方面的内容进行评价,从而确定不同旅游资源个体的等级优劣。旅游资源个体品质评价需要从美学观赏价值、历史文化价值、科学考察价值、社会经济价值以及旅游吸

引价值五个方面来比较和衡量。

2. 旅游资源组合系统评价

仅仅对旅游资源个体品质评价,难以考察各种资源要素在整个区域中的组合关系,因此,必须进行旅游资源组合系统评价。旅游资源组合系统评价,主要分析评价旅游资源个体在区域组合系统中的突出地位与重要作用、类型结构及空间组合、不同级别资源个体的搭配关系、交通联系的便利程度等。

3. 旅游资源开发条件评价

旅游资源开发条件评价是旅游资源所在地区的自然、社会以及经济技术条件对资源开发利用的影响评价。旅游资源开发条件评价的主要内容包括以下几个方面:自然生态条件、建设用地条件、城镇分布状况、基础设施建设、交通运输条件、旅游基础设施和专用设施、主要客源市场分布及距离的远近等。

(四)旅游资源评价的方法

1. 定性评价法

定性评价法又称经验评价法,是评价者在调查并收集了大量旅游资源信息的基础上,凭借自己的经验将各种信息分类整理,主观地进行价值判断。定性评价法在评价方式上凭经验直觉,使用直观描述的方法,操作过程比较简单。这种方法受评价者自身素质等条件影响较大,容易导致评价结果出现差异性,因此,在应用方面存在一定局限性。

在我国,目前比较成熟的定性评价法有黄辉实的"六字七标准"评价法和卢云亭的"三三六"评价法。黄辉实的"六字七标准"评价法从旅游资源本身和资源所处环境两个方面对旅游资源进行评价。旅游资源本身评价采用美(旅游资源给人的美感)、古(悠久的历史)、名(具有名气或与名人有关)、特(稀有性或特色性)、奇(新奇度)、用(实际开发利用价值)六个字作为标准来衡量;旅游资源所处环境评价则采用季节性、环境质量、与其他旅游资源之间的联系性、可进入性、基础结构、社会经济和市场环境七项指标进行考核。卢云亭的"三三六"评价法是指由"三大价值"、"三大效益"和"六大开发条件"形成的旅游资源评价体系。三大价值是指历史文化价值、艺术观赏价值和科学考察价值;三大效益是指经济效益、社会效益和环境效益;六大开发条件是指地理位置与交通条件、景象地域组合条件、旅游环境容量、旅游客源市场、投资建设能力、施工难易程度。

2. 定量评价法

定量评价法是通过统计、分析、计算、整理,用具体的数值来表示旅游资源及其环境质量等级的方法。该方法首先是将评价因子分解,将决定旅游资源开发价值的各种因素分解成若干评价指标,以便分别评定其开发价值,同时权衡各个指标在评价中的比重、系数和评分标准;其次是建立评价结构模型并按特定目的加以简化,计算评价参数,进行模型运算,将各种因子的评价得分依据事先确定的系数、参数进行计算,得出综合评价结果;最后分析评价结果,即对运算结果进行具体分析和综合评定。

定量评价法根据参与评价的因子数量不同,又可分为技术性单因子评价法和多因子综合量化评价法。技术性单因子评价法是指评价者在进行旅游资源评价时,集中考虑某

些起决定作用的关键因素,并对这些因素进行适宜性评价和优劣评判,该评价方法一般只限于某些自然旅游资源,如风景湖泊、康乐气候以及溶洞旅游资源、滑雪旅游资源;多因子综合量化评价法是在考虑多个评价因子的基础上,运用一定的数学方法对旅游资源进行综合运算,然后根据得分值进行综合评价,该方法在旅游资源评价中更具有精确性和全面性。

3. 旅游资源国家分类标准体系中的评价方法

在《旅游资源分类、调查与评价》(GB/T 18972—2017)国家标准中,提出了由"旅游资源共有因子综合评价"赋分和"附加值"赋分两部分组成的评价方法。该评价体系包括两个评价档次,即评价项目和评价因子;三个评价项目,即资源要素价值、资源影响力和附加值;八个评价因子,即资源要素价值中的五个评价因子、资源影响力中的两个评价因子、附加值中的一个评价因子。每个评价因子分四个层次,相应分值为四档。资源要素价值和资源影响力总分值为 100 分,只有附加值中的环境保护与环境安全有负分值,其余均为正分值。旅游资源评价赋分标准见表 4-2。

表 4-2　　旅游资源评价赋分标准

评价项目	评价因子	评价依据	赋值
资源要素价值（85分）	观赏游憩使用价值（30分）	全部或其中一项具有极高的观赏价值、游憩价值、使用价值	30～22
		全部或其中一项具有很高的观赏价值、游憩价值、使用价值	21～13
		全部或其中一项具有较高的观赏价值、游憩价值、使用价值	12～6
		全部或其中一项具有一般观赏价值、游憩价值、使用价值	5～1
	历史文化科学艺术价值（25分）	同时或其中一项具有世界意义的历史价值、文化价值、科学价值、艺术价值	25～20
		同时或其中一项具有全国意义的历史价值、文化价值、科学价值、艺术价值	19～13
		同时或其中一项具有省级意义的历史价值、文化价值、科学价值、艺术价值	12～6
		历史价值、或文化价值、或科学价值、或艺术价值具有地区意义	5～1
	珍稀奇特程度（15分）	有大量珍稀物种,或景观异常奇特,或此类现象在其他地区罕见	15～13
		有较多珍稀物种,或景观奇特,或此类现象在其他地区很少见	12～9
		有少量珍稀物种,或景观突出,或此类现象在其他地区少见	8～4
		有个别珍稀物种,或景观比较突出,或此类现象在其他地区较多见	3～1
	规模、丰度与概率（10分）	独立型旅游资源单体规模、体量巨大;集合型旅游资源单体结构完美、疏密度优良;自然景象和人文活动周期性发生或频率极高	10～8
		独立型旅游资源单体规模、体量较大;集合型旅游资源单体结构很和谐、疏密度良好;自然景象和人文活动周期性发生或频率很高	7～5
		独立型旅游资源单体规模、体量中等;集合型旅游资源单体结构和谐、疏密度较好;自然景象和人文活动周期性发生或频率较高	4～3
		独立型旅游资源单体规模、体量较小;集合型旅游资源单体结构较和谐、疏密度一般;自然景象和人文活动周期性发生或频率较小	2～1
	完整性（5分）	形态与结构保持完整	5～4
		形态与结构有少量变化,但不明显	3
		形态与结构有明显变化	2
		形态与结构有重大变化	1

(续表)

评价项目	评价因子	评价依据	赋值
资源影响力(15分)	知名度和影响力(10分)	在世界范围内知名,或构成世界承认的名牌	10~8
		在全国范围内知名,或构成全国性的名牌	7~5
		在本省范围内知名,或构成省内的名牌	4~3
		在本地区范围内知名,或构成本地区名牌	2~1
	适游期或使用范围(5分)	适宜游览的日期每年超过300天,或适宜于所有游客使用和参与	5~4
		适宜游览的日期每年超过250天,或适宜于80%左右游客使用和参与	3
		适宜游览的日期超过150天,或适宜于60%左右游客使用和参与	2
		适宜游览的日期每年超过100天,或适宜于40%左右游客使用和参与	1
附加值	环境保护与环境安全	已受到严重污染,或存在严重安全隐患	-5
		已受到中度污染,或存在明显安全隐患	-4
		已受到轻度污染,或存在一定安全隐患	-3
		已有工程保护措施,环境安全得到保证	3

注:"资源要素价值"项目中含"观赏游憩使用价值""历史文化科学艺术价值""珍稀奇特程度""规模、丰度与概率""完整性"等5项评价因子。"资源影响力"项目中含"知名度和影响力""适游期或使用范围"等2项评价因子。"附加值"含"环境保护与环境安全"1项评价因子。

(资料来源:国家质量监督检验检疫总局《旅游资源分类、调查与评价》,2017)

根据旅游资源国家分类标准体系中的评价方法,按照指标体系中给定的计分标准,调查组成员对各评价因子进行评分,最后再计算综合得分。依据旅游资源单体在评价过程中所得分值的不同,从高到低可将其分为五个级别:

五级旅游资源,得分值域为大于或等于90分;

四级旅游资源,得分值域为75~89分;

三级旅游资源,得分值域为60~74分;

二级旅游资源,得分值域为45~59分;

一级旅游资源,得分值域为30~44分。

另外规定,未获等级的旅游资源的得分值域为小于或等于29分。其中,五级旅游资源被称为"特品级旅游资源";五级、四级、三级旅游资源被通称为"优良级旅游资源",二级、一级旅游资源被通称为"普通级旅游资源"。根据国家规定的旅游资源等级划分,以及国家规定的不同等级旅游资源统一使用的图例标志,可以列表编绘"旅游资源单体图例"(表4-3),对旅游资源的级别进行更为直观的描述。

表 4-3　　　　　　　　旅游资源评价等级与图例

旅游资源等级	得分区间	图例	使用说明
五级旅游资源	≥90分	★	1.图例大小根据图面大小而定,形状不变;
四级旅游资源	75~89分	■	2.自然旅游资源(表A.1中主类A、B、C、D)使用蓝色图例;人文旅游资源(表A.1中主类E、F、G、H)使用红色图例
三级旅游资源	60~74分	◆	
二级旅游资源	45~59分	▲	
一级旅游资源	30~44分	●	

注:五级旅游资源被称为"特品级旅游资源";五级、四级、三级旅游资源被通称为"优良级旅游资源";二级、一级旅游资源被通称为"普通级旅游资源"。

(资料来源:国家质量监督检验检疫总局《旅游资源分类、调查与评价》,2017)

【思考题】

进行旅游资源分类、调查与评价,对发展旅游业有何重要意义?

学习任务三　旅游资源的开发与保护

任务导入　　甘肃敦煌旅游资源的开发与保护

在我国甘肃的敦煌莫高窟,壁画霉变、腐蚀、脱落等现象十分严重。在每年7~9月的旅游旺季,敦煌莫高窟的日接待游客数量基本在3 000人次以上,最高可达到7 000人次。蜂拥而至的旅游者导致石窟中弥漫着大量的二氧化碳和人体散发的湿热气,使得壁画的有些部位从里向外凸起,一碰就会成为粉末,人们形象地称这种现象为壁画的"癌症"。

敦煌研究院的一项实验监测数据表明,每40人进入石窟参观半小时,洞内空气中二氧化碳含量将升高5倍,空气相对湿度会上升10%,温度也会升高4 ℃。敦煌壁画正在以比古代快100倍的速度走向毁灭。第156洞窟中的唐代墨书《莫高窟记》,在20世纪60年代还清晰可辨,但现在已经非常模糊了。基于这种状况,人们不禁要问:再过百年,敦煌安在?

·思考·　敦煌壁画破坏和损毁的主要原因是什么?应该采取哪些措施加强对敦煌壁画的维修和保护?

学习导读

旅游资源开发与保护是对立统一的辩证关系。一方面,旅游资源开发的主要目的,就是为了发展旅游业,但在开发过程中如果不加以科学规划和合理利用,就会对旅游资源产生一定的破坏性,这就需要加强保护意识;另一方面,通过旅游资源开发可以加快旅游产业发展,旅游经济效益就会不断提高,从而可以为旅游资源的保护提供资金支撑。同时,在旅游资源开发过程中,人们对旅游资源的重视程度也将大大加强,这就会对旅游资源保护起到很大的推动作用。因此,旅游资源开发与保护之间是一种既对立又统一的辩证关系。

知识链接

一、旅游资源开发的基本含义

旅游资源开发是以旅游业为前提,以旅游市场为导向,以旅游资源为核心,以发挥、改善和提高旅游资源对游客的吸引力为着力点,有组织、有计划地对旅游资源加以开发

利用的经济技术系统工程。因此,旅游资源开发包括以下基本含义:首先,旅游资源开发的主要目的是发展旅游业,从而拉动区域经济增长;其次,旅游资源开发的实质就是将特色旅游资源加工成景区景点,吸引游客前来参观游览;最后,旅游资源开发是一项组织性、计划性很强的系统工程,需要进行充分验证才能成功。

虽说旅游资源是旅游业赖以生存和发展的基础,但是,它同其他任何一种资源一样,只有通过加工开发,将其转化为旅游产品中的"景区景点",才能被旅游业利用,并发挥其综合效益。随着旅游活动的广泛深入开展,旅游消费需求呈现出多样化、个性化的发展趋势,不仅旅游资源的本质内涵在不断发展,其空间范围也在不断扩大。因此,对于区域旅游开发来说,只有对现有旅游资源进行深层次开发,或者是努力挖掘新的旅游资源类型,才能满足旅游者不断发展变化的消费需求,进而确保区域旅游产业持续、健康发展。

二、旅游资源开发的主要原则

(一)突出特色原则

特色是旅游之基,文化是旅游之魂。旅游资源开发必须对原始的地理、历史以及地方文化特征进行深度挖掘,充分整合。只有根植于本地自然、历史和民族文化基础上开发出来的具有地方特色的旅游产品,才能在旅游市场上具有竞争力。要极力避免照搬、再造、复制、模仿等低水平的重复建设行为,跳出雷同开发的套路。因此,我们在旅游资源的开发过程中,需要始终坚持突出特色原则。

(二)保护利用原则

旅游资源是大自然造化、人类历史遗存以及现代人文艺术的结晶。大部分旅游资源非常脆弱,一旦受到自然或人为因素的破坏损毁,就很难恢复原貌,因此,在旅游资源开发利用过程中,加强保护就显得尤为重要。一方面,要对旅游资源本身实施严格保护,尽量延缓自然衰减,努力避免人为破坏;另一方面,要对旅游资源所依存的各种环境条件进行严格监管,控制环境污染,保护生态平衡。

(三)市场导向原则

原始状态的旅游资源只有经过开发加工后,才能形成旅游产品中的"景区景点"部分,最终出售给消费者。因此,在从"旅游资源"转化为"景区景点"的过程中,必须研究旅游客源市场,了解旅游者的消费需求动态,掌握需求变化趋势,然后根据市场需求来确定开发方向。在市场经济条件下,市场就代表着需求,需求则意味着效益。因此,旅游资源的开发若想获得成功,必须坚持市场导向原则。

(四)总体规划原则

旅游资源开发是一项组织性、计划性都很强的系统工程,需要众多部门和行业的通力合作才能完成。因此,开发之前必须做好总体规划,合理调动社会经济体系中的各种力量,强化部门和行业之间的协同合作,具体包括土地利用调整、交通道路及公共服务设

施安排、基础设施协调规划、劳动教育与专业培训、产业政策与管理机制等。通过总体规划安排，旅游资源开发的成功就能得到根本性保障。

（五）综合效益原则

成功的旅游资源开发能够带来可观的经济效益，但是，关注利润回报并不是旅游资源开发的唯一目的。也就是说，在旅游资源开发过程中不能只片面地追求经济效益，还应从人类社会长远发展的角度出发，正确处理旅游开发中经济、文化和环境之间的辩证关系，力争做到旅游资源开发、区域经济建设和生态环境保护同步进行，协调发展、全面兼顾旅游资源开发所带来的综合效益。

三、旅游资源开发的具体内容

要将潜在的旅游资源优势顺利转化为现实经济优势，不仅要对旅游资源本身进行开发利用，还应完善旅游配套服务设施，以及相关的外部条件建设改造。旅游资源开发的具体内容包括以下四个方面：

（一）设计旅游景区景点

旅游资源只有经过开发加工才能转化为景区景点，从而为旅游业所用。因此，规划和设计旅游景区景点就成为旅游资源开发中相当重要的内容。旅游景区景点设计是一项技术性很强、内容相当复杂的创意性工作，既包括新的景区景点的规划、设计、论证和施工建设，同时也包括对原有景区景点的维护、改造、创新和升级，这些工作需要规划设计人员花费大量的时间和精力才能完成。在旅游资源开发过程中，旅游景区景点最终能否形成旅游活动中最为关键的吸引物，直接决定着旅游目的地吸引力的大小，因此旅游资源的设计开发工作就显得十分重要。

（二）规划旅游交通设施

旅游活动是一种异地消费行为，旅游者必须跨越一定的空间距离，离开常住地到达旅游目的地后才能进行消费。因此，合理安排旅游者的往返交通以及完善旅游目的地内部的交通网络，是旅游资源开发的重要内容之一。便宜、快捷、安全、舒适是现代旅游者对旅游交通的基本要求，在旅游界也通常用"进得来、散得开、出得去"这九个字来评价和衡量一个旅游目的地交通的完善程度。因此，在进行旅游交通规划时要充分考虑这些因素。旅游交通规划不仅包括旅游交通道路的建设以及旅游交通工具的选择，同时还包含各种交通营运计划的设计与安排。

（三）完善旅游配套服务

旅游配套服务是指旅游者在目的地停留期间必须依赖的各种服务设施和服务项目，一般分为旅游基础设施和旅游专用设施两大类。旅游基础设施是指为了旅游活动有效开展而不可或缺的各种公共设施，包括城镇道路、供水供电、供热供气、邮电通信、医疗卫生、金融保险、停车场地、排污处理、安全保卫、生态环境等众多方面；旅游专用设施是指

直接用于服务旅游活动的各种设施和项目,通常包括游览设施、娱乐设施、住宿设施、餐饮设施、旅游购物商店等具体内容。旅游配套服务的完善有助于提高旅游活动质量,因此,这也是旅游资源开发的重要方面。

(四)开发旅游人力资源

旅游市场竞争说到底还是旅游人才的竞争。因为构成旅游产品的核心内容就是旅游服务,而服务性产品质量的优劣关键取决于服务人员主观能动作用的发挥,加强旅游人力资源规划建设,提高从业人员整体素质,能够充分发挥旅游资源的吸引力,从而推动区域旅游又好又快地发展。旅游服务工作一般比较复杂,技术难度高,需要讲究方法和技巧。特别是从长期实践中磨炼出来的端正的思想、认真的态度、干练的作风、冷静的头脑、敏捷的反应和应变能力等,都不仅仅是从书本里、课堂上获得的,而是历经无数事件之后形成的个人突出能力的综合表现,是聪明才智的最高发挥和完全运用。因此,旅游人力资源的开发十分重要。

四、旅游资源的开发与保护

(一)旅游资源遭受破坏的原因分析

旅游资源破坏是指在旅游业发展过程中,旅游资源及其所依存的环境条件由于受到各种因素的影响和干扰,导致资源质量下降、生态失去平衡、环境遭受污染的现象。造成旅游资源及其环境遭受破坏和损毁的原因很多,综合归纳可以分为自然作用和人为影响两个方面。

由于自然作用而致使某些旅游资源及其环境遭受损坏的情况是显而易见的,主要表现在:第一,各种自然灾害,如地震、台风、洪水、泥石流、火山喷发等,这类自然灾害虽然不是经常发生,可一旦发生,其破坏作用是十分严重的。第二,环境要素的缓慢变化,如风吹、日晒、雨淋、水浸等对各类旅游资源的破坏,特别是对历史人文旅游资源的破坏作用相当严重。第三,某些动物和昆虫的直接破坏,如鸟类、白蚁等,尤其会对古代建筑物以及古代建筑工程等旅游景观构成严重威胁。

人为因素使旅游资源及其环境遭受破坏的情况也屡见不鲜。具体表现为:第一,旅游者在消费活动过程中对旅游资源及其环境的破坏。有些旅游者在游览过程中总是因为自身的行为,或多或少地会对目的地旅游资源及其环境条件产生一定影响,如乱写乱画、丢弃废物等,这种影响在旅游严重超载时表现更为突出。第二,目的地政府、企业和居民在开发经营过程中对旅游资源及其环境的破坏,主要是受旅游开发经营巨大经济利益的驱使,对旅游资源及其环境进行掠夺性使用而造成的,这种人为破坏比旅游者造成的问题更加严重,而且更难控制。

(二)旅游资源开发与保护的辩证关系

在旅游业发展过程中,旅游资源的开发和保护是一对较深层次的矛盾。事实

上,人们都会说,要坚持"开发中保护,保护中开发"的基本原则,但在实践中操作起来却相当困难。因此,如何正确认识和处理它们之间对立统一的辩证关系,是我们面临的一个非常严峻而又相当现实的问题。为此,我们有必要对这对矛盾进行系统分析。

首先,作为一种资源,不论是自然资源还是社会资源,其根本属性和本质特征都是可利用的。假如不能为人类社会所利用,就不能为人们的生产和生活服务,也就不能称其为"资源"。因此,旅游资源以一种资源的形态而存在,必须满足不同消费者对于旅游审美体验的客观需求,同时,为当地经济建设和改善社区居民生活发挥积极的作用。基于这种认识,旅游资源的开发利用始终是第一位的,只有通过开发利用,才能真正实现旅游资源的自身价值,确保旅游发展过程中经济效益、社会效益和环境效益的有机统一。

其次,任何一种旅游资源的开发利用都是有一定限度的,我们不可能对它们进行无休止、无穷尽的开发。如果在旅游资源开发利用过程中,人们只顾眼前利益、短期目标,势必会造成旅游资源过度利用,甚至是严重破坏。因此,一切与旅游资源开发有关的部门和个人,包括目的地政府、各类旅游企业、社区居民以及旅游消费者等,都必须提高思想认识,在实践中重视旅游资源的科学合理开发,加强对旅游资源的保护力度,严格禁止各种破坏行为,确保旅游资源的永续性和旅游业的可持续发展。

综上所述,旅游资源的开发与保护是相辅相成、有机联系的矛盾统一体,坚决不能将二者割裂开来。只顾开发利用、忽视保护重任的行为,属于典型的唯利是图;反之,如果只讲资源保护,不管开发利用,就是机械的形而上学观点。以上两种片面的做法,在实践中都是不可取的。事实上,旅游资源开发的目的是为了利用,旅游资源保护的目的也是为了利用,因此,两者之间完全没有根本性的冲突。

(三)实施旅游资源保护的具体措施

1. 旅游资源的技术保护措施

旅游资源的技术性保护,就是利用现代科技手段对旅游资源及其环境进行监测与分析,这是旅游资源保护的重要措施。针对不同的旅游资源的保护需要,采取多种技术性措施来抵御自然力和某些人为因素的影响与破坏是最直接有效的。例如,科学地维修能够保持历史文物古迹类旅游资源开发利用价值的不断延续;封山育林、植树绿化有助于保护生物群落,实现生态平衡;对旅游景区的大气、水文、生物等环境要素进行跟踪监测,能够不断改善和提高旅游目的地的环境质量等。所有这些技术性手段和措施,对于旅游资源及其环境条件的保护将起到十分重要的作用。

2. 旅游资源的行政保护措施

行政性管理措施是旅游资源及其环境保护中最为常见的方法之一。目前,我国对风景名胜区的旅游资源开发,一般分两种情况进行:一是设立风景名胜区政府,旅游开发由

该级政府全面实行管理,如黄山风景名胜区就是由安徽省黄山市全面负责管理;二是风景名胜区没有成立政府的,则在风景名胜区内部设立相应管理机构,专门负责风景名胜区旅游资源的开发和管理工作,例如,江西庐山风景名胜区就是由庐山风景名胜区管理局直接负责的。这种由旅游行政主管部门专门负责的区域性旅游开发工作的管理体制,有利于对旅游资源及其环境实行统一的规划与监管。

3. 旅游资源的法律保护措施

旅游资源的法律保护,就是依照国家颁布的法律法规以及地方政府制定的条例规章对旅游资源及其环境条件进行保护的行为。法律保护具有概括性、规范性和稳定性的特点,适用于处理旅游资源保护中带有普遍性的一般问题。目前,我国与旅游资源保护有关的法律条文主要有《中华人民共和国环境保护法》《中华人民共和国森林法》《中华人民共和国文物保护法》《中华人民共和国野生动物保护法》《中华人民共和国水法》《风景名胜区管理暂行条例》等。此外,各地方立法机构和人民政府根据国家的法律法规,结合地方实际制定了一些地方性法规和条例,从而形成了我国旅游资源开发、利用和保护的法律网络体系,使旅游资源保护有了可靠的法律依据。

4. 旅游资源的教育保护措施

旅游资源保护意识不强或者根本没有资源保护意识,是造成旅游资源人为破坏的根本原因。因此,我们需要通过各种途径和方式在全社会大力宣传保护旅游资源的重要性,从而使社会所有成员树立环保意识,珍惜旅游资源。特别值得注意的是,由于专业知识的缺乏和短期利益的驱动,导致旅游资源开发过程中的各种短视行为普遍存在,生态环境破坏、旅游资源退化等现象相当严重。基于以上情况,我们认为,旅游资源及其环境的保护工作任重而道远,宣传教育工作应该从每个儿童的学前教育认真抓起。

5. 旅游资源的规划保护措施

编制旅游规划,特别是《旅游资源保护专项规划》和《环境保护专项规划》,并以此指导特定区域的旅游资源开发、利用和保护,是旅游资源及其环境保护的一项重要措施。规划保护和法律保护一样,同属于旅游资源保护的指导性方法。首先,我们可以通过对旅游资源及其环境进行调研,测定并评估旅游资源的保护状况,建立数据库;其次,根据保护现状制定相应的专业规划和实施方案,对旅游资源及其环境保护提出"质"与"量"的规定,使保护工作具有明确的目标。以上措施,有利于在整个规划期内科学合理地开展常规性的保护工作,减少盲目、无序造成的破坏。

【思 考 题】

怎样理解旅游资源开发与保护之间的辩证关系?

项目小结

旅游资源作为开展旅游活动的三大构成要素之一,是旅游业赖以生存和发展的基础。旅游资源是指自然界和人类社会中,凡能对旅游者产生吸引力,可以为旅游业开发利用,并可产生经济效益、社会效益和环境效益的各种事物和因素。一般认为,旅游资源具有美学观赏性、地域分异性、内容广泛性、时间节律性、空间固定性、脆弱易损性、变化发展性等主要特征。根据《旅游资源分类、调查与评价》(GB/T 18972—2017)国家标准,将旅游资源划分为8个主类、23个亚类、110种基本类型。按照国家规定的《旅游资源评价赋分标准》,可将旅游资源评价从高到低依次分为五个级别。研究旅游资源的根本目的就是为了搞好旅游资源的开发和利用,但是,在实际工作中,由于受各种因素的影响,旅游资源遭到破坏和损毁的现象十分严重。为了保证旅游资源能够永续利用,实现旅游业可持续发展,就必须对旅游资源进行保护。旅游资源开发与保护是旅游业发展过程中一对较深层次的矛盾,它们之间形成了既对立又统一的辩证关系,因此,在实际工作中必须二者兼顾,不可偏废其一。

项目实训

1.《旅游资源分类、调查与评价》(GB/T 18972—2017)国家标准中,将旅游资源划分为8个主类、23个亚类、110种基本类型。你所了解、熟悉和掌握的有多少种?

2.以小组为单位,选择一处旅游资源进行考察,然后根据旅游资源国家分类体系中的赋分标准给予综合评价和科学打分,看一看该处旅游资源属于何种级别?

拓展训练 张家界世界自然遗产旅游开发启示录

国家级重点风景名胜区张家界,是经联合国批准的世界自然遗产之一。这里3 000座岩峰拔地而起,众多溪流蜿蜒纵横,自然风光十分迷人。普光禅寺、玉皇洞石窟等名胜古迹和贺龙等名人故居分布于景区中,丰富了人文内涵。然而,由于无节制、超容量的旅游开发,许多宾馆、酒店及其他商业设施破坏了资源和环境。因此,世界遗产委员会对其发出黄牌警告。为了保住列入世界遗产名录地位,当地政府拆除了景区内34万平方米的建筑,恢复原貌,为此耗费超过十亿元,比原已获得的经济收益高出数倍。

自1985年我国加入《保护世界文化和自然遗产公约》以来,世界遗产保护工作为世人所共睹,为国际社会所称道。保护好优美的自然风光与和珍贵的历史文化遗产,是我

们神圣的责任。在新的时期，我们应树立长远眼光，增强保护意识，需要在改革保护体制、制定相关法规、建立监测体系、完善管理制度等方面继续努力，力争世界遗产保护工作能够更上一层楼，早日达到世界先进水平。

讨论 根据《保护世界文化和自然遗产公约》的具体要求，在对世界遗产地进行旅游开发时，应该注意哪些问题？

在线自测

项目五 旅游业构成分析

知识目标

- 掌握旅游业的含义、特点及构成体系
- 了解我国旅游业的地位和发展的历程
- 了解旅游业各行业的概念、特点和地位
- 掌握旅游业各行业的经营类型及特色

能力目标

- 能够运用经营管理知识解决旅游业发展中的问题
- 能够独立编写《旅游指南》
- 能够设计综合旅游产品

思政目标

- 了解我国知名旅游企业的发展历程,培养学生的创新能力
- 熟悉我国相关的旅游政策,能科学分析旅游发展问题

学习任务一　旅游业的含义及特征分析

任务导入　"十三五"期间我国旅游业发展概况（节选）

"十三五"期间，我国国内旅游人次累计超过249.8亿，年均增长10.7%；实现国内旅游收入22.8万亿元人民币，年均增长达13.6%。出境旅游人次合计超过7.8亿，接待入境旅游人次8.3亿，实现国际旅游收入7 208.3亿美元，年均增长4.5%。

"十三五"期间，数字化、网络化、智能化助力旅游业发展，一大批智慧旅游示范城市和地区加速发展，旅游管理方式和运营模式不断变革。

"十三五"期间，我国新旅游业态不断涌现，休闲度假产品不断丰富。度假区产品涵盖了温泉、冰雪、滨海、山地等多种类型，截至2020年10月，全国共有精品A级旅游景区12 402家，500多家全域旅游示范区、10个中国旅游休闲示范城市。

"十三五"期间，2.26万个贫困村通过发展乡村旅游、红色旅游实现了脱贫致富。红色旅游热度不断攀升，仅2019年全国红色旅游人次达到7亿，旅游收入4 800亿元。发展乡村旅游，助力乡村振兴，成为"十三五"期间我国旅游业发展的一大亮点。

（资料来源：央视新闻官方账号）

·**思考**·　我国把旅游业定位为国民经济的战略性支柱产业和人民群众更加满意的现代服务业，你是如何理解的？

学习导读

旅游业是连接旅游主体与旅游客体的纽带。正是因为旅游业为旅游者的旅游活动提供便利，才使得作为旅游主体的旅游者能够顺利完成旅游活动并获得难忘的旅游经历。旅游消费包括食、住、行、游、购、娱等要素，因此，为旅游者服务的旅游业，也包括众多的相关行业，这些行业的产品形式不同、经营管理方式各异，但它们都具有一个共同点——服务对象都是旅游者，目的都是为旅游者的旅游活动提供便利。基于此，人们已经达成共识：旅游业是一项产业，而且是一项资源消耗低、带动系数大、就业机会多、综合效益好的综合性产业。

知识链接

一、旅游业的基本含义

旅游业是开展旅游活动的三大要素之一。在有些国家，旅游业已经在国民经济中占有举足轻重的地位。但是，从传统理论上讲，旅游业不是一项标准产业，但在实际情况

中，旅游活动又确实影响着国民经济发展中的方方面面，因此，旅游业是客观存在的，只是它不像其他产业那样界限分明。世界各国在制定产业划分标准时，似乎都未明确将旅游业作为一项产业单独立项，但是在很多国家制定的经济发展规划中，都将旅游业列为其中的一项重要内容。以我国为例，在我国《国民经济行业分类》（GB/T4754－2002）和2003年颁布的《三次产业划分规定》中都未列出旅游业，但早在1986年，旅游业的接待人数和创汇收入指标就已被正式纳入《中华人民共和国经济和社会发展第七个五年计划（1986－1990）》中，这意味着旅游业在我国国民经济发展计划中首次立了"户头"。1987年，国务院再一次提出"要大力发展旅游业"。1991年，在我国制定的《关于国民经济和社会发展十年规划和第八个五年计划纲要》中，正式明确将旅游业定为产业，并将其列为加快发展的第三产业中的重点。特别是在2009年，国务院通过了《关于加快发展旅游业的意见》，将旅游业定位为国民经济的战略性支柱产业和人民群众更加满意的现代服务业。

我们可以看出，旅游业是客观存在的。在国际学术界的旅游研究中，对于旅游业的定义存在着不同的说法。旅游业大致分为两类，一类是狭义的理解，将旅游业限定在旅行社业范畴内。我们认为，旅行社业只能作为国民经济中的一个行业，而作为产业显然缺乏代表性，此类概念不可取；另一类是对旅游业广义的理解，在经济学上，产业经常以同一商品或服务市场为集合来划分。虽然旅游业中各企业的主要业务和产品有所不同，但作为服务业，它们有一个共同的服务对象或服务市场——旅游者。旅游者的消费活动主要包括食、住、行、游、购、娱六大要素，需要不同经济行业的企业提供相应的产品和服务，而分属于不同行业的企业，因为它们通过提供各自的产品和服务满足同一市场即旅游市场的需要，共同构成了国民经济中的一个组成部分——旅游业。

因此，旅游业的定义可以表述为：旅游业是以旅游者为对象，为其旅游活动创造便利条件并提供所需产品和服务的综合性产业。

二、旅游业的构成

旅游业是由许多与旅游相关的行业组成的一个综合性产业，学术界对旅游业的构成有许多不同的认识，本书介绍几种主要的看法。

根据联合国的《国际标准产业分类》以及对从事旅游业务的具体部门加以分析可知，旅游业主要由三部分构成，即旅行社、交通运输部门和以旅馆为代表的住宿部门，这三个部门的企业构成了三种类型的旅游企业，即旅行社、旅游交通和旅游饭店，它们成为现代旅游业的三大支柱。这三个旅游部门中的企业依赖于旅游者的存在，同时，它们的发展状况也决定着一个国家或地区旅游业发展的水平。

从旅游目的地的角度来看，旅游业主要由五大部门组成，即旅行社业务组织部门、住宿接待部门、交通运输部门、游览场所经营部门和各级旅游管理组织部门，如图5-1所示。就一个旅游目的地的旅游业而言，上述五个部门之间存在着共同的目标和不可分割的相互联系，即通过吸引、招徕和接待外来旅游者，促进旅游目的地的经济发展。

但是，从旅游业的定义以及旅游者旅游活动的内容构成来看，旅游业的构成不止以上五个部分，还应该包括旅游餐饮业、旅游购物业、旅游娱乐业等。

```
┌─────────────────────────────────────────────────────────────────────────┐
│  住宿接待部门                          游览场所经营部门                    │
│  饭店、宾馆                            主题公园                           │
│  农场出租住房                          博物馆                             │
│  出租公寓或别墅                        国家公园                           │
│  由个人分时占有的公寓套间              野生动物园                         │
│  度假村                                花园                               │
│  会议或展览中心（提供住宿）            自然历史遗产游览点                 │
│  野营营地或旅行拖车度假营地                                               │
│  提供住宿设施的船坞                                                       │
│                                                                         │
│                    交通运输部门                                           │
│                    航空公司                                               │
│                    海运公司                                               │
│                    铁路公司                                               │
│                    公共汽车或长途汽车公司                                 │
│                    租车公司                                               │
│                                                                         │
│  旅行社业务组织部门                    各级旅游管理组织部门                │
│  旅游经营商                            国家旅游组织（NTO）                │
│  旅游批发商或经纪人                    地区旅游组织                       │
│  旅游零售代理商                        地方旅游组织                       │
│  会议安排组织商                        旅游协会                           │
│  预订服务代理商（例如，代订客房）                                         │
│  奖励旅游安排代理商                                                       │
└─────────────────────────────────────────────────────────────────────────┘
```

图 5-1 旅游业的五个主要组成部分

三、旅游业的性质

旅游业从根本上说是一项经济产业，其经济性表现在以下几个方面：首先，从旅游业的产生来看，旅游活动不仅是人类社会经济发展到一定阶段的产物，还将随着社会经济的发展而发展，旅游业作为为旅游者的旅游活动提供便利的产业，也必将随着社会经济的发展而发展；其次，从旅游业的构成来看，其构成中有众多分属不同行业的企业，包括旅行社、宾馆饭店、交通运输企业、游览娱乐企业、旅游购物企业等，这些企业都是以生产相关旅游产品，并通过出售这些旅游产品获得收益、进行独立核算的经济组织；再次，从旅游业的影响来看，旅游业不仅可以增加外汇收入、加快货币回笼，还可以促进和带动与旅游有关的其他经济行业的发展，进而带动本地区经济的发展。

对旅游业经济性质的认识，有助于国家或地区把旅游业作为国民经济的一个组成部分来制定其产业政策。

四、旅游业的特点

微课：
旅游业的特点

旅游业同其他产业相比，具有以下特点：

（一）综合性

旅游业是由通过为旅游者的旅游活动提供产品和服务以获取利益的企业构成的，旅游者在旅游活动中的需求是多方面的，是各企业开展生产经营的根据，而分属不同行业的旅游企业，因满足旅游者的共同需求成为一个集合体，故而使旅游业表现出明显的综合性。

了解旅游业的综合性有着非常重要的实际意义：首先，就一个旅游目的地而言，其旅游业中各个行业的命运都是联系在一起的。就像"木桶原理"，其中任何一个行业的发展滞后或行为失误，都会导致旅游者对该地总体旅游产品的不良评价，从而导致其他行业客源量的减少，影响目的地旅游业的发展。同时，旅游业中一个行业的发展也能促进整个旅游业的发展。因此，就旅游目的地来说，旅游业各部门发展应该均衡，应在目的地的营销方面开展联合营销。其次，各旅游企业所有权的分散性及其为追求各自经济利益而各行其是的自由性，使它们之间不存在自动的协调，因此一个目的地对其旅游业有必要实行全行业管理。

（二）服务性

旅游业是服务业，它向旅游者提供的旅游产品既包括有形因素，也包括无形因素，其中主要的是无形因素——服务。旅游者从旅游企业购买的产品实际上就是一次旅游的体验和经历，旅游者评价旅游产品质量好坏的标准就是满意度，即是否得到了一定程度的物质享受和精神满足，其中涉及导游、翻译、交通、餐饮、购物等众多服务，因此依附于有形产品上的无形产品才是旅游企业所提供旅游产品的主要使用价值。旅游业的服务性特点，要求旅游企业必须重视服务质量，提高旅游者的满意度。

（三）敏感性

旅游业是一个非常敏感的产业，随时会受到各种因素的影响。从旅游业整体来看，其各组成部分之间在数量和质量上都必须协调发展，任何一个部分的脱节，都会造成整个目的地旅游供给的失调，从而影响整个目的地经济效益的实现。

从外部环境看，各种自然的、政治的、经济的和社会的因素出现任何不利的变化，都会导致旅游需求发生较大波动，从而对旅游业产生不利影响。例如，自然因素中的地震、海啸等自然灾害以及气候异常、疾病流行等，经济因素中的汇率变动、经济危机、能源短缺等，政治因素中的国家间关系恶化、种族隔离和争斗、战争及恐怖活动等，都会导致旅游业的危机。例如：新冠疫情对全球旅游业造成了重创。联合国世界旅游组织（UNWTO）的数据显示，2020年上半年全球国际游客数量仅2.33亿人，同比下降逾65%，2020年4—6月，全球游客数量仅剩1 800万人，同比下降超过95%。

然而，我们也应看到，虽然很多因素都正在或已经给旅游业带来了不利影响，但旅游业本身较强的生命力是不可否认的。同样，大量的事例证明，一些自然的、政治的、经济的和社会的因素为旅游业的发展起到了推波助澜的作用，这也是我们把旅游业的这个特点称为敏感性而非脆弱性的原因。

（四）涉外性

旅游活动是一种跨地区甚至跨国界的交际活动，国际旅游活动既有文化的交流，又有经济的交流。一个国家既可以是旅游接待国，也可以是旅游客源国。人们也把国际旅游活动称为"民间外交"，相对于正式外交而言，它具有广泛性、群众性、灵活性和有效性的特点。但是，不同国家或地区有着不同的社会制度、经济文化和生活方式，这不仅要求旅游相关行业根据旅游市场的需求，进行旅游产品的生产、组织和营销活动，而且还要求从业人员具有外交人员的素质，掌握必要的涉外知识，尊重各国的文化和生活方式，严格要求自己的言谈举止，注意维护国家形象和民族尊严。

【思考题】

旅游业发展对国民经济的影响主要表现在哪些方面?

学习任务二　了解旅行社业

任务导入　　突发状况下凸显旅行社的服务优势

应对额济纳突发疫情,旅行社和导游的表现可圈可点,得到了很多游客的认可。有业者认为,疫情防控常态化背景下,当遭遇突发情况,旅行社的服务优势得到凸显。

采访中记者了解到,从协调酒店到安抚游客、及时反馈信息、保障游客安全及生活物资供应等,旅行社和导游做了大量工作。用导游自己的话说,"游客是我们带出来的,我们就要对她们负责"。有困难找导游、有需求找导游,成为很多游客的共识。

据了解,在疫情防控方面,很多旅行社形成了比较成熟的疫情响应联动机制,这也成为疫情防控常态化下旅行社的优势之一。"一旦发生突发情况,联动机制就会立即启动,同步获取在途和待出游订单,针对含熔断省市的待出游线路,进行行程调整或者无损(途牛承担损失)退改。对于在途团队,则及时定位客人,联动供应商和地接社给予有效保障,包括调整后续行程,配合当地防疫部门要求上报、组织客人核酸检测、就地隔离,返程交通费用退订,协助客人选择新的交通工具及预订住宿等。"途牛相关负责人表示。

"其实,应对额济纳疫情,旅行社和导游的反应只是长时间形成的常规工作反应。正常状态下,旅行社的优势可能并不明显,但一旦遭遇突发状况,旅行社背后强大的资源及服务优势是难以替代的。"有业者表示。

(资料来源:中国旅游新闻网)

思考　旅行社在为游客提供一系列帮助时,为何能具备这些优势?

学习导读

旅行社业是旅游业的三大支柱之一,在旅游业中占有重要地位。它由各个向旅游者提供产品组合、信息、导游、陪同和预订等服务的企业组织构成,是旅游业的重要组成部分,具有典型的中介服务性质。

知识链接

一、旅行社的定义、性质和作用

(一)旅行社的定义

关于旅行社的定义在不同国家或地区的旅行社行业中有着不同的说法:

国际旅游组织把旅行社定义为:零售代理机构向公众提供的关于可能的旅行、居住和

相关服务包括服务酬金和条件的信息。旅行组织者、制造商或批发商在旅游需求提出前，组织交通运输、预订不同方式的住宿和提供所有其他服务，为旅行和旅居做准备。

欧洲普遍接受的旅行社的定义为：旅行社是一个以持久盈利为目标，为旅游者提供有关旅行及居留服务的企业。旅行社提供的服务包括：出售或发放运输票证；租用公共车辆；办理行李托运和车辆托运；提供旅馆服务，预订房间，发放旅馆凭证或牌证；组织参观游览，提供导游、翻译和陪同服务以及邮递服务；提供租用剧场、影剧院服务；出售体育盛会、商业集会、艺术表演等活动的入场券；提供旅客在旅行逗留期间的保险服务；代表其他驻国外旅行社或旅游组织者提供服务。这个定义是较完整、具有法律依据的定义之一。

在日本，人们习惯上把旅行社称为旅行业，《日本旅行业法》规定，所谓的旅行业，是指收取报酬，经营为旅客提供运输或住宿服务、代理签证等内容的事业。

我国 2009 年 5 月 1 日起实施，并分别于 2016、2017 年两次修订的《旅行社条例》中定义，旅行社是指从事招徕、组织、接待旅游者等活动，为旅游者提供相关旅游服务，开展国内旅游业务、入境旅游业务或者出境旅游业务的企业法人。

近些年，随着信息技术的使用和旅游市场的发展，出现了一些在线旅游服务商（OTA，Online Travel Agency），它们利用平台优势，整合线上需求和线下资源，可以为客人提供饭店、机票的预订，甚至旅游线路策划和行程服务等。它们虽无旅行社之名，却承担了旅行社的部分业务。以移动互联、云计算和大数据为代表的信息技术的发展带来了旅行社商业模式的变化，旅行社经营业务的主体也更加多元化。

（二）旅行社的性质

作为旅游企业中的一类，旅行社既有与其他旅游企业的类似之处，也有自身的特性。在其业务范围及日常运作过程中，可以总结出以下几个基本性质：

1. 盈利性

旅行社是以盈利为目的的企业。旅行社首先是一种企业形态，而盈利性是所有企业具有的共性，也是其根本性质。企业的最终目的是追求利润的最大化，旅行社是一个独立核算、自负盈亏的经营性组织，具备盈利性的根本属性。

2. 服务性

服务性是旅游业中所有企业都具有的，是旅游企业与工业企业相区别之处。旅行社的经营过程自始至终都离不开服务这一核心内容。我们应该认识到，旅行社不仅是一个独立的、具有经济属性的组织，其发展还涉及许多社会问题，而服务性则是旅行社发展过程中，经济效益和社会效益的双重体现，是一个国家、地区形象代表之一，因此旅行社也被称为"窗口行业"。

3. 中介性

旅行社是中介服务机构。作为旅游服务企业，旅行社是旅游客源地与目的地、旅游消费者与旅游服务供应商之间的纽带，在促进旅游产品的销售和活跃旅游市场方面起到了积极的作用。旅行社的运作主要依托于各类旅游吸引物和旅游供给设施，根据旅游需求的全部内容来组织和创新产品，从而完成从资源到效益的转化。

（三）旅行社的作用

旅行社是旅游活动的产物，它在旅游活动中扮演着双重角色，既是旅游产品的采购

者,又是旅游产品的销售者,它把分散于各地的旅游者和提供服务的旅游经营者连接起来,在旅游活动主体(旅游者)和客体(旅游对象)之间起媒介作用。旅行社的具体作用可以概括为以下三个方面:

1. 旅行社是旅游活动的组织者

从旅游者需求角度来看,旅游者在旅游活动中需要各种旅游服务,如交通、住宿、餐饮、游览、购物、娱乐等,而提供这些服务的部门和企业分属不同的行业,他们相互之间的联系比较松散。旅行社从相关的各类供应商处采购并进行合理的组织加工,融入旅行社的服务特色和专业个性,进而形成各具特色的旅游产品,并向旅游者进行销售。由此看来,旅行社是旅游者和各类旅游供应商之间的中介,在确保各方利益的前提下,协同旅游业各个有关部门和其他相关行业,保障旅游者在旅游活动过程中各环节的衔接和落实。因此,旅行社不仅为旅游者组织旅游活动,而且客观上在旅游业各组成部门之间起着组织和协调的作用。

2. 旅行社是旅游供应商的产品销售渠道

人类的进步使社会分工不断地细化和深化,生产的社会化分工决定了需要有旅行社这样一种组织来专门从事旅游产品的组合和加工,并通过提供各种及时有效的旅游信息,满足旅游者对旅游产品的广泛需求。旅行社承担着沟通供求双方的责任,使旅游产品借此可以更顺利地进入消费领域。例如,旅游交通业、住宿业等部门,虽然他们也直接向旅游者出售自己的产品,但他们的产品大多数还是通过旅行社销售给旅游者的。因此,旅行社是旅游产品供应商最重要的销售渠道。

3. 旅行社是促进旅游业发展的中坚力量

一方面,在旅游业的各个组成部门中,旅行社最接近客源市场并且首先直接同旅游者接触,因此,旅行社对旅游市场的信息了解得最快;另一方面,旅行社同旅游业其他部门都有密切联系,这些相关部门或企业的产品信息往往也通过旅行社传递给客源市场。因此,旅行社在了解需求和指导供给方面起着非常重要的作用,堪称促进旅游业发展的前锋。

二、旅行社的主要类型

由于各国旅游业发展目标和水平不同,旅行社的划分标准和类别存在着一定的差异。

(一)欧美国家旅行社的分类

欧美国家旅行社的分类以生产经营的主要业务类型(批发业务和零售业务)为依据,共分为两大类:

1. 旅游批发经营商

旅游批发经营商,即主要经营批发业务的旅行社或旅游公司。具体来说,就是旅行社根据自己对客源市场的了解,成批量地定购各类不同的旅游产品,如交通运输公司、饭店、旅游景点等产品,然后将其设计组合成不同的包价旅游线路产品,并通过一定的渠道销售给旅游者。

旅游批发经营商可以分为旅游批发商和旅游经营商两个小类,两者的主要差别体现在销售渠道上。旅游批发商一般没有自己的零售网络,其设计开发的旅游线路通过独立

的零售商销售给广大消费者。旅游经营商不仅开发设计旅游线路,从事旅游产品批发业务,还拥有专门的零售网络,可将自己的旅游产品直接销售给旅游者。

2. 旅游零售商

旅游零售商,即主要经营零售业务的旅行社,它直接面对旅游者并向其推销旅游产品或为其购买旅游产品提供便利。其典型代表是旅游代理商,代理消费者从旅游批发经营商或各旅游企业购买的旅游产品,同时,也代理各旅游企业直接向旅游大众销售的产品。旅游代理商的经营收入主要来自被代理企业的佣金。这类企业的规模一般比较小,但是数量多、分布广,也有一些旅游代理商,拥有自己庞大的零售网点,占有了大部分的市场销售份额。

(二)我国旅行社的分类

我国旅行社分类大致经历了三个阶段:

1. 第一阶段:1996 年之前

1996 年之前,我国旅行社分为一类、二类和三类旅行社,一类旅行社从事对外招徕和接待海外游客来大陆旅游,二类旅行社从事接待由一类旅行社和其他涉外部门组织来华的海外游客,三类旅行社只经营国内业务。

2. 第二阶段:1996—2009 年

1996 年,我国颁布了《旅行社管理条例》,对我国旅行社分类进行重新调整,按照经营范围划分为国际旅行社和国内旅行社。

国际旅行社的经营范围包括入境旅游、出境旅游和国内旅游。具体业务内容包括:

第一,招徕外国旅游者、华侨及港澳台同胞来中国大陆旅游,为其安排交通、游览、住宿、饮食、购物、娱乐及提供导游等相关服务;

第二,招徕我国旅游者在国内旅游,为其安排交通、游览、住宿、饮食、购物、娱乐及提供导游等相关服务;

第三,经国家旅游局批准,招徕、组织我国境内居民到外国和港澳台地区旅游,为其安排领队及委托接待服务;

第四,经国家旅游局批准,招徕、组织我国境内居民到规定的与我国接壤国家的边境地区旅游,为其安排领队及委托接待服务;

第五,经批准,接受旅游者委托,为旅游者代办入境、出境及签证手续服务;

第六,为旅游者代购、代订国内外交通客票,提供行李服务;

第七,经国家旅游局批准的其他旅游业务。

国内旅行社的经营范围仅限于国内旅游。具体业务内容包括:

第一,招徕我国旅游者在国内旅游,为其安排交通、游览、住宿、饮食、购物、娱乐以及提供导游等相关服务;

第二,为我国旅游者代购、代订国内交通客票,提供行李服务;

第三,经国家旅游局批准的与国内旅游有关的其他业务。

我国旅行社分类不是根据旅行社业务的自然分工进行的,而是出于国家对旅游业进行宏观控制、确保旅游接待质量的目的而做出的规定。除了业务内容是否涉外方面有所不同外,各类旅行社的业务职能并无根本区别。同欧美国家的旅行社相比,我国的旅行

社既经营"批发"业务,也经营"零售"业务。

3. 第三阶段:2009 年之后

2013 年 10 月 1 日起正式实施、2016 年修订的《中华人民共和国旅游法》规定,旅行社必须具有固定的经营场所,必要的营业设施,符合规定的注册资本,必要的经营管理人员和导游,以及法律、行政法规规定的其他条件。2009 年实施,并经 2016、2017 年两次修订的《旅行社条例》中规定不少于 30 万元的注册资本,可经营国内旅游业务和入境旅游业务。新成立的旅行社取得经营许可满两年,且未因侵害旅游者合法权益受到行政机关罚款以上处罚的,就可以申请经营出境旅游业务。

旅行社应当自取得旅行社业务经营许可证之日起 3 个工作日内,在国务院旅游行政主管部门指定的银行开设专门的质量保证金账户,存入质量保证金,或者向做出许可的旅游行政管理部门提交依法取得的担保额度不低于相应质量保证金数额的银行担保。经营国内旅游业务的旅行社,应当存入质量保证金 20 万元;经营入境旅游业务的旅行社,应当存入质量保证金 60 万元;同时经营出境旅游业务的旅行社,应当增存质量保证金至 120 万元。

三、旅行社的基本业务

在不同的国家和地区,旅行社无论是在经营规模、经营方式、经营职能、业务范围方面,还是在具体运作方面均存在较大的差异,但是,不同的旅行社在业务内容上却有不少的共性。从旅游者由旅游客源地出发到旅游目的地,再由旅游目的地回到客源地的过程中,我们可以看出旅行社是如何作用和服务于旅游者的,旅行社的基本业务范围也可由此做出合理的总结。在图 5-2 中,我们将旅游者的行为与旅游企业的活动有机地联系起来,从中可以看出旅行社的主要业务是如何开展和进行的。

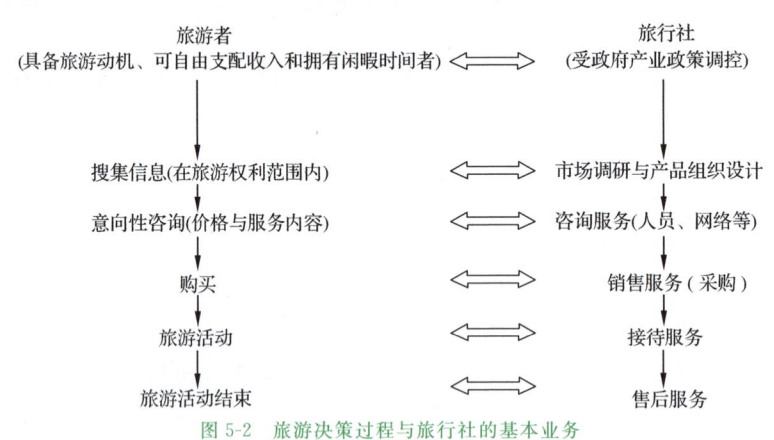

```
旅游者                                      旅行社
(具备旅游动机、可自由支配收入和拥有闲暇时间者) ⇔ (受政府产业政策调控)
        ↓
    搜集信息(在旅游权利范围内)        ⇔   市场调研与产品组织设计
    意向性咨询(价格与服务内容)        ⇔   咨询服务(人员、网络等)
        ↓
    购买                             ⇔   销售服务(采购)
        ↓
    旅游活动                         ⇔   接待服务
        ↓
    旅游活动结束                     ⇔   售后服务
```

图 5-2　旅游决策过程与旅行社的基本业务

(资料来源:杜江.旅行社管理[M].天津:南开大学出版社,1997)

在旅游者旅游动机的形成阶段,旅行社主要通过市场调研及时了解旅游者的旅游动机,并根据旅游者的旅游动机有针对性地设计旅游产品。在旅游者根据自己的旅游动机搜集相关的旅游信息时,旅行社会适时地以多种方式进行旅游促销活动,并能使旅游者方便地获取最新、最全的旅游信息。旅游者经过对大量信息的评价与判断后,会有选择

地向相关旅行社进行咨询,此时,旅行社可以通过网络、人员等多种渠道向旅游者提供真实有效的优质咨询服务。旅游者通过对其咨询结果的比较而做出最终的决策,向其满意的旅行社付费购买旅游产品,这对旅行社而言意味着旅游产品的销售,这一环节是与旅行社的采购服务密切相关的。同时,旅游者实际旅游活动的开始,也就意味着旅行社业务的开始,而当旅游者旅游活动结束后,旅行社则提供相应的售后服务,以解决各种可能出现的问题,并保持与旅游者的联系,为下一次旅行社业务的开展奠定良好的基础。

在市场经济条件下,所有旅游产品与服务的供给都是为了满足特定的旅游消费需求。与旅游者的消费流程相对应,旅行社将会依次开展市场调研、旅游产品开发、促销、咨询服务、销售、采购、接团或发团以及售后服务等业务流程。我们可以将其归纳为旅行社的三项基本业务:第一,旅游产品开发业务(包括市场调研、产品开发与采购等业务)。第二,旅游产品的市场营销业务(包括产品促销与销售等业务)。第三,旅游接待业务(包括咨询、接团或发团及售后服务等业务)。

四、我国旅行社的发展概况

我国的旅行社起步于20世纪20年代。20世纪初,中国还没有一家专门从事国内外旅行接待业务的机构,当时,英国通济隆旅行社、美国运通银行上海分行旅行部等外国旅行社在我国设立的办事处,基本上包揽了旅行项目,瓜分了中国市场。外国旅行社对中国旅行业务的控制,刺激了中国民族资本家,他们决定开办中国人自己的旅行社。1923年8月,上海商业储蓄银行的陈光甫先生在该行创办旅行部,开始为旅客办理代售车船票、预订旅馆、派遣导游、代管行李和发行旅行支票等相关事宜。1924年,组织了首批国内旅游活动;1925年春季,第一次组织出国旅游业务;1928年1月,当时的国民政府核准发放营业执照,更名为"中国旅行社"。随后,全国各地出现了不少类似的企业,但由于当时中国战事不断,大多自然解体。

中华人民共和国成立后,1949年11月在福建厦门开办了第一家旅行社——厦门华侨服务社。1954年4月,经当时的政务院批准,在北京成立了中国国际旅行社总社,并在上海、杭州、广州等12个城市建立分社或支社。1957年4月在北京成立华侨旅行服务社总社,后来更名为中国旅行社。中国国际旅行社总社和中国旅行社自成立之日起,就是以政治接待为主要任务,基本不具备经济性质。

"文化大革命"期间,我国旅行社业基本瘫痪,停滞不前。1978年十一届三中全会以后,国家实行一系列重大政策,为中国旅行社业的发展带来前所未有的机遇和活力。1980年,中国青年旅行社成立,这标志着中国旅行社业三足鼎立局面的形成。1984年,外联权下放,使旅行社在全国范围内发展起来。1985年5月,国务院颁发了《旅行社管理暂行条例》,将旅行社性质确定为"依法设立并具备法人资格,从事招徕、接待旅游者,组织旅游活动,实行独立核算的企业",同时,划分一、二、三类旅行社,极大地促进了我国旅行社业的发展。到1988年年底,我国共有旅行社1 573家,彻底打破了行业寡头垄断的局面。

20世纪80年代末期,旅游业因入境旅游市场不景气而出现波动,但国内经济的快速发展为国内旅游提供了良好的基础条件,加上此时开始允许中国公民出国探亲和旅游,使中国大陆,成为亚洲第四大旅游客源地。入境旅游的恢复和发展、出境旅游市场的初

步形成、国内旅游的高速增长,促进了旅行社业的规模扩张。到 1994 年年底,全国共有各类旅行社 4 382 家,其中一类社 267 家,二类社 716 家,三类社 3 399 家。

为了规范我国旅游市场,改变当时旅行社市场无序竞争的局面,提高旅行社服务质量,进行科学管理。1995 年 1 月 1 日,国家旅游局颁布了《旅行社质量保证金暂行规定》,同年 7 月 1 日,国家旅游局又颁布了《旅行社质量保证金赔偿试行标准》和《旅行社质量保证金赔偿暂行办法》。旅行社质量保证金制度的实施,使我国旅行社业自动或半自动地进行了产业结构的调整。为适应我国旅行社的发展,进一步规范旅行社市场,国务院于 1996 年 10 月颁布了《旅行社管理条例》,同年 11 月 28 日颁布了《旅行社管理条例实施细则》,随后有关部门先后颁布了《旅行社经理资格认证管理规定》(1997 年 5 月)、《中外合资旅行社试点暂行规定》(1999 年 1 月)、《导游人员管理条例》(1999 年 5 月)等一系列政策文件,对旅行社业有序规范发展起到了很好的作用。到 2008 年年末,全国纳入统计范围的旅行社共有 20 110 家,其中国际旅行社 1 970 家,国内旅行社 18 140 家。

为了进一步加强对旅行社的管理,保障旅游者和旅行社的合法权益,维护旅游市场秩序,促进旅游业的健康发展,2009 年 1 月国务院通过了《旅行社条例》(下文简称《条例》),并于当年 5 月 1 日正式实施,《条例》在旅行社的设立、外商投资旅行社、旅行社经营和监督检查方面做了细致的规定。本条例分别于 2016 年、2017 年进行了两次修订,到 2019 年年末,全国纳入统计范围的旅行社共有 38 943 家,比上年年末增加 2 940 家;全年接待入境旅游 1 829.62 万人次,接待国内旅游 18 472.66 万人次,组织出境旅游 6 288.06 万人次;全国旅行社营业收入 6 621.76 亿元,营业利润 30.06 亿元;全国旅行社直接从业人员 41.06 万人。

改革开放以来,我国旅游业发展迅猛,取得了举世瞩目的成绩。作为旅游行业的重要组成部分,旅行社业的发展也显示出巨大的活力和良好的发展势头,吸引了外国投资者的目光。旅游业发达国家的大型旅游集团在资金、管理、市场运作能力上的优势,是我国旅行社需要进一步学习和提高的,有条件、有步骤地开放旅行社业将是一个双赢的局面。我国政府已提前履行入世承诺,我国旅行社业也正在逐步走上集团化、网络化、国际化的发展道路。

【思考题】

"后疫情"时代,旅行社在产品设计、服务提供等方面可能会有哪些改变?

学习任务三　　了解旅游饭店业

任务导入　　中旅酒店推出 400 余套冰雪主题产品

中国旅游集团酒店控股有限公司(以下简称中旅酒店)2022 年 1 月 7 日在京举办"助力冬奥、逐梦前行"主题产品发布会,推出六项冰雪主题特色产品,包含冰雪主题酒店客房、吉祥物主题酒店客房、冰雪特色套餐等 400 余套冰雪主题产品,其中冰雪主题酒店客

房为本次发布会主打产品,包含"雪孩子"亲子主题套房、"冰雪奇缘"主题双床房等。

为让游客近距离感受冬奥魅力,在冬奥会张家口赛区,张家口雪如意维景酒店、张家口雪如意睿景酒店推出冰雪主题客房,两家酒店距离国家跳台滑雪中心"雪如意"仅110米,游客在客房内即可看到跳台。为让"全龄"游客享受沉浸式冰雪体验,在"双奥之城"北京,北京维景国际大酒店推出"大床房+冰雪嘉年华双人票+游泳健身"套餐,北京龙熙维景国际会议中心推出"温泉票+舒适客房+滑雪VR虚拟体验"套餐,北京金海湖维景国际大酒店推出"安心标准间+迷你滑雪试玩"套餐。为让游客深度了解冰雪运动,在长春,长春国盛维景酒店推出运动员专属能量补给礼盒,长春清华睿景酒店推出"双床房+天定山滑雪场通票"套餐,长春乐府维景酒店推出"双床房2晚连住+净月潭景区双人门票"套餐。

(资料来源:中国旅游新闻网)

> **思考** 饭店在设计住宿产品时,会基于哪些因素进行?

学习导读

旅游饭店业是旅游业的三大支柱之一,它除了为旅游者在旅游过程中提供暂时的居住场所和服务之外,还为他们提供饮食、娱乐、购物等其他方面的综合服务,是旅游活动的重要物质基础。同时,饭店经营场所的固定性也使得饭店集团在经营上具备了一系列的优势。

知识链接

一、旅游饭店业的含义

(一)旅游饭店的概念

旅游饭店业是现代旅游业三大支柱之一。在我国,有宾馆、饭店、酒店、旅馆、旅社、招待所、度假村等,国外有 hotel(饭店)、inn(客栈)、lodge(客店)、motel(汽车旅馆)等,尽管其称谓不同,但是不管用何称谓,饭店业企业的本质特征都是能够为宾客提供旅居服务。其一般概念可表述为:旅游饭店是指功能要素和企业要素达到国家标准,能够为各类宾客提供住宿、饮食、购物、娱乐等综合性服务的企业。

微课:旅游饭店业认知

(二)旅游饭店的类型

旅游饭店的类型很多,但无统一的划分标准,下面列举几种常见的划分标准:

(1)根据饭店的位置划分:城市中心饭店、度假饭店、城郊饭店、汽车饭店、机场饭店等。

(2)根据使用者的访问目的或饭店主要针对的目标市场划分:商务饭店、度假饭店、会议饭店、旅游饭店等。

(3) 根据饭店的档次或等级划分：豪华型饭店、经济型饭店，高档饭店、中档饭店、低档饭店，一星级～五星级饭店。

(4) 根据经营管理方式划分：独立（单体）饭店、连锁（联号）饭店等。

二、饭店业发展阶段

世界饭店业从古罗马时期发展到现在，大致经历了四个时期：

（一）古代客栈时期

古罗马人占领欧洲的时候，在主要城市之间修建道路，沿路有提供住宿、食品和水的驿站。当时贸易很不发达，很少有人旅行，如果要旅行，则需在野外露营或寄宿于贵族城堡，宗教团体常以低廉的价格向旅行者提供膳宿服务。后来，古罗马人修建的驿站慢慢荒凉直至废弃。

14世纪，英国已出现大规模的旅行活动，由于当时可供四轮马车行走的驿道不多，农村和城镇相距又远，常有盗匪出没，旅行者除了需要食物和歇脚场所外，还需要保护，因此，沿途有些住户就向旅行者敞开了家门，这促进了客栈业的发展。

17世纪末，马车旅行逐渐发展，每隔10～15英里（1英里＝1.609344千米）的车站旁就有客栈，向旅客提供膳食和啤酒。当时的客栈无非是一栋大房子，有几个房间，房间内摆一些床，旅客们挤在一起休息，当然受尊敬的旅客会受到优待，但也仅是在最不拥挤的地方安睡。

（二）大饭店时期

从18世纪中期到19世纪末，是近代饭店业的产生和形成时期，也是从古代旅行客栈过渡到现代旅游饭店的重要时期，通常将这一时期称为"大饭店"时期。由于当时饭店的外部装饰、内部设施、娱乐用品以及烹饪方式等都比较讲究，并且专为富裕的社会特权阶层服务。因此，这一时期又被称为"豪华饭店时期"。

大饭店时期是在近代工业革命到来，欧美一些国家相继实现工业化的基础上开始出现的。由于刚刚进入资本主义社会，许多封建社会王宫贵族的遗老遗少和一些新兴的资产阶级暴发户，都非常眷念和追捧以往那种只有在宫廷内才能享受的特殊生活方式。于是，他们在当时的欧洲和美国等一些比较发达的国家和地区，建造了大量的豪华酒店。这些饭店经营者为了使自己的饭店规模最庞大、装饰最豪华、消费最高档，彼此之间展开了激烈的竞争，极尽奢华与挥霍，迎合了特权阶层的消费心理。

大饭店建造之风最先出现在美国。从1794年纽约建造第一座豪华饭店——城市旅馆（首都饭店）开始，波士顿、旧金山、芝加哥、费城、巴尔的摩等地相继也出现了类似的豪华饭店。比如，1829年在波士顿落成的特里蒙特饭店，号称美国有史以来规模最大、造价最高的饭店；1834年在纽约建成的阿斯特饭店，属于第一家"宫殿型"饭店。在豪华饭店建造方面，欧洲其他地区也不甘落后。例如，1874年在柏林建成的著名的恺撒大饭店；1876年在法兰克福建成的法兰克福大饭店；1880年在巴黎建成的巴黎大饭店；1885年在巴黎建成的卢浮宫大饭店；1889年在伦敦建成的萨伏依大饭店；1898年在巴黎建成的恺撒·里兹大饭店；等等。

尽管这些饭店非常豪华和舒适，但价格相当昂贵，服务对象只限于少数特权阶层人士，普通民众根本没有经济能力消费，因此，饭店数量很少。在饭店管理方面，尽管内部

分工已经形成,但一般只注重客人心理,尽可能满足客人的愿望,因此是以经验管理为主,谈不上科学管理。大饭店经营时期的代表人物是被称为"豪华饭店之父"的法国人恺撒·里兹(Cesar·Ritz),他所开办的恺撒·里兹大饭店是当时世界上豪华饭店的代表,即使到今天里兹-卡尔顿仍是一家闻名世界的饭店管理公司,其主要业务是在全世界开发和经营豪华饭店,总部设在美国亚特兰大。与其他的国际性饭店管理公司相比,里兹-卡尔顿饭店管理公司虽然规模不大,但是它管理的饭店却以最完美的服务、最奢华的设施、最精美的饮食与最高档的价格成了饭店之中的精品。

(三)商业饭店时期

产业革命引起经济的繁荣。20世纪以后,商业旅行人数急剧增加,对价廉舒适的食宿设施的需求也随之增加,过去的大饭店或小客栈无法满足需求,于是,商业饭店在美国应运而生。被称为美国饭店大王、饭店之父的斯塔特勒(Statler),他的饭店经营目标是提供普通民众能付得起费用的世界第一流的服务。饭店的房间专为旅游者设计,每套客房都有浴室,而且统一服务标准,并在管理中运用数据表格,制订客房预订制度、人才培训制度,由经验管理走向科学管理。20世纪20年代,饭店业迅速发展,许多商业饭店兴建起来,小城市采取兜售债券的办法集资兴建;20世纪20年代中期,美国饭店客房平均入住率为86%左右;进入20世纪30年代后,由于经济萧条,饭店业陷入困境。

(四)新型饭店时期

第二次世界大战以后,长期抑制的旅游需求暴涨,汽车和空中交通有了快速的发展,饭店业开始复苏并逐渐成为国际性的经营项目和许多国家的重要经济组成部分,这个时期称为新型饭店时期。这个时期饭店业的主要特点为:伴随着接待对象的大众化,饭店类型也更加多样化,出现了会议饭店、商务饭店、长住型饭店、度假型饭店以及各种特色饭店等。饭店功能也更加多样化,除了提供必需的住宿和餐饮服务外,还增加了问讯服务、外币兑换服务、洗衣服务、房内用餐服务、电话服务、医疗服务、健身服务、交通服务等,此外,饭店还设有游泳池、高尔夫球场、会议室、电影院、展览厅等,饭店因其多功能化被人们称为"城中之城""国中之国"。同时,随着饭店业的日趋成熟,形成了诸如希尔顿、假日、喜来登、马里奥特等许多跨国经营的饭店集团,它们有各自的经营管理特点,有完整的品牌系列,有迅速扩张、具体可行的措施,这些都加快了饭店业国际化经营的进程。

三、现代饭店集团的经营管理模式

第二次世界大战以后,随着现代饭店发育成熟,其自身要寻求更大的发展,这就要拓展市场空间。同时,随着旅游业的迅速发展、其他行业的广泛联营,使得国际饭店业的竞争越来越激烈。为了适应自身发展,增强竞争力和扩大经济规模成为必然选择,饭店集团应运而生。综观世界上饭店集团的发展现状,基本上可将其划分为饭店连锁集团(Hotel Chains)和饭店合作集团(Hotel Consortia)两大类。

(一)饭店连锁集团

饭店连锁集团就是一些饭店统一于某个集团公司的领导、监督、管理或指导之下,组成强有力的竞争实体。

1. 饭店连锁集团的优势

饭店连锁集团在市场竞争中比单体饭店占有更明显的优势。这些优势大都来自集团化经营所享有的经济规模,主要表现在以下几个方面:

(1)资本优势。饭店连锁集团由于实现了规模经营,本身资金实力比较雄厚。当开发某些重大项目而面临资金短缺时,一方面,有条件在本集团成员饭店间聚集和调动资金,以适应这些开发项目的资金需要;另一方面,凭借其资产实力作担保,能够比较容易地从金融机构获得贷款。

(2)技术经济优势。饭店连锁集团可根据成员饭店的分布情况,将某些设施设备集中起来统一为各成员饭店服务。例如,某些食品的生产加工、大型工程设备维修、洗衣房等。同各饭店自行配备这些项目相比,这种集中提供的做法可降低单位成本。

(3)市场营销优势。连锁集团各成员饭店使用统一的字号和品牌、统一规格的设施设备、统一的服务程序和服务标准,从而易于在市场上树立集团的形象,也可使消费者熟知每一个成员饭店的产品和服务质量。另外,连锁集团可以采用集团促销,各成员饭店分摊广告成本的方式,减少单个饭店促销费用的平均水平。饭店连锁集团还可利用集团优势开展具有影响力的产品开发、广告宣传等营销活动,提高单位营销费用的效益。一些大的连锁集团还投巨资开发并不断升级电脑预订系统、进行网站建设、建立顾客数据库等,这些都是只有大集团才可能开发并维持的高技术水平的系统运作。

(4)物资采购优势。饭店连锁集团可为其成员饭店集中采购物资。通过集中采购,一方面,集团可以严格控制物资的质量,从而保证整个饭店集团的质量水平;另一方面,通过批量购买,可以增强企业的议价能力,从而降低成本。

(5)管理优势。在管理方面,饭店集团的产品服务标准化以及管理模式的重复使用,使集团可以获得经验曲线效益,从而使饭店在服务和管理上降低成本。另外,累积生产经验也带来产品设计、服务程序和经营管理等方面的改善,进一步满足市场需求,降低成本。在人力资源方面,管理人员管理范围的扩大,使平均管理费用下降,同时,通过共享集团所有的培训和人力资源,可帮助饭店提高人员素质,还可互相调配人力资源,实现集团人力资源在季节性、结构性方面使用的最佳效果。

(6)风险分散优势。饭店连锁集团能够通过成员饭店针对不同市场部分进行多元经营,还可以通过成员饭店在不同地域开展经营的分散性特点,减少整个集团因某地季节或市场环境因素的不利变化而可能产生的经营风险。另外,一些饭店集团还利用集团优势开展纵向一体化经营,实现了饭店交易成本的降低。

(7)品牌优势。饭店产品具有无形性和同步性的特点,顾客往往通过其品牌和等级来选择和购买饭店产品,使饭店业更加注重自己品牌的建设。同时,在饭店业经营中,非常注重回头客。据专家推算,吸引回头客的效益和成本的比值远远大于吸引一次性顾客。因此,饭店集团在着力进行品牌建设的同时,还需通过品牌忠诚的建立获得顾客,进而赢得市场优势。

2. 饭店连锁集团中成员饭店的类型

在扩大饭店经济规模的过程中,饭店位置的不可移动性造成了市场局限性,而采取异地投资新建饭店这种最早的形态受资金、规模的限制也成为集团化经营发展最缓慢的形态。当饭店集团在自身成长中,意识到其品牌、管理经验等具有像资本一样的有形价

值时,便开始利用其非资本要素优势进行迅速扩张,获得市场增长的收益,这样饭店集团中就形成了不同类型的成员饭店。饭店连锁集团也叫作饭店联号,饭店联号下属的成员饭店,称为联号饭店。联号饭店大致有以下几种类型:

(1)公司联号饭店。此类饭店是连锁公司自己拥有产权,并且自己经营的饭店。它们使用饭店联号统一的品牌和标志,其管理者来自联号内部。

(2)租赁经营联号饭店。此类饭店是饭店联号从房地产开发商或饭店业主手中租来经营的饭店。饭店所有者对饭店资产保留所有权,而将使用权、经营权转让给饭店联号,联号需根据租赁合同向饭店业主支付租金。因为这种方式对联号有很大风险,不像特许经营和管理合同可带来稳定收入,因此现在采取这种形式扩张的公司较少。

(3)管理合同联号饭店。此类饭店是饭店联号作为代理人,根据同饭店业主签订的管理合同,由饭店联号派遣人员代为管理或协助饭店业主进行管理的饭店。饭店联号按双方所签订的管理合同的规定,收取管理费或按比例分享利润,业主不得干涉日常业务运营。这类饭店因通常属于不同公司所有,只是由饭店联号进行管理,故一般没有统一的品牌。但是,在现代饭店集团化发展中,出于双赢的目的,有些饭店联号会对管理合同联号饭店进行投资或提供贷款。

(4)特许经营联号饭店。此类饭店是由不同的公司所有,通过与饭店联号签订特许协定,在交付特许使用费或达成利润分成协议后,可使用饭店联号的品牌。一般情况下饭店联号不直接管理这类饭店,只是提供品牌、生产和经营中必须遵循的方法和标准,提供组织及预订和营销方面的帮助,从而确保业务有效运行。此外,饭店联号会定期对成员饭店进行检查,以保证市场中同一品牌的饭店产品保持质量的一致性。因此,品牌是此类饭店和联号的主要纽带。

(二)饭店合作集团

饭店连锁集团实力的不断扩张对大多数独立饭店(也叫单体饭店)的生存和发展日渐构成严重的威胁。面对饭店连锁集团的市场竞争,越来越多的独立饭店已认识到单靠自己的力量远非饭店连锁集团的对手。为了增强自己的竞争实力,很多独立饭店开始谋求在某些方面的联合以抗衡饭店连锁集团,作为独立饭店战略联盟的饭店合作集团由此产生。

饭店合作集团就是若干家饭店为了在物资采购、房间预订、人员培训以及市场营销等方面采取联合行动而自愿建立起来的一种饭店合作组织。饭店合作集团通常设有一个中央机构,该机构不以赢利为目的,而是负责主持整个组织合作领域内的有关工作,成员饭店定期缴纳会费以使用合作集团的名称和标志。同时,集团为成员饭店提供采购、预订、培训、营销和公共关系等方面的服务。目前,全球最大的饭店合作集团是最佳西方国际饭店集团。另外,像"泰晤士流域饭店集团""世界第一流饭店组织""信苑涉外旅游饭店协作网""中国饭店联谊集团""华东地区部分酒店联销协会"等都是此种性质的饭店战略联盟。

参与战略联盟的各饭店之间的地位是完全平等的,这种关系不受经济实力的影响。一个饭店在一个战略联盟之外,还可以与其他饭店再组成一个新的战略联盟,目的就是开拓市场、提高竞争力。另外,随着饭店合作集团的发展,不少连锁集团的成员饭店也开始加入到饭店合作集团中来,这样它们不仅可以享有自己所属饭店联号的优势,同时还可以分享合作集团在开拓市场方面的好处。

四、中国饭店业的发展概况

我国是世界上最早出现客栈的国家之一。早在 3 000 多年前,我国就出现了供传递公文和来往官员使用的"驿传",后经历朝历代的发展,到 20 世纪二三十年代,出现了现代意义的饭店,比如,北京的北京饭店、上海的静安宾馆和锦江宾馆、广州的爱群大厦等。中华人民共和国成立前我国饭店的主要类型有三种:一是外国人在沿海及大中城市建立的饭店;二是中国工商业者建立的饭店;三是当时的中国旅行社在各主要城市建立的饭店和旅社。

从中华人民共和国成立到 1978 年,我国有条件接待来访外宾的饭店仅 100 多家,其中一部分是中华人民共和国成立前遗留下来的老饭店,其余部分则是中华人民共和国成立后为了接待来访的外国政府官员、华侨及来华工作和学习的外国专家、学者和学生而兴建的国家宾馆、华侨饭店和高级招待所。实际上,这些接待设施虽冠以"宾馆""饭店"名称,却都是招待所的性质,采用行政事业单位的管理方式,享有国家的财政拨款和补贴,因此不太注意经济核算,几乎年年亏损。

1978 年之后,随着我国对外开放以及旅游业的发展,我国的饭店业在建设和经营方面发展迅速,成为最早向外资开放的行业之一。在饭店性质上确定其自主经营、独立核算、自负盈亏的企业身份,同时,改革管理体制和分配制度,推行多种形式的经营责任制,使饭店管理由经验型向科学化、现代化管理转变。为了更好地推动饭店管理的等级化、标准化、规范化,1988 年,国家颁布了涉外饭店星级划分与评定的国家标准,并于 1993 年、1997 年、2003 年、2010 年进行了四次修订,目前采用的是 2011 年 1 月 1 日正式实施的国家质量监督检验检疫总局 2010 年 11 月 8 日发布的《旅游饭店星级的划分与评定》。

我国饭店业经过多年的发展,从 1980 年的 203 家涉外饭店、3 万多间客房,到 2019 年年末,全国星级饭店 10 130 家,不但数量上有了非常大的变化,而且设施愈加齐全,设备更加先进,管理水平也得到了很大的提高。

但是,我们也应全面认识我国饭店业的发展现状。首先,虽然我国部分星级饭店尤其是高星级饭店的硬件设施已经接近、达到或者超过国际水平,但同世界饭店业相比,软件建设总体水平还相对落后,员工素质、服务质量、管理效率等还有待提高;其次,我国饭店数量大大增加,几乎国际上所有的大型饭店集团都已经以不同的方式进入了中国,竞争局面已经形成,国内的饭店集团和管理公司在资金、管理水平和经营模式上亟待提高。

从我国现有饭店结构来看,高中低档饭店的数量呈"金字塔"状分布,从规范程度和发展水平来看,也呈现"上高下低"的局面。中高档饭店,尤其是高星级饭店,经营管理的国际化、专业化、规范化程度较高,市场效益也较好,基本能够满足中高端客源市场的需求。而中低档饭店,尤其是占绝大多数的社会旅馆,经营管理水平仍停留在较低层次,虽然面对着庞大的中低端客源市场,但依然无法拿出性价比高和有竞争优势的产品,结果出现了这样的局面:一方面中低档社会旅馆数量庞大,另一方面消费者的需求无法得到满足,市场也无法得到充分的培育和发展。由此可见,我国原有饭店业结构在社会经济快速发展的新形势下已经出现了很大的市场空白,这也为我国饭店业的进一步发展提供

了广阔的空间。那些价格适中、质量良好、经营规范的饭店将成为中国饭店业发展的新热点,中国经济型饭店就是在这种情况下应运而生并迅速发展起来的。目前,我国经济型饭店的市场需求不断增加,市场供给也呈加速发展态势,国内出现了几个非常有实力和发展前景的全国性经济型饭店品牌、国际知名的经济型饭店品牌以及一些区域性的国内经济型饭店品牌。但是因为经济型饭店的发展尚处于起步阶段,发展中不可避免地面临着一些制约发展、亟待解决的问题。例如,旧行业管理体制难以对经济型饭店进行有效引导和指导,尚缺乏针对经济型饭店的行业标准与规范,星级评定标准难以适用于经济型饭店等,这些问题都有待解决。

近年来,在我国经济持续健康发展,人民可支配收入稳步增加、消费亟待升级的大环境、大背景下,精品旅游饭店在我国从无到有,不断成长,获得了越来越多的关注和认同。经过十多年的积累,精品旅游饭店规模小型精致、设计风格独特、市场定位高端、文化内涵丰富、管理和服务特色鲜明等特点已经深入人心。精品旅游饭店的经营之"道"在于一个"精"字——精致、精细、精巧、精准、精到。在2017年国家旅游局发布的旅游行业标准《精品旅游饭店》中表述为地理位置优越、设计风格独特、文化内涵丰富、品质精良、运营专业的小型精致旅游饭店即为精品旅游饭店,强调了硬件设施精良、运营管理精细、服务精心等内容。精品旅游饭店的核心特征指标是注重住宿体验,特别强调舒适性、安全性、私密性和定制化。

总之,各种新型住宿方式的出现,有利于旅游住宿业结构不断调整优化,有利于行业发展转向创新驱动,更有利于推进供给侧结构性改革,提高整个旅游住宿供给体系质量和效率,加强持续增长的动力。

【思考题】

饭店在经营管理方面与制造类企业有何不同?

学习任务四　了解旅游交通业

任务导入　　高铁开通一周,长白山全域旅游接待12 226人

2021年12月24日,长白山第一辆高铁平稳地驶离长白山站。长白山高铁(白敦客专)的开通运营,进一步激发了沿线游客的旅游热情。据统计,12月24日至30日,长白山高铁(白敦客专)开通一周,长白山景区共接待游客5 094人次,全域接待游客12 226人次。

据悉,长白山高铁(白敦客专)是东北东部地区快速客运主通道的重要组成部分,为吉林东南环线快速铁路网的重要部分,同时也是一条区域黄金旅游线,是沿线旅游客流的主通道。长白山高铁(白敦客专)开通后,长春至长白山最快2小时18分钟可达。

(资料来源:中国旅游新闻网)

•思考• 旅游交通的发展,对目的地和游客分别带来哪些利好?

学习导读

旅游交通业的发展状况是一个国家或地区旅游业发展的重要标志之一,它与旅游饭店业、旅行社业一起构成旅游业的三大支柱,在旅游业中占有重要的地位,是旅游业发展的命脉。现代大众旅游的兴起与发展,除了国民经济的发展、人民收入水平不断提高、信息教育技术的普及外,交通运输能力的不断提升也是一个非常重要的原因。

知识链接

一、旅游交通业的含义和作用

(一)旅游交通业的含义

微课:旅游交通业的作用

从各种旅游定义来看,旅游交通业的一个共性就是旅游活动的异地性,这就使得旅游者要完成旅游活动,首先要完成从客源地到目的地的空间移动,同时,在目的地内,随着旅游活动的进行,也需要进行空间移动,这些都有赖于交通。旅游交通业就是指旅游者利用某种手段和途径,实现从一个地点到达另一个地点的空间转移过程,包括各种交通设施和与之相对应的一切旅途服务。

(二)旅游交通业的作用

从旅游业发展进程来看,蒸汽机的出现及其在火车和轮船上的应用,为人类的旅游活动创造了前所未有的便利条件;内燃机的出现预示了近代旅游向现代旅游的过渡;喷气推进技术在民用航空中的应用则标志了现代旅游的产生。每一次交通技术的重大进步都会带来旅游业的迅速发展,而某些因素(如原油涨价)也会通过影响交通运输业进而对旅游业的发展产生不利影响。同时,应该看到,旅游活动的发展,又会推动交通运输业的发展,两者是相互制约、相互促进的。旅游交通业的作用体现在以下几个方面:

第一,从需求方面来看,旅游交通是旅游者完成旅游活动的先决条件。旅游者外出旅游,首先要考虑的问题就是解决自身的空间移动问题,他们不仅要考虑空间距离问题,还要考虑不同旅行方式的时间距离和相应的交通费用,以及交通费用在整个旅游花费中所占的比例。

第二,从供给方面来看,旅游交通是发展旅游业的命脉。旅游业是依赖旅游者来访而生存和发展的产业。只有旅游者光临,旅游业的各类设施和服务才能真正发挥作用,才能实现他们的价值,才能将旅游目的地的资源优势转化为现实的经济功能。因此,作为旅游目的地,在旅游交通方面必须做到"进得来、散得开、出得去",使旅游者旅游活动空间范围不断扩大,进而促进旅游业的发展。

第三，交通收入是旅游收入和旅游创汇的重要来源之一。人们离家外出旅游期间，无论是从客源地到目的地的空间转移，还是在旅游目的地范围内不同地点之间的往来，一般都会借助于相应的交通运输工具，支付一定的交通运输费用。这些费用属于基本旅游消费，是旅游者在旅游活动中必须支付的。据统计，旅游者用于交通方面的支出平均占总支出的20%～40%。因此，交通收入也是旅游收入的重要来源之一。

二、现代旅游交通的类型和特点

在旅游业中，对旅游交通的基本要求是安全、快速、舒适、方便、经济。根据交通工具、交通线路和地理环境的不同，旅游交通可以划分为铁路、公路、水运和航空等基本类型。

（一）铁路交通

在世界旅游发展史上，火车曾经是人们外出旅游的主要交通工具，对旅游活动的发展产生过重大影响。时至今日，火车在某些国家仍然是国内旅游的主要交通工具。20世纪50年代以后，由于航空、高速公路及汽车的发展，火车在客运交通中的地位逐渐被飞机和汽车取代。一般来说，人们在外出旅游过程中，近程旅行多选择汽车，远程旅行则多选择乘飞机，乘坐火车出游的人大量减少。此外，由于铁路本身运输技术方面的限制和铁路运输服务质量的问题，铁路运输在欧美国家的地位逐渐下降。

尽管如此，铁路客运仍然有很多其他客运方式所不具备的优点：第一，运力大、费用低，这对收入不高或对价格比较敏感的旅游者来说是具有吸引力的。第二，火车是沿专用轨道运行，安全性高，且相对汽车、飞机来说，不易受到不良天气条件的影响。第三，车内活动自由，火车运行期间，乘客能够在车厢内自由走动，并且可以观赏沿途风光。第四，火车污染小，环保性强，铁路运输能耗较低，特别是人均能耗更是飞机、汽车无法相比的，运行噪声也比较小。

面对铁路运输市场的滑坡，从20世纪80年代开始，很多国家的铁路公司都采取了一些措施，试图通过推出新的服务项目、改进铁路运输技术和改善设施设备，维护和争取其在交通客运市场中的份额。这些措施主要包括：在主要城市间开设城际直达列车，提高列车座席的舒适度、开发和研制高速列车、利用火车开展专项旅游活动等。

（二）公路交通

第二次世界大战结束以后，世界各国经济迅速发展，随着私人汽车拥有率的上升、高速公路网的建设以及配套设施（如汽车旅馆）的出现，越来越多的人在进行短途旅行时选择汽车这种交通工具。在西欧不少国家之间以及美国和加拿大、美国和墨西哥的跨国旅游中，自驾旅游者占有很大的比重。同时，公共客运汽车因经营成本较低，可以服务于对价格敏感的近距离旅游者。另外，因为汽车旅游客运成本较低，旅游公司也利用汽车组织包价旅游，直接派车接送旅游者，十分方便。旅游公司还为旅游者提供汽车租赁业务。

汽车作为旅游交通工具，具有灵活性大、适应性强，可以随时停留，任意选择旅游点等优点；公路建设与铁路相比也具有投资少、施工期短、见效快等特点。当然，汽车旅游也有其不足之处，如不适合长途旅行，运输量小，速度不如火车、飞机快，消耗能量大，相对费用较高，造成环境污染比较严重，受气候变化影响大，安全性较差等。

(三)水运交通

水路客运业务主要有四种,即远程定期班轮服务、海上短程渡轮服务、游船服务和内河客运服务。

随着航空运输技术的发展,有固定航线的远程定期班轮服务已于20世纪50年代以后逐渐衰落。

就世界范围来看,海上短程渡轮服务主要在希腊海域、英吉利海峡、爱尔兰海、地中海等地区流行。另外,新西兰南、北岛之间的库克海峡也是世界渡轮业务较多的地区之一。在我国,琼州海峡、渤海海峡是海上渡轮业务比较繁忙的地区。

游船服务目前已不再是解决交通问题的旅行工具,而成为一种特殊形式的旅游项目。利用游船做海上巡游度假的特点是悠闲、舒适。在海上巡游过程中,人们既可以在不同的地点登岸旅游,又可以随时回船休息,避免了每到一个地方上下搬运行李和寻找旅馆的麻烦。此外,船上还配备各种消遣娱乐设施,在帮助游客完成空间移动的同时,还可以满足游客住宿、饮食、娱乐的需求,被称为"漂浮的度假胜地"。因海上巡游航行速度不能太快,故闲暇时间较少的游客难以享用。目前海上巡游最流行的区域是加勒比海和地中海海域,这些地区不仅气候温暖,而且登陆参观游览的旅游地为数众多,相距还不是很远,是较为理想的游船活动区域。

内河客运服务在一些国家是旅游交通的重要组成部分。例如,我国的长江、北美的密西西比河、南美的亚马孙河、爱尔兰的香农河、欧洲的多瑙河以及英国的泰晤士河等,都是重要的内河航运河道。但是,大多数内河航运业务实际上已经向游船服务业务发展,或已形成水上旅游项目,单纯的交通运输方面的意义已经不大。

(四)航空交通

20世纪50年代后,喷气推进技术在民用航空运输中开始应用,航空旅游发展非常迅速。到了20世纪70年代,大型宽体喷气客机广泛运用,使得飞机的载客量大大增加,由此成为人们远程旅行的首选交通工具。

航空旅行最主要的优点就是快速高效,可以跨越地面各种自然障碍;另一个显著的优点是飞机座位设计合理,设备先进,机上服务周到,人们可以舒适地度过旅途生活。但是,航空旅游交通也有不足之处:飞机的购置费用太高,能耗大,运量相对较小,受气候条件影响大,只能完成远距离、从点到点之间的旅行。因此,航空交通必须和其他交通工具相互配合,才能共同完成运送服务。

一般而言,航空旅游交通分为定期航班服务和旅游包机服务两种。

定期航班服务是指民航公司在既定的国内或国际航线上按照对外公布的航班时刻表提供的客运服务。不论乘客多少,飞机必须按照公布的航班日期和时间起飞开航(除非有意外情况发生),因此,定期航班服务最大的优点就是运营正常,旅行省时而且抵达迅速,比较适合重视效率的商务旅行者。同时,定期航班相对于旅游包机来说服务好,可退换、转签、更改等。当然,定期航班服务价格也较高。在实际运营中,因为定期航班服务的固定时间和航班座位的不可储存性,航空公司在不同的季节,根据实际情况会推出一系列廉价策略以争取更多的乘客,创造更理想的经济效益。

包机服务是一种不定期的航空包乘服务,它不必按固定的时间表飞行,并且一般也

没有固定的经营航线。同时,包机运输只提供简单的机上服务,经营管理、促销费用都比较低,且包机的载客率又较高,使得运输价格相对较低。它比较适合旅游客人,尤其对旅游团来说,使用包机是比较合适的。欧美的一些国家的大型旅游经营商很多都拥有自己的包机公司,或者同经营包机业务的航空公司有着密切的合作。

三、我国旅游交通的发展概况

虽然旅游交通的服务对象是旅游者,但在实际的旅游活动过程中,旅游者使用最多的、最广泛的依然是社会公共交通,诸如民航客机、普通列车、客轮、市内公共交通等。因此,旅游交通是和整个交通运输体系联系在一起的,旅游交通是整个社会交通运输网络中的一部分,很难将它们区分开来。

改革开放以来,我国的交通运输事业有了很大的发展。到21世纪中叶,我国将建立一个可持续性的、以高速化和智能化为目标的新型综合交通运输体系,在交通科学技术、交通运输装备、运输组织管理等方面跨入世界先进行列,力争成为世界交通强国。其中,铁路(含高速铁路)成为世界最发达的系统,公路及其运输系统在世界上名列前茅,航空运输成为世界最大的市场之一。

(一)铁路交通

1876年,英国商人在上海修建了我国第一条铁路——淞沪铁路;到1949年年底,我国的铁路营运里程为2.2万千米,客运量1.03亿人次;到2002年,铁路营运里程为7.19万千米,客运量超过10.56亿人次;到2005年,铁路营运里程7.5万千米,客运量11.56亿人次;到2012年年底,全国铁路营运里程达9.8万千米,完成旅客发送量18.93亿人次;到2020年年末,全国铁路营业里程达14.6万千米,比上年年末增长5.3%,其中高铁营业里程3.8万千米。我国的铁路交通不但在营运里程和客运量方面有了非常大的增长,在机车数量和牵引力、客车车厢数量和质量、铁路电气化改造、高速铁路的建设方面都有了极大的提高。2004年《中长期铁路网规划》和2008年修编《中长期铁路网规划》实施以来,我国铁路发展成效显著,基础网络初步形成,服务水平明显提升,创新能力显著增强,铁路改革实现突破,对促进经济社会发展、保障和改善民生、支撑国家重大战略实施、增强我国综合实力和国际影响力发挥了重要作用,受到社会的广泛赞誉和普遍欢迎,成为现代化建设成就的重要展示。

2016年6月29日国务院常务会议,审议通过了《中长期铁路网规划》(2016—2025年,远期展望到2030年)。到2020年,一批重大标志性项目建成投产,铁路网规模达到15万千米,其中高速铁路3万千米,覆盖80%以上的大城市,为完成"十三五"规划任务、实现全面建成小康社会目标提供有力支撑。到2025年,铁路网规模达到17.5万千米左右,其中高速铁路3.8万千米左右(已于2020年年末实现),网络覆盖进一步扩大,路网结构更加优化,骨干作用更加显著,更好发挥铁路对经济社会发展的保障作用。展望到2030年,基本实现内外互联互通、区际多路畅通、省会高铁连通、地市快速通达、县域基本覆盖。

规划期内,第一,完善广覆盖的全国铁路网。连接20万人口以上城市、资源富集区、货物主要集散地、主要港口及口岸,基本覆盖县级以上行政区,形成便捷高效的现代铁路物流网络,构建全方位的开发开放通道,提供覆盖广泛的铁路运输公共服务。第二,建成

现代的高速铁路网。连接主要城市群,基本连接省会城市和其他50万人口以上大中城市,形成以特大城市为中心覆盖全国、以省会城市为支点覆盖周边的高速铁路网。实现相邻大中城市间1~4小时交通圈,城市群内0.5~2小时交通圈。提供安全可靠、优质高效、舒适便捷的旅客运输服务。第三,打造一体化的综合交通枢纽。与其他交通方式高效衔接,形成系统配套、一体便捷、站城融合的铁路枢纽,实现客运换乘"零距离"、物流衔接"无缝化"、运输服务"一体化"。

高速铁路网建设方面,为满足快速增长的客运需求,优化拓展区域发展空间,在"四纵四横"高速铁路的基础上,增加客流支撑、标准适宜、发展需要的高速铁路,部分利用时速200千米铁路,形成以"八纵八横"主通道为骨架、区域连接线衔接、城际铁路补充的高速铁路网,实现省会城市高速铁路通达、区际之间高效便捷相连。因地制宜、科学确定高速铁路建设标准。高速铁路主通道规划新增项目原则采用时速250千米及以上标准(地形地质及气候条件复杂困难的地区可以适当降低),其中沿线人口和城镇稠密、经济比较发达、贯通特大城市的铁路可采用时速350千米的标准。区域铁路连接线原则采用时速250千米及以下标准。城际铁路原则采用时速200千米及以下标准。

普速铁路网建设方面,扩大中西部路网覆盖,完善东部网络布局,提升既有路网质量,推进周边互联互通,形成覆盖广泛、内联外通、通边达海的普速铁路网,提高对扶贫脱贫、地区发展、对外开放、国家安全等方面的支撑保障能力。到2025年,普速铁路网规模达到13.1万千米左右,并规划实施既有线扩能改造2万千米左右。

综合交通枢纽建设方面,统筹运输网络格局,按照"客内货外"的原则,优化铁路枢纽布局,完善系统配套设施,修编铁路枢纽总图。创新体制机制,统筹建设运营,促进同步建设、协同管理,形成系统配套、一体便捷、站城融合的现代化综合枢纽。研究制定综合枢纽建设、运营、服务等标准规范。构建北京、上海、广州、武汉、成都、沈阳、西安、郑州、天津、南京、深圳、合肥、贵阳、重庆、杭州、福州、南宁、昆明、乌鲁木齐等综合铁路枢纽。

(二)公路交通

在公路建设方面,1906年,中国第一条现代化公路在友谊关至龙津间建成。1949年,全国公路里程8.07万千米,拥有民用汽车5.09万辆。2012年年底,全国公路总里程达423.75万千米,全国高速公路里程达9.62万千米。到2020年年末,全国公路总里程为519.81万千米,其中,高速公路里程为16.10万千米,国道里程为37.07万千米。

改革开放以来,我国曾先后出台了三个国家级干线公路网规划,分别是1981年,国家计委、国家经委、交通部联合颁布的《国家干线公路网(试行方案)》(也就是普通国道网)、1992年交通部出台的《国道主干线系统规划》、2004年国务院批准的《国家高速公路网规划》。在这些规划的指导下,我国干线公路快速发展,总体上由过去的"瓶颈制约"发展到现在的"基本适应",显著提高了公路交通发展水平,对提升国家综合国力和竞争力、增强经济社会发展活力、提高国民生活质量、保障国家安全等做出了突出贡献。

2013年国家发展改革委员会会同交通运输部编制了《国家公路网规划(2013—2030年)》(以下简称《规划》),总规模为40.1万千米的国家公路网由普通国道和国家高速公路两个路网构成。普通国道网由12条首都放射线、47条北南纵线、60条东西横线和81条联络线组成,总规模约26.5万千米。国家高速公路网由7条首都放射线、11条北南纵

线、18条东西横线，以及地区环线、并行线、联络线等组成，约11.8万千米；另规划远期展望线1.8万千米，主要位于西部地广人稀的地区。

根据规划，干线公路网络到2030年将实现首都辐射省会，省际多路联通，地市高速通达，县县国道覆盖，1 000千米以内的省会、县可以当天到达，东中部地区省会到地市可以当天往返，西部地区省会到地市可以当天到达，区域中心城市重要的经济区，城市群内外的交通也非常紧密，沿边沿海的公路也会贯通。同时与东北亚、中亚、南亚、东南亚联系更加便捷。普通国道和国家高速公路两个路网到2030年总规模将达到40万千米，其中国道26.5万千米，高速公路11.8万千米。以上规划，均已提前完成。

（三）航空交通

自1980年以来，中国民航迅速发展。到1998年年底，航空旅客运输量5 755万人次，形成连接全国138个城市的民运航空网，定期航班航线1 122条，国际航线通达33个国家的64个城市。到2006年，航空旅客运输量1.6亿人次，有定期航线1 336条，其中国内航线1 068条（至香港、澳门航线43条），国际航线268条，民用航空机场147个。到2020年年末，颁证民用航空机场241个，比上年末增加3个，其中定期航班通航机场240个，定期航班通航城市237个。

（四）水运交通

2020年年末全国内河航道通航里程12.77万千米，比上年年末增加387千米。等级航道里程6.73万千米，占总里程比重为52.7%，比上年年末提高0.2个百分点。三级及以上航道里程1.44万千米，占总里程比重为11.3%，比上年年末提高0.4个百分点。

我国邮轮产业自20世纪90年代起步，2007年进入飞速发展阶段。经过十余年的发展，从我国沿海邮轮港口分布来看，目前已基本形成三大邮轮圈：一是以上海为核心的长三角邮轮圈，二是以天津为核心的渤海湾邮轮圈，三是以香港、广州、深圳、厦门为核心的南部邮轮圈。

【思考题】

旅游交通对旅游目的地的发展有何重要作用？

学习任务五　了解旅游景区业

任务导入　　**江南造船：上海工业旅游的一张亮丽名片（节选）**

2021年岁末，上海崇明实验中学的180多名学生来到江南造船（集团）有限责任公司（以下简称"江南造船"）开展研学游。"这是在'双减'政策下，利用优质社会资源做的'教育＋'。学生来此亲身体验，有助于他们进一步提升常规文化知识之外的综合能力。"带队的该校校长李斌说。

"自2019年1月推出工业旅游线路以来，江南造船已接待游客5万多人次。2021年，共接待工业旅游团队249批次。江南造船已成为上海工业旅游的一张亮丽名片。"江

南造船旗下的上海中船文化传媒有限责任公司工业旅游相关负责人姜瀚说。

现在，江南造船已经获得全国爱国主义教育示范基地、全国工业旅游联盟副理事长单位、上海市工业旅游景点服务质量达标单位、上海市科普教育基地、上海市学生社会实践基地和军工文化教育示范基地等一系列荣誉。随着跨越式发展，江南造船已把科技型、数字化制造企业视为发展目标，未来将有更多的科技创新实验室赋能工业旅游，游客可以走进数字化造船实验室、5G智能制造实验室、智能焊接实验室等先进制造实验室。"未来，江南造船的前沿科技发展到哪里，游客就能看到哪里，并结合江南造船智慧园区技术，打造智慧旅游新体验，感受百年江南的全新面貌。"江南造船相关负责人说。

（资料来源：中国旅游新闻网）

思考： 你还知道哪些非传统的旅游景区，它们都有哪些共同点？

学习导读

构成景区的基础是当地的旅游资源。在很多情况下，旅游景区往往是展现当地旅游资源精华的场所。旅游景区可以说是旅游活动的核心和空间载体，是旅游产业中最重要的组成部分，也是激励旅游者出游的最主要目的和因素。因此，旅游景区已成为旅游产业中最核心的构成要素，其重要性甚至超越了旅游业三大支柱。

知识链接

一、旅游景区概述

（一）旅游景区的概念

国家质量监督检验检疫总局于2003年颁布的《旅游区（点）质量等级的划分与评定》（GB/T 17775—2003）国家标准，界定旅游景区是以旅游及其相关活动为主要功能或主要功能之一的空间或地域。该标准中旅游景区是指具有参观游览、休闲度假、康乐健身等功能，具备相应旅游服务设施并提供相应旅游服务的独立管理区。该管理区应有统一的经营管理机构和明确的地域范围。其中包括风景区、文博院馆、寺庙观堂、旅游度假区、自然保护区、主题公园、森林公园、地质公园、游乐园、动物园、植物园及工业、农业、经贸、科教、军事、体育、文化艺术等各类旅游景区。

对旅游景区的概念可从以下几方面进行理解：

首先，旅游景区是一种空间或地域，在这一空间或地域中，旅游及其相关活动是其主要功能。

其次，旅游景区可以是某单一类型的旅游景点，也可以是多种类型的旅游地域的综合体。绝大多数的旅游景区都是在现有的休闲娱乐设施和公共服务设施基础上开展旅游接待的。

最后，旅游景区是由某一组织或企业对其行使管理权，即有明确的界线与外界相隔，设有固定的出入口，对游人的出入行使有效控制的、以游览点或参观点为主要组成部分的区

域。所谓明确的界线是指该景点的区域范围,或圈以围墙,或设以栅栏,或借助某种天然条件(如河流、山沟等难以逾越的自然屏障)形成的边界,目的是使人们不能随便出入。

(二)旅游景区的特点

1. 专用性

旅游景区是指定的、供游人开展各类休闲活动的场所。这种专用性的指定说明旅游景区的职能是不可改变的,如有改变,就不属于旅游景区的范畴。例如,工厂、学校、乡村和部队军营都可以成为旅游者参观或游览的对象,但它们都不属于旅游景区。只有那些专供游人参观、游览或开展休闲活动的场所,才是旅游景区。

2. 长久性

旅游景区必须有长期固定的场址,并利用这一场址发挥其固有职能。

3. 可控性

旅游景区必须有人管理,能够对游人的出入进行有效的控制。否则,便不属于真正的旅游景区,只是一般的公众活动区域。

(三)旅游景区和旅游景点、旅游区、旅游区域的关系

广义的旅游景点是指任何一个可供游客参观游览或开展其他休闲活动的场所。这种场所可以很小,例如,一座历史建筑、一处名人故居、一座博物馆等,但也可以较大,乃至成为一个旅游景区。旅游景点广义的概念其实是人们通俗的说法,在此定义中可以包含旅游景区。严格来说,旅游景点和旅游景区是不同的,旅游景点是独立的、从事商业经营的、供旅游者参观、游览和娱乐的接待场所,可以是一个园林、一所宫殿、一座山峰等,而旅游景区是集合性的旅游景点,即由多个相对独立的"点"共同构成,例如,千岛湖旅游景区、杭州西湖旅游景区、承德避暑山庄及外八庙景区等。

旅游区由一定数量和一定质量的旅游景区组成,且拥有一定质量的接待设施,在相应的分布范围内足以供旅游者停留一定时间的旅游空间。在旅游区内应有一个或者一个以上中心城市,作为游客集散中心。同时,旅游区内应存在一定数量的不同特色的旅游景点,以便连接短距离线路和串联各旅游景点时不会使旅游者兴致低落,且能形成"进得来、散得开、出得去"的最佳格局。旅游区也可以是一座城市,例如,我国的旅游城市北京、杭州、桂林、西安等。

旅游区域是由旅游自然资源和人文资源两方面结合及特定地理环境上有较多相似性的区域形成的。在地域上具有完整性,每个旅游区域在地域上必须连成一片,区域内有比较方便的交通,并照顾到现行行政区的完整;每个旅游区域都拥有相当数量和质量的旅游景点和旅游景区,可满足旅游者的各种旅游意愿;同时,旅游区域内必须有一个或几个交通枢纽,具有较完善的游客集散功能。区域内外要相互衔接,形成点、线、区的完整交流,以利于整个地区范围内必要的分工协作,如沪浙旅游区域、京津冀旅游区域等。

二、我国旅游景区的主要类型和等级评定

(一)旅游景区的主要类型

旅游景区类型很多,不同的划分标准有不同的分类。下面介绍几种常见的分类:

1. 按照景区设立的性质分类

按照景区设立的性质分类,可划分为商业性的旅游景区和公益性的旅游景区。前者指投资者完全出于盈利目的建造或设立的旅游景区,纯属企业性质;后者指政府部门或社会团体出于社会公益目的而建造和设立的旅游景区,虽然这类旅游景区也多采用收费准入的管理办法,但实行收费的目的不是为了收回其建设投资,更不是为了盈利。

2. 按照景区所依赖的吸引因素的属性分类

按照景区所依赖的吸引因素的属性分类,可划分为自然旅游景区和人文旅游景区。前者的旅游资源主要为自然旅游资源,是天然赋存的;后者的旅游资源不论是人类历史遗迹还是现代人造产物,都属于人为的结果。例如,自然保护区、森林公园、地质公园、野生动物园等都属于前者;而历史建筑、古代遗迹、主题公园等则属于后者。这种分类方法只是一个大致的分类,因为现实中存在一些既有独特的自然旅游资源,又有丰富的人文旅游资源的旅游景区。

3. 按照旅游景区的内容和表现形式分类

按照旅游景区的内容和表现形式分类,可分为以下六类:

(1)风景名胜区。风景名胜区是指具有较高的观赏、文化或科学价值,自然景物、人文景物比较集中,环境优美,且可供人游览、观赏、休息和进行科学文化活动的,并且经政府审定和命名的地域。按风景名胜区主体景观的属性又可将其分为:山岳风景区、湖泊风景区、河川风景区、海滨风景区、森林风景区、瀑布风景区、矿泉风景区、历史文化风景区、宗教文化风景区等。

(2)自然保护区。自然保护区是指自然环境优美,动植物资源丰富,自然生态保存良好,为保护自然生态、物种和资源环境而划定的保护范围。按照我国的有关规定,自然保护区的任务是:保护赖以生存和发展的生态过程和生命系统(森林生态系统、草原及草地生态系统、沿海和淡水生态系统、农业生态系统),使其免遭破坏和污染;保护生物资源(水体、陆地野生动植物资源),使其能被永续利用;保护生物物种遗传基因的多样性;保护自然历史遗迹等。因此,自然保护区的主要目的是保护,旅游开发只是副业。自然保护区通常划分为核心保护区、一般保护区和游览区。核心保护区,除特别批准的人员(主要是科研工作者)外,其他旅游者不得进入;一般保护区,须严格限制旅游者数量,旅游者只能在规定的路线上活动,并且不得进行任何有碍自然保护区的活动;游览区的要求则相对宽松,但应特别注意防火,禁止采伐。

(3)旅游度假区。旅游度假区是指旅游资源集中,环境优美,具有一定规模和游览条件,旅游功能相对完整独立,为游憩、休闲、修学、健身、康体等目的而设计经营的,能够提供旅游度假设施和服务的旅游目的地整体。旅游度假区在环境选择、设施配备、结构布局、功能分区等方面都有较高的要求。旅游度假区的基本设施一般包括:交通设施、住宿设施、餐饮设施、康体娱乐设施、购物设施等;此外,还应有一些必要设施,如医疗、通信、银行等。根据其所处的位置和自然环境状况及与之相关的康体娱乐设施条件,可将度假区分为山地森林度假区、滨海旅游度假区、高山滑雪度假区、内湖(河)度假区、温泉度假区五种。

(4)文博院馆。文博院馆包括博物馆、美术馆等。美术馆多数以收藏和展览历史或传统美术作品为主。博物馆可分为两大类,一类是以特定收藏品为展示内容的博物馆,

例如科学博物馆、历史博物馆、军事博物馆、交通运输博物馆等;另一类则是以特定场址为展示内容的博物馆,例如我国的故宫博物院、英国的铁桥堡博物馆等。另外,博物馆还可按其收藏品的来源范围划分为国家博物馆、地区博物馆、地方博物馆等。

(5)地质公园、森林公园、动植物园。这些都是以具有特色的自然环境、植物景观或动物资源为主要内容的旅游景区。地质公园是以具有特殊地质科学意义、较高的美学观赏价值的地质遗迹为主体,并融合其他自然景观和人文景观而构成的一种独特的、经国家审定批准挂牌的自然区域;森林公园是为了保护我国自然森林生态系统的多样性和完整性,促进林木资源的保护和持续利用,而在一些森林生态资源丰富和独特的地区设立的公园;动植物园则是收集、养殖或种植各种动植物,兼有观赏、科研、科普功能的园林。

(6)主题公园。主题公园是以某一种中心主题为基调而兴建的大型人造游览娱乐园区。主题公园的主题多种多样,主要有以下几种:以本民族文化为主题的;以地方历史文化为主题的;以异国文化为主题的;以异地自然景观为主题的;以童话幻想为主题的;以科学技术和宇宙为主题的;以历史人物为主题的;以文学名著和电影场景为主题的等。

除了以上类型,还包括一些诸如古代遗迹、早期产业旧址、城市公园等类型的旅游景区。因为大部分旅游景区的旅游资源都具有综合性,以上提供的分类方法只是一个基本的划分方法,具体到某一景区,上述所列不同类别的旅游景区可能会出现重叠,但是完全重叠的可能性很小。

(二)旅游景区的等级评定

1. 旅游景区的分级

根据《旅游区(点)质量等级的划分与评定》(GB/T 17775—2003)国家标准,旅游景区(点)质量等级划分为五级:AAAAA 级(5A 级)、AAAA 级(4A 级)、AAA 级(3A 级)、AA 级(2A 级)和 A 级(1A 级)。其标志、标牌、证书由国家旅游行政主管部门统一规定,由全国旅游景区质量等级评定委员会负责办理。

2. 旅游景区质量分级标准的内容

《旅游区(点)质量等级的划分与评定》国家标准适用于接待海内外旅游者的各种类型的旅游景区。凡在中华人民共和国境内正式开业从事旅游经营业务一年以上的旅游景区都可申请参加质量等级评定。评定标准主要包括以下内容:

(1)旅游交通、景区游览及旅游服务提供方面。旅游交通要有较好的可进入性和可识性,交通设施完备,如高级公路、高级航道、车站码头等,布局合理规范,与景观环境要协调。旅游景区内有功能齐全的游客服务中心,有美观便利的引导标志,有优秀的导游人员,旅游购物场所布局规范合理。旅游景区内邮电通信设施一应俱全,通信方便。景区内的游览配套设施齐全,设计精美。

(2)旅游景区安全、环境方面。旅游景区的安全要保证严格执行公安、交通、劳动、质量监督及旅游等有关部门制定和颁布的安全法规,消防和救护等方面设备齐全、安全有效,突发事件处理能力较强,旅游景区环境整洁、卫生,娱乐场所达到《文化娱乐场所卫生标准》规定的要求,餐饮场所达到《饭馆(餐厅)卫生标准》规定的要求,游泳场所达到《游泳场所卫生标准》规定的要求,公共厕所布局合理,设计规范方便。旅游资源环境保护合理,空气质量、噪声质量、地面环境质量、自然景观保护均达到国家有关标准和规定,景区

环境氛围优良,各项设施设备符合国家有关环境保护的要求。

(3)旅游景区经营管理方面。旅游景区管理体制健全,经营机制有效,旅游质量、旅游安全、旅游统计等各项经营管理制度规范,贯彻措施得力并定期检查监督,管理人员配备合理。旅游景区拥有正式批准的总体规划,开发建设符合规划要求。同时,景区要拥有自己独特的产品形象、良好的质量形象、鲜明的视觉形象和文明的员工形象等。

(4)旅游景区资源质量方面。旅游景区要有观赏游憩价值或历史价值、文化价值、科学价值等;旅游景区要有市场吸引力,有一定的知名度和美誉度,市场辐射力强,年接待国际、国内旅游者数量要达到一定的标准,游客抽样调查也应有一定的满意度。

3. 旅游景区评定的总体情况

国家旅游局(现文化与旅游部)负责旅游景区质量等级评定标准、评定细则的制定工作,负责对质量等级评定标准的执行情况进行监督检查。国家旅游局(现文化与旅游部)组织设立了全国旅游景区质量等级评定委员会,负责全国旅游景区质量等级评定工作的组织和管理。各省级旅游行政管理部门(现文化与旅游行政管理部门)组织设立本地区旅游景区质量等级评定委员会,并报全国旅游景区质量等级评定委员会备案。受全国旅游景区质量等级评定委员会的委托,省级旅游景区质量等级评定委员会进行相应的旅游景区质量等级评定工作的组织和管理。

2A级、1A级旅游景区由县区旅游景区质量等级评定小组推荐,市级旅游景区质量等级评定委员会组织评定;3A级旅游景区由市旅游景区质量等级评定委员会推荐,省级旅游景区质量等级评定委员会组织评定;4A级旅游景区由省级旅游景区质量等级评定委员会推荐,全国旅游景区质量等级评定委员会组织评定;5A级旅游景区从4A级旅游景区中产生。被公告为4A级旅游景区一年以上的方可申报5A级旅游景区。5A级旅游景区由省级旅游景区质量等级评定委员会推荐,全国旅游景区质量等级评定委员会组织评定。

三、旅游景区在旅游发展中的地位和作用

旅游景区是旅游目的地的核心组成部分,是目的地旅游业发展的主体,其地位和作用主要体现为以下两个方面:

第一,构成景区的基础是当地的旅游资源,而旅游景区往往展现的是当地旅游资源的精华。我们知道,旅游资源是一个国家或地区旅游业赖以存在和发展的最基本的条件,因此,旅游景区在目的地旅游业中的地位同旅游资源一样重要。

第二,作为旅游资源的代表,旅游景区在目的地旅游业整体产品构成中居于中心地位。在旅游业中,人们对交通运输产品和饭店产品的需求基本上都属于派生性需求,它们对旅游者的来访起着支持和保证的作用。而景区产品对旅游者来访则起到激发或吸引的作用,旅游者对景区产品的需求是根本性需求。

四、我国旅游景区发展现状及展望

我国有十分丰富的旅游资源,据研究表明,我国自然类和人文类的旅游资源类型位居世界前列,旅游景区的数目超过美国、西班牙、法国等旅游强国。截至2021年,我国的世界遗产地共56处(位居世界第一),其中,世界文化遗产34项、世界文化景观遗产4项、

世界自然遗产14项、世界自然与文化双遗产4项。

1999年,国家旅游局开始实行旅游区(点)质量等级管理。5A级景区首次评定始于2007年。截至2020年末,全国共有A级旅游景区13 332个,其中,5A级旅游景区302个,4A级旅游景区4 030个,3A级旅游景区6 931个。

"十四五"期间,加强沿黄地区旅游基础设施和旅游公共服务设施建设,以黄河流域部分县(市、区)为重点,打造一批具有标志性的文化旅游项目;支持一批智慧旅游景区建设,发展新一代沉浸式体验型旅游产品,推出一批具有代表性的智慧旅游景区;以具有一流水平的5A级旅游景区和世界遗产景区为基础,完善旅游景区基础设施,强化景区科技应用水平,打造一批世界级旅游景区;研究建立世界级旅游度假区建设储备名录,支持有条件的地区开展世界级旅游度假区创建工作;支持旅游度假区提升旅游基础设施和休闲度假品质,培育一批国家级旅游度假区;开展国家级旅游休闲城市和街区建设工作,推出一批兼顾旅游者和本地居民需求的国家级旅游休闲城市和街区;开展国家全域旅游示范区验收认定和动态管理,推出一批国家全域旅游示范区;认定一批高等级自驾车旅居车营地,推广自驾游精品线路,支持营地合理设置与自驾车旅居车相配套的服务设施;推出一批文化内涵丰富、产品特色鲜明、配套设施完善、环境美好宜居、风俗淳朴文明的全国乡村旅游重点村镇,培育一批全国乡村旅游集聚区;提升300处红色旅游经典景区发展质量,加强党史、新中国史、改革开放史、社会主义发展史教育;开展国家级研学旅行示范基地创建工作,推出一批主题鲜明、课程精良、运行规范的研学旅行示范基地。

【思考题】

在景区规划开发中,政府应该扮演怎样的角色?

学习任务六　了解旅游购物业

任务导入　故宫文创为什么这么火?

2015年《穿越故宫来看你》刷爆朋友圈,明成祖朱棣从画像中跳出来,唱着rap,玩着自拍,用微信、QQ与自己的后宫和大臣联络……大家记住了这个"潮流"皇帝,也记住了"故宫淘宝"这个品牌。2018年,文化类真人秀《上新了·故宫》开播,内容之一就是邀请年轻设计师参与文创开发。如果说故宫因其典藏的180多万件(套)文物而在"代表中国特色、中国风格、中国气派"方面有着天然优势,那么截至2020年底累计研发的14 328件文创产品也足以"引领行业发展"。

正如《上新了·故宫》首期节目所做的解释:"希望更多年轻人来到故宫博物院,用他们的创意,为故宫焕发出新的意趣。唯有这样,新与故,才能创造出永恒。"在故宫看来,创新的不应只是技术手段,更应包含对传统文化的现代解读,使其与时代精神契合。只有把定这条守正创新的方向,才有可能在"国潮"中破浪前行、行稳致远。

故宫文创为什么这么"火"? 故宫博物院原院长单霁翔认为"秘笈"有三:不是简单复

制藏品,要研究今天人们需要的信息和生活需求;挖掘藏品内涵,寻找与今天社会生活的对接点,用文化影响人们生活;不断追踪使用先进的科学技术手段,追寻无限远的传播能力。

·思考· 旅游购物品的设计开发应注意哪些问题?

学习导读

旅游购物是旅游者旅游活动的六大要素之一,是旅游过程的延伸,对丰富旅游内容、提高旅游区形象、增加旅游收入和就业机会、扩大社会效益都有极其重要的作用。旅游购物本身就是旅游资源。提供丰富的旅游购物资源,满足游客的购物体验需求,已成为某些旅游目的地最具吸引力的内容之一。旅游商品是旅游购物资源的核心,也是吸引旅游购物的根源。对国内而言,旅游购物的发展,可以直接满足本国人民日益增长的美好生活需要;在国际范围内,旅游购物的发展,可以使世界各国人民加深对旅游目的地国家和地区的历史文化、民族传统的了解。

知识链接

一、旅游购物品概述

(一)旅游购物品的概念

旅游购物品也叫旅游商品,是指旅游者在旅游活动中购买的具有物质形态的商品,即旅游中所购买的物品。对此概念,可从以下几方面来理解:第一,此物品是旅游者因旅游而购买的;第二,所有权发生转移;第三,此物品是含有旅游信息或旅游目的地文化内涵的劳动产品。

(二)旅游购物品与旅游产品的关系

旅游购物品不同于旅游产品。旅游产品,从旅游者角度来说,就是消费者支付一定费用后所完成的一次旅游经历;从供给方角度来说,是为满足旅游者的需要而提供的各种旅游活动接待条件和相关服务的总和。旅游者的旅游活动包括食、住、行、游、购、娱六个方面,因此,旅游产品是一个综合概念。旅游购物品只是旅游产品的一个组成部分,或者说旅游购物只是旅游活动的一个要素。

(三)旅游购物品的特点

旅游购物品和一般商品相比,具有下列特点:

第一,纪念性。旅游购物品的纪念性是其区别于其他普通商品的一个显著特点。旅游活动对旅游者来说是一次经历,旅游购物品尤其是一些纪念品是旅游者旅游活动的见证和物化,是日后重温美好旅游经历的象征和载体。旅游购物品的纪念性主要体现在旅游购物品能够表现旅游目的地的地方特色和民族特色,能够体现该次旅游活动的主题。

第二，艺术性。艺术性是指旅游购物品的整体设计新颖奇特、美观别致，具有艺术欣赏价值。旅游购物品只有具备艺术美才能给人以审美情趣，才能提高人们的审美能力，才具有特殊的欣赏价值和收藏价值。

第三，实用性。实用性是指旅游购物品应具有旅游者可使用和可消费的功能。只有将纪念性、艺术性、实用性巧妙地结合起来，旅游购物品才能受到旅游者的青睐。

第四，便携性。旅游购物品的设计要从结构、容积、重量上充分考虑旅游者携带、使用和收藏的方便。如果体积过大或者分量太重，既不利于旅游者随身携带，也不便于行李托运。

第五，礼品性。礼品性是指旅游购物品可以带回去馈赠亲友以便共同享受旅游美好感受。这就要求旅游购物品不仅要制作精致、具有旅游目的地的文化内涵，而且要有特色的礼品包装。

二、旅游购物品的类型和作用

(一)旅游购物品的类型

旅游购物品的类型很多、范围很广，有很多不同的分类方法。从目前我国市场经营状况分析，大致可将其分为六大类、一百多个细类、十几万个品种。简单介绍以下几类：

第一，旅游工艺品。旅游工艺品主要有雕塑工艺品、陶瓷工艺品、金属工艺品、漆器工艺品、编织工艺品、绘画工艺品、民间工艺品等。

第二，旅游纪念品。旅游纪念品指以旅游目的地的文化古迹或自然风光为题材，利用当地特有的原料制作而成，体现当地传统工艺和风格，并且富有纪念意义的小型纪念品。

第三，文物古玩。如我国文房四宝中的笔、墨、纸、砚，出土文物复制品、碑帖、拓片以及不属于国家严禁出口的古玩等。

第四，土特产品。如我国的名茶、名酒、中成药等具有地方特色的产品。

第五，旅游食品。如风味食品、大餐、小吃或方便食品等。

第六，旅游日用品。旅游日用品是指旅游者在旅游活动中所购买的具有实用价值的旅游小商品，如旅游鞋帽、日用化妆品、旅游包、地图指南和急救药品等。

(二)旅游购物品的作用

1. 会对目的地经济产生积极影响

旅游购物是旅游收入的重要来源和组成部分，发展旅游购物业，可以增加旅游者的消费，扩大就业机会，带动相关产业的发展，从而对目的地的经济产生积极的推动作用。

2. 会促进传统手工艺的保护和挖掘

旅游者对代表地方特色或民族特色的传统手工艺品的青睐，能使目的地居民认识到传统手工艺的价值，从而自觉保护和挖掘传统手工艺，并进行积极创新和改良。

3. 会传播旅游目的地形象

旅游购物品附带了旅游目的地的文化内涵和各种信息，通过旅游购物品的生产和销售，以及旅游者的购买和馈赠，旅游目的地的形象也得以传播。

微课：
你的行程我记录：
旅游购物品的作用

三、我国旅游购物业的现状与展望

(一)我国旅游购物业的现状及分析

1. 我国旅游购物业的发展现状

世界旅游观光协会(WTSA)市场研究预测机构报告指出:世界旅游消费额高达 2 300 亿美元,其中 40％用于交通、住宿、就餐,60％用于购买各类旅游消费品。据统计,旅游购物收入在总的旅游收入中所占的比重在发达国家可达 60％,世界平均水平在 30％左右,而中国旅游购物在旅游收入中的比重除了个别旅游购物较发达的城市外,一般情况下该比重为 20％左右。

我国旅游购物存在以下问题:

(1)开发意识需要加强。长期以来,旅游经营者认为经营的重点在旅游景区,把大量的资金和技术投向景区开发;他们认为旅游购物品投入大,回收期长,没有发展前景,因而对旅游购物品的开发不屑一顾,造成了品牌购物品的缺乏,名牌购物品更是屈指可数。此外,旅游购物品缺乏时尚元素,旅游经营者缺乏对产品的有效营销,最终导致旅游购物的发展滞后于旅游业的发展。另外,组织机构对旅游业新经济动态把握不准,忽视了旅游购物对整个行业创收和创汇的巨大影响,没有很好地在规划中支持旅游购物的发展。我国历史悠久,传统文化丰富,拥有丰富的旅游购物资源,发展旅游购物不仅可以增加旅游收入,同时还可以有效保护传统地方文化,是我国旅游产业长期可持续发展的重要保证。

(2)购物环境需要营造。我国绝大部分景区的旅游购物设施一般,较少考虑购物环境的营造,更缺少休息区、饮水机、自动取款机等符合现代消费者消费需求的设施;很多旅游购物场所只具备基本购物设施,缺乏辅助购物设施,这是国际游客不满意的主要问题;另外,旅游经营者只把旅游购物设施看作购物所需要的物质条件,忽视购物设施的文化性特征,很难成为旅游吸引物。

(3)行业自律性需要加强。在旅游购物市场中,以假充真、以次充好、"三无"商品等假冒伪劣商品仍然存在;个别旅游景区的购物环境混乱,小商小贩围追堵截、强买强卖,破坏了旅游者的感受,影响了游览情趣,降低了购买欲望;个别旅行社和导游以旅游购物的高额回扣作为赢利的主要来源,随意增加购物次数,使旅游者产生抵触情绪。

从 2015 年开始国家旅游局(现文化与旅游部)每年在全国范围内开展中国特色旅游商品评选活动,推出十大类"百金百银"中国特色旅游商品,全面开启中国旅游商品品牌培育、创建工作。评选活动系统梳理了全国旅游商品优质资源,突破以往旅游商品仅集中在工艺品和纪念品的局限,将其拓展为旅游工艺品类、旅游特色食品类、旅游茶品类、旅游丝织品类、旅游电子类、旅游陶瓷类、旅游竹木品类、旅游个人装备品类、旅游纪念品类、旅游设计创意类共十大类。中国国际旅游交易会平台将获奖商品直接向国际国内市场展示推广,有效扩大市场效应,推动全国旅游商品的快速发展,有效提升旅游商品品质,持续扩大旅游购物在旅游消费中的比重,为旅游市场发展增添新的活力。

2. 我国旅游购物业分析

(1)入境旅游者购物花费分析。从发展趋势看,入境一日游游客的购物比例呈现出稳步上升趋势,而过夜旅游者的购物比例并不稳定。从旅游组织形式看,团体旅游者的

购物比例普遍高于散客。从旅游业的发展趋势看，散客是未来旅游市场的主流，因此，如何提高散客的购物比例，尤其是入境过夜散客的购物比例，是国内旅游购物业面临的一个重要问题。

(2)旅游购物品结构分析。我国以旅游纪念品、土特产品、实用工艺品等为旅游购物品结构主体，基本改变了过去品种比较单一的局面，层次逐步显现。我国入境旅游者感兴趣的旅游购物品主要是服装和丝绸、食品和茶叶、纪念品和工艺品三大类。

(3)旅游购物品市场分析。在生产环节上，目前我国的旅游购物品生产总体上仍处于初步发展阶段。生产企业以中小厂家为主，大企业很少；生产旅游日常用品、工艺纪念品的企业居多，而生产大中型旅游用的设施和装备的企业相对较少。旅游购物品所含的技术水平较低、文化含量不高、具有地方和民族特色的不多；旅游购物品的设计、生产和销售各个环节结合不够紧密。

(二)我国旅游购物业的展望

1. 大力开发国内旅游购物品市场

随着国内旅游者在旅游市场中逐渐占据主体地位，国内旅游者的消费能力有一定的提高，国内旅游购物品市场的潜力很大，因此，应大力开发国内旅游购物品市场。

2. 加强高质量旅游购物品的开发

事实上，旅游者的消费水平在逐年提高，而在旅游购物市场上则缺乏有特色、多功能、高品质的旅游购物品，这就制约了旅游购物品市场规模的进一步扩大。因此，旅游购物品的开发成为提升我国旅游购物比例的一个关键。

3. 提高旅游购物过程的吸引力

"购"是旅游者旅游活动的六要素之一，也是旅游者旅游经历的重要组成部分，因此，不应把旅游购物看作是单纯的交易过程，应该开动脑筋，将其作为一种活动，想方设法增加旅游购物过程的吸引力。

【思考题】

近年来，我国旅游购物市场发生了哪些变化？

学习任务七　了解旅游娱乐业

任务导入　　疫情影响下的中国主题公园

世界主题娱乐协会(TEA)与咨询机构 AECOM 联合发布的《2020 年全球主题公园和博物馆报告》显示，在全球前 25 个娱乐主题公园榜单里，中国内地和香港地区共有 6 个主题公园跻身前 25 名，其中，珠海长隆位列第八，上海迪斯尼位列第十，香港海洋公园、香港迪斯尼、北京欢乐谷和广州长隆则分别位列第二十、二十一、二十四和二十五名。尽管受到疫情影响，中国仍然增加了近 20 个主题公园。

《2021中国主题公园竞争力评价报告》(以下简称"报告")显示,受疫情影响,2020年中国主题公园无论是接待游客人数还是营业收入均出现较大幅度下降,相比2019年,全年接待游客下降了50.43%,营业收入下降了49.87%。

报告显示,在疫情防控常态化下,主题公园市场恢复能力强弱不均。一、二线城市的主题公园的本地市场恢复迅速,部分主题公园已经完全恢复甚至超过2019年疫情前的水平。同时,主题公园跨省份的中远程市场恢复受散发疫情影响仍较有波动,下半年整体收紧。其中,中远程市场占较大比例的主题公园恢复缓慢。这也说明,主题公园的风险管控能力愈将成为重中之重。

思考 旅游娱乐业在旅游业发展中的作用表现在哪些方面?

学习导读

随着大众观光旅游逐渐向休闲度假旅游和专项旅游过渡,"娱"作为"六要素"中弹性最大的要素,因其占有的重要地位而成为旅游消费支出的主要部分之一。旅游娱乐业高速发展的态势,不仅使旅游业结构更加趋于合理,带来效益,成为旅游产业的核心部分之一,而且为各国旅游者带来了更多的交流机会,形成了一种独特的文化现象。

知识链接

一、旅游娱乐业的基本含义、发展概况及主要作用

(一)旅游娱乐业的基本含义

旅游娱乐业是指向旅游者提供娱乐型产品,满足其在目的地娱乐需求的行业。

(二)旅游娱乐业的发展概况

从世界范围看,旅游娱乐业的兴起和发展是与社会工业化程度和人们生活水平密切相关的。第二次世界大战以后,人们生活方式日趋多样化,科技的发展和经济的繁荣萌生出主题公园式的旅游景观新概念。"童话乐园""探险乐园""野生动物园""假日乐园"等相继在欧美等地发展起来。特别是1955年在美国洛杉矶建起第一个现代意义上的主题公园后,以主题公园为代表的旅游娱乐业在世界各地得到广泛发展,从规模到科技和文化含量上都有较大突破。而同样属于旅游娱乐业的旅游娱乐表演,一般分布在世界各景点和各大城市中,通常有民俗表演(歌舞和工艺品制作)、杂技马术、竞技体育、动物表演等内容,形式上有相对固定的表演形式,也有每年或若干年一届的极富风情和有相当规模的"节日"和"会议"。如西班牙的"斗牛节"、意大利的"柑橘节"、德国的"啤酒节"、巴西的"狂欢节",日本等亚洲国家的"盂兰盆节"、泰国的"颂甘节",还有轮流在世界各地召开的各类博览会等,都通过高质量、极具民族特色的表演,吸引着大批外来旅游者。

同发达国家相比,我国旅游娱乐业总体上还处于发展的初级阶段,但发展速度较快。自20世纪80年代初起步,到1985年前后,我国的旅游娱乐业以中小型游乐园为主,随后

以广州"东方乐园"为代表的综合性的主题公园逐渐兴起,经过30多年的发展,我国现有的城市主题公园128个,预计到2025年前完成建设的项目约70个。从总体来看,我国已经有不少娱乐项目同国际接轨。此外,以民俗风情、历史文化、影视特技为主要内容的旅游文娱表演,已成为旅游区(点)的重要内容。在游乐设备方面,目前在世界上大型游乐园或者主题公园拥有的一百多种游乐设备中,中国已经有九十多种,但它们是零零散散的,不成体系。

"十三五"期间,我国推广"景区+游乐""景区+剧场""景区+演艺"等景区娱乐模式;支持高科技旅游娱乐企业发展;有序引进了国际主题游乐品牌,推动了本土主题游乐企业集团化、国际化发展;提升主题公园的旅游功能,打造了一批特色鲜明、品质高、信誉好的品牌主题公园。

(三)旅游娱乐业的主要作用

1. 增加旅游活动的趣味性

旅游观赏是旅游活动产生的重要原因,观赏、欣赏作为旅游活动的组成部分,只是旅游活动的基本内容。旅游娱乐项目的开发极大地调动了旅游者的兴趣,满足了旅游者更高的旅游需求,使得整个旅游活动更加丰富,形式更加多样。

2. 提高旅游产品的竞争力

旅游娱乐项目作为旅游活动的一部分,是对旅游欣赏层次的补充和提高,改善了旅游产品结构,增强了旅游目的地的吸引力,提高了旅游产品乃至整个旅游目的地的竞争力。

3. 增加旅游业的经济收益

通过开发旅游娱乐项目,在满足旅游者娱乐需求的同时,也会给当地旅游业带来一定的经济收益。而且,这些娱乐项目对当地居民也有一定的吸引力,尤其是在旅游淡季时,可以吸引当地居民参与其中,创造旅游收益、减小旅游活动的季节性效应。

4. 改善和提高目的地的旅游形象

旅游娱乐项目的引进在一段时间内具有一定的资源垄断性,其宣传和影响可以促进外界对旅游目的地的了解。同时,因其相对完整的旅游产品结构能够满足不同类型旅游者的旅游需要,从而使其本身在市场上树立了一个较好的旅游形象。

5. 丰富当地的文化娱乐生活

当地居民参与旅游娱乐活动,使旅游娱乐成为当地居民生活的一部分,可提高旅游目的地居民的素质和生活水平,丰富当地居民的文化和娱乐生活,使娱乐活动成为社区文化的组成部分。

二、旅游娱乐产品的分类

(一)按娱乐设施的空间位置划分

旅游娱乐产品按设施的空间位置分为室内娱乐产品和室外娱乐产品。

室内娱乐产品包括各种形式的俱乐部、舞场、保龄球室、室内游泳池、文娱室和健身房等。

室外娱乐产品包括游乐园、靶场、高尔夫球场、海水浴场和滑雪场等,主要项目包括蹦极、攀岩、卡丁车、滑翔伞、野外生存、定向运动及潜水等。

(二)按娱乐设施的活动项目划分

旅游娱乐产品按设施的活动项目分为专项的旅游娱乐产品和综合的旅游娱乐产品。

专项的旅游娱乐产品:仅满足旅游者一方面的需求,如现代主题产品公园中常见的激流勇进、天旋地转、太空穿梭、过山车以及四维电影等娱乐活动类型。

综合的旅游娱乐产品:多种旅游娱乐项目的汇总,如游乐园。目前我们很多的主题公园都推出一些综合性的娱乐产品,如苏州乐园、深圳的"欢乐谷"主题公园等。

(三)按娱乐产品的功能划分

旅游娱乐产品按产品的功能,分为康体类、休闲类、娱乐类。

三、旅游娱乐项目介绍

(一)体育竞技类旅游娱乐项目

体育竞技类旅游娱乐项目因其具有竞争性、规则性的特点,对于场地和设施设备要求比较高。另外,某些项目还要求提供裁判、教练、陪练服务。

1. 康体运动项目

康体运动项目是凭借特定的健身设施和场所,通过适度的运动量来达到强身健体目的的运动项目。它往往集中在一个多功能的健身房内,健身房环境设计具有一定要求,即让参与者如同在大自然中运动健身。健身房内设有各种具有模拟运动的器械,还提供运动衣、运动鞋,配有健身教练。

康体运动项目往往集田径、体操、举重等活动于一体,不同运动项目可以达到不同的健身效果,旅游者可以根据自身情况自行选择,有计划地进行康体活动。

2. 水上及冰雪娱乐项目

水上娱乐项目是在不同环境、不同设施、不同形式的游泳池或水域进行的娱乐项目。传统的水上旅游娱乐项目有游泳、潜水、海钓以及借助水上游乐设施进行的娱乐项目等。随着旅游业的发展,越来越多的新型水上娱乐项目为旅游者所喜爱。冰雪娱乐项目依托优良的冰雪活动条件,开展滑冰、滑雪、冰雕、雪雕、冰上自行车、雪地越野摩托、冰雪趣味游乐等活动。

3. 球类运动项目

球类运动是运动者利用各种体育设施,使用相应的体育器材和球体,运用专门技术进行游戏,达到健身和陶冶情操的目的的运动项目。球类运动项目主要有乒乓球运动、网球运动和台球运动等。

(二)休闲康养类旅游娱乐项目

休闲康养类旅游娱乐项目是以趣味性强的、轻松愉快的方式在一定的设施环境中进行的,既有利于身体健康又有利于放松精神、陶冶情操的各种活动项目。

1. 保龄球运动

保龄球运动是在拥有符合严格规范要求的木制保龄球跑道及各种辅助设施设备、具有

宁静欢快气氛的保龄球房内,运用适当的智力和技术,用球滚击木瓶的运动项目。它属于高雅的休闲康体活动。保龄球具有娱乐性、趣味性、抗争性和技巧性,给人以身体和意志的锻炼。由于是室内活动,且易学易打,因此,保龄球运动是男女老少皆宜的运动之一。

2. 高尔夫球运动

高尔夫(Golf)由绿色(Green)、氧气(Oxygen)、阳光(Light)和步履(Foot)的第一个字母缩写而成。高尔夫球运动在明媚的阳光下,脚踏绿色的草地,呼吸着新鲜空气,在大自然的怀抱里,充分伸展自己的肢体,是一项有益于身心健康的、陶冶情操的运动,其主要形式有标准高尔夫球运动、微型高尔夫球运动和室内模拟高尔夫球运动。

标准高尔夫球运动也叫乡村高尔夫球运动,它是一项古典的不太激烈的运动。参与者要在有一定要求的高尔夫球场使用不同的球杆,按一定规则将球击入固定的洞中。

微型高尔夫球运动,又叫迷你高尔夫球运动,是目前在欧美流行的休闲运动,与标准高尔夫球运动近似,只是其球场面积较小,是在设有人工草坪的球道上进行。按照国际标准设计的微型高尔夫球场,每个球道上设置有各种有趣的障碍,一般设计有9洞、12洞和18洞,使用专用微型高尔夫球的杆和球,沿着球道打球。

室内模拟高尔夫球运动是在拥有高尔夫球模拟设施的室内进行的高尔夫球运动。模拟设施主要是显示出高尔夫球场的电子屏幕,参与者将球击在屏幕上,电子屏幕会显示出击球的运程和方向,从而达到与室外高尔夫球运动类似的效果。

3. 桑拿浴

桑拿浴是一种蒸汽浴,它是在气温45～70 ℃的空房间里的蒸汽沐浴行为,沐浴者在这种享受之中,出一身汗,能起到减肥健身、恢复体力、缓和情绪、振奋精神和保持清洁的作用。蒸汽浴有干、湿蒸汽浴两种。

干蒸汽浴,又称芬兰浴。整个沐浴过程是坐着的,室内高温使人有一种身临热带骄阳之下被干晒着和被吸收着身体水分的感觉。

湿蒸汽浴,又称土耳其浴。整个沐浴过程需不断地向散热器上加水,以使整个房间里高温高湿。沐浴者仿佛置身于热带雨林,在这样又湿又热的浴室里,沐浴者必会大汗淋漓。

4. 按摩

按摩就是通过专业按摩人员或特定的器械设备,作用于人体体表的特定部位,以调节肌体的生理状况,从而起到消除疲劳、恢复体力、振奋精神的作用。此外,按摩还有一定的治疗效果,是一种参与式休闲康体项目。

(三)文化类旅游娱乐项目

文化类旅游娱乐项目是指在一定的文化环境中进行的融思想性、科学性、艺术性、时代性于一体的旅游娱乐项目。

1. 歌舞类娱乐项目

歌舞类娱乐项目是指旅游者在具有音响、舞台等条件的音乐气氛中,借助一定的效果唱歌或跳舞,从而达到放松精神、寻找自我的目的的娱乐项目。根据娱乐的方式可分为跳舞、KTV、RTV等。

2. 棋牌游戏类娱乐项目

棋牌游戏类娱乐项目是指旅游者借助一定的环境、专门的游戏设备和用具,运用智

力和技巧进行比赛和游戏,以得到精神享受的娱乐项目。根据娱乐形式的不同,可将其分为电子游戏、棋牌游戏。棋牌游戏又可分为中国象棋、国际象棋、围棋、桥牌等。

3. 文化体验类娱乐项目

文化体验类娱乐项目是在一定的文化背景下,通过旅游者亲身体验,使其对目的地的文化有生动、形象、深刻的认识。例如,旅游者在少数民族地区参加民族传统节庆活动、学习民族传统手工制作等;在乡村参加农事活动体验,学习简单的民俗舞蹈、体验蔬果采摘等;在大型娱乐或游乐节目的主题公园,观看表演并参与其中等。

近年来,随着全域旅游的发展,旅游娱乐业也得到了迅猛的发展,旅游者开始关注参与类、体验类、娱乐类的旅游产品,旅游企业也从单纯经营观光型旅游产品向文化性、体验性、全要素性的旅游产品的设计和旅游目的地全域性发展转变。旅游业的供给侧改革使得完善旅游娱乐设施、提高旅游娱乐服务质量成为旅游接待国家和地区的重要任务。因此,旅游娱乐业也会向类型多样、品质提升、服务优质不断发展。

【思考题】

旅游娱乐项目对于丰富旅游活动内容有何重要作用?

项目小结

旅游业是以旅游者为对象,为其旅游活动创造便利条件并提供其所需产品和服务的综合性产业。第二次世界大战之后,旅游业迅速崛起,目前已成为世界上最大的产业,在国民经济中扮演着重要角色。从根本上说,旅游业是一项经济产业,但同时也涉及政治、社会、文化等诸多方面。旅游业因其构成表现为综合性;因其产品内容表现为服务性、涉外性;因其产业结构表现为敏感性。旅游业包含众多部门,旅游景区因其为核心旅游资源而成为旅游业发展的基础;旅行社业、旅游饭店业、旅游交通业为旅游业的三大支柱,旅行社是典型的中介服务组织,旅游饭店是提供旅游服务的重要基地,旅游交通是提供旅游服务的重要条件;旅游购物业、旅游娱乐业则是完善目的地旅游产品结构、增加目的地旅游收益、发展深度旅游的有效途径。

项目实训

1. 在专业教师指导下,对本地饭店的数量、档次、行业企业构成进行调查,组织讨论本地饭店业发展中存在的问题和发展机遇。
2. 调查本地区旅游景区数量、类型和等级,考察本地区主要旅游景区的旅游资源类型、数量及特色,并完成调查报告。
3. 讨论《旅游指南》应包括哪些内容,试着编制《家乡旅游指南》。

拓展训练　　完善现代旅游业体系

深化旅游业供给侧结构性改革,深入推进大众旅游、智慧旅游和"旅游＋""＋旅游",提供更多优质旅游产品和服务,加强区域旅游品牌和服务整合,完善综合效益高、带动能力强的现代旅游业体系,努力实现旅游业高质量发展。

(一)深入推进大众旅游

坚持标准化和个性化相统一,供给侧和需求侧协同发力,更好满足人民群众特色化、多层次旅游需求。优化旅游消费环境、拓展旅游消费领域。推出更多定制化旅游产品、旅游线路,开发体验性强、互动性强的旅游项目,增加旅游惠民措施,加大旅游公共服务力度。推动完善国民休闲和带薪休假等制度。引导各地制定实施门票优惠补贴等政策。加强宣传教育,引导游客文明、安全、理性、绿色出行。聚焦旅游目的地建设,创新全域旅游协调发展机制,提升全域旅游示范区发展质量。发展夜间旅游和假日经济,拓展旅游时空范围。

(二)积极发展智慧旅游

加强旅游信息基础设施建设,深化"互联网＋旅游",加快推进以数字化、网络化、智能化为特征的智慧旅游发展。加强智慧旅游相关标准建设,打造一批智慧旅游目的地,培育一批智慧旅游创新企业和示范项目。推进预约、错峰、限量常态化,建设景区监测设施和大数据平台。以提升便利度和改善服务体验为导向,推动智慧旅游公共服务模式创新。培育云旅游、云直播,发展线上数字化体验产品。鼓励定制、体验、智能、互动等消费新模式发展,打造沉浸式旅游体验新场景。

(三)大力发展红色旅游

突出爱国主义和革命传统教育,提升红色旅游发展水平,推进红色旅游人才队伍建设。完善红色旅游产品体系,促进红色旅游与乡村旅游、研学旅游、生态旅游融合发展,推出一批红色旅游融合发展示范区。推出"建党百年红色旅游百条精品线路",举办红色故事讲解员大赛,组织红色研学旅行活动。创新红色旅游展陈方式,开展红色旅游宣传推广,提升红色旅游发展活力。

(四)丰富优质旅游产品供给

创新旅游产品体系,优化旅游产品结构,提高供给能力和水平。建设一批富有文化底蕴的世界级旅游景区和度假区,打造一批文化特色鲜明的国家级旅游休闲城市和街区,认定一批国家级旅游度假区。完善A级旅游景区评定和复核机制,有序推动旅游景区提质扩容。以景区、度假区、旅游休闲城市等为依托,打造区域性国际旅游目的地,建设生态、海洋、冰雪、城市文化休闲等特色旅游目的地。推动乡村旅游发展,推出乡村旅游重点村镇和精品线路。发展专项旅游和定制旅游产品。完善自驾游服务体系,推动自驾车旅居车营地和线路建设。发展海洋及滨海旅游,推进中国邮轮旅游发展示范区(实验区)建设。推进低空旅游、内河旅游发展。发展康养旅游,推动国家康养旅游示范基地建设。发展冰雪、避暑、避寒等气候旅游产品。认定一批国家级滑雪旅游度假地。发展老年旅游,提升老年旅游产品和服务。

(五)完善旅游公共设施

优化旅游公共设施布局,增强旅游集散中心、游客服务中心、咨询中心的公共服务功能,完善旅游公共服务配套设施,推进旅游景区、度假区、休闲街区、游客服务中心等标识体系建设。持续深入开展旅游厕所革命,建设一批示范性旅游厕所。加强旅游交通设施建设,提高旅游目的地进入通达性和便捷性。完善旅游绿道体系。加强节假日高速公路和主要旅游道路交通组织、运输服务保障、旅游目的地拥堵预警信息发布。提升旅游信息公共服务水平。制定出台残疾人、老年人旅游公共服务标准规范。

(六)提升旅游服务质量

建立旅游服务质量评价体系,推广应用先进质量管理体系和方法,推行服务质量承诺制度。推动旅行社和在线旅游企业的产品创新,提高专业服务能力。加强导游专业素养、职业形象、服务品牌建设。优化住宿供给,支持特色民宿、主题酒店等创新发展。提升旅游餐饮品质,推动旅游餐饮与文化结合,发展美食旅游。开发高品质的文创产品和旅游商品,推广"创意下乡""创意进景区"模式。

(七)统筹推进国内旅游和入出境旅游发展

做强国内旅游,振兴入境旅游,规范出境旅游。改善国内旅游供给品质,促进境外消费回流。创新旅游宣传推广机制,实施国家旅游宣传推广精品建设工程,加强旅游推广联盟建设。实施入境旅游振兴行动,出台入境旅游发展支持政策,提升入境旅游便利化程度、涉外旅游接待服务水平。推动出境旅游目的地国家和地区在语言、餐饮、支付等方面为中国游客提供更高品质的服务。加强与重点目的地国家旅游交流,推动中国文化传播。

(摘自《"十四五"文化和旅游发展规划》)

讨论 目前你所了解的旅游业有以上谈到的哪些变化?规划中关于"完善现代旅游业体系"的内容充分体现了旅游业的哪些特点?

在线自测

项目六

旅游市场分析

知识目标

- 掌握旅游市场的概念和主要特征
- 掌握旅游市场细分和定位的方法
- 了解我国旅游市场的发展概况
- 了解世界旅游市场的发展概况及国际旅游客流规律

能力目标

- 能运用不同标准进行旅游市场细分
- 能进行简单的旅游市场定位
- 能进行旅游市场调查与分析

思政目标

- 了解国家"十四五"发展对旅游市场的影响,促进旅游可持续发展
- 树立全球发展观,通过发展旅游业促进世界和平与共同繁荣

学习任务一　　了解旅游市场的基本内涵

任务导入

一部手机游云南

近看烟波浩渺的滇池,远观巍峨壮观的西山,感受红嘴鸥环绕身边的喧闹……在昆明游玩的上海游客张先生对这样的游览体验赞不绝口:"看着蓝天,晒着太阳,喂喂海鸥,云南的冬天太舒服了。"

寒来暑往,四季更迭,云南观鸟的最佳季节如约而至。海埂大坝、翠湖公园、大观楼……都成为观鸥胜地。恰逢第十四届昆明海鸥文化节启幕,从2020年12月底到2021年2月底,春城向各地游客发出"人鸥同乐"的邀请。本届海鸥文化节无论是从表现形式,还是从内容呈现上都有新的突破和尝试。

春节期间,昆明市还将在翠湖和华一广场进行灯光秀表演,举办春节舞龙舞狮巡游、花灯滇剧曲艺展演等活动。

"眼下,旅游市场呈现散客化趋势,需求也变得个性化、主题化。"在2020年云南文旅推介会昆明站活动中,云南腾云信息产业有限公司旅游平台事业部总监说:"春节临近,除了昆明,西双版纳和普洱也成为许多游客来云南旅游的目的地。"

2020年上映的电影《一点就到家》,让普洱茶、普洱咖啡进入了大家的视野。普洱市文旅部门趁热打铁,在冬季推出了多条"茶之旅""咖啡之旅"线路。当地通过组织各种亲近生态、体验性强的活动,吸引游客充分体验当地独特的魅力。

西双版纳的热带风光和民族风情享誉世界。中国科学院西双版纳热带植物园保存着大片热带雨林,引进了世界各地13 700种热带植物,被称为云南动植物王国王冠上一颗光彩夺目的宝石。"寒假期间,我们还推出研学科考亲子旅游主题,引导孩子探索大自然。"总监说。

近年来,云南深入实施"整治乱象、智慧旅游、提升品质"行动,旅游市场秩序好转。"一部手机游云南"正成为智慧旅游新标杆。"下一步,品质提升将成为全省文旅工作的重中之重。"云南省文化和旅游厅厅长表示。

思考　旅游市场由哪几部分组成?旅游市场有什么特点?

学习导读

市场是社会生产力发展到一定阶段的产物,它随着商品经济的发展而发展。市场是联结消费者和经营者的纽带,是商品经营者与生产者活动的舞台。旅游市场主要包括旅游产品提供者、旅游产品消费者、旅游市场交易客体和旅游市场交易中介四个组成部分。旅游市场具有国际性、异地性、季节性、波动性、高度竞争性的特征,具有交换作用、调节作用、检验评价作用和信息交流作用。

知识链接

一、市场与旅游市场的概念

(一)市场的概念

关于市场的概念,不同学者从不同的学科角度给出多种不同的解释。主要有以下三种释义:

1. 从经济学角度看

市场是商品买卖的场所,是商品交换关系的总和,是不同的生产资料所有者之间经济关系的体现。市场反映着社会生产和社会需求之间、商品可供量与购买支付能力之间、生产者和消费者之间以及国民经济各部门之间的经济利益关系。

2. 从市场营销学角度看

市场是由那些具有特定的需要和欲望,愿意并能够通过交换来满足这种需要和欲望的全部现实与潜在顾客所构成的。这些顾客既可以是具有某些相同需求特点的人群,也可以是进行着生产性消费的相同类型的企业组织。

3. 从组织管理学角度看

有人将市场定义为在一定时间、一定地点以及在一定的人群或组织之间决定商品交易数量与性质的条件。这种条件主要包括产品的可供量、产品的需求量、产品的价格水平以及政府或其他组织参与的管理。

(二)旅游市场的概念

1. 广义的旅游市场概念

广义的旅游市场包括旅游供给市场和旅游需求市场两大部分。旅游供给市场是指旅游产品的生产者和经营者,主要是针对旅游目的地而言的,具体表现为各类旅游要素的经营者所能提供的接待服务能力,如旅游交通、宾馆饭店、景区景点等;旅游需求市场就是指在一定条件下愿意并且能够对旅游产品进行购买的消费者群体,在现实生活中通常被称为旅游客源市场或者旅游需求市场。

2. 狭义的旅游市场概念

狭义的旅游市场就是指旅游客源市场。目前,在我国的旅游理论研究、旅游统计数据以及旅游开发实践活动中,人们经常提到的"旅游市场"一般是指旅游客源市场。随着我国市场经济体制的不断完善,旅游目的地必须走向市场化运作,旅游企业的一切经营活动需要以市场为导向。因此,深入研究旅游客源市场的规模、结构以及运动规律,对旅游目的地和旅游企业的发展有着极其重要的意义。

二、旅游市场的构成

从经济学的角度来讲,旅游市场主要包括旅游产品提供者、旅游产品消费者、旅游市场交易客体和旅游市场交易中介四个部分。

(一)旅游产品提供者

旅游产品提供者主要指旅游产品的生产者和经营者,即旅游产品的卖方,具体包括

提供旅游产品和接待服务的各类旅游企业、个人和其他社会组织。他们在旅游交易过程中,通过生产、经营旅游产品并为游客提供接待服务来获取营业收入。

(二)旅游产品消费者

旅游产品消费者是指参与旅游市场交易的买方,即具有旅游愿望和出游条件并有能力实现旅游活动的旅游者。因为旅游者购买旅游产品,最终所获得的是一种经历和感受,因此,对于旅游产品提供者来说,精心组织旅游活动就显得极为重要。

(三)旅游市场交易客体

旅游市场交易客体是指可供交换的旅游产品的实物形态和提供的无形服务,包括各类景区景点、旅游设施、旅游服务以及旅游纪念品等,满足游客在游览过程中的食、住、行、游、购、娱等各种需求,让游客获得愉快的经历和美好的体验。

(四)旅游市场交易中介

旅游市场交易中介是指通过营销和交换活动,作为连接旅游市场主体之间的各种桥梁和纽带。它们形成了旅游产品供应者之间、旅游产品消费者之间,以及旅游产品供应者和旅游产品消费者之间的媒介体系,在旅游市场中起促进和保障的作用。

三、旅游市场的特点

(一)国际性

当今的旅游市场是世界性的统一市场。自第二次世界大战以来,随着生产力水平的不断进步、交通工具的逐步改善以及社会经济的持续发展,全球旅游市场经历了一个由国内向国外发展的过程,旅游活动也从一个国家向多个国家延伸,区域性的旅游市场逐渐发展成为全球性的旅游市场,促进了世界旅游市场的形成。而世界范围内统一旅游市场的形成,又可以使人们利用较短时间和较少的旅游费用获得更多的旅游经历,有利于广大旅游者参加世界各个国家和大部分地区的旅游活动,从而带动了世界各国旅游业的快速发展,丰富了全世界人们的旅游空间范围和旅游活动内容,极大地提高了整个旅游行业的接待服务水平。

(二)异地性

旅游市场的异地性主要表现为旅游产品的生产地(旅游目的地)往往远离旅游产品的需求者(旅游客源地)。旅游市场的异地性特点在国际旅游市场上表现得尤为明显,这对旅游企业的市场经营和管理提出了挑战。它要求旅游企业能够及时地了解市场发展的动态、消费者的需求和竞争者的动态,及时根据市场变化进行产品结构、经营策略和经营方式的调整,以在竞争中求得生存与发展。

(三)季节性

由于旅游目的地国家或地区在自然地理、气候条件等方面存在明显差异,以及旅游者闲暇时间分布的不均衡,从而造成旅游市场具有突出的季节性特征。例如,某些与气候有关的旅游资源会因季节的不同而产生淡旺季差别,如海滨旅游、漂流旅游、滑雪旅游等。另外,某些利用带薪假日出游的旅游者,也是形成旅游淡旺季差异的主要原因。因

此，旅游目的地国家或地区应根据旅游市场的淡旺季差异来进行合理安排，努力开发淡季旅游市场，把淡季时间段内大量的潜在需求转化为现实需求。同时合理组织好旺季的旅游市场供给，以减少或消除季节性的影响，使旅游市场向着淡旺季均衡化的方向发展。

(四)波动性

由于旅游活动是人们的一种高层次消费，影响旅游消费的因素多种多样，且多数偶然因素无法预见，从而使得旅游市场的需求表现出较强的波动性。在现实生活中，任何一种因素的变化，都会在一段时间内改变旅游客源的流向变化，甚至会影响区域旅游业的整体发展。比如，2001 年美国的"9·11"恐怖袭击事件引起了整个世界旅游业的衰退；2003 年的非典疫情，曾使我国旅游业遭受重创；2008 年的汶川"5·12"大地震，使四川旅游业受到毁灭性打击；2014 年的"马航 MH370"事件对马来西亚的旅游市场是一次巨大的打击；2015 年法国的"11·13"巴黎恐怖袭击重创了欧洲旅游业；2020 年全球旅游业因新冠疫情损失 2 万亿美元，成为受疫情影响最严重的行业之一。由此可见，旅游市场需求受到很多不确定因素的影响，呈现出明显的波动性。

(五)高度竞争性

现代旅游市场是一个竞争激烈的市场。在世界旅游市场上，存在着众多的旅游供给者和众多的旅游需求者，在非垄断的情况下，市场竞争必然十分激烈。旅游市场的高度竞争性，主要有以下三个原因：

第一，旅游资源的特点。旅游吸引物虽然主要由独特性的垄断价值作为基础，但是旅游产品的组合性、无形性、文化性等特点，使得旅游产品存在相当高的可替代性，这是造成旅游市场竞争激烈的一个主要原因。

第二，旅游需求方面。随着人们生活水平的日益提高，人们的旅游需求也不断扩大，旅游需求的价格弹性越来越小，供给者出于经济利益的原因不断涌入这个市场。

第三，旅游供给的多层次性。旅游行业是集劳动密集、资本密集和技术密集于一体的综合性行业，具备任何一种生产要素优势的地方和国家都可以参与到这个领域中来。从经济实力来看，旅游是发达国家、发展中国家和欠发达国家都可以参与竞争的行业。

四、旅游市场的作用

在国民经济运行中，旅游市场的作用主要表现在以下四个方面：

(一)交换作用

旅游市场是联结旅游产品生产者和旅游产品需求者的纽带。通常旅游市场上有许多不同的旅游产品生产者和需求者。旅游产品生产者通过市场为自己的产品找到买家，旅游产品需求者通过市场选择并购买自己喜欢的旅游产品。因此，旅游市场是实现旅游产品供给者和需求者之间交换的桥梁。

(二)调节作用

旅游市场是调节旅游供求平衡的重要杠杆。当旅游市场供求双方出现矛盾时，旅游经济活动就会受到影响，就会引起旅游市场价格波动，这就需要通过市场竞争机制和价格机制的作用，调节生产和消费，使供求关系由不平衡向平衡转化。旅游市场对旅游经

济的调节作用还体现在通过市场调节,可以实现整个旅游业按比例配置各种资源,进一步实现社会经济资源的优化配置,避免社会资源浪费。

(三)检验评价作用

在旅游市场中,旅游市场主体之间的关系首先是作为一种利益主体关系而存在的。检验与评价一个企业经营管理水平的高低与产品质量的优劣,也是通过市场来进行的。通过市场提供的客观标准去评价与检验企业的生产经营活动,会促使旅游企业不断地提高经营管理水平,降低生产成本,生产出物美价廉、符合市场需求的旅游产品。

(四)信息交流作用

旅游经济活动是通过市场动态变化表现出来的。旅游市场通过自身传递信息,为旅游目的地国家或地区制定旅游业发展规划和经济决策提供依据。旅游企业一方面将旅游产品的信息传递给市场;另一方面根据市场反馈的旅游需求信息和市场供求状况,调整旅游产品价格,组织生产适销对路的旅游产品。旅游者一方面将需求信息传送到市场,为旅游产品生产经营者开发旅游产品提供依据;另一方面也从旅游市场中获取经济信息,指导、调整和变更旅游需求。因此,旅游市场通过信息传导,成为旅游经济活动的"晴雨表",综合地反映着旅游经济的发展状况。

【思考题】

旅游市场是由哪几个部分构成的?旅游市场的特点是什么?旅游市场有什么作用?

学习任务二　旅游市场细分与定位

任务导入　　主题式夏令营

主题式夏令营的名字越来越"炫",形式和内容也渐趋多样。每年夏季,以强化英语学习为卖点的修学游依然会适时地出现在旅行社的"选单"上,目标锁定澳大利亚和新西兰两国,半个月的"学费"为15 000~20 000元。此外,一系列形式新颖的夏令营也将投放暑期高端市场,如北京某国旅推出的"酷夏德国行"足球夏令营,小队员可在贝肯鲍尔的故乡接受国际专业教练的培训,参观慕尼黑1860俱乐部,观摩球队训练;暑期市场上还将有德国音乐等主题鲜明的夏令营供孩子们选择。业内人士指出,随着我国旅游市场的不断细分,长达两个月的暑期旅游市场越来越被旅行社所重视;旅行社在加强特色产品开发的基础上,应该多替学生们准备些"精神食粮",同时在主拼高端市场的同时,也应适时开发一些利薄但社会效益显著的主题产品,进一步树立旅行社的品牌形象。

思考：主题式夏令营是怎样进行旅游市场细分的?其依据是什么?

项目六　旅游市场分析

> **学习导读**

旅游市场细分是旅游企业把一个整体市场按旅游消费者的需要、购买行为和购买习惯的差异划分成不同类型消费者群的过程,对旅游企业正确选择目标市场、开发旅游产品、科学促销具有重要的意义,可以通过地域、国境、消费水平、旅游目的、旅游活动组织形式等来划分旅游市场。旅游市场定位是旅游企业根据目标市场上的竞争者和企业自身状况,塑造独特的市场形象,确立起企业及其产品在顾客心目中的地位的过程,可以根据产品特色、价格与质量之间的联系以及产品用途、产品使用者、产品类别、竞争对手等因素来进行旅游市场定位。

> **知识链接**

一、旅游市场细分

(一)旅游市场细分的概念

旅游市场细分就是指旅游企业根据旅游消费者之间的不同需求,把所有旅游消费者划分成不同类型的群体,每个旅游消费群体形成一个细分市场,旅游企业则根据自身特点,从中选择一个或几个细分市场作为目标市场。

由于旅游者在性别、年龄、兴趣、偏好、收入水平、价值观念等方面各不相同,造成旅游需求的差异性很大。不管是一个旅游目的地国家,还是一家旅游企业,既没有精力也没有实力来面对整个旅游市场、满足所有消费者的需要。因此,就很有必要将旅游消费者市场按不同消费特点细分为几个群体,把需求基本相同的旅游者看成是一个细分市场。

在同一细分市场中,旅游者的需求虽然有差别,但旅游吸引物基本上是相同的,因而对旅游活动过程中的服务需要也基本接近。例如,同是会议旅游市场,其吸引物都是会议事件本身,所住的宾馆都需要有会议厅、同声传译、通信设施、影像设备等,消费水平一般较高,并且在会议之余常常伴有考察活动。企业将旅游市场进行细分之后,就要根据自身供给条件的优势,从中选择自己的目标市场,然后针对目标市场的特殊需求,制定有效的经营策略。因此,旅游市场细分的根本目的是选择和确定自己的目标市场。

(二)旅游市场细分的意义

旅游市场细分主要是对旅游市场现状进行调查研究和认真分析的结果,因此,对旅游企业科学制定经营决策有着十分重要的意义,具体表现在以下三个方面:

1. 有利于旅游企业正确选择目标市场

市场细分的根本目的就是选择和确定目标市场。任何一个旅游企业都难以有足够的实力吸引所有旅游消费者和满足他们所有类别的需要,因而有必要对企业经营的目标市场进行慎重选择。为了正确选择目标市场,就需要在市场调研的基础上对旅游

市场进行细分,然后根据自身的供给能力和竞争实力从中选定有利于自己经营的目标市场。

2. 有利于旅游企业有针对性地开发旅游产品

在经营活动过程中,企业若想获得成功,产品开发是一个关键环节。旅游企业在选定自己目标市场的基础上,便可以针对这些目标消费者的需要,开发适销对路的旅游产品,满足他们的特定需求。这样,不仅能避免因盲目开发产品而造成的损失和浪费,还能为提高顾客的消费满意度提供基本保证。

3. 有利于旅游企业科学地开展促销工作

对旅游企业来说,开展促销工作毫无疑问是非常重要的。因为再好的旅游产品,如果不为消费者所知道,也无法完成销售。然而,任何一个旅游企业的营销费用都是有限的,如何利用有限的促销预算获得最大的销售效果,是旅游企业经营过程中面临的现实问题。进行市场细分,针对目标市场开展促销,可以避免因盲目促销而造成的浪费,有助于提高促销效果。

二、旅游市场分类

旅游企业如果要深入了解和认识旅游市场,选择正确的目标市场作为自己的经营领域,就必须站在不同的角度,对旅游市场进行分类研究。只有这样,才能生产出适销对路的旅游产品,从而满足旅游者的特定消费需求。根据不同的标准,可以对旅游市场进行多种分类。

(一)按地域划分旅游市场

按地域划分旅游市场,是以现有的和潜在的客源产生地为出发点,根据对旅游者来源地或国家的分析进行旅游市场的划分。世界旅游组织根据世界各地的旅游发展情况和客源集中程度,将世界旅游市场划分为欧洲、美洲、亚太地区、非洲和中东等几大区域旅游市场。

(二)按国境划分旅游市场

按国境划分旅游市场,一般可分为国内旅游市场和国际旅游市场。国内旅游市场是指一个国家国境线以内的市场,即本国居民在境内各地进行旅游。国际旅游市场是指一个国家国境线以外的市场,既包括一个国家接待境外的旅游者到本国各地旅游,又包括组织本国居民到境外进行旅游。因此,国际旅游市场包括入境旅游市场和出境旅游市场两个部分。

(三)按消费水平划分旅游市场

按消费水平来划分,旅游市场可分为豪华旅游市场、标准旅游市场和经济旅游市场。由于收入水平、年龄、职业、社会地位等多种因素,人们的旅游需求和旅游消费水平呈现出很大的差异。豪华旅游市场的主体是社会的上层阶级,他们往往拥有丰厚的收入及较高的社会地位,一般不关注旅游价格的高低,他们更多的是期望旅游活动能够最大限度地满足他们的需求,体现其与众不同的地位和身份。豪华旅游市场虽然规模小,但因其消费水平高,对旅游经营者具有很大的吸引力。标准旅游市场的主体是大量的中产阶

级,他们既关心旅游价格,又注重旅游活动的内容和质量。由于标准旅游市场的规模和潜力巨大,所以大多数旅游经营者也看好这个市场。经济旅游市场的主体是收入水平较低或没有固定收入的人们,他们更多地关注旅游价格的高低。

(四)按旅游目的划分旅游市场

传统的旅游市场根据旅游者的出游目的,可划分为观光旅游市场、度假旅游市场、商务旅游市场、会议旅游市场、文化旅游市场、宗教旅游市场等。自20世纪60年代以后,世界范围内又出现了一些新兴的旅游市场,如体育旅游市场、保健旅游市场、探险旅游市场、狩猎旅游市场、美食旅游市场等。总之,由于旅游者的消费目的不同,对旅游产品的需求也不同,从而可以划分为不同类型的旅游市场。

(五)按旅游活动组织形式划分旅游市场

根据旅游活动的组织形式,可将旅游市场划分为团体旅游市场和散客旅游市场。团体旅游又称包价旅游,通常是指人数在15人以上的旅游团,由旅行社或中介机构对旅进行行程安排和计划,团队成员采用包价方式支付用的旅游方式。其包价的内容通常包括旅游产品的基本组成部分,如食、住、行、游、购、娱等,也可以是其中的某几个部分。团体旅游一般具有价格较低、节省时间、安全系数高、语言障碍少等优点,但是缺乏机动灵活性,不能很好地满足个人的特殊兴趣。散客旅游一般是指个人、家庭以及15人以下的自行安排旅游行程的旅游模式。散客旅游可以按照自己的意向自由安排旅游活动内容,也可以委托旅行社购买单项旅游产品或旅游线路中的部分旅游项目,因而旅游方式更加灵活。

三、旅游市场定位

(一)旅游市场定位的基本含义

旅游企业在选定目标市场之后,便应考虑为其产品在目标市场上进行有效定位的问题。因为在选定的目标市场上,往往会有一些捷足先登的竞争对手,有些对手甚至在该目标市场上已经占据了有利地位,树立了独特形象,所以,新加入的企业如何能够做到使自己的产品与竞争对手的产品在同一市场上相区别,就是市场定位的问题。

所谓旅游市场定位,就是指旅游企业根据目标市场的竞争者和企业自身的状况,从各方面为本企业的旅游产品和服务创造一定条件,塑造独特的市场形象,以求在目标顾客心目中形成一种特殊偏好,从而确立起企业及其产品在顾客心目中地位的过程。因此,旅游市场细分和目标市场选择,是让旅游企业找准目标顾客,而旅游市场定位则是让旅游企业赢得目标顾客的关注。

(二)旅游市场定位的主要步骤

一般而言,旅游市场定位主要包括以下三个步骤:

第一,收集相关信息,分析目标市场特征。旅游市场定位是建立在对旅游市场的调查和分析基础之上的,因此,信息收集就成为旅游市场定位的重要环节。通过对各类信息进行分析和研究,就可以得出目标市场的一些基本特征。比如,目标市场的消费水平、竞争对手的产品特点、消费需求的心理偏好、潜在顾客的市场规模等,都是旅游企业在市场定位过程中需要了解的。

第二，研究主要竞争对手的业务经营状况。在确定了主要竞争对手之后，旅游企业就要通过营销调研，认真分析主要竞争对手的业务开展情况，具体包括竞争对手的产品种类、设备设施、服务质量和水平、旅游产品的价格和销售渠道等基本情况。通过对基本情况的深入了解，分析出竞争对手的优势和不足，从而使企业在经营过程中扬长避短。

第三，确定本企业产品与服务的市场地位。旅游企业在分析了目标市场特征和主要竞争对手之后，可以进一步利用上述分析过程得到的信息，准确地判断出目标市场中还有哪些需求没有得到完全满足，然后充分地发挥企业现实的和潜在的优势，对那些有待开发和需要更新的市场机会进行全面评估，科学地制定出经营决策，最终确定出企业产品和服务在目标市场的定位。

(三) 旅游市场定位的基本方法

营销实践证明，一个企业的市场定位应该从多种不同的角度进行考虑。一般来说，旅游市场定位主要有以下六种方法：

1. 根据产品特色定位

这是一种最为常见的市场定位方法，主要是根据自己产品的某些优点，或者根据目标顾客所看重的某种利益去进行定位。例如，对于旅游饭店企业来说，优点或利益可以体现在饭店的建筑风格、坐落地点、服务项目、服务质量、特色菜肴、室内装潢、价格水平等方面。

2. 根据价格与质量之间的联系定位

采用这种方法进行市场定位的企业，往往将价格水平作为反映其产品质量的标志。众所周知，价格的重要作用之一就是表示产品的质量。产品越具特色，质量越好或者服务越周到，其价格也就越高。例如，一条同样的旅游线路，价格定得越高，在游览过程中所提供的各种设施和服务质量往往越好。

3. 根据产品用途定位

这是指企业根据产品的某种特别用途进行市场定位。例如，如果一个饭店拥有足够大的会展场地和多功能的会议设施，则可以围绕商务会展接待或举办演出活动等开展业务活动，并根据产品的这些特殊用途来树立企业形象。因此，当商务会展组织者或者演出活动的举办者需要寻找场地时，该饭店就可能被选中。

4. 根据产品使用者定位

企业通过营销和公关活动与某一社会阶层特别是社会名流建立起较为频繁的主顾关系后，就会被这些特殊顾客所关注。在莎士比亚剧院附近有一家小餐馆，规模很小，服务方面也属一般，但由于与莎士比亚剧院演员的关系比较好，演员就经常光顾该餐馆，以至于很多对莎剧或其演员感兴趣的人，都纷纷前来光顾，该餐馆也因此成为观光游客必去的地方之一。

5. 根据产品类别定位

这是指企业可以通过变换自己产品类别的归属而进行的市场定位。例如，一些酿造厂商所生产的酒精含量很低的啤酒产品，不被定位为酒类商品，而是被定位为软饮料产品。因此，其产品就可以打入更广阔的消费市场。同理，有些度假饭店也不定位为饭店

产品,而是定位为休闲疗养中心,从而吸引大量客人前来休闲疗养。通过诸如此类的做法,旅游企业可以有效扩大自己的目标市场范围。

6. 根据竞争对手定位

这是指一个企业可以通过与同行业中其他市场声望较高的企业进行比较,借助竞争对手的知名度来确定自己的市场地位的定位方法。一般的做法是通过推出比较性的广告,说明本企业产品与竞争对手产品在某一方面或几个方面的相似之处,更为重要的是,需要让消费者明确地知道,本企业产品的优势以及核心利益所在,从而达到引起消费者注意并在其心中留下深刻印象的目的。

【思考题】

怎样进行旅游市场分类?旅游市场定位的步骤包括哪些环节,方法有哪些?

学习任务三 我国旅游市场分析

任务导入　　广东白水寨景区

该项目位于广州近郊的4A级风景区,景区以落差428.5米的大瀑布著称,是备受珠三角市民青睐的生态休闲胜地。其成功之处:一是高水平策划与设计,突出标志景观吸引力;二是应对"蓝海"市场需求,开发多元产品;三是认真调查市场,找准区域市场空白;四是着力旅游产业的上下整合,让旅行社输送客源。

该项目最早利用了一份游客问卷调查,报告表明该景区缺乏吃、住等餐饮设施,因此围绕"吃、住"项目开始进行景区开发,具体做法有:

一是立足广州市民及大众旅游市场,围绕温泉、吃、住进行多元化产品打造和组合。

二是及时扩大开发乡村旅游产品,村民菜地观光与蔬菜采摘,开拓漂流项目。

三是联合旅行社,通过"广之旅"的进入合作开发模式,带动了景区发展,成为一个都市周边市场火爆的休闲观光景区。

思考　广东白水寨景区是怎样做大旅游市场的?

学习导读

根据游客流动方向的不同,我国旅游市场可分为国内旅游市场、入境旅游市场和出境旅游市场三个部分。近年来,我国旅游市场继续保持较快增长。2019年,全年国内旅游人次达60.06亿人次,同比增长8.4%;入境旅游人次达1.45亿人次,同比增长2.9%;出境旅游人次达1.55亿人次,同比增长3.3%。2020年至2021年,新冠疫情严重影响了我国旅游发展,但是随着我国疫情的管控,旅游产业将逐渐恢复。

知识链接

一、我国国内旅游市场

（一）我国国内旅游的市场规模

国内旅游市场是整个旅游市场的重要组成部分。国内旅游需求的产生，是在我国国民经济持续快速发展、人们收入水平普遍提高、生活质量不断改善的基础上出现的。同时，也是我国对旅游产业经济性质的正确认识、国家产业政策的大力扶持、劳动用工制度的不断改革及带薪休假制度全面推行的必然结果。1986 年，我国的国内旅游人数仅为 2.7 亿人次，国内旅游收入为 106 亿元人民币。2005 年，我国国内旅游人数增加到 12.12 亿人次，国内旅游收入达到 5 286 亿元人民币，国内旅游收入占当年旅游总收入的 68.8%。2012 年，国内旅游人数达 29.57 亿人次，国内旅游收入 2.27 万亿元人民币。2017 年全年国内旅游人数 50.01 亿人次，国内旅游收入达 4.57 万亿元。2019 年国内旅游人数 60.06 亿人次，国内旅游收入 5.73 万亿元。国内旅游人数远远超过入境旅游和出境旅游人数，国内旅游收入也占全国旅游总收入的绝大部分，中国已经形成世界最大的国内旅游市场。

（二）我国国内旅游的主要客源地

国内旅游的主要客源地集中在沿海经济发达地区及内陆人口稠密的大省，如广东、上海、江苏、浙江、北京、山东、辽宁、四川、河南、湖北、湖南等地，尤其是这些地方的大中城市更是客源中心。如果从分布地区来看，珠江三角洲、长江三角洲和环渤海湾地区是目前我国最主要的国内旅游客源地。

（三）我国国内旅游的主要目的地

国内旅游的主要目的地是东部沿海经济发达地区的中心城市和旅游城市、中西部交通方便的风景名胜地和文物古迹所在地，主要包括五类城市和地区：一是中心城市和口岸城市，如北京、上海、广州、深圳等；二是著名旅游城市，如桂林、大连、青岛、杭州、苏州等；三是风景优美的游览胜地，如长江三峡、黄山、张家界、九寨沟、海南岛等；四是历史文物古迹突出的地方，如西安、洛阳、敦煌、承德等；五是大中城市周边的一些旅游度假区。

（四）我国国内旅游市场的特点

随着社会经济的快速发展、居民收入水平的稳步提高、闲暇时间的普遍增多、带薪假期的全面推行、旅游经营的日趋规范以及行业服务的不断完善，国内旅游已经进入了一个大众化消费的新阶段。

1. 游客大多流向知名度很高的景区

我国国内旅游客流大多流向知名度非常高的热点景区，如长城、故宫博物院、九寨沟、西湖、黄山、秦始皇帝陵博物院等，导致这些景区每到旅游高峰时期就超负荷运转，有可能引发旅游质量投诉事件，甚至是旅游安全事故。

2. 以中短程客流为主，远程客流较少

从地理学的角度看，人的活动空间是成距离递减性的，距离越近的范围内，人们活动的机会就会越多，随着距离不断增加，人们活动的机会也逐渐减少，这就是人类空间行为

活动的所谓距离衰减规律。距离衰减规律反映在旅游空间行为上,表现为旅游者出游率随距离越近,分布的概率就越大;距离越远,分布的可能性则越小。

目前,国内旅游客流仍以中短程客流为主,远程客流较少。如苏州、杭州的游客多来自长江三角洲,北戴河的游客则以北京、天津、河北、辽宁的居多。国内旅游客流主要有三种流向:一是由大中城市向城市周边流动的休闲度假客流;二是由中小城市及农村向大城市流动的观光购物客流;三是由东向西、由南向北、由北向南而形成的长距离观光度假游客流。

3. 城镇居民的出游频率和消费水平高于农村居民

数据资料显示,城镇居民出游率比农村居民出游率要高得多,但二者之间的差距正在逐渐缩小。2016 年上半年,国内旅游人数 22.36 亿人次,其中,城镇居民 15.17 亿人次,农村居民 7.19 亿人次;国内旅游收入 1.88 万亿元,其中城镇居民花费 1.48 万亿元,农村居民花费 0.40 万亿元。2017 年上半年,国内旅游人数 25.37 亿人次,其中,城镇居民 17.57 亿人次,农村居民 7.80 亿人次;国内旅游收入 2.17 万亿元,其中城镇居民花费 1.71 万亿元,农村居民花费 0.46 万亿元。2019 年国内旅游人数 60.06 亿人次,其中,城镇居民 44.71 亿人次,农村居民 15.35 亿人次;国内旅游收入 5.73 万亿元,其中,城镇居民花费 4.75 万亿元,农村居民花费 0.97 万亿元。从人均消费水平来看,城镇居民远远高于农村居民。因此,无论是出游率还是消费水平,城镇居民在国内旅游市场中都占据着主导地位。随着农村经济条件的不断改善及消费观念的逐渐转变,农村居民外出旅游处于快速增长阶段。

4. 黄金周休假形成了旅游的节律性变化

1999 年至今,国务院先后对《全国年节及纪念日放假办法》做了三次修订,使我国的国家法定节假日制度更具传统文化色彩。随着我国法定节假日制度的完善,国内旅游市场逐步形成以"春节""十一"出游相对集中的两个"黄金周"和多个"小长假"高峰期。在这些旅游高峰期,大量游客集中出游,从而引起交通拥挤、酒店爆满、景区超载等现象,特别是一些热点城市和景区,更是不堪负荷。这不仅严重影响了游客的消费热情和对目的地的印象,同时也影响了区域旅游业的可持续发展。近年来的集中出游现象,既反映了我国国内旅游宏大的市场规模和巨大的发展潜力,同时也说明了国内旅游消费的节律性变化。2013 年 2 月 18 日,国务院正式发布《国民旅游休闲纲要》,职工带薪年休假制度基本得到落实,城乡居民旅游休闲消费水平大幅增长,国民旅游休闲质量显著提高。2013 年 10 月 1 日《中华人民共和国旅游法》开始施行,2014 年出台《关于促进旅游业改革发展的若干意见》,进一步规范了旅游市场秩序,使广大游客维权有了依据,出游热情进一步高涨,客观上保证了黄金周的旅游质量。

二、我国入境旅游市场

(一)入境旅游发展概况

根据我国对来华的海外旅游者的界定,入境旅游市场一般由三部分构成:一是外国人,包括外籍华人;二是海外华侨;三是中国港、澳、台地区的同胞。外籍华人是指已加入居住国国籍,但却具有中华民族血统的华裔;华侨是指侨居在国外的中国公民,其国籍仍然是中国。自中华人民共和国成立以来,港、澳、台同胞以及海外华侨华人一直是我国入

境旅游客源市场的主体。

改革开放以后,我国入境旅游市场取得了巨大发展。1978年,我国接待的入境旅游者为180.92万人次,其中,外国旅游者为22.96万人次,港、澳、台同胞及海外华侨为157.96万人次,旅游外汇收入为2.63亿美元,世界排名第四十一位。2005年,我国接待的入境旅游者为1.2亿人次,其中,外国旅游者为2 025.5万人次,港、澳、台同胞及海外华侨为1.0亿人次,旅游外汇收入为292.96亿美元,世界排名第六位。2012年,我国接待的入境旅游者达1.32亿人次,其中,入境过夜旅游人数5 772.49万人次,旅游外汇收入500.28亿美元。2017年,我国接待的入境旅游人数达1.39亿人次,国际旅游收入1 234亿美元。2019年,我国接待的入境旅游人数1.45亿人次,国际旅游收入1 313亿美元。2020年至2021年受新冠疫情影响,旅游行业全产业链告急,营收骤降。随着疫情形势缓和,疫情过后国民被压抑的旅游需求将迅速释放,旅游业将迎来"报复性"增长。

港澳台客源是入境客源市场的主体。2008年,港澳台同胞占全部入境游客的81.3%,其中,香港同胞占60%,澳门同胞占18%,台湾同胞占3.3%。2010年,港澳台同胞占全部入境游客的80.5%,其中,香港同胞占59.3%,澳门同胞占17.3%,台湾同胞占3.8%。2012年,作为我国入境旅游主体的港澳台市场中,香港市场小幅下降,比上年下降0.8%;澳门市场降幅较大,比上年下降10.7%;台湾市场略有增长,比上年提高1.5%。2015年,港澳台入境客源市场占全部市场份额的80.58%,其中,香港同胞入境旅游比例达到59.37%,澳门同胞入境旅游比例达到17.10%,台湾同胞入境旅游比例达到4.11%。2017年,我国入境旅游人数1.39亿人次,其中,香港同胞7 980万人次,澳门同胞2 465万人次,台湾同胞587万人次。2019年,我国入境旅游人数1.45亿人次,其中,香港同胞8 050万人次,澳门同胞2 679万人次,台湾同胞613万人次。

外国游客在入境游客中的比重逐年增加。从改革开放到20世纪90年代,入境外国游客数量虽然每年都在增加,但其增速显然慢于港澳台游客的增长速度。在我国入境游客中,1978年外国人占13%,1980年外国人占9%,1981年外国人占8.7%,1985年外国人占7.7%,1988年外国人占6%,因此,这一时期外国游客所占的比重在入境游客中呈逐年下降的趋势。进入20世纪90年代以后,入境外国游客的增速明显加快,其在入境游客当中的比重是逐年上升的。1992年外国游客占10.5%,1994年外国游客占13.5%,2004年外国游客占15.5%,2008年外国游客占18.7%,2010年外国游客占19.5%,2017年外国游客占20.9%,2019年外国游客占22.0%。

(二)入境游客的入境口岸和主要流向

第一,从入境口岸看,我国入境游客的入境口岸主要有北京、上海、天津、重庆、大连、福州、厦门、西安、桂林、杭州、昆明、广州(白云)、深圳(罗湖、蛇口)、珠海(拱北)、海口、三亚、济南、青岛、烟台、威海、成都、南京等。其中,广州、深圳、北京、上海四大口岸的入境游客最为集中。中远程游客主要从北京、上海、广州三大航空港入境,深圳则是我国陆上入境的最大口岸。

第二,从主要流向看,全国各地接待入境游客的数量分布不均,接待入境游客较多的地区多分布在经济发达地区、沿海地区、边疆地区和旅游资源特别丰富的地区。东部沿海地区历来是接待入境游客最多的地区,尤其是这些地区的中心城市、旅游城市和侨乡。中西部的中心城市、旅游城市、口岸城市、著名风景名胜区入境客流也较大。具体来说,

入境客流主要流向我国的四类地区:一是全国性的政治、经济、文化中心城市和沿海地区著名大城市,如北京、上海、广州、深圳等;二是沿海经济特区或侨乡,如厦门、汕头、珠海、泉州等;三是全国著名旅游城市和旅游胜地,如杭州、西安、南京、桂林等城市和张家界、长江三峡等旅游胜地;四是全国各大区域的一些中心城市,如成都、重庆、武汉、沈阳等。

(三)入境外国游客市场结构分析

1. 入境外国游客的洲别

我国入境外国游客以来自亚洲的居多,其次是欧洲和北美洲。从1978年以来,这种格局一直延续至今。亚洲各国历来是我国最重要的海外客源市场,游客基数大,增长绝对值也大。欧洲是我国仅次于亚洲的重要客源市场,发展基本平稳。美洲是我国第三大客源市场,尤其是美国和加拿大,占美洲市场份额的90%左右。在我国入境外国游客结构中,来自大洋洲和非洲的外国游客人数较少。但就趋势而言,来自亚洲的入境外国游客比重正缓慢下降,来自其他洲的入境外国游客比重正逐渐增高。2017年,我国入境外国游客人数4 294万人次,亚洲占74.6%,美洲占8.2%,欧洲占13.7%,大洋洲占2.1%,非洲占1.5%。2019年,我国接待的入境旅游人数1.45亿人次,亚洲占75.9%,美洲占7.7%,欧洲占13.2%,大洋洲占1.9%,非洲占1.4%。

2. 入境外国游客的国别

我国入境外国游客来自各个国家和地区,其中一些国家多年来都是我国的主要客源国,这些国家主要有四类:一是与我国邻近的国家,如韩国、越南、日本、俄罗斯等,这些国家与我国距离较近,旅游较为便捷;二是经济较为发达的国家,如美国、加拿大、澳大利亚、德国、英国等,这些国家居民消费能力强,倾向于出国游;三是与我国经济文化交流较多的国家,如日本、俄罗斯等;四是华侨华人较多的国家,如新加坡、马来西亚等。

资料显示,我国主要国际客源市场前20位国家如下:缅甸、越南、韩国、俄罗斯、日本、美国、蒙古国、马来西亚、菲律宾、新加坡、印度、泰国、加拿大、澳大利亚、印度尼西亚、德国、英国、朝鲜、法国、意大利(其中缅甸、越南、蒙古国、印度、朝鲜含边民旅华人数)。

3. 外国游客的入境方式和旅游动机

外国游客入境的方式主要为飞机、汽车和徒步三种方式。2019年,入境旅游人数按照入境方式分,船舶占2.9%,飞机占17.4%,火车占2.6%,汽车占21.2%,徒步占55.8%。

就旅游动机而言,入境外国游客的主要来访目的是观光休闲,其次是会议商务和从事劳务。2019年我国入境外国游客按目的分,会议商务占13.0%,观光休闲占35.0%,探亲访友占3.0%,服务员工占14.7%,其他占34.3%。

三、我国出境旅游市场

(一)我国出境旅游市场概况

我国出境旅游产生于20世纪80年代。1983年,为适应国家改革开放政策的基本要求,香港和澳门地区首开中国公民出境旅游的先河,主要目的是方便内地居民到香港和澳门探亲。而中国出境旅游市场的真正开放是从东南亚各国开始的,1988年,泰国成为我国出境旅游的第一个目的地国家。自1990年起,我国政府又陆续将新加坡、马来西亚、菲律宾、韩国、澳大利亚、新西兰确定为公民出境旅游目的地国家,出境旅游逐渐从最初的港澳探亲游转变为公民自费出国游。现在,我国已经成为亚洲出境旅游人数最多、

全球增长最快、影响力最为广泛的客源输出国。2014年9月,中塞两国旅游部门签署《中华人民共和国国家旅游局和塞内加尔共和国旅游和航空运输部关于中国旅游团队赴塞内加尔共和国旅游实施方案的谅解备忘录》,"西非门户"塞内加尔成为第一百五十一个中国公民组团出境旅游目的地。目前,已经有155个国家和地区成为中国公民出境旅游目的地,其中可以组团走的国家和地区达到117个,但只有54个国家可以免签入境或者入境时办理落地签证。

近年来,我国出境游市场持续增长。2015年,我国出境旅游人数1.17亿人次,同比增长9.8%。2016年,我国出境旅游人数1.22亿人次,同比增长4.3%。2017年我国出境旅游人数1.3亿人次,同比增长7%。2019年,中国公民出境旅游人数达到1.55亿人次,同比增长3.3%。

《中国出境旅游发展报告2020》资料显示:2019年我国出境旅游目的地依然以亚洲周边目的地为主,港澳台依然是最主要的目的地,赴港澳台游客占比高于出国游客的占比,但是这种差距正在逐渐缩小。2019年,中国(内地)出境旅游目的地前十五位依次为中国澳门、中国香港、越南、泰国、日本、韩国、缅甸、美国、中国台湾、新加坡、马来西亚、俄罗斯、柬埔寨、菲律宾和澳大利亚。在疫情冲击下,2020年至2021年的出境旅游发展基本停滞。未来,东欧、南美及中亚等地区也将成为深受中国游客青睐的新兴目的地。中国出境旅游市场正迈入理性化的增长时期,未来5~10年稳定增长基本不变。出境游市场已经从早期"走走走"(观光看景为主),到"买买买"(购物为主),发展到"慢慢慢"(休闲度假体验本地生活),自由行、深度游逐渐成为游客青睐的旅游方式。

(二)我国出境旅游市场快速发展的积极作用

1. 有利于构建独立自主的多边外交关系

出境旅游快速发展,有利于我国政府大力构建独立自主的多边外交关系。依据中国目前的旅游行政法规,任何国家想在中国开拓旅游客源市场,必须先与中国政府有关部门协商,经批准同意后,才能被确定为"中国公民出境旅游目的地国家"。为了赢得庞大的中国出境旅游客源市场,许多国家通过外交努力,希望成为中国公民出境旅游的目的地。于是,国家之间的旅游合作便成为外交政策上的一个重要政治砝码。

2. 有利于促进国家之间的民族文化交流

文化是人类社会历史发展过程中所创造的物质财富和精神财富的总和,文化作为人类智慧积累的结晶和劳动成果的转化,贯穿着人类发展和演化的整个过程,从而构成了世界丰富多彩的文化类型及其内涵。旅游活动从本质上讲就是一种文化交往和审美体验行为,这是由旅游产业的文化属性决定的。无论是旅游消费活动还是旅游经营活动,都带有丰富的文化内涵和浓厚的文化特征。因此,出境旅游快速发展,有利于不同文化背景的人们相互接触和了解,促进不同国家之间的民族文化交流。

3. 有利于加强国际经济交往和区域旅游合作

随着世界经济一体化和区域化的飞速发展,国际经济交往与区域经济合作继续走向深化,具体表现为交往的范围不断扩大,合作的内容不断增多,各个国家和地区之间在资源和市场方面的相互依存度非常高,从而导致各种生产要素在国际和区际合理流动和有效配置。旅游业作为发展最快的新兴产业之一,早已突破国家和地区之间的行政疆界,发展成为一种全球性的社会经济活动,在国际经济交往和区域旅游合作中发挥着极其重要的作用。

4. 有利于扩大我国在全球范围的国际影响

出境旅游作为一种消费活动，既是一个国家或地区经济发达、居民生活水平提高的重要标志，又是一个国家或地区综合实力增强的有力象征。因此，出境旅游快速发展，对扩大我国在全球范围的影响、增强国际社会地位等方面，具有极其重要的政治意义。

（三）我国出境旅游市场快速发展的消极影响

1. 出境旅游增长过快，外汇流失现象严重

就一个国家或地区经济发展状况而言，出境旅游和入境旅游的最大区别在于，入境旅游能够赚取外汇，而出境旅游则导致外汇流失，这也是一些发展中国家优先考虑发展入境旅游的重要原因。虽然说我国的外汇储备数量非常庞大，出境旅游外汇支出对外汇储备的稳定不会有太大影响，但在目前国内需求严重不足，特别是在消费不足的严峻形势下，出境旅游导致外汇流出，不利于拉动国民经济增长。

2. 利用机会合法出境，部分游客滞留不归

由于各个国家之间发达程度和生活水平存在差异，我国一些公民企图通过出境旅游的合法途径出国，最终达到滞留境外不归国的目的，这不仅影响了我国与现有旅游目的地国家和地区之间的关系，还严重威胁到中国出境旅游目的地的进一步拓展。尽管随着我国社会经济的快速发展以及居民生活水平的不断提高，出境游客滞留不归的现象逐渐减少，但它仍是一些旅游目的地国家政府必须解决的问题。

3. 市场管理比较混乱，违规操作现象严重

出境旅游经过多年发展，虽然取得一定成绩，但到目前为止，市场运作机制还不是很完善，监督方法及手段还不够健全，加上从业者的素质参差不齐，违规操作的现象时有发生。

【思考题】

外国游客通过什么方式到我国旅游？出境旅游快速发展有哪些消极影响？

学习任务四　世界旅游市场分析

任务导入　德国医疗旅游业发展优势明显　未来发展前景良好

医疗旅游是旅游和健康服务结合起来的新兴旅游形式，是指游客根据自己病情和医生建议选择合适的旅游地区，在旅游的同时享受健康服务，通过有效的健康管理达到身心健康的目的。医疗旅游业是全球发展速度快的"朝阳"产业之一，目前，全球医疗旅游业较为发达国家有泰国、德国、中国、美国、瑞士、日本、新加坡和马来西亚等。

随着全球社会经济的不断发展和人民生活物质水平的日益提高，健康逐渐被重视，促进了全球医疗旅游业迅速发展。根据数据显示，2015年，全球医疗旅游市场规模约为102.7亿美元，2018年，全球医疗旅游市场规模约为167.3亿美元，年均复合增长率约为17.7%，预计到2024年，全球医疗旅游市场规模将会突破270亿美元。

新思界产业研究中心发布的《2020—2024年德国医疗旅游市场深度调研分析报告》

显示,德国是欧盟地区医疗旅游最为发达国家,同时也是全球最受欢迎的十大医疗旅游目的地之一。德国政府高度重视医疗旅游业的发展,不仅设置了有效期为90天的医疗签证,其国家旅游局还编制了宣传手册《医疗旅游——在德国感受妙手仁心》,大力推动医疗旅游业的发展。

在德国,医疗旅游业发展具有明显优势,从旅游资源方面看,德国旅游业高度发达,其国内地理环境复杂多变,内陆湖畔、平原、高原、丘陵、山峦等各种风貌地形应有尽有,两千多千米的海岸线气候温和宜人,还拥有莱茵河、多瑙河、内卡河等众多充满浪漫色彩的河谷和庄重严谨的哥特式建筑。

从医疗资源方面看,德国医疗水平位居全球前列,医疗环境从医疗设施到医疗体系都处于世界顶尖水平。目前,德国较为著名的医疗旅游医院有海德堡大学医院、汉堡大学医学中心、斯图加特医院、慕尼黑神经外科医疗中心、哈斯勒神经外科诊所、符腾堡国际癌症医疗中心、巴伐利亚欧洲癌症医疗中心等。

此外,值得一提的是,德国在康复及慢性病疗养方面在世界范围内广受好评。德国拥有300余处温泉疗养度假区,可利用温泉疗养法、矿物质水疗法、克奈普氏水疗法和施罗斯疗养法等方式增强和改善患者健康。

新思界产业研究中心行业分析师认为,医疗旅游是旅游和健康服务结合起来的新兴旅游形式,也是全球发展速度最快的新兴产业之一。在德国,医疗旅游业较为发达,国内拥有众多著名医疗中心,再加上德国政府高度重视医疗旅游业发展,其发展前景良好。

·思考· 德国是中国公民出境旅游的重要旅游目的地,在医疗旅游方面有哪些发展优势?

学习导读

早在20世纪90年代初,旅游业就已发展成为超过石油工业、汽车工业的世界第一大产业,也是世界经济中持续高速稳定增长的重要战略性、支柱性、综合性产业。近年来,相对稳定的和平环境、高速发展的社会经济和突飞猛进的科学技术,促进了世界旅游业的快速发展。在世界经济全球化和一体化的作用下,旅游业已经进入飞速发展的黄金时代。然而,由于各国各地区政治、经济、文化、历史、旅游资源等诸多因素的差异,旅游业发展水平也呈现明显的地域性。2020年1月15日,世界旅游城市联合会(WTCF)和中国社会科学院旅游研究中心共同在北京发布《世界旅游经济趋势报告(2020)》。该报告显示,2019年全球旅游总人次为123.1亿人次,全球旅游总收入为5.8万亿美元。受新冠肺炎疫情影响,2020年全球旅游总人次降至72.78亿人次,全球旅游总收入下降至2.92万亿美元,为第二次世界大战以来的最低水平。

知识链接

一、世界旅游市场发展概况

根据世界旅游组织的划分,全球可分为六大旅游区:欧洲旅游区、美洲旅游区、东亚

和太平洋旅游区、非洲旅游区、南亚旅游区和中东旅游区,这六大旅游区构成了全球的六大旅游市场。其中,欧洲、美洲、东亚和太平洋地区构成了世界旅游市场的主体。

(一)欧洲旅游市场

欧洲是近代旅游业的发源地,也是当代世界旅游业最发达的地区。在第二次世界大战后的半个多世纪中,尽管欧洲在接待国际旅游人数和旅游创汇方面占世界总份额的比例逐渐减少,但仍然占了世界总份额的一半。欧洲也是世界上最大的国际旅游客源地。欧洲的出国旅游者有90%在本洲内近距离旅游,只有10%去其他洲旅游。法国、西班牙、意大利、英国、俄罗斯、德国、奥地利、波兰、匈牙利、希腊、瑞士、荷兰、比利时、瑞典等都是旅游业发达的欧洲国家。其中,法国和西班牙分别是全球排名第一、第二的旅游目的地。欧洲历史悠久,文化发达,经济基础雄厚,交通通信发达,旅游资源丰富,旅游接待设施完善,这为欧洲旅游业发展提供了良好的条件。随着欧洲一体化的深入,欧洲各国旅游业的协调和合作将不断加强,欧洲旅游业将有更大的发展空间。

微课:了解欧洲旅游市场

《世界旅游经济趋势报告(2020)》显示:欧洲入境旅游半壁江山地位有所松动、领先优势逐渐缩小。1995年至2011年,欧洲入境旅游收入占全球入境旅游收入的比例保持在50%左右,但是2012年以后,欧洲入境旅游收入占全球入境旅游总收入比例与之前相比明显下降,至2019年,这一比例下降为39%。

(二)美洲旅游市场

美洲有着广袤的土地、漫长的海岸线、良好的生态环境,美洲还是玛雅文明、印加文明和阿兹特克文明的诞生地,有着众多吸引旅游者的旅游资源。美洲各国也越来越重视旅游业的发展,这使得美洲成为世界重要的旅游地区之一。该地区旅游业发达的国家有美国、加拿大、墨西哥、阿根廷等。美国每年出国旅游的人数、国际旅游开支、旅游外汇收入三项指标居世界首位。加拿大在接待入境旅游者、国际旅游收入等方面都排在世界前列。墨西哥是拉美旅游业最发达的国家,曾是世界十大旅游国之一,这里有以坎昆为代表的滨海旅游、以印第安文化遗迹为代表的古迹旅游。阿根廷旅游资源丰富,伊瓜苏大瀑布、西北部的大峡谷、东部的大西洋海滨度假旅游区、南部的冰川和火地岛风光等对世界游客有着强烈的吸引力。

《世界旅游经济趋势报告(2020)》显示:从长期趋势来看,美洲地区旅游业发展日渐式微:国内旅游人次长期平稳低速增长,2006年以来,美洲地区国内旅游人次增速为-1.2%~5.4%;入境旅游收入增速处于下降趋势,2019年增速仅为0.2%;旅游总收入相当于GDP的比重长期而言处于下降趋势,2019年这一比例下降到5.6%。

(三)东亚和太平洋旅游市场

东亚和太平洋地区简称东亚太地区,这一地区包括东亚、东南亚及大洋洲的一些国家,这里既有经济发达国家,如日本、澳大利亚、新西兰等,又有新兴工业化国家,如韩国、新加坡等,还有一大部分是发展中国家,如中国、泰国。20世纪80年代以来,东亚太地区一直是经济发展最有活力的地区,而东亚太旅游市场也是世界旅游市场上发展最为迅速、潜力最大的地区,2004年,这一地区的国际旅游份额已超越美洲,成为世界第二大旅游市场。中国、日本、韩国、澳大利亚、新加坡、马来西亚、菲律宾、泰国等都是该地区主要的出境旅游客源地。目前,亚洲成为接待境外游客人数增长最快的大洲之一。

《世界旅游经济趋势报告(2020)》显示:亚太地区三个增速位居全球五大区域之首。一是国内旅游人次增速和稳定性排名第一,2019年亚太地区国内旅游人次为76.08亿人次,同比增长5.2%;二是国内旅游收入增速趋势排名第一,2019年亚太地区国内旅游收入达到1.6万亿美元,增速达到2.5%,从长期趋势来看,亚太地区国内旅游收入总量和增速均领先于其他四个地区;三是旅游总收入相当于GDP的比重增速排名第一。

(四)非洲旅游市场

非洲是一片神奇的土地,有着迷人的自然风光、奇异的野生动植物和丰富的人文遗迹,具有发展旅游业的良好基础。但是,受社会经济文化长期落后、政局不稳定、民族纷争、自然灾害频繁、传染病流行等因素的影响,非洲的旅游业长期处于落后地位,其特点是起步晚、基础差、发展慢。近年来,非洲旅游业增长速度加快,在世界旅游市场中所占的份额不断提高。非洲最大的客源市场是欧洲。旅游业发展较好的国家有埃及、南非、摩洛哥、突尼斯等。

据世界旅游组织报告显示,非洲旅游业呈现稳定增长趋势,旅游收入成为不少非洲国家和地区的支柱产业。2016年,非洲国际游客达5 800万人次。2017年7月5日,联合国贸发会议发布《2017年非洲经济发展》报告显示,非洲旅游产业快速发展,支撑非洲大陆2 100多万个就业岗位,旅游业对非洲大陆生产总值的贡献率达到了8.5%。2018年,非洲地区入境游客人数约6 700万,同比增长7%。

(五)南亚旅游市场

由于经济发展水平的制约和受国家政局动荡、民族和宗教纷争的影响,南亚地区的旅游业起步晚、发展慢、起伏大,其中旅游业发展较好的国家是印度、尼泊尔、斯里兰卡。印度是四大文明古国之一,也是南亚最大的国家,有着众多的名胜古迹,具有发展旅游业的良好基础。尼泊尔是著名的山地之国,宜人的气候、神奇的喜马拉雅山风光、古老的宗教、独特的习俗等构成了对游客的强大吸引力,旅游业现已成为尼泊尔的龙头产业,是尼泊尔外汇的主要来源。近年来,南亚旅游业发展迅速,在经过连续几年双位数的强劲增长后,南亚地区的入境旅游增势趋缓,但实际增长人数十分可观。

(六)中东旅游市场

中东地区是欧、亚、非三大洲要塞,交通便利,同时又是基督教、伊斯兰教和犹太教的发源地,有着丰富的人文旅游资源和自然旅游资源。该地区盛产石油,是世界上最大的石油输出地,有着巨额的收入来源。这些都是该地区发展旅游业的有利条件。但是在过去,这一地区旅游业受战乱的影响,起伏不定,发展缓慢。土耳其和以色列是该地区旅游业发展较好的国家。土耳其地跨欧亚两洲,曾是东罗马帝国和奥斯曼帝国的本土。旅游资源丰富,旅游设施齐全,服务上乘,使得土耳其成为著名的旅游接待国。以色列亦是中东地区一个独具魅力的旅游国家,每年要接待大量入境游客,同时也有相当多的以色列人出境旅游。

近年来,中东地区是旅游业发展快速。世界旅游组织统计的数据显示,从1980年到2010年,中东地区国际旅游者人数从710万发展到7 900万,相当于平均每年增幅7.4%,远远高于4.2%的全球平均增幅水平。2011年至2012年,由于局势动荡的原因,

中东地区的到访游客出现下滑趋势,2011年下滑了7%,2012年下滑了4.9%,流失了300万国际游客。2016年,中东地区年迎来5 400万的国际游客到访量,较2015年同比降低4%。2017年,中东地区共接待了5 800万国际游客,增长了5%。2018年,中东地区入境游客人数6 400万,增幅为10%。受新冠疫情影响,2021年中东地区到访人数持续下跌,下降了24%,比2019年下降了79%。

二、国际旅游客流规律

国际旅游客流规律主要包括国际旅游客流量的大小、国际旅游客流的方向等方面的内容。近年来,国际旅游客流流动呈现出以下特点和规律。

(一)近距离的出国旅游占据很大比重

世界旅游客流的变化规律与一个国家的经济水平、文化的接近性、交通时间限度有联系。国际旅游客流一般由近及远,以近距离旅游为主,远程旅游相对较少但其发展前景广阔。在全球国际旅游客流中,近距离的出境旅游,特别是前往邻国的国际旅游,一直占据很大比重。按旅游人次计算,近距离的出境旅游约占每年全球国际旅游人次总数的80%。2019年我国入境外国游客亚洲占比达75.9%,而其他各洲共占24.1%。造成以上现象发生的主要原因为:第一,前往邻国或近距离国家旅游的费用较低,能够节约数目可观的交通费用,具备这种支付能力的人数规模较大;第二,进行近距离的出境旅游,所需时间较短,而且容易把握;第三,进行近距离国际旅游,入境手续比较简便,许多边界相连的国家可以互免签证;第四,进行近距离国际旅游,在生活习俗、民族习惯、文化传统等方面比较接近,因而旅游过程中障碍较少。

(二)国际旅游客源市场不断走向分散化

长期以来,国际旅游的主要客源市场在地区结构上一直以西欧、北欧和北美为主,作为现代国际旅游的发源地,其出国旅游人数几乎占国际旅游总人数的75%左右。目前世界上最重要的旅游客源国中,除亚洲的日本、中国,大洋洲的澳大利亚外,其余大部分旅游客源国都集中在欧美地区。

欧美地区经济发展水平高,城市人口比重高,人均收入水平高,带薪假期长,雄厚的经济基础使其因公、因商和会议旅游的机会较多,这些国家拥有现代化的交通体系、先进的通信工具和信息网络等便利条件,成为全世界最重要的旅游客源地。同时,欧美地区也是最主要的旅游接待地,即世界旅游客流的基本流向是以发达国家之间的相互流动为主。20世纪80年代以来,由于亚洲和太平洋地区经济高速增长、经济规模日益增大,世界旅游的发展趋势与格局发生了很大改变,在国际旅游客流量方面,形成了欧洲地区相对减少、美洲地区相对稳定、亚太地区持续增长、其他地区在波动中发展的基本格局。21世纪初,亚非拉的一些新兴工业国家脱颖而出,随着这些国家国民人均收入的增加,很有可能取代传统的旅游客源强国,成为现代国际旅游客源的主体市场。

(三)中、远程国际旅游市场逐渐兴旺和发达

旅游距离的远近受到时间和经济等因素的制约。20世纪上半叶,人们大都只能借助

于火车和汽车进行旅游活动,当时的飞机速度慢、票价昂贵又不安全,因此,那个时代的人们大都进行短程旅游。中、远程旅游,特别是横渡大洋或跨越大洲的国际旅游的兴起,是第二次世界大战后航空运输飞速发展的结果。目前,飞机的飞行速度越来越快,整个世界变得越来越小,距离在旅游制约因素中的作用日趋减弱,人们外出旅游可乘坐更快捷的飞机或高铁。据专家预测,新一代的超音速飞机从英国伦敦到日本东京,全程9 585千米,只需3个小时。中程距离的旅行也可乘坐时速达550千米的超导火车。由此看来,随着科学技术的进步,特别是现代交通工具的更新和信息技术的发展,全球性大规模的中、远程旅游市场将走向兴旺和发达。

随着世界经济的发展、劳动生产率的提高,人们收入水平不断提高,闲暇时间日益增多,加上科学技术的不断进步,特别是现代交通技术的进步和信息技术的发展,使遥远的地方不再陌生,世界远程旅游比重在不断增加,逐渐成为一种发展趋势。

(四)国际旅游客流重心正向东亚太地区转移

欧洲和北美是现代国际旅游业的两大传统市场,在20世纪80年代以前,它们几乎垄断了整个国际旅游市场,接待人数和国际旅游收入都占到世界总数的90%以上。20世纪80年代以后,随着亚洲、非洲、大洋洲以及拉丁美洲等地区经济的快速发展,上述地区的市场潜力和上升空间越来越大。这不仅吸引着大量的欧美游客来到这些地区进行游览观光,而且其向欧美地区输送国际游客的能力也越来越强,从而使国际旅游业在世界各个地区的市场份额出现了新的分配和组合。尤其是东亚和太平洋地区,近些年来,国际旅游增长速度远远高于世界平均发展水平,年均增长达到7.5%。在21世纪的进程中,欧洲和北美地区的国际旅游市场份额将会进一步缩小,国际旅游重心不断由传统市场向新兴市场转移并且速度会越来越快。凭借发展中国家和地区经济的持续增长和繁荣,人们的收入水平将普遍提高,生活质量也会大大改善,因此,这些国家和地区的人们到邻国休闲度假的数量必定会急剧上升,区域性国际旅游将会大大发展。由此可以预见,正如世界经济重心不断向东转移一样,国际旅游客流重心也将向东亚太地区转移。

(五)国际游客多流向风景名胜区和政治经济文化中心

追求审美体验,增加见识阅历,是人们外出旅游的共同心理状态。风景名胜区具有优美的形态、绚丽的色彩、良好的生态环境,同时渗透着多样化的人文景观,可以为旅游者提供高水平的观光游览和休闲娱乐,不仅有助于人们调节生活节奏、改善生活方式、丰富生活内容、增进身体健康,还可以帮助人们开阔眼界、增长知识、增进友谊、丰富阅历。因此,风景名胜区对游客具有强烈的吸引力,成为旅游者共同向往的地方。

在长期的人类社会发展进程中,不同的国家和地区形成的政治、经济和文化中心,它们代表着当地的政治、经济和文化等方面的最高发展水平。这些城市经济发达、文化繁荣、信息集中、物质条件优越、生活方式理想、娱乐设施齐全,往往又是交通枢纽,从某种意义上讲,这些城市就是这个国家或地区的缩影。因此,旅游者希望通过游览这些城市来了解这个国家或地区的发展历史。

【思考题】

世界旅游市场发展现状如何?

项目小结

旅游市场主要包括旅游产品提供者、旅游产品消费者、旅游市场交易客体、旅游市场交易中介四个组成部分。旅游市场具有世界性、异地性、季节性、波动性和竞争性的特征。旅游市场具有交换作用、调节作用、检验评价作用和交流作用。旅游市场细分有利于旅游企业正确选择目标市场,有针对性地开发旅游产品,科学地开展促销工作。旅游市场通过地域、国境、消费水平、旅游目的、旅游活动组织形式等因素来分类。旅游市场根据产品特色、价格与质量之间的联系,以及产品用途、产品使用者、产品类别、竞争对手进行定位。我国旅游市场由入境旅游市场、国内旅游市场和出境旅游市场组成。世界旅游组织将全球划分为欧洲旅游区、美洲旅游区、东亚和太平洋旅游区、非洲旅游区、南亚旅游区和中东旅游区,其中,欧洲、美洲、东亚和太平洋这三大旅游市场构成了世界旅游市场的主体。国际旅游客流规律是:近距离的出国旅游占据很大比重;国际旅游客源市场不断走向分散化;中、远程国际旅游市场逐渐兴旺和发达;国际旅游客流重心正向东亚太地区转移;国际游客多流向风景名胜区和政治经济文化中心。

项目实训

1. 以小组为单位,运用所学的旅游市场分类方法,对本省的旅游市场进行细分,形成市场细分报告,以 PPT 课件的方式进行成果展示。

2. 以小组为单位,运用所学的旅游市场定位的方法,对当地的旅游市场进行定位,经过小组讨论交流,形成市场定位报告。

3. 以小组为单位,调研本省大学生旅游市场,分析大学生旅游市场的特点,形成调研报告。

拓展训练　　市场不断细分　贵州主题游催生旅游新业态

"五一"前夕,长沙市民仇欣与几位好友商榷,把"五一"小长假的出行既定为主题游,目的地选在贵州茅台镇。他和好友的这个"定制",就是想好好领略酒都的气派和神韵。

旅游发展的多元化,丰富了旅游业态的内涵和外延,买方即游客的个性化选择,给卖方即旅游实体的发展思路提出新的考量。而主题游,正是这种考量下的结果。

像仇欣这样有着主题游想法的人不仅越来越多,而且"口味"越来越"刁钻"。紧扣市场需求,贵州各种各样的旅游主题适时而生。

红色研学主题游始终是贵州的一块响亮牌子。2020年11月举办的贵州省秋冬季红色研学旅行启动仪式暨重走长征路第六轮徒步活动,旨在宣传推介红色研学资源及秋冬季旅游的同时,弘扬伟大长征精神。红军长征红色旅游系列景区、邓恩铭故居等8个景

点景区及贵州省博物馆、遵义会议会址等重点研学旅行基地以崭新的面貌精彩呈现。

贵州非遗主题游近年来声音越来越响亮。作为人文景点新秀的丹寨万达小镇，在非遗主题游上未雨绸缪，做足文章，在"中国丹寨非遗周"活动中，中国非物质文化遗产保护协会换届大会、中国非遗与旅游融合论坛、非遗特色展览演出等超过30场"非遗进景区"特色活动轮番上场。

结合秋冬气候特点而推出的旅游项目，主题性更强。"贵州秋冬季非遗旅游"以"黔东南侗族非遗深度体验游"为契机，各地均推出非遗旅游线路，同时结合2020中国·雷山苗年活动、2020黎平·中国侗年暨第十届黎平侗文化旅游节、苗族跳场等系列非遗旅游民俗节庆活动，在全省上下通过巡游展示、非遗扶贫就业工坊旅游商品展销、非遗歌舞展演、非遗活态体验等，持续开展秋冬季非遗旅游活动，展示旅游新体验，让贵州秋冬旅游平添了几分热闹。

旅游无季节，春色有声音。秋冬主题游余音未了，3月下旬以"山地花海 春意贵州"为主题的2021贵州春季旅游暨"贵州人游贵州"活动在安顺山里江南景区奏响第一个音符，花海悦心之旅、茶海养心之旅、纯净山水之旅等十大春季旅游主题线路精彩亮相。自然风光与人文景点交织，暖阳之下的贵州大地呈现出特色独具的行游纹理。

陕西游客张学程已到贵州旅游3次，今年他再次到百里杜鹃景区，目的是"倾听贵州的春之声"。他说："从花到茶，从水到情，因为多姿多彩，贵州的主题游才如此富有魅力。"

主题游为"有朋自远方来，不亦乐乎"提供了优雅的注脚。4月16日，在贵阳"掀开盖头"的中国旅行社协会入境旅游分会2021年会员大会暨贵州入境旅游联程产品推介会上，周游省会贵阳体验、黔东南少数民族文化体验、消夏避暑体验等"十大主题贵州入境旅游联程线路"闪耀登场，每条线路个性化明显，成为贵州春季旅游的一大亮点。

数字时代，创新思维对旅游业态的丰富完整和内涵夯实，起到极其重要的催化作用。2020年9月，贵州省文旅厅与腾讯公司天美J1工作室QQ飞车手游，共同开发贵州首条游戏电竞IP主题旅游路线QQ飞车"一路向黔"版本主题赛道并成功上线，玩家实现足不出户游贵州。赛道上，飞练穿空的黄果树大瀑布、风情款款的西江千户苗寨、雄伟壮观的北盘江大桥等各领风骚，激荡人心。

在贵州省旅游信息中心副主任看来，短短几分钟的赛道，将贵州的经典地貌一一复刻，唤起年轻玩家对于地域记忆的情感共鸣，通过游戏IP为贵州文旅融合赋能。

日益增长的精神生活需求，催动旅游市场不断细分，主题游在此大潮的推动之下，扮演的角色性格越来越鲜明。主题游与产品个性已是当下贵州旅游业快步发展的巨大动力。

讨论 贵州旅游市场是怎样进行细分的？

在线自测

项目七

旅游目的地开发

知识目标

- 掌握旅游目的地的基本内涵
- 掌握旅游目的地的分类方法
- 熟悉旅游目的地的功能分区模式
- 了解旅游目的地竞争力的影响因素
- 了解旅游目的地智慧旅游的建设内容

能力目标

- 能对旅游目的地进行分类
- 能对旅游目的地进行功能分区
- 能对旅游目的地竞争力进行评价
- 能对旅游目的地智慧旅游建设水平进行评价

思政目标

- 树立旅游目的地创新发展理念,坚持道路自信、理论自信、制度自信、文化自信
- 培养学生的家国情怀,增强学生的民族意识

学习任务一　旅游目的地基本内涵分析

任务导入　贵州梵净山入选美国《国家地理》2019 全球最值得到访的旅游目的地

美国《国家地理》杂志评选出 2019 年全球最值得到访的 28 个旅游目的地，贵州梵净山成为中国唯一入选者。

据了解，美国《国家地理》杂志此次评选的全球最值得到访旅游目的地分为城市、自然、文化和探索 4 个类别，各类别选出 7 个目的地。

在总体推介中，贵州梵净山排列第三位，在"自然"这个类别排在第一位。其他入选的旅游目的地包括墨西哥的墨西哥城、秘鲁的树冠走廊、新西兰的坎特伯雷等。

美国《国家地理》杂志从"攀登云海"这个角度对梵净山进行了推介，配发的图片是红云金顶，并介绍"红云金顶是梵净山三峰之一，顶上有两座佛教寺庙"。

推荐理由

梵净山是中国最新的联合国教科文组织世界遗产地之一，非常值得一游。这是一个佛教圣地（曾经有 48 座寺庙），登山者可以欣赏各种奇特造型的山石和云海之上武陵山脉壮观景象。红云金顶海拔 2 336 米，徒步需要攀登陡峭的台阶上去，两座寺庙顶上的山峰由一座桥连接起来。你也可以不步行攀登而乘坐登顶缆车，但是徒步旅行可以近距离观察梵净山生态的多样性，包括一些珍稀的地方物种，比如黔金丝猴。

走近梵净山

据了解，梵净山并非第一次受到世界瞩目。2018 年 7 月 2 日，中国贵州省梵净山在巴林举行的世界遗产大会上获准列入《世界自然遗产名录》时，就吸引了全球媒体及旅游达人的关注。

梵净山，得名于"梵天净土"，位于贵州省铜仁市的印江、江口、松桃（西南部）三县交界，靠近印江县城、江口县东南部、松桃县西南部，系武陵山脉主峰，是中国的佛教道场和自然保护区，位于铜仁地区中部。

梵净山总面积为 41 900 平方千米，其中核心区 25 800 平方千米，缓冲区 2 800 平方千米，试验区 13 300 平方千米。主要保护对象是以黔金丝猴、珙桐等为代表的珍稀野生动植物及原生森林生态系统。森林覆盖率 95%，有植物 2 000 余种，国家保护植物 31 种，动物 801 种，国家保护动物 19 种，被誉为"地球绿洲""动植物基因库""人类的宝贵遗产"。

梵净山于 2018 年 10 月 17 日被评为国家 AAAAA 级旅游景区、国家级自然保护区，于 2008 年 6 月 30 日被评为中国十大避暑名山、中国著名的弥勒菩萨道场，成为国际"人与生物圈保护网"（MAB）成员，同时也是第 42 届世界遗产大会认定的世界自然遗产。

思考　贵州梵净山为什么能入选美国《国家地理》2019 年全球最值得到访的旅游目的地？

项目七 旅游目的地开发

学习导读

旅游目的地是拥有特定性质旅游资源,具备了一定旅游吸引力,能够吸引一定数量的旅游者进行旅游活动的特定区域。旅游目的地的基本条件包括一定数量的旅游吸引物、可进入性、旅游设施和旅游市场。可从旅游资源类型、旅游者需求、旅游资源等级、旅游目的地的空间范围、旅游目的地功能和用途、旅游目的地开发时间与发育程度等方面对旅游目的地进行分类。旅游目的地生命周期可分为探索期、参与期、发展期、稳定期、停滞期、衰落期或复苏期六个阶段。

知识链接

一、旅游目的地的概念

(一)国外关于旅游目的地的概念

关于旅游目的地,目前还没有统一的概念。国际上对旅游目的地的研究始于 20 世纪 70 年代,最初旅游目的地被认为是一个明确的地理区域。国际上比较有代表性的观点有:

美国学者冈恩于 1972 年提出了"目的地地带"的概念。他认为:"目的地地带"包括主要的通道和入口、社区(包括吸引物和基础设施)、吸引物综合体、连接道路(吸引物综合体和社区之间的联系通道),这些要素的整合有利于旅游开发的成功。

英国的布哈利斯明确地提出:旅游目的地是一个特定的地理区域,被旅游者公认为是一个完整的个体,有统一的旅游业管理与规划的政策司法框架,也就是说由统一的目的地管理机构进行管理的区域,这种定义强调了旅游目的地的管理与规划意义。旅游目的地是旅游产品的集合体,并且向旅游者提供完整的旅游经历,由"6A"构成,如表 7-1 所示。

表 7-1 布哈利斯的旅游目的地概念

要素	内容
旅游吸引物(Attractions)	自然的、人造的、出于特殊目的建造的、历史遗留下来的吸引物以及风俗和节庆活动
交通(Accessibility)	包括路线、站点和工具在内的整个交通体系
设施和服务(Amenities)	住宿、餐饮、零售和其他旅游服务
包价服务(Available Package)	由中介和主管机构预先安排的包价
活动(Activities)	消费者在目的地逗留期间可以参加的一切活动
辅助性服务(Ancillary Service)	旅游者可能用到的一切服务,包括银行、通信、邮政、新闻出版、医疗等

(资料来源:张凌云,刘宇,等.旅游学概论.北京:北京师范大学出版社,2012)

澳大利亚学者利珀认为,目的地是人们旅行的地方,是人们选择逗留一段时间以体验某些特色或特征——某种感知吸引力。

(二)国内关于旅游目的地的概念

国内学者对旅游目的地的关注始于20世纪90年代中后期,大多数并非针对特定旅游目的地做专门研究,而只是把旅游目的地作为旅游问题研究的副产品来看待,导致概念上多强调它是一种地理空间集合关系。国内较有代表性的观点如下:

张辉把旅游目的地概括为:拥有特定性质旅游资源,具备了一定旅游吸引力,能够吸引一定规模数量的旅游者进行旅游活动的特定空间区域。

巫宁认为旅游目的地是一个复杂的统一体。对于旅游者而言,它是基于一定地域的自然、历史、社会、经济、人文的综合体,又是提供"吃、住、行、游、购、娱"功能的一系列相互关联的企业或部门类群的集合。

邹统钎认为:旅游目的地是一个感性概念,它为旅游者提供一个旅游产品和服务的合成品,一个组合的体验经历。

董观志认为,旅游目的地是以一定旅游资源为核心,以综合性的旅游设施为凭借,以可进入性为前提的旅游活动与旅游服务地域综合体,它是旅游者停留并开展旅游活动的核心载体。

国内外学者由于旅游业所处的发展阶段和制度背景不同,对旅游目的地的定义方式也各有不同。旅游目的地是综合性很强的集合体,集合体内的各组成部分通过不同的方式组合在一起,为旅游者提供综合性的服务,并通过这种综合性的服务使旅游者获得愉悦的度假体验。旅游目的地的空间范围有大有小,它可以大到一个城市、一个国家,甚至跨越国家界线,也可以小到一个景区、一个城镇、一个村落。

综合上述各种定义,我们认为,旅游目的地是指在一定的空间范围内,对一定规模旅游市场具有吸引力的旅游吸引物、旅游要素的集合体,且能形成旅游业六大要素综合协调发展,并满足旅游者各种旅游需求的地理空间区域。

二、旅游目的地的基本条件

(一)具有一定数量的旅游吸引物

旅游吸引物是旅游目的地发展的基础条件和先决条件,旅游目的地的开发、规划、建设都要依赖旅游吸引物。一个地区必须具备能够让旅游者获得愉悦体验的旅游吸引物,给游客提供强有力的视觉及感官享受,才能成为旅游目的地,吸引大量旅游者,并长期保持吸引力。特别是那些拥有独特自然条件的旅游目的地,在环境污染日益严重的今天变得更有魅力,愈发受到人们的青睐。

(二)具有一定的可进入性

可进入性是进行旅游活动的前提条件之一,是指从旅游客源地到旅游目的地全过程的进入难易程度。旅游目的地具有了相对可进入性才会有游客把它作为目的地。可进入性的问题包括便利的交通条件和国际旅行签证的方便性等。此外,旅游目的地环境容量、安全度、社区对待旅游业的态度等都对可进入性有一定影响。

(三)具有一定的旅游设施

旅游业发展要具备食、住、行、游、购、娱等方面的接待设施,包括住宿设施、餐饮设施、娱乐设施、购物商店和其他服务设施。旅游目的地应拥有能够满足旅游者需要的接待设施,这些接待设施和安全保障有机地结合在一起为游客提供完整的旅游体验。在旅游目的地发展的不同阶段,它所需要的旅游设施也不尽相同,在旅游目的地开发初期和旅游市场成熟期,大多数旅游者对旅游消费和享受的要求会相对较高,这时旅游设施的完善与否及服务质量水平的高低将起到重要作用。

(四)具有一定的旅游市场

一个地区具有较强开展旅游活动的能力,该地区就能依靠旅游业获得较好的经济收入。当然,结合现实生活情况来看,在目的地旅游业发展的进程中过分夸大旅游业的经济功能,而忽视甚至歧视当地人文环境的构建和居民的生存空间的情况也时有发生。一些地方不仅忽视居民作为独特旅游吸引物的市场价值,甚至将其正当利益视作开发的障碍,旅游开发结果是压缩当地居民的生存空间,剥夺当地居民的生存权利,这是一种典型的"杀鸡取卵"的短期行为。任何一个旅游目的地要想获得可持续发展,充足的客源和规模的市场是不可缺少的要素,一方面,必须具备充足的市场空间,促使当地旅游规模开发和持续经营,保证旅游目的地能够做到可持续发展;另一方面,旅游目的地所对应的目标市场能够自由地选择旅游目的地、便捷地进入旅游目的地,即形成一个规范的、有效的、完备的旅游市场体系。

三、旅游目的地的分类

旅游目的地是一个综合的、复杂的、丰富的旅游系统。随着旅游需求的不断提高和旅游者消费模式的多样性发展,旅游目的地的类型逐渐增多。从不同的视角,按照不同的分类标准,旅游目的地可以划分为不同类型,常见的分类方法如下:

(一)按照旅游资源类型划分

按照旅游资源类型的不同,旅游目的地可以划分为自然山水型、都市商务型、乡野田园型、宗教历史型、民族民俗型和古城古镇型。自然山水型旅游目的地以自然山水旅游资源为主要吸引物;都市商务型旅游目的地是凭借大城市作为区域政治、经济、文化中心的优势发展起来的;乡野田园型旅游目的地是凭借农村生活环境、农业耕作方式、农田景观以及农业产品吸引旅游者;宗教历史型旅游目的地是凭借宗教历史文化、宗教历史建筑、宗教历史遗迹成为具有浓厚文化底蕴的旅游目的地;民族民俗型旅游目的地是凭借不同地区、不同民族之间的民俗文化和民族传统上的差异,依托独特的地方民俗文化和民族特色而发展起来的;古城古镇型旅游目的地是依托在历史发展中所保存下来的古香古色的城镇风貌和天人合一的居民生活环境而吸引旅游者的。

(二)按照旅游者需求划分

按照旅游者需求的不同,旅游目的地可以划分为观光型旅游目的地、休闲度假型旅游目的地、商务型旅游目的地和特种旅游型目的地。观光型旅游目的地是指那些资源性质和特点适合于观光旅游活动的特定区域;休闲度假型旅游目的地是那些旅游资源性质和特点能够满足旅游者度假、休闲和休养需要的旅游目的地;商务型旅游目的地是有适

当的商务条件和会展设施,同时又能提供一定旅游休闲机会的地方,一般是基础设施发达、经济发达和市场活跃的地方;特种旅游型目的地是指那些能为特殊旅游需求(如探险、修学、购物等)提供产品与服务的旅游目的地。

(三)按照旅游资源的等级划分

按照旅游资源等级的不同,旅游目的地可划分为世界级旅游目的地、国家级旅游目的地、省市级旅游目的地和地区级旅游目的地。世界级旅游目的地是指以入选《世界遗产名录》的文化和自然遗产为主体构成的旅游目的地,能吸引世界各国旅游者;国家级旅游目的地是指由国家重点风景名胜区、全国重点文物保护单位、国家森林公园、国家历史文化名城、国家自然保护区、国家级度假区等为主体构成的旅游目的地,能吸引各国或部分海外旅游者;省市级旅游目的地是指以省市级重点风景名胜区、省市级重点文物保护单位、省市级森林公园、省市级自然保护区和省市级度假区为主体构成的旅游目的地,主要吸引国内旅游者;地区级旅游目的地是指以地区级风景名胜区、地区级重点文物保护单位、地区级森林公园和度假村为主体构成的旅游目的地,主要吸引地区性旅游者。

(四)按照旅游目的地的空间范围划分

按照空间范围大小的不同,旅游目的地可分为国家旅游目的地、区域性旅游目的地、城市旅游目的地和景区性旅游目的地。不同空间大小的旅游目的地的认知与旅游者出游距离有关,出游距离越远,对旅游目的地的空间认知感越强。国家旅游目的地是指按国际旅游市场的空间格局标准来划分的,对一些拥有特色旅游资源并且资源分布集中的国家,形成以旅游业为主体、以旅游地为代表的社会经济结构,如梵蒂冈、马尔代夫等。区域性旅游目的地可以从两个角度进行划分,一方面,从国际旅游市场分布来看,一个特定的区域可能包含若干个旅游资源和属性相同的目的地国家,如地中海区域和加勒比海区域等;另一方面,从某一国家的空间范围来看,由于其历史悠久、地理气候差异及空间分布的广泛,可能会在这个国家范围内形成不同的旅游资源特征,从而形成各具特色的区域性旅游目的地。城市旅游目的地是相对于国家旅游目的地的划分而言,是从特定的旅游区域空间范围来划分的,城市不仅是旅游目的地的重要吸引物和旅游资源的载体,也是旅游活动顺利进行的必要保障,城市旅游目的地的建设会发展成为区域性旅游目的地。景区性旅游目的地是旅游目的地的最小单元,只有那些具备对一定规模的旅游者有吸引力,同时可以为旅游者提供完备服务体系的大型旅游景区才会具备旅游目的地的特征。

(五)按照旅游目的地的功能和用途划分

按照旅游目的地功能和用途的不同,旅游目的地可以划分为经济开发型旅游目的地和资源保护型旅游目的地。经济开发型旅游目的地以盈利为主,例如主题公园和旅游度假区等,目的地内以人工建筑为主。资源保护型旅游目的地往往以公共资源为依托,目的地的社会文化和环境价值往往要超过其经济价值,目的地资源具有不可再生性,例如森林公园和历史文物保护区等。

(六)按照旅游目的地的开发时间与发育程度划分

按照旅游目的地的开发时间与发育程度的不同,旅游目的地可分为新兴目的地和成熟目的地。旅游目的地成熟程度是由该区域旅游业发展阶段和竞争程度不同而决定的。

早期世界旅游客源市场主要集中在欧美地区,围绕欧美旅游者的旅游需求,形成了集中在地中海、加勒比海沿岸等一批著名的旅游目的地,这一类属于成熟目的地。但随着世界旅游市场规模的不断扩大及经济、交通、技术的发展,一些新兴旅游客源市场逐步成长,如日本、韩国等。传统的、成熟的旅游目的地已经不能满足新的旅游需求,因而又形成一批新兴的国际旅游目的地,如中国、泰国、新加坡等。

四、旅游目的地的生命周期

旅游目的地发展与旅游活动密切相关,旅游目的地为旅游活动提供了空间和载体,旅游活动促进了旅游目的地发展。旅游目的地与其他产品一样具有兴衰更替的市场寿命周期。目前,被学者们公认并广泛应用的旅游目的地生命周期理论是由加拿大学者巴特勒提出的,他认为旅游目的地的生命周期可以划分为探索期、参与期、发展期、稳定期、停滞期、衰落期或复苏期六个阶段。

(一)探索期

探索期是旅游目的地发展的初始阶段。在这个时期内不存在任何正规形式的旅游,目的地也没有专门针对旅游者的基础服务设施,零散的旅游者只能住在当地居民提供的住宿设施内,其自然和社会环境未因旅游的产生而发生变化。在这一阶段,旅游目的地发展不太考虑其他相关目的地的发展情况,也不考虑市场需求,自身的资源禀赋和领导意志是开发的主导因素。

(二)参与期

随着旅游者人数的增加,旅游活动逐渐变得有规律,当地居民和企业家开始有针对性地建立数量有限的简单的旅游服务设施。在这个阶段,旅游的季节性开始形成,广告开始出现,旅游市场开始扩大。但旅游者和旅游开发商的活动对目的地的自然环境、人文环境和生态环境的消极影响还不大。

(三)发展期

旅游业发展迅猛,形成一个庞大而完善的旅游市场,外来投资骤增。旅游者人数迅猛增长,在旅游旺季,旅游者数量达到甚至超过目的地的旅游接待能力。这一时期,当地基础服务设施也被大规模现代化的设施取代。在旅游业扩张的同时,旅游目的地的环境压力也日益突出。旅游目的地开始从区域角度出发,考虑自身资源特点,挖掘潜力,发挥优势,形成自己的竞争力。

(四)稳定期

稳定期也称为固化期,其特征是到访旅游者增长率和其他与旅游相关的活动的增长速度开始下降,但是总游客量和其他相关旅游活动仍然在增长并超过了当地居民的数量。旅游业已经成为旅游目的地的支柱性产业,广告促销活动也进一步扩大,旅游有了界限分明的娱乐区、商业区。在这个阶段,旅游发展的水平和规模开始超过了目的地的环境、社会、经济等方面的承载力,给旅游目的地的环境带来了消极的负面影响。旅游目的地只有提高其综合竞争优势,才能在市场上取得持续的竞争力。

(五)停滞期

旅游环境容量已达到或超过最大限度,旅游者数量达到最大限度,旅游目的地的服

务接待设施发展能力也达到了最高点,环境、社会和经济问题接踵而至。在这一阶段,旅游市场很大程度上依赖于忠诚旅游者的重游,旅游目的地实际上对新旅游者已经失去了吸引力,并且面临着来自其他旅游目的地的竞争压力。

(六)衰落期或复苏期

衰落期特征是旅游者数量明显减少,只留下很少的周末游或一日游游客。旅游设施由于没有顾客光临而被废弃或改变用途。大型酒店或旅游休闲设施倒闭会对其他住宿设施或休闲设施产生消极影响,旅游业已经不再是主导产业。

复苏期是通过采取振兴旅游的措施使旅游目的地恢复活力。旅游目的地要恢复活力,通常需开发新的旅游产品,或者至少要重新树立现有旅游产品形象。在这个阶段,旅游目的地不仅要保持原来市场,还要寻求开发新市场,力求稳定客源,最大限度地降低季节性的消极影响和对某些市场的过度依赖。

【思考题】

应该怎样对旅游目的地进行分类?旅游目的地的生命周期包括哪几个阶段?

学习任务二　旅游目的地的功能配置

任务导入　从乡村到旅游目的地　广寒宫景区创新发展"新路径"

中新网重庆新闻2021年11月18日电(记者 贾楠)当汽车驶入重庆石柱七曜山金岭乡山腰上,平整的柏油马路盘旋入云,郁郁葱葱的自然景观环绕着乡村,富有土家特色的吊脚楼引人入胜。近日,记者从石柱土家族自治县文旅委获悉,几年前的这里还是个弯多、路窄、坡陡的乡道,车辆进出并不便利,2018年,这段公路开始修缮,将原来又窄又陡的水泥路加宽、加直、放平,不仅方便了周边村民出行,也让村民们慢慢吃上"旅游饭",而这还得益于七曜山广寒宫景区的开发打造。

今年新开园的七曜山广寒宫景区距石柱县城约50千米,隐藏在群山峡谷间,坐落于石柱七曜山国家地质公园的金铃乡中,是当地人所熟知的"冷洞"。

"在还未开发之前,这个神秘的洞就引得人们口口相传,吸引了不少市民前来打卡。"广寒宫景区负责人陈武立说道。还未开发时,"冷洞"在石柱当地的威名已经不小了,但洞内情况不明,由此"冷洞"受到了政府的保护和关注。

10年前,开发勘测七曜山国家地质公园的同时,地质专家对"冷洞"也进行了评估,对"冷洞"的观赏价值有了初步的了解。2018年,石柱农旅集团将原生态保护与适度开发相结合,对"冷洞"进行开发,2021年9月正式开园营业。

作为一个发育于4亿年前奥陶系已有上万年历史的巨型地下溶洞,主洞口海拔高度约905米,洞内常年恒温8.5℃,溶洞内的金扁蛋、钙化板等均为罕见奇观,洞内还在生长阶段的石瀑、石笋、石柱、石壶等,具有重要的科学研究价值和观赏价值。

而后,广寒宫景区被石柱县政府列为适宜四季游的景区,意味着广寒宫景区的开园

实现了石柱从夏季游到四季游的全面升级,助推石柱县文旅融合发展。

自开园以来,一时间全网各平台将广寒宫景区推向热潮。也有不少人对该景区持观望状态,深山中的一个溶洞景区未来发展将何去何从?

陈武立说:"这两年,在开发打造广寒宫景区的同时,我们也在规划周边的发展与建设"。据了解,金岭乡正在进行风貌改造,该风情街已经修建了约60%,预计2022年可以打造完成。未来,金铃乡的风貌将焕然一新,一条具有土家特色的风情街将出现在游客眼前,而当地村民也将吃上乡村旅游的"红利",带动周边就业与发展。

目前,当地公社也在计划打造吃、住、游一体的区域,让游客来到金岭乡不仅仅是单纯的游览,还可以深入当地,了解当地的风土人情、土家民俗;住下来,感受居于山间的悠闲时光。

记者了解到,广寒宫所在地金铃乡保存了丰富的原生态土家吊脚楼,土家民俗风情古朴浓郁,将丰富游客游览体验。而金铃乡独特雄浑的峡谷风光也是该地的一大特色,当车驶入七曜山,四周被连绵不绝的山脉包裹其间,一步一眼都是秀丽山水,壮美奇绝。

广寒宫景区将原生态保护与适度开发相结合,深挖文化和生态,通过优良的生态和创新建设,把文化和生态优势转化为生产力,把乡村文化以及青山和绿水变成经济和社会效益,探索出独具特色的可持续发展道路,为当地带来了发展"新路径"。

·思考· 广寒宫景区是怎样创新发展的?

学习导读

旅游目的地的空间布局是旅游规划的重要内容之一,在空间布局中,最重要的是对各区域功能进行优化组合,突出主题形象、合理功能分区、集中功能规划、保护生态环境、规划交通路线。旅游目的地功能区一般可以分为核心区和控制区,其布局模式主要有圈层布局、核式布局、链式布局、组团式布局四种模式。

知识链接

一、旅游目的地功能配置原则

旅游目的地是旅游业发展的重要资源,是旅游区域经济发展的产物,也是区域经济发展的增长极。为了保持旅游目的地的可持续发展,要追求整体功能最优,坚持保护目标优先原则,即在空间结构决定生态功能最优的前提下,寻求旅游开发功能最大限度的发挥,同时要兼顾社会经济因素。

(一)突出主题形象

突出主题形象是旅游目的地功能配置的核心原则。在旅游目的地规划、开发和建设中,要在自然景观、建筑风格、园林设计、服务方式、节庆活动等方面打造旅游目的地的形象,通过产品和服务来展示主题形象的独特之处。另外,当地居民的生活方式及居民态度也对旅游主题形象起重要影响作用。

(二)合理功能分区

在处理旅游目的地与周围环境的关系时,应协调功能分区与管理中心的关系、功能分区之间的关系、主要景观与功能小区的关系。部分功能分区具有特殊生态价值的应划为生态保护区,而旅游娱乐区可承受较大的外界干扰,应通过合理划分,引入适当的设施使其达到最佳的使用状态。协调功能分区还应对各种旅游活动进行相关分析,以确定各类活动之间的互补、相依或排斥关系,从而有效地划分功能分区,在各功能分区内为各种设施、各类活动安排适当的位置。

(三)集中功能规划

在旅游目的地规划建设时,对不同类型的接待设施,如酒店、餐饮、购物、娱乐等功能分区,应采取相对集中的规划。旅游者光顾次数最多、密度最大的商业娱乐设施区域,应布局在中心与交通便利的位置,如大酒店、主要景点附近,并在它们之间设计便捷的道路,力求使各类服务综合体在空间上形成集聚效应。这种规划有利于主题形象的形成,对举办各种促销活动可以产生一定的整体规模优势,既能防止布局散乱,又能防止对主要自然景观的视觉污染。

(四)保护生态环境

生态环境保护的目的是保障旅游目的地可持续发展,它主要包括两个方面:一是保护旅游目的地特殊的环境;二是使旅游目的地的游客接待量控制在环境承载能力之内,以维持生态环境的协调发展,保证旅游区土地的合理利用。在实施环境保护时,要充分体现以人为本的原则,实现人与自然的协调,创造充满美感的经历体验,满足低成本开发及营运技术的要求,提供后期管理上的方便。

(五)规划交通路线

在旅游目的地,交通路线的规划应充分考虑游客旅游过程中的心理特性,交通网络应高效且布局合理,参观路线应与景观形成有效配置,建立公共交通系统,采用步行或无污染的交通方式,限制高速行车,使行走与休息成为一种享受。在旅游目的地内布置有效的眺望点系统和视线走廊,让旅游者能在最佳视点充分欣赏独具魅力的自然景观和人文景观。

二、旅游目的地的功能分区

旅游目的地功能区一般可以分为核心区和控制区。

(一)旅游目的地核心区

旅游目的地核心区是对旅游酒店、餐饮、购物、交通、娱乐服务设施进行规划,确定旅游设施的数量、规模和档次;组织安排客源,确定游客容量和旅游目标市场;确定客源市场序位和旅游服务设施的网点布局。核心区是旅游目的地功能分区中的重要内容,可以分为游览区、旅游接待区、商业服务区、行政管理区、居民区等。游览区是旅游目的地的主要组成部分,也是旅游者的主要活动场所,景点比较集中,一个旅游目的地由许多游览区组成,每个游览区都有自己的特色;旅游接待区要有较好的食宿条件、完善的商业服务及配套的辅助服务;商业服务区指旅游目的地除了分散的服务点以外,可以有几个商业

服务较为集中的区域,为游客和当地居民提供服务;行政管理区是旅游目的地行政管理机构集中的地段,和旅游者不发生直接联系;居民区是旅游目的地内原有居民的居住区域,也是工作人员及其家属居住的场所。

(二)旅游目的地控制区

旅游目的地控制区是为了适度开发、利用、保护自然及人文资源,划出一定的外围保护带,以确保自然特色和人文景观面貌的完整性,从而实现旅游目的地的可持续发展。

三、旅游目的地功能分区的布局模式

(一)圈层布局模式

1. 同心圆空间布局模式

1973年,景观规划设计师理查德·福斯特倡导同心圆空间布局模式,将国家公园从里到外分成核心保护区、游憩缓冲区和密集游憩区,如图7-1所示。这种分区模式得到世界自然保护联盟认可,我国自然保护区也参照这种布局模式进行规划与管理。

2. 三区布局模式

福斯特在1973年提出三区布局模式,核心是受到严格保护的自然特色区,由里到外分别为娱乐区和服务区,如图7-2所示。自然保护区限制甚至禁止旅游者进入,旅游活动主要集中在娱乐区,娱乐区建有野营、划船、越野、观景台等设施;饭店、餐厅、旅游商店和娱乐设施主要分布在服务区,为旅客提供各种服务。这种布局模式可以运用到城市旅游空间布局上,把城市空间由里向外依次分为城市核心区、近郊旅游区、远郊旅游区等。

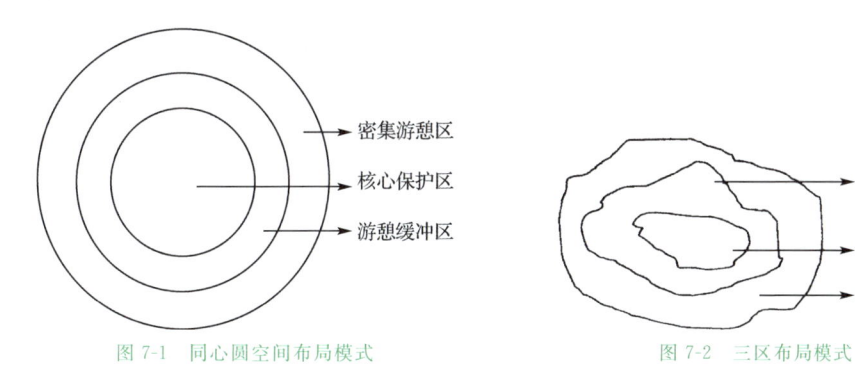

图7-1 同心圆空间布局模式

图7-2 三区布局模式

(二)核式布局模式

1. 单核式布局模式

单核式布局模式也可以称为"社区—旅游吸引物空间布局模式",是由美国学者冈恩于1965年提出的。这种模式是在旅游区中心布局一个旅游社区服务中心,外围分散形成一批旅游吸引物。在服务中心与吸引物之间有交通连线连接,但吸引物之间没形成连线,适合旅游度假地的空间布局,如图7-3所示。

2. 双核式空间布局模式

1974年,特拉维斯提出双核式空间布局模式,双核是指旅游接待设施、娱乐设施集中的两个社区:度假城镇和辅助服务社区。通过精心设计,观景台、娱乐设施、体育设施等旅游设施与服务集中在辅助服务社区内,处在自然保护区的边缘。如图7-4所示。

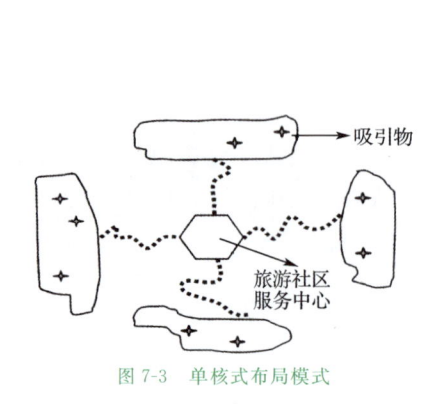

图 7-3　单核式布局模式 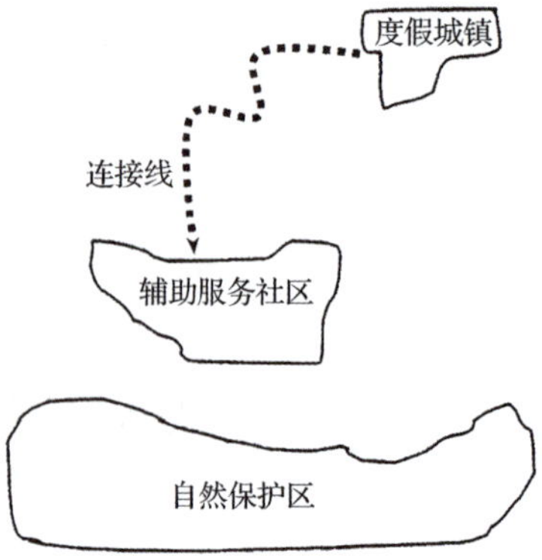　　　　　　　　图 7-4　双核式空间布局模式

3. 核式环空间布局模式

这种模式的核心是核心景区或特色旅馆。以核心景区为中心的布局模式是由酒店、餐馆、商店等设施环绕核心景区布局，各种设施连线组成圆环，设施与景区之间以道路相连，如图 7-5 所示。以特色旅馆为核心的布局模式指旅游地缺乏明显的吸引物，因此将特色旅馆布局在中心位置，如图 7-6 所示。

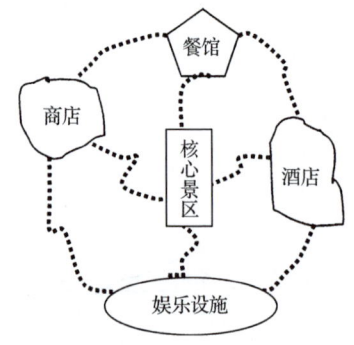

图 7-5　核式环空间布局模式 1 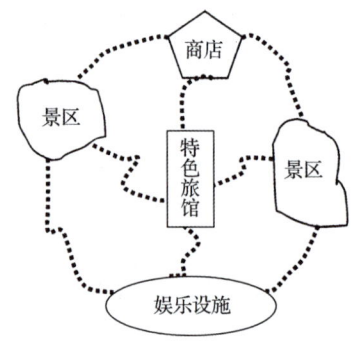　　　　　图 7-6　核式环空间布局模式 2

(三) 链式布局模式

在海滨旅游目的地，空间布局模式常采用链式布局模式，主要体现在旅游设施布局与海岸线的区位关系上，如图 7-7 所示。海滨旅游设施空间布局的一般模式是，从海水区、海岸线到内陆依次布局海上活动区（养殖区、垂钓区、海滨浴场、游艇船坞）、海滩活动区（滨海公园、沿海植物带、娱乐区、野营区）、陆上活动区（野炊区、交通线、餐饮设施、旅游中心等）。从陆上活动区到海面，旅游设施和建筑物的高度依次降低。

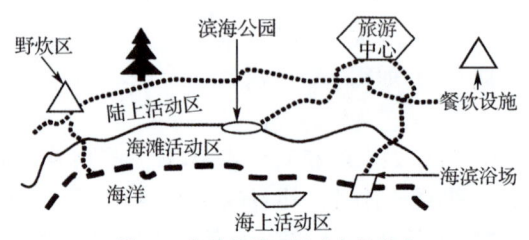

图 7-7　海滨旅游区链式布局模式

(四)组团式布局模式

1. 游憩区—保护区空间布局模式

1988年,冈恩提出的游憩区—保护区布局模式,实际上就是组团布局模式。他把国家公园分为重点资源保护区、低利用荒野区、分散游憩区、密集游憩区和服务区,如图7-8所示。

2. 草原旅游区布局模式

草原型景区的资源分布面广,景区内差异性小,地理条件不允许建大型旅馆。例如,蒙古包就是长期适应草原环境的结果,符合生态法则。这种布局模式大多呈组团式布局,中间是接待区域,由中心向外依次是食宿、厕所,如图7-9所示。

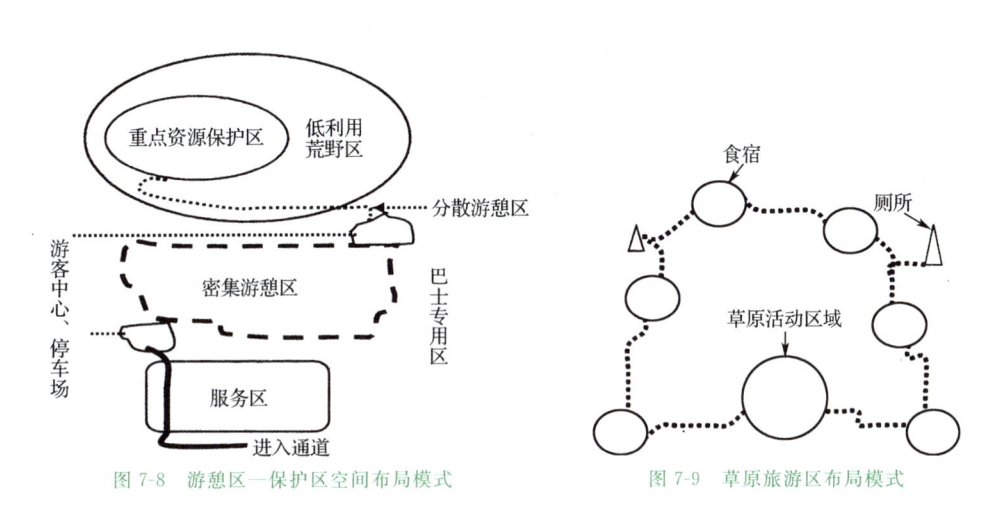

图 7-8　游憩区—保护区空间布局模式

图 7-9　草原旅游区布局模式

【思 考 题】

旅游目的地的功能配置应符合什么原则?旅游目的地功能分区的布局模式有哪些?

学习任务三　旅游目的地竞争力评价

任务导入　　　国内十大红色旅游目的地榜单发布

2021年是中国共产党建党100周年,全国各地掀起了一股红色旅游潮。一大批国内目的地正积极挖掘红色旅游资源,开展创新设计和旅游产品开发,推出了众多深受年轻游客喜爱的红色旅游产品,为市场带来了新的活力。数据显示,最受游客关注的十个红色旅游目的地分别是嘉兴、徐州、延安、安顺、遵义、锦州、赣州、枣庄、信阳和抚顺。除了

以红色旅游为主要特色的旅游目的地外,北京、上海、西安、重庆等众多旅游热门城市及其周边,也存在大量红色旅游景点。

浙江嘉兴:嘉兴南湖是中国共产党第一次全国代表大会的举办地,一艘简陋的游船见证了中国共产党的诞生。在浙江嘉兴南湖湖心岛的东南岸,湖光山色中,这艘普通的画舫船默默停驻。这艘普通的画舫船,孕育和见证了中国共产党历史上开天辟地的大事件,和井冈山、延安、西柏坡等圣地一道串起了中国革命的红色道路。

江苏徐州:徐州是抗日战争中徐州会战的主战场,解放战争时期著名的淮海战役也曾在徐州展开多次激战。近年来,淮塔管理局也在淮塔园林和淮海战役战场旧址设置教学点,开展现场授课,还创造了梆子戏《人民母亲》、音乐剧《淮海儿女》等,提升红色旅游的感染力和影响力,歌颂淮海战役精神。

陕西延安:延安是国内最具代表性的红色旅游目的地之一,全市共有 445 处革命纪念地,是中国保存最完整、面积最大的革命遗址群。延安革命纪念馆、杨家岭革命旧址、王家坪革命旧址等众多红色景点,全方位展现了中国共产党在延安十三年间艰苦奋斗的光辉历程。

贵州安顺:贵州安顺留下了红军长征的辉煌足迹,1935 年,中国工农红军第一方面军第三军团长征路经位于安顺镇宁县红星村的弄染寨,时任军团长的彭德怀与当地布依族首领结盟,在布依族群众的帮助下顺利经过沙子沟,成为红军长征史上影响深远的重大事件之一。除了举世闻名的黄果树瀑布之外,安顺还有王若飞故居、陈列馆等众多红色景点,让人们在美好的生活中感受长征的文化与精神。

贵州遵义:1935 年,著名的遵义会议在此召开。数十年过去,这次会议的遗址仍保留在遵义老城中,木结构的会议室里,基本保持了当年的原貌,每年为数以万计的游客讲述红色的历史。遵义距贵阳仅 2 小时车程,交通方便。娄山关也是遵义红色旅游的重要景点,长征途中,红军在此二渡赤水,歼灭黔军,攻下娄山关。对于户外爱好者来说,单是这里雄奇险秀的山地景色,就非常值得一游。

辽宁锦州:1948 年辽沈战役打响,锦州是山海关前的重要战略据点,锦州的解放为辽沈战役的胜利奠定了基础。辽沈战役纪念馆的老馆建于 1959 年,新馆于 1988 年落成,并于 2002 年至 2004 年闭馆修缮。纪念馆采用灯箱、光导沙盘、雕塑、油画、投影、景观复原、多媒体等多种艺术形式,全面展示了辽沈战役波澜壮阔的历史事件,突出了"新中国的曙光从这里升起"的主题。此外,锦州还有多处烈士陵园和辽沈战役遗址,供人们瞻仰和纪念。

江西赣州:赣州是全国著名的革命老区,1931 年 11 月,中华苏维埃共和国在赣州瑞金诞生。第二次国内革命战争时期,众多老一辈无产阶级革命家在此战斗和生活,为当地留下了大量红色旅游资源和精神财富,经典红色景区包括苏维埃三大旧址群、长征第一山、长征第一渡、宁都起义指挥部旧址等。

山东枣庄:枣庄是抗日战争时期台儿庄战役和铁道游击队的主战场,是著名的红色旅游城市。台儿庄大战纪念馆和战时的台儿庄火车站之间仅有一河之隔,纪念馆内存有台儿庄大战时中日双方的资料和文物。铁道游击队影视城则按真实大小修建了商行、照相馆、炮楼等建筑,让游客可以来一场"穿越之旅"。

河南信阳:罗山县是红二十五军长征的出发地,信阳境内有鄂豫皖苏区首府革命博

物馆、鄂豫皖革命根据地旧址、中国工农红军第二十五军司令部旧址、邓颖超祖居等众多红色景点。许世友将军故里、郑维山将军故里也坐落在新县的乡间。

辽宁抚顺：抚顺有著名的平顶山惨案遗址纪念馆。纪念馆以历史图片、雕塑等多种方式展示了第二次世界大战中日本帝国主义屠杀中国平民的现场。馆内还展示着屠杀现场出土的手镯、耳环、戒指等常见首饰，以及烧焦的月饼、饭团等。曾经关押过"末代皇帝"溥仪和日本战犯的抚顺战犯管理所，也是抚顺重要的红色旅游景点。

思考 浙江嘉兴等地作为国内著名的红色旅游目的地，其行业竞争力如何？

学习导读

旅游目的地竞争力的主体是满足旅游者需求的服务和设施，直接目标是满足旅游者的需求，实现旅游目的地的经济目标，促进当地的繁荣，增加居民的收入。旅游目的地竞争力的影响因素分为直接影响因素和间接影响因素，直接影响因素包括旅游资源、旅游产品、旅游需求、市场营销和旅游企业；间接影响因素包括区位条件、基础设施、人力资源和旅游环境。旅游目的地竞争力评价通常采用定性方法、定量方法及定性与定量相结合的方法。

知识链接

一、旅游目的地竞争力的概念

国外对旅游目的地竞争力的界定来自于一般竞争力，但与一般竞争力概念又有所不同。主要观点如下：

皮尔斯从目的地开发角度，把目的地竞争力描述为：目的地在一个规划框架内，在不同目的地之间对各个目的地特征系统地分析和比较的技术和方法。

克劳奇和里奇认为，最有竞争力的目的地应是那些获得最大成功的目的地，即在可持续发展的基础上为其居民创造更多财富的目的地。

哈特赛尔认为，一个有竞争力的目的地必须是一个旅游市场份额很高或增长很快的目的地。因而，他把目的地竞争力定义为一个目的地能够维持在旅游市场上的地位和市场份额并不断地改进它们的能力。

萨赫利提出，一个国家在某个旅游部门的外部竞争力可以定义为国家保持或提高其旅游出口市场份额的能力。

通过分析可以看出，不同学者对旅游目的地竞争力概念的界定与表述存在较大差异，而差异最大的方面体现在对旅游目的地竞争目标的界定上。我们认为：旅游目的地竞争力的主体是旅游目的地，即满足旅游者需求的服务和设施中心，直接目标是满足旅游者的需求，从而实现旅游目的地的经济目标，促进当地的繁荣和居民收入的增加。

二、旅游目的地竞争力的影响因素

（一）直接影响因素

1. 旅游资源

旅游资源是发展旅游业的前提和基础，资源条件的好坏往往决定一个旅游目的地旅

游业的发展程度和发展后劲。人们外出旅游的主要目的是远离喧嚣和污染、亲近自然、享受清新的空气和优雅的环境。舒适宜人的气候条件能使人身心舒畅,较快地恢复体力和精力。

2. 旅游产品

旅游产品是影响旅游目的地竞争力的主要因素。旅游产品的功能和类型能否满足不同层次旅游者对旅游产品多样性的需求是旅游目的地能否持久发展的关键因素。在旅游产品开发过程中,应加强技术创新,改善经营管理,合理配置产品结构,避免价格竞争和产品雷同化,这样才能使旅游产品更具有竞争力。

3. 旅游需求

旅游业作为市场经济的组成部分,它的一项重要的功能就是不断地满足旅游者的消费需求,并获取经济利益。旅游市场份额直接影响旅游目的地竞争力的大小,所以应注重对旅游市场需求的研究。旅游市场需求状况对旅游目的地的目标市场定位、设施建设、旅游活动内容等都有很大的影响。

4. 市场营销

市场营销是旅游目的地竞争力实现的载体。任何一个旅游目的地要想可持续发展,充足的客流和有规模的市场是不可或缺的要素。对于一个旅游目的地来说,必须具备充足的市场空间,保证当地旅游业的规模开发和持续经营,这样旅游目的地才能实现可持续发展。市场营销能力是市场调研、市场细分、市场定位、市场促销、提供服务和品牌化等各种活动能力的综合体现。旅游市场营销能力决定了目的地旅游产品在市场的地位和份额,从而直接体现了旅游目的地竞争力的大小。

5. 旅游企业

旅游企业是旅游供给和需求的媒介,也是旅游竞争的操作者。旅游目的地企业的规模、发展战略、发展目标、经营策略、企业自我积累和发展机制的形成对旅游目的地竞争力起着积极的作用。旅游企业间的竞争是否公平合理,竞争机制是否有效,这些都与旅游目的地竞争能力有着密切的关系。

(二)间接影响因素

1. 区位条件

区位条件包括地理区位、经济区位和旅游区位三个方面。地理区位具有纬度地带性和经度地带性的特点,旅游目的地所处的地理环境不同,旅游资源形成各自的特点,导致旅游吸引力的不同。那些拥有良好、独特的自然条件的旅游目的地,在当今污染严重的世界中变得越加有魅力,成为决定旅游目的地竞争力大小的重要因素之一。旅游区位可以看成旅游区域与客源地的相对位置和可达性。区位条件决定了一个旅游目的地的旅游资源的相对价格、市场规模、旅游发展前景,进而影响其竞争力。

2. 基础设施

基础设施是影响旅游目的地竞争力的一个重要因素,是一个国家和地区发展旅游业的重要物质基础,同时也是旅游业深度发展的后盾,一般包括交通工具、绿化、供水、供电、通信、治安管理以及住宿设施和游憩娱乐设施等。如果没有相应的基础服务接待设施,旅游目的地就无法实现其旅游功能。

3. 人力资源

拥有一定数量、质量且结构合理的人力资源是旅游目的地得以存在和发展的根本保证。一个旅游目的地的人力资源、人力结构、人力素质、人力资本投入及供求关系直接影响着目的地旅游业发展。旅游人才是旅游目的地经济的发动机,它不仅会改变目的地传统的旅游产业结构和经济模式,更重要的是它将改变旅游目的地旅游空间结构和价值取向,引导政府建立新型的适应企业竞争需要的现代管理模式。

4. 旅游环境

旅游环境可以分为经济环境、社会文化环境、科技环境和政治法律环境。经济环境包括旅游目的地总体经济发展水平、居民收入水平、经济开放程度、金融产业发展状况等。经济发达的旅游目的地拥有较强的旅游投资能力,接待能力强、开发规模大,具有较强的竞争力;反之,旅游目的地的竞争力则较弱。社会文化环境主要包括整体文化氛围、地方风俗、治安状况、文明程度、当地居民对发展旅游业的态度、外来文化与当地文化的融合程度等。良好的社会文化环境能优化和放大旅游者的审美感受,甚至成为旅游吸引物的有机组成部分。科技环境决定了旅游产业结构的优化、效率提高的程度和旅游竞争优势的大小,是旅游产业优胜劣汰的关键,是强化旅游市场竞争、提高市场竞争力的重要手段之一。政治法律环境主要包括一个国家和地区的政治制度、体制、方针政策、法律法规等,在某种程度上影响了旅游目的地的发展及其竞争力的大小。

三、旅游目的地竞争力评价方法

旅游目的地是通过整合各类要素而形成的能够引发旅游者旅游动机,并能提供有效产品和服务的地理空间。旅游目的地竞争力的基础是旅游目的地所具有的所有资源,包括各类旅游资源、接待设施、人力资源以及资本资源。竞争的最终表现是旅游者需求的满足以及通过这种满足而获得的相应利益。旅游目的地竞争力就是在一定的投入下获取最大、最有产出的能力。这种能力只能通过现实的投入与产出的比较来确定高低。在旅游目的地竞争力评价模型的基础上,构建旅游目的地投入要素的指标和产出要素的指标,并对这些指标进行细化,形成旅游目的地竞争力评价的指标体系。在选定评价指标之后,旅游目的地竞争力测评方法成为落实评价任务的手段。常用的目的地竞争力测评方法为定性方法、定量方法和定性与定量相结合的方法。

(一)定性方法

旅游目的地竞争力评价初期采用的主要方法包括归纳法、演绎法、德尔菲法和情景法等。定性方法主要是根据旅游目的地自身特点及其变化规律,归纳演绎得出区域旅游产业竞争力模型的方法。

(二)定量方法

定量方法通常用于分析和处理数据,常用的定量方法有因子分析法、模糊判别法、主成分分析法和聚类分析法。

1. 因子分析法

因子分析法的基本目的就是用少数几个因子去描述多个指标或因素之间的联系,即将相关的比较密切的几个变量归在同一类中,每一类变量就成为一个因子,用较少的几

个因子反映原资料的大部分信息。运用这种研究方法,可以方便地找出影响旅游者购买、消费以及满意度的主要因素以及它们的影响力等。

2. 模糊判别法

模糊判别法是指用数学方法研究和处理模糊现象的数学问题,模糊数学模型包括模糊聚类、模糊识别、模糊线性规划等。在旅游目的地竞争力研究方面,特别是在综合评判模型中,模糊识别法应用得较多。

3. 主成分分析法

主成分分析法也称主分量分析法,旨在利用降维的思想,把多指标转化为少数几个综合指标。在实证问题研究中,为了全面、系统地分析问题,必须考虑众多影响因素。这些涉及的因素一般称为指标,在多元统计分析中也称为变量。因为每个变量都在不同程度上反映了所研究问题的某些信息,并且指标之间彼此有一定的相关性,因而所得统计数据反映的信息在一定程度上有重叠。在用统计方法研究多变量问题时,变量太多会增加计算量和增加分析问题的复杂性,人们希望在进行定量分析的过程中,涉及的变量较少,得到的信息量较多。

4. 聚类分析法

聚类分析法是根据事物本身的特性研究个体分析的方法,其原则是同一类中的个体有较强的相似性,不同类的个体差异很大。聚类分析包括样品聚类和变量聚类两种。进行聚类分析首先应该进行相似性度量,即采用一定的方法来确定相似系数;在相似矩阵的基础上,把变量分为不同的类别。当要聚成的类数是外生变量时,可以采用 K 均值分类法,对观测量进行快速聚类。

(三)定性与定量相结合的方法

国内在进行旅游目的地竞争力测量中主要采用的是层次分析法。有学者将旅游目的地的国际竞争力综合评价的基本层次概括为旅游资源与产品条件、社会经济条件以及其他条件三个方面,并得到第二层评价指标域和第三层评价指标层。还有学者将前人定性研究得到的指标细化形成问卷,通过访谈的方式获得数据,对此组数据进行统计分析,获得方差、均值等分布状态。

【思考题】

影响旅游目的地竞争力的因素有哪些?我们应该怎样对旅游目的地竞争力进行评价?

学习任务四　旅游目的地智慧旅游建设

任务导入　文化和旅游部公布 2021 年智慧旅游典型案例

2021 年 12 月 24 日,文化和旅游部公布 2021 年智慧旅游典型案例,故宫博物院"智慧开放"项目等 27 个典型案例入选。

为深入发展"大众旅游、智慧旅游,创新旅游产品体系,改善旅游消费体验",加快推进

以数字化、网络化、智能化为特征的智慧旅游发展,文化和旅游部资源开发司经多方综合评审,确定了全国27个智慧旅游典型案例,分为"智慧旅游景区、度假区、乡村建设运营典型案例"和"智慧旅游公共服务平台建设运营典型案例"两种类型。其中,"智慧旅游景区、度假区、乡村建设运营典型案例"包括故宫博物院"智慧开放"项目、唐山市南湖·开滦旅游景区智慧旅游探索、大连市发现王国"智慧潮玩"新模式等15个案例;"智慧旅游公共服务平台建设运营典型案例"包括北京市延庆区"长城内外"全域旅游数字化生活新服务平台、黑龙江省黑河市智慧旅游服务平台一站式无障碍服务、"君到苏州"文化旅游总入口平台提升文旅综合服务效能等12个案例。

(资料来源:中国经济网,2022-01-18)

思考 什么是智慧旅游?目前,我国智慧旅游发展现状如何?

学习导读

智慧旅游,也被称为智能旅游,是利用云计算、物联网等技术,通过互联网或移动互联网借助便携的终端上网设备,主动感知旅游资源、旅游经济、旅游活动等方面的信息,且信息能够得以及时发布,从而达到人们对各类旅游信息的智能感知、方便利用的效果,让人们可以及时安排和调整工作与旅游计划。

知识链接

一、智慧旅游的概念

"智慧旅游"是一个全新的命题,它是一种物联网、云计算、下一代通信网络、高性能信息处理、智能数据挖掘等技术在旅游体验、旅游产业发展等方面的应用,使旅游信息资源得到高度系统化的整合和深度的开发激活,并服务于公众、企业、政府等的全新旅游形态。它以融合的通信与信息技术为基础,以旅游者互动体验为中心,以一体化的行业信息管理为保障,以激励产业创新、促进产业结构升级为特色。简单地说,智慧旅游就是旅游者与网络实时互动,使游程安排进入触摸时代。

二、智慧旅游的历史发展

江苏省镇江市于2010年在全国率先提出"智慧旅游"概念,开展"智慧旅游"项目建设,开辟"感知镇江、智慧旅游"新时空。智慧旅游的核心技术之一的"感动芯"技术在镇江市研发成功,并在北京奥运会、上海世博会上得以应用。中国国家标准化管理委员会批准"无线传感自组网技术规范标准"由镇江市拟定,使得镇江市此类技术的研发、生产、应用和标准制定在全国处于领先地位,为智慧旅游项目建设提供了专业技术支撑。

在2010年第六届海峡旅游博览会上,福建省旅游局(现福建省文化和旅游厅)提出建设"智能旅游"概念,并在网上建立"海峡智能旅游参建单位管理系统"。为了做好智能

旅游探索工作，福建启动了"智能旅游"的先导工程——"三个一"工程建设，即一网（海峡旅游网上超市），一卡（海峡旅游卡，包括银行联名卡、休闲储值卡、手机二维码的"飞信卡"，以及衍生的目的地专项卡等），一线（海峡旅游呼叫中心，包括公益服务热线和商务资讯增值预订服务热线）。海峡旅游银行卡在2010年已面向福建省内外游客发行；海峡旅游呼叫中心新平台于2011年1月1日开通试运行。

2011年4月13日，在南京"智慧旅游"建设启动仪式上，南京市旅游园林局（现南京市文化和旅游局）介绍：面对越来越大的体量、越来越多的旅游产品、越来越高的需求水准和越来越激烈的市场竞争，要想把旅游产业做强，使旅游产业快速健康发展，就必须依靠现代科技的力量，采用一种低成本、高效率的联合服务模式，用网络把涉及旅游的各个要素联系起来，为游客提供智慧化的旅游服务，为管理部门提供智能化的管理手段，为旅游企业提供更高效的营销平台和广阔的客源市场。南京启动"智慧旅游"建设，将重点为游客提供更便捷、智能化的旅游体验，为政府管理提供更高效、智能化的信息平台，促进旅游资源转化为旅游产品，放大资源效益的核心目标，采用"政府主导、多方参与、市场化运作"的运作模式，联合社会各方优势资源共同推进"智慧旅游"建设，这正是顺应了现代旅游业发展的要求和趋势。

2011年9月27日，苏州"智慧旅游"新闻发布会召开，苏州市旅游局（现苏州市文化广电和旅游局）正式面向游客提供以智能导游为核心功能的智慧旅游服务，通过与在国内智能导游领域领先的科技公司进行充分合作，将其"玩伴手机智能导游"引入到智慧旅游中，大幅度提升来苏游客的服务品质，让更多游客感受到"贴身服务"的旅游新体验，为提升苏州整体旅游服务水平打下了良好的基础。

2011年黄山市旅游局（现黄山市文化和旅游局）开始建立智慧旅游综合调度中心，主要由"旅游综合服务平台"和"旅游电子商务平台"构成，具有"管理、服务、展示、经营"四大功能。

2011年11月，洛阳旅游体验网、洛阳旅游资讯版、洛阳旅游政务版以及英、日、法、俄、韩、德6个语种的外文版旅游网站均已建成。2011年牡丹文化节期间，洛阳市旅游局（现洛阳市文化广电和旅游局）与中国移动通信集团洛阳分公司联合推出电子门票，开通官方微博等平台，形成立体交叉的互联网、物联网旅游服务体系，在吸引游客方面作用明显，初步打造出"智慧旅游"的基础设施。

2012年初，南京市全力推进"智慧旅游"项目建设，项目分为六个部分，项目建成后，凡是使用智能手机的游客，来南京后都会收到一条欢迎短信。游客可根据短信上的网址下载"游客助手"平台。该平台分为资讯、线路、景区、导航、休闲、餐饮、购物、交通、酒店九大板块，集合了最新的旅游信息、景区介绍、活动信息、自驾游线路、商家促销活动、实时路况和火车票信息等资讯。游客安装平台后，可以根据个人需要实现在线查询、预订等服务需求。南京市玄武区旅游局（现南京市玄武区文化和旅游局）与某科技公司合作，全力建设本区内著名旅游景点的手机端智慧旅游平台。

2015年4月4日，黄山市强化"智慧旅游"营销方案，加入经纬度实地勘测，真正做到"移步换景，人到声起"，让游客深入了解景点的人文历史、传说故事，更实现了谷歌离线地图的使用，游客可用无线网先下载好景点数据，然后只需要打开全球定位系统，不需要

任何数据流量就可以实现自助语音导游了。

2022年10月16日,党的二十大报告指出要"加快构建新发展格局,着力推动高质量发展",其中的"建设现代化产业体系"包括:构建优质高效的服务业新体系,推动现代服务业同先进制造业、现代农业深度融合。加快发展物联网,建设高效顺畅的流通体系,降低物流成本。加快发展数字经济,促进数字经济和实体经济深度融合,打造具有国际竞争力的数字产业集群。这一报告内容为我国智慧旅游的发展指明了方向。

三、智慧旅游的表现

智慧旅游的"智慧"主要体现在"旅游服务的智慧"、"旅游管理的智慧"和"旅游营销的智慧"这三大方面。

(一)服务智慧

智慧旅游从旅游者出发,通过信息技术提升旅游体验和旅游品质。旅游者在旅游信息获取、旅游计划决策、旅游产品预订支付、享受旅游以及评价旅游的整体过程中都能感受到智慧旅游带来的全新服务体验。智慧旅游可以让旅游者快捷地获取旅游信息,帮助他们更好地安排旅游计划并形成旅游决策,让旅游者的旅游过程更顺畅,提升旅游的舒适度和满意度,确保旅游行程的安全与品质,推动传统的旅游消费方式向现代的旅游消费方式转变,引导旅游者形成新的旅游习惯。

(二)管理智慧

智慧旅游将实现传统旅游管理方式向现代管理方式的转变。通过信息技术,可以及时、准确地掌握旅游者的旅游活动信息和旅游企业的经营信息,实现旅游行业监管从传统的被动处理、事后管理向过程管理和实时管理转变。智慧旅游与公安、交通、工商、卫生、质检等部门进行信息共享和协作联动,形成旅游预测预警机制,提高了应急管理能力,保障了旅游者安全,实现了对旅游投诉及旅游质量问题的有效处理,维护了旅游市场秩序。依托信息技术,智慧旅游可以主动获取旅游者信息,形成旅游者数据积累和分析体系,全面了解旅游者的需求变化与旅游企业的相关信息,实现科学决策和科学管理。

(三)营销智慧

智慧旅游通过旅游舆情监控和数据分析,挖掘旅游热点和旅游者兴趣点,引导旅游企业策划相应的旅游产品,调整原有的营销模式,推动旅游行业的产品创新和营销创新,并充分利用新媒体的传播特性,吸引旅游者主动参与到旅游的营销中去,通过积累旅游者数据和旅游产品消费数据,逐步形成自媒体营销平台。

四、智慧旅游的作用

(一)更好地为旅游者服务

智慧旅游为旅游者提供了自动化的服务系统和技术平台,包括政府发布的最新公告、旅游企业最新的优惠政策、旅游目的地的信息发布、最佳旅游线路、预订支付系统等内容。智慧旅游的发展使人们足不出户就可以掌握旅游目的地的海量信息,消除旅游者、旅游企业和旅游管理部门之间的信息障碍,有效地解决旅游活动中的信息不对称问

题。智慧旅游还可以辅助旅游者进行消费决策,并提供更丰富的旅游公共产品,使旅游者获得更好的旅游体验。智慧旅游还将改变旅游产品预订及支付方式,使旅游者能够及时获得更丰富的产品信息,并根据自身需求进行个性化定制,并通过在线支付的方式,实现远程即时消费。

(二)创新旅游的营销模式

智慧旅游通过分析旅游数据,可发现旅游者的偏好,挖掘旅游热点,引导旅游企业打造满足旅游者需求的各类旅游产品,制定相应的营销策略,实现旅游产品营销模式的创新。智慧旅游还可通过投诉建议系统吸引广大旅游者主动参与到旅游产品营销和信息传播中去,有利于提升旅游企业的经营与管理水平,降低旅游企业的运营成本,提高旅游服务的水平和旅游产品的竞争力。

(三)提升行业管理水平

智慧旅游可促进旅游管理创新,实现从传统旅游管理方式向现代管理方式的转变。旅游管理部门通过信息技术可以获取旅游者的实时信息,并对旅游企业进行动态监控,及时发布旅游指导信息或管理意见。智慧旅游使管理部门可以实时了解旅游景区的生态状况,通过在景区环境保护、旅游承载力管控等方面综合应用智慧旅游手段,均衡旅游者的分布,降低旅游者对资源的破坏,确保旅游者的满意度,缓解景区保护和旅游发展之间的矛盾。智慧旅游还可实现与相关部门的信息共享与协作,联合维护旅游市场秩序,保护旅游者权益,有效处理旅游投诉等问题。此外,智慧旅游还可及时监测和预防各种突发事件,提高旅游应急管理能力。由此可见,智慧旅游加强了旅游者、旅游企业、旅游景区和旅游管理部门之间的联系,有效整合了旅游资源,从而有助于提升行业的管理水平。

(四)带动相关产业发展

智慧旅游是旅游业和信息技术融合发展的结果,对其的应用可降低旅游企业的运营成本,提高经营管理的水平,改善运营模式,优化产业结构,从而推动旅游产业的整体发展。此外,智慧旅游的建设还会促进物联网、云计算等新兴信息产业的发展,促进智能手机、平板电脑等移动终端产业及旅游在线服务、旅游搜索引擎等相关产业的快速发展。

(五)促进智慧城市建设

智慧旅游是智慧城市建设的重要组成部分。智慧旅游与智慧医疗、智慧交通、智慧公共安全等其他系统密切联系、相互协作,共同促进智慧城市的建设和发展。智慧旅游可增加收入、带动相关产业、助推区域经济稳步增长。在创造经济效益的同时,智慧旅游还带来了社会价值,可以扩大就业,促进和谐社会建设,扩大城市的知名度,等等。智慧旅游体系的建设体现了科学发展、创新城市的思想,将进一步促进智慧城市的可持续发展。

【思考题】

智慧旅游对我国旅游发展有什么重要意义?

项目小结

　　旅游目的地是在一定的空间范围内,对一定规模旅游市场具有吸引力的旅游吸引物、旅游要素的集合体,且能形成旅游业六大要素综合协调发展,并满足旅游者各种旅游需求的区域。旅游目的地的基本条件由旅游吸引物、可进入性、旅游设施和旅游市场组成。可以按照旅游资源类型、旅游者需求、旅游资源的等级、旅游目的地的空间范围、旅游目的地功能和用途、旅游目的地开发时间与发育程度等方面对旅游目的地进行分类。旅游目的地的生命周期可以划分为探索期、参与期、发展期、稳定期、停滞期、衰落期或复苏期六个阶段。旅游目的地的功能配置应遵循突出主题形象、合理功能分区、集中功能规划、保护生态环境、规划交通路线等原则。旅游目的地功能区一般可分为核心区和控制区,功能布局模式主要有圈层布局、核式布局、链式布局和组团式布局四种模式。旅游目的地竞争力的影响因素包括直接影响因素和间接影响因素,旅游目的地竞争力评价方法包括定性方法、定量方法和定性与定量相结合的方法。智慧旅游是以云计算为基础、以移动终端应用为核心、以感知互动等高效信息服务为特征的旅游信息化发展新模式,智慧旅游的建设与发展主要体现在旅游管理、旅游服务和旅游营销三个层面。

项目实训

　　1. 以小组为单位,组织学生对省内知名旅游目的地进行分类,要求学生分组进行成果展示,并说明分类的依据。

　　2. 以小组为单位,选择省内若干个著名旅游目的地,组织学生对所选旅游目的地竞争力进行评价,通过讨论与交流,形成书面评价报告。

拓展训练

云南深入推进旅游革命"三部曲" 建设"世界一流旅游目的地"

　　据2021年12月21日召开的首场云南省委新闻发布会消息,云南省将深入推进"整治乱象、智慧旅游、提升品质"旅游革命"三部曲"。

　　2020年12月9日,中共云南省委十届十一次全会审议通过的《中共云南省委关于制定云南省国民经济和社会发展第十四个五年规划和二〇三五年远景目标的建议》提出,要深入推进"整治乱象、智慧旅游、提升品质"旅游革命"三部曲"。云南省文化和旅游厅党组书记、厅长曾艳介绍,近年来,云南省旅游市场秩序根本好转,"一部手机游云南"成为智慧旅游新标杆。现阶段,品质提升成为全省文旅工作的重中之重,云南省将着力推动"三个体系"构建。

构建全域文旅融合发展体系

倡导"云南只有一个景区,这个景区叫云南"的全域旅游理念,借力全省快速形成的立体化交通网络,积极创建国家级全域旅游示范区、国家级旅游度假区、国家级文化产业示范园区、国家文化和消费试点(示范)城市和国家5A级旅游景区,提升旅游目的地产品和服务供给品质,培育打造一批新的品牌旅游目的地。

遵循"改革创新、示范引领、宜融则融、能融尽融、以文促旅、以旅彰文"原则,加快文旅深度融合发展,着力把以非遗、文物、世界遗产等为代表的多彩民族文化和厚重历史文化,以及以红军长征精神、西南联大教育救国精神、西畴精神、善洲精神等为代表的革命文化元素,深度嵌入到旅游开发建设、旅游宣传营销、旅游活动组织等各个领域,让文物活起来,陈列在广阔大地上的遗产、书写在古籍里的文字都活起来,丰富文旅产品内涵,充分彰显文化价值,体现文化自信。

构建文旅新产品供给体系

聚焦文旅新项目建设、新产品开发和新业态培育,推动"一流资源"转化为"一流产品",形成"一流产业",提供"一流服务",打造"一流品牌",建设"世界一流旅游目的地"。依托全省高品质文旅资源,结合国内外文旅市场新需求,高水平策划包装一批省级重大文旅项目,并纳入全省产业发展"双十""双百"工程统筹推进。

践行"绿水青山就是金山银山"理念,在坚决保护生态环境基础上,加快大滇西旅游环线建设,尽快落地一批"藏在山间、隐没林中、外观古朴、内部高端、设施现代、服务一流"的半山酒店,布局一批文旅融合、度假康养、研学科考、户外运动、乡村休闲新产品,积极引进国内外知名管理运营品牌,提供专业化一站式高品质服务,开创文旅产品供给和运营服务的全新模式。

构建优质文旅服务供给体系

加大公共服务补短板力度,推进"三馆一站一中心"和智慧景区、旅游厕所、综合性游客服务中心、自驾车露营地等公共服务设施建设,推动"爱国卫生7个专项行动"进景区、进公共文化服务场所。巩固旅游市场秩序整治成果,创新文旅市场监管手段,完善游客投诉快速处置和"30天无理由退货"机制,不断提高涉旅案件处置质量和效率。完善旅游诚信体系,开展文明旅游活动,着力提升服务品质,倡导文明、健康、绿色文旅新风尚,为游客提供安全、方便、快捷、放心、舒心的文旅市场环境。

讨论 云南省采取了哪些措施来提高其作为旅游目的地的竞争力?

在线自测

项目八 旅游文化介绍

知识目标

- 掌握旅游文化的基本内涵及结构特点
- 了解旅游文化的形成、地位和主要功能
- 掌握旅游文化建设的具体内容及发展趋势

能力目标

- 能够科学分析不同类型旅游文化的审美特点
- 能够有效结合旅游文化进行旅游产品开发
- 能够独立运用旅游文化指导游客进行消费

思政目标

- 了解传统文化的内涵和价值,做中华优秀传统文化的传播者
- 讲好中国旅游故事,坚定民族文化自信

学习任务一　旅游文化的基本内涵分析

任务导入　　旅游文化的内容和结构

旅游文化是一个非常复杂的系统,其内容丰富多彩。作为社会总体文化的重要组成部分,它属于一种亚文化,主要包括物质文化、制度文化和观念文化三个层面。

物质文化是指旅游活动中出现的物质实体,如旅游景观、旅游商品、旅游接待设施等;制度文化是指旅游过程中形成的各种社会规范及约定俗成的规范;观念文化是与旅游有关或在旅游消费中形成的价值观、审美标准和思维方式等。根据一般文化的理论框架来分析旅游文化的内容和结构,不能说明其特殊性,还会给旅游文化的研究带来诸多不便。因此,旅游学术界多从旅游文化的基本特点出发,对其内容结构进行剖析,将旅游文化分为旅游主体文化、旅游客体文化和旅游媒体文化三个部分。

思考　旅游文化和文化是一种什么关系?分析旅游文化的内容和结构,关键需要把握什么?

学习导读

旅游作为人类社会经济文化发展的产物,其本身就是一种文化行为,无论是对旅游历史的回顾,还是对当代旅游的考察,或者是对未来旅游发展的探讨,都离不开对旅游文化的分析和研究。与此同时,旅游活动的主要目的就是满足人们身心愉悦的愿望,其全部过程都包含着丰富的文化内涵。因此,离开了文化这一核心内容,旅游消费就会变得枯燥乏味,旅游产品也不可能具有持久生命力。

知识链接

一、旅游文化的基本含义

(一)旅游文化的不同定义

正确而深刻地理解旅游文化的内涵,并对其进行科学的分类,是加强旅游文化建设的前提条件,它将使旅游文化建设更具有针对性、目的性和可操作性。关于旅游文化的定义,我国旅游学术界主要有以下几种看法:

张复(1991)认为:"旅游文化是与旅游有关的物质财富与精神财富的总和,它包括旅游意识、旅游活动及其精神产品。"

郝长海(1996)认为:"旅游文化是人类创造的有关旅游不同形态特质所构成的复合体。具体来说,旅游文化是古今中外不同文化环境下的旅游主体或旅游服务者,在旅游

观赏或旅游服务中体现的观念形态和外在行为表现,以及旅游景观、旅游文献等凝结的特定的文化价值观。"

马波(1998)认为:"旅游文化是旅游者和旅游经营者在旅游消费或旅游经营服务过程中所反映、创造出来的观念形态及其外在表现的总和,是旅游客源地文化和旅游目的地文化通过旅游者这个特殊媒介相互碰撞作用的过程和结果。"

王明煊(1998)认为:"旅游文化是人类过去和现在所创造的与旅游关系密切的物质财富和精神财富的总和,凡在旅游活动过程中能使旅游者感到舒适、愉悦,能使旅游服务者提高文化素质、技能的物质财富和精神财富,都属于旅游文化的范畴。"

夏太生(1999)认为:"旅游文化是人类在特定的社会条件下,在社会文化环境的影响、制约下,经过旅游活动的具体实践的体验和积淀,形成的各种关于旅游的思想、意识和观念以及由各种意识形态凝聚成的有关旅游的各类物质的总和。"

谢贵安(1999)认为:"旅游文化是人类通过旅游活动改造自然和化育自身的过程中所形成的价值观念、行为模式、物质成果和社会关系的总和。"

沈祖祥(1999)认为:"旅游文化是一种文明所形成的生活方式系统,是旅游者这一旅游主体借助旅游媒介等外部条件,通过对旅游客体的能动作用,碰撞产生的各种旅游文化现象的总和。"

章海荣(2004)认为:"旅游文化是奠基于人类追求自由、完善人格而要求拓展和转换生活空间的内在冲动,其实质是文化交流与对话的一种方式。它是在世界各区域民族文化创造的基础上的后现代全球化趋势中大众的、民间的休闲消费文化。"

以上定义虽然表述各不相同,但基本思路却是一致的,即从文化的概念入手,通过对已有"旅游文化"定义的参考,根据旅游活动过程中各种行为主体之间的遭遇、碰撞、关系等来给出自己的定义。因此,尽管过去旅游学术界对旅游文化的研究做了大量工作,取得了不少成绩,但还需不断深化。

要抓住旅游文化定义的核心内涵,应从旅游活动的本质属性上来探索。旅游活动的本质属性就是审美体验,而这种审美体验主要是通过旅游活动过程中的跨文化交流来实现的。因此,我们也可以认为,旅游消费过程实质上就是一种文化交流的互动过程。作为一名旅游者,仅仅知道旅游,而不懂得文化交流,充其量只能算是看客;既知道旅游又懂得文化交流,才能称得上真正的旅游者,或者叫作旅行家。从这个层面上说,旅游活动最直接的结果就是主观世界与客观世界日渐广阔地契合与共进,以及文化空间的不断跨越和联结。不同文化圈层的广泛沟通与交融,可以提高旅游个体的审美能力,促进整个人类社会文明的进步。

旅游文化的本质取决于人的本质属性。人类超越自然、追求自由和完善自我的本质属性,使人们天生具有"出走"的动机和"超越"的愿望,从而导致了旅游活动的产生。人类对自由的追求,大致经历了两个阶段:第一阶段是人类对自然的超越(原始社会);第二阶段是人类对自然的回归(现代社会)。无论是原始社会对自然的超越,还是现代社会对自然的回归,都是人类追求自由和发展的本质表现。人类的始祖生活在一个被原始自然紧紧包围的环境之中,正是自由的意志驱使他们超越自然的束缚,形成了日益复杂的社会形态。然而,社会一旦形成并复杂化,所派生出来的社会伦理、生产关系、政治制度等

又使每个成员受到新的束缚。尤其是在工业社会中,生活节奏的加快、环境污染的加剧,使现代人"回归自然"的欲望更加强烈。这正是现代旅游迅速发展和旅游文化产生的原因。在从超越到回归的运动过程中,人类的自由属性得到了充分的显露,追求自由的需求得到充分的满足。

不同的民族特性,不同的地理位置,不同的自然和社会环境,就会形成不同的民族文化和地域文化。不同文化通过多种途径交流,就会产生对原有文化环境的出走和超越,对异质文化的体验和比较。旅游活动的实质就是对这种文化差别的寻求和不同文化的交流。旅游是暂时离开常住地前往异地进行的一种审美体验活动,对旅游主体而言,就是对原有文化环境的出走和超越,也就是寻求新的文化内容。人的本质属性是追求个性自由和人格完善,文化是人类在追求自由和完善过程中创造的成果,而旅游就是旅游主体为完善其人格和个性而进行的文化交流,结果是使不同文化空间相互联系与融合。因此,我们可以说,旅游文化是旅游主体在客体和媒介的作用下"人文化成"的过程和结果,也就是摆脱人的自然属性、发展文化人格并追求个性自由和人性解放的过程和成果。旅游文化是以旅游主体的本质完善为主线的综合性的文化样式,是旅游主体为追求人性的自由和解放、塑造完善的文化人格及民族特性,实现对自然的超越与回归。

(二)旅游文化的基本内涵

旅游文化是在旅游活动中衍生出来的文化现象,离开了旅游,旅游文化就无法产生。同时,旅游文化又是人类文化的组成部分,它既有物质方面的内容,又有精神方面的内容,还有制度和行为方面的内容。因此,对旅游文化基本内涵的深刻理解,需要着重把握以下几个方面:

首先,就文化进程而言,旅游文化是传统文化和现代文明相互交融的结果。作为历史悠久的传统文化,旅游文化有着丰厚的积淀,是人类社会的重要遗产;作为与时俱进的现代文化,旅游文化处在不断增值的过程中,主要体现在时间和空间两个维度上。在时间维度上,表现为现代交通工具和传播工具的广泛使用使旅游文化产生的时间缩短、效率提高;在空间维度上,表现为旅游文化溢出传统的固有疆界,衍生出新的价值和意义,从而不断拓展着旅游活动的空间,丰富着旅游活动的内涵。当代旅游与时俱进,其活动方式推陈出新,旅游文化正是在这样的增值过程中展现着当代人们生存方式、生活态度、价值观念的变化。传统的积淀、现代的增值都使旅游文化在社会整体文化中表现得较为活跃。

其次,就文化层次而言,旅游文化是从属于社会整体文化的一种亚文化。旅游文化既具有与社会主体文化一样的地域性、民族性、时代性、传承性、多样性等共同特征,也具有旅游活动所独有的异地情绪放松性、审美体验性、生活方式暂时性等个性特征。从本质上讲,旅游文化是特定旅游活动条件下文化的一种表现形式,是旅游活动产生的文化成果。作为一种亚文化,旅游文化的发展依赖于社会主体文化,在方向上与社会主体文化一致,并受社会主体文化发展的影响和制约;作为依托旅游活动而产生的文化类型,它又具有自身特有的价值观念、行为规范和演变规律。旅游文化的不断发展,丰富了社会整体文化的内容。

再次,就文化价值而言,旅游文化是一种具有精神价值和审美价值的文化。旅游

作为现代社会的一种重要生活方式,能够使人们亲近自然、释放情感、加深交往、增长见识、陶冶情操、愉悦精神、追求个性、体现价值,有助于调整生活节奏,消除工作疲劳,减轻精神压力,恢复身心平衡。在旅游活动过程中,旅游文化具有很高的精神价值和审美价值,对满足人们的精神需求和提升审美体验有着特殊作用。从这个角度上看,旅游文化是一种娱乐休闲文化和审美体验文化,属于非功利性文化。但是,不能以旅游文化的非功利性来否认其功利性的存在。旅游文化在提升人们审美体验和愉悦人们精神的同时,经济价值也得以显现,并且随着旅游业的持续发展,旅游文化对经济的作用也越来越大。

最后,就文化风格而言,旅游文化是一种个性张扬和充满活力的开放文化。旅游文化具有外向传播的主动性、整合吸纳的开放性以及跨越时空的交流性等特性。如果说古代旅游文化发展是对农耕经济条件下封闭和保守性格的叛逆,近代旅游文化发展是以机器工业为基础的商品经济条件下交换和流动的延伸,那么,现代旅游文化发展则表现出全球经济一体化时期前所未有的国际性、融合性、广泛性、多样性以及开放性。旅游作为文化交流与传播的重要途径,在促进不同国家和不同民族之间信息和价值观交流方面发挥着重要作用,旅游活动的国际化正在铸造一体化和多样化的旅游文化,并逐步形成特有的旅游文化风格。

二、旅游文化的结构

由于对旅游文化的理解不同,人们对旅游文化结构的看法也不一致。有的人根据一般文化的结构特征将其分为旅游物质文化、旅游制度文化、旅游观念文化三个层次;有的人根据各要素在旅游活动中的地位和作用,把它划分成旅游主体文化、旅游客体文化和旅游媒体文化三个部分;还有的人则从旅游供需角度出发,将旅游文化分为旅游经营文化和旅游消费文化两部分。在此,我们着重介绍其中一种分类方式,即把旅游文化结构分为旅游主体文化、旅游客体文化和旅游媒体文化三个部分。

(一)旅游主体文化

旅游主体文化是指旅游者文化。由于旅游者生活在不同的国家和地区,具有不同的民族特性和风俗习惯,他们既是本地区、本民族文化的承载者、传播者,同时也是旅游文化的创造者、消费者。因此,旅游主体文化大致包括两部分:一是旅游者的本民族文化,即旅游主体文化背景来源之一;二是旅游者在旅游活动过程中所创造生成的文化,主要通过旅游行为、旅游心理以及旅游者产品来体现。

在旅游活动中,旅游者的本民族文化主要通过其主体文化人格来反映。旅游者来自不同国家和地区,属于不同的民族和种族,受到不同区域自然因素和人文因素的长期影响,因此,不同旅游者具有不同的地域民族性格,从而形成旅游主体的文化人格。旅游主体文化人格是旅游者在旅游活动中,以个体文化人格为基础,融合地域民族文化品格后形成的一种崇高的旅游性格特征,具有鲜明的地域性、民族性和文化价值观。旅游活动是一种参与性强和全方位的活动,可以提供许多表现自身价值的机会。旅游者可以去追求真、善、美,从大自然和人类社会环境中体现自我价值,并超越自然和社会环境,使旅游者人格得到升华,这不仅可以激励自身发展,还可以促进整个社会进步。

旅游行为和旅游心理主要包括旅游者个体的各种消费行为和消费心理现象，如生活习俗、社交礼仪、心理需要、购买动机、旅游偏好、情感情绪等。旅游消费行为和旅游消费心理贯穿于旅游活动过程的各个环节之中，两者共同构成旅游主体文化中的旅游消费文化。

旅游者产品是指旅游者在旅游活动中以旅游活动为基础创造的各种产品形态。在以往的研究中，旅游者似乎只是消费者并不制造产品，其实，旅游者不仅是消费者，同时还是生产者。旅游活动行为的产物包括照片、楹联、画卷、游记、诗赋、词曲、资料、猎物、标本等，甚至所采集的奇花、异草、怪石、珍木等，无一不是旅游者借助一定的工具，通过施加体力和脑力劳动于对象之上而获得的。因此，旅游者产品是旅游行为的物化状态，其外壳虽然表现为物质形式，但其内核大都是观念性的。就其整体属性来看，旅游者产品基本上属于精神文化产品。

(二)旅游客体文化

旅游客体文化是指旅游资源文化，在旅游实践活动中通常表现为旅游景观文化。旅游资源按性质可分为自然旅游资源和人文旅游资源，自然旅游资源的文化成分相对较少，而人文旅游资源的文化成分相对较高。一般而言，旅游客体文化包括原生性文化和派生性文化两部分。

旅游客体的原生性文化是指旅游客体在成为旅游资源之前固有的文化成分。除了少数旅游资源(比如深圳华侨城旅游项目)之外，绝大多数的旅游资源并不是一开始就作为旅游资源而存在的，在其成为旅游资源之前，人文资源本身就是文化的产物，这是毋庸置疑的。需要强调的是，自然资源也或多或少地留下了人为的痕迹或是文化的烙印。由于这些文化在客体成为旅游资源之前就已经存在，所以称之为原生性文化。旅游客体的原生性文化是旅游客体文化形成的源泉之一。

旅游客体的派生性文化是指旅游客体成为旅游资源之后，因旅游而产生并附加其上的文化成分。不管是自然资源还是人文资源，一旦成为旅游者的参观对象，就变成了旅游资源。如果是名人墨客前来参观游览，可能还会留下墨宝等与客体共存，为客体增辉，当地居民再借此演绎出种种传说，使其更添神奇色彩。所有这些文化现象，皆因旅游而产生，又以旅游为中心，附加到了旅游客体之上，旅游客体也因此获得了一种新增文化成分——旅游文化。由于这种新增加的文化多是在客体原有文化基础上派生出来并附着于客体之上的，故称之为派生性文化。较之原生性文化，旅游客体的派生性文化更具有旅游文化的属性。

通过以上分析可以看出，旅游客体文化的创造主体是多重的，既有旅游者，也有旅游从业人员，还有目的地居民，甚至还有其他一些主体，但其中最主要的还是旅游者和旅游从业人员。从旅游者和旅游从业人员的角度看，旅游客体的一部分文化产品虽然是旅游者和旅游从业人员创造的，但一经附着于旅游客体，成为吸引后来旅游者来参观的对象物时，它们便转化成与旅游客体文化不可分割的组成部分。

(三)旅游媒体文化

旅游媒体，又称为旅游中介，是指帮助旅游主体顺利完成旅游活动的中介组织，即向

旅游主体提供旅游产品和服务的旅游部门和企业。旅游媒体文化主要是指旅游企业文化，一般由企业行为文化和企业心态文化两部分组成。

企业行为文化贯穿于企业内部活动（如内部环境的营造、员工的教育、规范的制定等）和企业外部活动（如市场调查、产品开发设计、服务活动、公关促销等）的各个环节，内容包括企业规章制度、企业风气习惯、企业道德礼仪等。企业规章制度是对企业内部人与人之间关系及其各自行为模式的硬性规定，具体有守则、章程、条例、办法等明文形式。企业风气习惯是企业及其职员在经营管理过程中逐步形成的一种精神状态和精神气质，包含一般风气和特殊风气。一般风气是指企业员工具有普遍性、稳定性的行为状态；特殊风气是指自身企业区别于其他企业的最具特色、最具典型性的某些突出作风。企业道德礼仪是企业中形成的以善恶为标准、以良心为杠杆，调节企业内部和外部人际关系的自律性准则规范，具体包括企业道德意识、企业道德行为和企业道德关系三个部分。

企业心态文化是企业文化的核心，主要由经营哲学、企业精神、企业目标等部分构成。经营哲学是管理者从事管理活动的基本信条，是对企业经营方针、发展战略的哲学思考以及处理问题的基本方法。企业精神是企业在长期的经营实践中继承的优良传统，适应时代要求，由企业家积极倡导、全体职工自觉实践而形成的代表职工信念、激发企业活力、推动企业发展的团体精神。企业目标是企业经营发展所追求的境界和标准，是企业共同价值观的集中体现和凝聚力的焦点，包括经济性目标和社会性目标、近期目标和长远目标等。

三、旅游文化的特点

（一）地域性

旅游文化以其整体性著称，但在统一性的基础上，各地区又展现出独特的差异性。旅游文化的地域性特点，主要是由于每个区域所处的地理位置不同而导致的自然赋存方面存在明显差异，因此，在长期的生产与生活实践中，形成了不同的社会人文习俗。以中国古代旅游文化为例，就有齐鲁、燕赵、关陇、三晋、吴越、荆楚、巴蜀、岭南等区域旅游文化，在这些独特的区域旅游文化中，旅游文化的地域性特征得到了充分的展示。

（二）民族性

不同的民族和种族都有各自的民族特色和传统文化，使其与其他民族和种族区别开来，这就是旅游文化的民族性特点。民族特色及其传统文化在旅游文化的形成和发展过程中起着十分显著的作用。将西方的旅游文化与中国的旅游文化进行对比可知，中国居民的旅游需求多表现为追求平衡、和谐及可预见性，在出游方式的选择上一般喜欢组团形式；而西方居民的旅游需求多表现为在征服自我、接受挑战的过程中满足个人的好奇心和展现个人的生存本领，在出游方式的选择上一般喜欢个人单独外出。

（三）传播性

旅游主体在追求自由的本质力量驱使下，不断跨越两个或多个文化空间和社会环境，并吸附大量的旅游媒体参与进来，表现出动态的线性结构，呈现出移动传播性。旅游

文化的传播性包括两层含义：一是移动性，旅游主体由于其永无止境的探索与超越精神，总处于运动状态之中；二是传播性，旅游主体是民族和地域文化的载体，各个民族和地域的文化总是随着旅游主体的运动而漂移和扩散。

(四)多样性

旅游文化具有生命力，一旦形成便会在特定的人群中凭借自己的生命活力世代相传，因此，旅游文化总是丰富多彩的。从旅游文化的类型来看，有地域旅游文化、国别旅游文化、民族旅游文化等；从旅游文化产生的时间来看，有古代旅游文化、近代旅游文化、现代旅游文化等；从旅游文化的内容来看，有旅游主体文化、旅游客体文化、旅游媒体文化等；从旅游文化产品形式来看，有旅游思想、旅游服务、旅游文学等。

【思考题】

对旅游文化的基本内涵，你有何不同看法？

学习任务二　旅游文化的形成、地位与功能

任务导入　　旅游文化的产生和发展

旅游文化是以旅游主体为中心，由旅游者、旅游客体和旅游媒体诸多方面相互作用形成的动态型文化。除了旅游活动参与者的素质、动机、行为、内心感受、相关规范制度、非物质形态旅游资源等属于无形文化之外，旅游客体和旅游媒介等主要是以物质文化形态而存在的。

旅游文化是伴随着人类繁衍生息、文明进步而出现的文化现象，其历史极为久远。人类生存和发展是旅游文化的源头和强大动力，其能量巨大，动力恒久。正是生存和发展需求，将人类推向永不止息的探索之路，文明才得以不断进步。从远古时代因生存需要而进行的地域扩张或迁徙，到今天为了身心愉悦和精神享受而进行的旅游消费，经历了漫长的历史过程，实现了质的飞跃。因此，旅游文化成为人类文明进步的重要标志。

·思考·　旅游文化产生和发展的根本动力来源于哪里？

学习导读

旅游文化在旅游发展中具有极其重要的地位和作用。旅游文化是旅游产品的灵魂，是旅游消费的核心，是形成旅游吸引力的坚实基础，是实现旅游业持续发展的根本保证。旅游文化对旅游者而言，既可刺激其旅游动机的产生，又能够丰富旅游活动内容。旅游文化对旅游目的地建设而言，具有强大的宣传推动作用。因此，旅游文化对于促进区域旅游经济发展具有极其重要的现实意义。

知识链接

一、旅游文化的形成

(一)旅游文化形成的基础

旅游文化不是无源之水,它根植于地理、历史、经济、文化、社会、民族等因素的土壤之中。旅游文化的发展历程,就是人类的物质文明与精神文明的创造过程,也是旅游主体人格的塑造过程。因此,不了解旅游文化的发展演变轨迹,就无法洞察其深厚的历史底蕴,也就无法全面地、具体地进行旅游活动的文化审视。

1. 地理基础

地理条件是旅游文化赖以生存的自然环境,由地貌、水体、气候、生物等多种要素构成,它为人类提供了各种自然资源,也为人类设置了种种障碍,人们就是在这样的自然基础上创造了旅游文化。首先,地理环境为人们创造旅游文化提供了自然基础。人类是大自然的产物,大自然不但塑造了我们的血肉之躯,还赋予我们灵气和禀性,使我们能够从事文化创造活动。其次,地理环境为人们创造旅游文化提供了物质原料。旅游文化虽然属于精神文化,但精神文化的产生离不开物质原料的支撑,旅游文化的物质原料很大一部分源于自然。再次,地理环境成就了区域旅游文化。一方水土养育一方人,一方水土也形成一方的旅游资源。旅游者和旅游资源决定了旅游文化的地域性特点,使旅游文化呈现出区域性差异的典型特征。

2. 经济基础

经济是旅游文化形成的物质基础,主要体现在三个方面:第一,经济是旅游主体文化的物质基础。旅游活动既是一种文化交流活动,同时也是一种经济消费活动。游客的财力越充足,游览的时间就会越长,范围就会越广,档次也会越高,相应地,旅游主体在旅游活动过程中创造的旅游文化也可能越多。第二,经济是旅游媒体文化的物质基础。对于各种类型的旅游企业而言,雄厚的经济基础是企业持续经营和发展的保障。企业经营的规模越大,效益越好,文化建设就会越先进、越发达。因此,旅游媒体文化建设与企业经营状况总是休戚相关的。第三,经济形态决定旅游文化的类型。经济不但是旅游主体文化、旅游媒体文化形成的物质基础,同时也决定了旅游文化的类型。比如,古代旅游文化就是在自给自足的自然经济基础上形成的,体现的是一种"景是家乡好,月是故乡明"的封闭式文化心态。近代旅游文化则是在工业革命发生及商品经济出现的基础上形成的,反映的是一种"探索发现,扩大交流"的开放式文化心态。因此,两者经济基础不同,旅游文化的表现形式也不一致。

3. 社会文化基础

这里所说的社会文化主要包括社会心理和社会意识两部分。前者是指未经理论加工和艺术升华的大众意识,如日常要求、态度、情绪、兴趣等;后者是指经过理论加工和艺术升华的社会意识,如哲学、宗教、科学、文化、政治、法律等。旅游文化是社会文化的一个分支,社会文化是旅游文化的母体,两者之间是一种从属关系。社会文化是旅游文化形成的基础,表现在三个方面:第一,社会文化是旅游主体文化的源泉。旅游者是社会形

态下的人,是本地区、本民族文化的承载者和传播者,本地区、本民族的文化是其母体文化。第二,社会文化是旅游客体文化的支柱。旅游客体文化包括原生性客体文化和派生性客体文化两部分,其中,原生性客体文化是基础,派生性客体文化是延伸,两者的形成和发展都以一定的社会文化为支柱。第三,社会文化是旅游媒体文化的依托。旅游媒体文化更多地表现为旅游企业文化,而任何企业文化的形成与发展,都离不开其所依托的社会文化大环境。

(二)旅游文化形成的途径

旅游文化是旅游主体、旅游客体和旅游媒体诸多方面相互作用的结果,旅游客源地文化和旅游目的地文化的彼此交流是旅游文化形成的主要途径。

通常,文化交流包括文化冲突和文化融合两个方面。文化冲突是指不同形态的文化或其文化因素之间相互对立或排斥的过程。在文化冲突中,强势文化居主动地位,而弱势文化则处于被动地位,冲突的结果往往是产生文化替代。文化融合是指不同形态的文化或其文化因素之间相互结合或吸收的过程。在文化融合中,各种文化彼此接受和改造,相互渗透和吸收,最终融为一体。值得注意的是,处于冲突或融合中的文化,既可能是文化的整体,也可能是文化的某一部分或其中的一些要素,而且文化整体之间的冲突、融合总是通过文化局部或文化要素之间的冲突和融合来实现的。

作为文化交流的两个方面,文化冲突和文化融合有着不可分割的联系。一方面,文化冲突虽然以不同文化之间的排斥为主,但无论在何种情况下,绝对的排斥是不存在的,排斥中仍然会产生某些文化因素的相互融合和吸收;另一方面,文化融合尽管以文化吸收为主,但不加选择地全盘同化也是不可能的,吸收中仍然存在着某些因素的相互排斥与对立。因此,文化冲突和文化融合总是相互交叉的,也正是这种交叉使不同种类的文化交流不是简单的加减组合,而是冲突中有融合、融合中有冲突的有机结合。

旅游客源地文化和旅游目的地文化之间的交流,大致符合文化冲突和文化融合的一般规律,但其过程和方式又有一些特殊性。在旅游目的地这个文化交会的特定舞台上,需要重点把握的是主客双方的文化交流的不对等性和不平衡性。一般来说,客源地文化对目的地文化的交流往往是多对一,而目的地文化对客源地文化的交流则是一对多。对旅游目的地而言,游客来自四面八方,他们带来的文化是多种多样的,所有这些来自不同地方的文化都需要与目的地文化进行交流。这种主客双方文化交流的不对等性和不平衡性的特征,一方面奠定了客源地文化在主客文化交流中的主导地位,另一方面也彰显了旅游者在旅游文化形成中的特殊作用。

二、旅游文化的地位

(一)旅游文化是旅游活动的核心

旅游活动是社会高度发达的产物,是现代文明的标志,具有文化性、经济性和社会性等基本属性。文化性是旅游活动的首要属性,在旅游活动中处于核心地位。旅游活动的发生尽管需要一定的客观物质条件,比如,可自由支配的收入、闲暇的时间等,但最主要的还是取决于人们内在的主观动因——旅游需要和旅游动机。旅游作为一种高层次的消费活动,体现的是人们对精神文化生活的需求和渴望。游览过程中的各种经济交易现象,只不过是完成旅游活动所必需的物质手段,而旅游者踏上旅途的真正目的,是消遣娱乐和审美享受,反映的是文化和精神方面的追求。

(二)旅游文化是旅游产业的灵魂

旅游文化是旅游景观吸引力的源泉,是旅游产业发展的灵魂,这是由旅游活动的文化性和旅游企业的服务性特点所决定的。因此,无论是旅游资源开发,还是旅行社产品设计或旅游饭店经营管理,深入了解旅游客源的文化特征,挖掘旅游资源的文化内涵,开发文化含量较高的旅游产品,开展与旅游者背景文化之间的沟通,满足旅游者消费过程中的文化需求,始终是旅游业不懈追求和努力的目标。综观当今世界旅游业的发展趋势,人类正由"休闲游乐"时代转向"文化体验"时代,文化在旅游业中的灵魂地位不断突出。因此,没有特色文化做支撑的旅游业绝对不是健康的旅游业。

(三)旅游文化是旅游经营的卖点

对旅游企业而言,在经营过程中必须为自己的产品寻找卖点。由于旅游消费活动呈现突出的文化性特征,所以,很多旅游企业在经营过程中就大打"旅游文化"牌,实施"文化品牌"战略,取得了很好的经济效益和社会效益。对旅游企业经营来说,谁开发设计的旅游产品文化含量高,谁的旅游产品就会得到消费者的青睐,并被市场所接受和认可,从而促进企业良性发展;相反,如果设计开发的旅游产品缺乏文化内涵,那么,消费者就不会购买,产品就没有销路,企业就会因经营不善而面临倒闭危机。从这个角度来看,在旅游经营过程中,旅游产品的文化含量是一个极其重要的卖点。

(四)旅游文化是旅游可持续发展的前提

旅游业的可持续发展,必须建立在旅游目的地社会文化良性循环的基础之上,确保旅游目的地社会文化风貌的独特性,是实现旅游可持续发展的基本前提。旅游消费既是一种文化交流现象,又是一种审美体验活动,旅游目的地良好的文化环境和社会风尚,是极其宝贵的旅游资源,能够对游客产生强大的吸引力。因此,在旅游产品开发和目的地建设中,必须十分重视文化因素的主导作用。同时,文化也是城市建设和市民素质的直观反映,文化建设在扩大城市影响、塑造城市形象等方面起着无形的支配作用。若要提升城市旅游品牌的影响力,就必须重视旅游文化的开发建设工作。

三、旅游文化的主要功能

(一)教化功能

旅游文化与一般文化一样,具有"文治教化"功能。比如,旅游者在游览长江三峡的神女峰时,便会被望夫台上神女对待爱情、婚姻至死不渝的态度所感动。畅游黄河,除了感受其浊浪滔天的壮阔水势外,更主要的是被黄河的象征意义——华夏文明的摇篮和中华民族的母亲河所感染和激励,由此提升了思想境界,增强对祖国山河的热爱。诸多事实证明,旅游文化具有增长知识、开阔视野、提高人们文化修养的教化功能。

(二)审美功能

旅游活动的根本目的就是感受美、欣赏美,而美就蕴藏在旅游文化的客体——旅游文化资源之中。世界上各个国家和地区的旅游文化资源丰富多彩、各具特色,

旅游者总是将它们不断纳入自己的审美视野。在欣赏世界各地不同景色的名山大川时,能感受到蕴含其中的自然美;在领略各个民族独特的民俗文化时,也总是会深深感受到不同民族的人文美。因此,旅游文化具有强大的审美功能,能够不断提高人们的审美水平。

(三)经济功能

旅游文化具有强大的经济功能,突出表现在促进消费和增加外汇收入这两个方面。首先,旅游文化对消费的促进作用主要体现在旅游媒体中。旅游业经营者和从业者的思想观念、价值标准、职业道德、服务意识等文化素质越优秀,就越能吸引旅游者消费。其次,外国旅游者入境旅游,既要消费商品,又要消费服务,因此,不断增加旅游产品和接待服务过程中的文化含量,能够吸引外国旅游者,增加外汇收入。

(四)交流功能

旅游文化具有重要的交流功能,文化交流可以增强各个国家人民的爱国主义情感和民族自豪感,加深各国人民的相互了解与友好往来,促进民族文化的保护和发展,维持社会的繁荣与稳定。旅游文化交流还可以帮助旅游者通过各种途径的接触,交流思想感情,消除由于长期隔绝而造成的偏见和误解,有力地促进各国人民之间的友谊。目前世界上许多国家在政治和外交关系的建立中,都是首先从旅游文化交流开始的。

【思考题】

旅游文化的形成、地位和功能对加强和促进区域旅游经济发展有何重要意义?

学习任务三 旅游文化的建设与发展

任务导入　　　　山居秋暝(王维)

空山新雨后,天气晚来秋。
明月松间照,清泉石上流。
竹喧归浣女,莲动下渔舟。
随意春芳歇,王孙自可留。

这首诗描绘了秋雨初晴后傍晚时分山村的旖旎风光和山居村民的淳朴风尚,表现了诗人寄情于山水田园及隐居生活的怡然自得,以自然美来反映人格美和社会美。全诗将空山雨后的秋凉、松间明月的光照、石上清泉的声音以及浣女归来竹林中的喧笑声,渔船穿过荷花的动态,和谐完美地融合在一起,给人一种人间仙境般的感觉。它像一幅清新秀丽的山水画,又像一支恬静优美的抒情乐曲,体现了王维诗中有画的创作特点。

·思考· 该诗中有哪些经典名句?熟读古代诗词和文学名著,在旅游中对提高山水文学的欣赏水平有何帮助?

学习导读

旅游文化作为人类独特的文化成果,始终处在变化和发展之中,它伴随着旅游活动

的出现而产生,同时随着旅游活动的发展而进步。因此,加强旅游文化建设,促进旅游文化发展,是做好旅游接待、满足游客消费的一项重要任务。此外,它对改善旅游产品质量,推动旅游目的地建设,实现旅游经济繁荣,作用十分巨大。

知识链接

一、旅游主体文化建设

旅游主体文化指的是旅游者文化。旅游主体文化建设,最主要体现在主体自我意识的觉醒上。旅游主体文化的建设不仅是旅游者的责任,而且是全社会的责任。旅游主体文化建设应突出以下三个方面:

(一)加强旅游主体的文化修养

旅游主体的文化修养是决定旅游活动质量和区域旅游发达程度的重要因素之一。旅游是集娱乐、审美、求知、交往于一体的综合性文化活动,没有一定的文化修养,旅游经历很难达到完美。一般而言,旅游主体的文化修养越高,对旅游的理解就会越深刻,在游览过程中收获也越丰富,因而旅游活动质量就相对越高。加强旅游主体的文化修养,主要包括丰富旅游者在天文、地理、生物、文艺、史哲、审美、伦理、民俗、宗教、法律、民族等方面的知识,要实现这个目标,不仅与旅游者的主观努力密切相关,还与全社会的共同关注不可分割。

(二)更新旅游主体的消费观念

更新旅游主体的消费观念主要是指适应社会发展要求,顺应时代变革潮流,改变旧的旅游消费观念体系。时代的变更,需要人们进行消费观念的更新,否则就会犯因循守旧、停滞不前的错误。比如,我国传统的"在家千日好,出门事事难""小富即安,温饱知足""食不兼味,衣不重彩""旅游就是游山玩水"等观念,从根本上说都是封闭的、狭隘的,不适合现代社会发展的基本要求。更新旅游消费观念,一方面要抛弃与现代旅游文化不相适应的旅游消费旧观念,另一方面要建立具有中国特色的旅游消费新观念,让优秀的旅游文化真正扎根于旅游主体的现代消费观念之中。

(三)提高旅游主体的鉴赏能力

很多人把旅游活动的本质归结为审美体验,这是非常正确的,因为要完成高质量的旅游活动,就需要很强的审美鉴赏能力。在现实生活中,旅游者总是凭借自己的生活阅历和知识积累去欣赏客观景物,因此,其鉴赏能力的高低,就决定着旅游活动质量的优劣。旅游主体的审美鉴赏能力主要包括审美感知能力、审美想象能力和审美理解能力,只有这三种能力同时提高,旅游主体的审美鉴赏能力才会跃升到一个新的层次。但一般情况下,旅游者来自不同的国家、地区和民族,由于年龄、职业、思想意识、价值观念、文化修养等方面千差万别,要想提高其审美鉴赏能力是一件十分艰巨的任务。

二、旅游客体文化建设

旅游客体文化指的是旅游资源文化。由于旅游客体文化是旅游者、旅游业以及目的地居民等共同创造的,因此,旅游客体文化建设理应由以上角色共同参与。搞好旅游客体文化建设,应着重抓住以下几个环节:

(一)赋予自然客体以文化意味

自然客体是天然形成的,正是由于这种天然禀赋,自然客体拥有人文客体所不具备的独特魅力。从这个角度来讲,自然性是形成自然客体独特吸引力的源泉,不应施加任何人文色彩。但是,作为旅游对象,自然客体的吸引力不完全取决于其本身,还要受到旅游者审美情趣的影响,并且越符合人们的审美情趣,其吸引力也就越大。因此,若要增强自然客体的吸引力,就必须赋予其文化意味,使之更加符合人们的审美情趣。对自然客体赋予文化意味,通常有两种做法:第一,主题命名,即根据自然客体的特征、意境以及人们的寄托,为其起个漂亮的名字。主题命名能揭示自然客体的主题形象,既保存了天然本性,又增添了人文魅力。第二,稍加修饰,即对自然客体不尽如人意的地方稍微进行艺术加工,既尽显其自然之美,又方便游客游览。

(二)挖掘人文客体的文化内涵

人文客体是人类文明的载体,其文化内涵是形成旅游吸引力的根本所在。为了使人文客体的吸引力作用得以充分发挥,深度挖掘其文化内涵便成了旅游文化建设的又一项重要任务。挖掘人文客体的文化内涵,是一项系统而复杂的工程,需要有计划、有步骤地进行。首先,要有所选择,即在调查研究的基础上,对已决定开发利用的人文客体进行深度挖掘。人文客体所包含的文化内涵往往精粗杂陈,在进行挖掘时,要去芜存菁,要让糟粕部分继续尘封,精华内容重见天日。其次,要反映原貌。对于选择挖掘的人文客体,要尊重历史事实,尽量反映其本来面目,不能随意更改。若追加成分过多,就会歪曲对象,形同伪造。最后,要整理保护。所挖掘的文化内涵必须经过整理才能加以利用,对于那些珍贵而又脆弱的文化资源,一定要慎重对待、妥善保护。

(三)合理利用旅游客体的文化资源

旅游客体文化的利用,既包括旅游者审美体验的需要,也包括旅游业发展的需要,同时还必须符合旅游目的地文化传承的需要;既包括满足当代人们的需要,也包括满足后代子孙的需要。因此,利用合理,可以各得其所;利用不当,则会得不偿失。随着世界旅游业的迅速发展,旅游客体文化资源利用出现的各种问题日益严重,如何对其进行合理开发,已经成为全社会高度关注的焦点。我们认为,科学利用旅游客体文化资源必须坚持两条基本原则:一是多方兼顾,在旅游客体文化资源的利用过程中,要科学评价其所产生的经济效应、社会效应和环境效应,做到统筹兼顾,全面安排;二是永续利用,对旅游客体文化资源的开发利用,既要满足当代人的需要,又不能损害后代子孙的利益,争取做到旅游客体文化资源的永续利用,从而确保旅游业的可持续发展。

三、旅游媒体文化建设

旅游媒体文化建设是旅游文化建设的一个重要方面,突出表现为旅游企业文化建设。对旅游媒体文化建设而言,应该做好以下几方面工作:

(一)强化标志识别

标志识别是一个企业区分于其他企业的最直观的部分,它是企业文化的静态展示,具有强烈的视觉效果,主要包括企业名称、企业旗帜、企业标志、徽章图案等基础性要素,以及企业的办公设备、建筑外观、产品包装、媒体广告、服装服饰等应用性要素。强化旅游企业的标志识别,必须认真做到以下几个方面:一要有独特性,没有独特性很难起到标

志作用;二要有创新性,能给人蓬勃发展、昂扬向上的朝气;三是要有整体性,避免给人留下各种标志识别不协调、不能连为一体的印象;四是要有艺术性,能够让人联想起企业高超的管理艺术和高雅的审美境界;五是要有思想性,能够反映出企业领导者的经营理念和战略眼光;六是要有实用性,避免形式主义、华而不实。

(二)创建礼仪文化

任何一个企业都有一定的礼仪活动,旅游企业也不例外。企业的礼仪活动是受企业价值观约束的,是企业价值观的具体体现。通过各种礼仪文化,企业价值观体系会显得通俗易懂,能为广大员工所接受,并在工作中广泛传播。旅游企业礼仪文化的创造,需要注意以下几个方面:第一,要赋予礼仪文化明确的指导思想,将企业价值观渗透到礼仪文化的各项活动中。第二,要引导员工积极参与,使企业礼仪文化,特别是纪念性礼仪、生活性礼仪发挥应有的价值和作用。第三,认真组织、精心设计企业礼仪文化的场景,创造良好的氛围,使员工从中受到感染和教育。第四,企业礼仪文化一经创立,就要保持稳定性和连续性,使之能够潜移默化地影响企业员工。

(三)营造文化氛围

企业的文化氛围是指充溢于企业内外的文化气氛和文化情调,是企业文化的综合表现。企业的文化氛围不仅反映出企业文化的实际状态,而且直接影响到员工心态和企业效益。营造企业文化氛围就是要建立企业良好的文化情调,特别是要加强员工之间情感氛围的培养。旅游企业员工的情感氛围,主要表现在互相尊重、彼此信任、关系融洽、心情舒畅、精神愉快、工作配合默契、生活相互照顾等方面。营造员工之间良好的情感氛围,首先要真正树立以人为本的管理思想,支持、帮助和关心员工;其次要与员工进行沟通,建立企业与员工之间的互信机制和双向忠诚的人际关系;最后是要宣传企业的价值观念、经营哲学和企业精神,提高员工的思想素质和文化素质。

(四)树立模范人物

旅游企业的模范人物是企业文化的楷模,是广大员工一致认同并仿效的对象。"如果价值是文化的灵魂,那么,英雄就是这些价值的化身和组织机构力量的集中体现。"由此可见,模范人物在企业中起着榜样、导向、凝聚、调节等重要作用。打造企业的模范并不是一件简单的事情。首先,企业高层领导应当率先垂范,做企业文化的倡导者和践行者,他们的一言一行都对广大员工起着示范作用;其次,要注意从基层中发现和培养模范人物,使员工产生认同感和亲切感,这对企业文化塑造起重要的作用;最后,对企业模范人物要给予物质和精神双重褒奖,以激发广大员工的仿效心理,大家争做模范人物,从而促进广大员工文化素质的全面提升。

四、旅游文化发展趋势

在当代社会,随着经济全球化的不断加强,旅游文化呈现出冲突与整合交织的状态。这种旅游文化的冲突与整合,势必对旅游文化的研究产生重大的影响。当代旅游文化的发展趋势主要表现在以下几个方面:

(一)世界性与民族性的统一

伴随着国际旅游市场范围的不断扩大,各个地区和民族之间的文化交流进一步深化,旅游文化的民族性色彩更加突出,世界性色彩越来越浓。一方面,民族旅游文化的建设应纳入世界旅游文化运行轨道,才不会脱离旅游文化发展的国际大环境;另一方面,由

于旅游文化的民族基础依然存在,加上旅游者的多样性需求有增无减,旅游文化的民族性也将长期受到人们重视。旅游文化的世界性和民族性是相辅相成的,世界性有赖于民族性的丰富和发展,民族性有赖于世界性的支持和引导。未来旅游文化的发展,既不可能是本民族传统文化的原型推进,也不可能是世界外来文化的整体移植,实现两者之间的相互融合和共同繁荣,才是旅游文化发展的本质要求。因此,未来的旅游文化将在世界性和民族性的对立统一中阔步前进。

(二)传统性与现代性的统一

旅游文化已有几千年的发展历史,现代旅游文化是在过去的旅游文化基础上发展而来的,未来旅游文化则是现代旅游文化的继续。相比今天,过去是传统,而相对于未来,今天就是传统。现代旅游文化建设之所以能够显示出旺盛的生命力,就是因为吸取了传统文化中的精华作为源泉才得以枝繁叶茂。所以,旅游文化总是在传统和现代的矛盾对立统一中不断向前发展。对于传统旅游文化而言,人们可能感到遥远和陌生,因此,容易产生怀旧情感,进而激发旅游动机;作为现代旅游文化来说,既有着丰富多彩的深刻内涵,又有着千变万化的表现形式,对旅游者的消费影响非常大。由此可见,从适应旅游市场的消费需求看,旅游文化的发展既不能拘泥于"传统",也不能只考虑"现代",应做到"传统"与"现代"的有机结合。

(三)大众性与独特性的统一

任何一种文化,只有植根于普通大众之中,才能具有持久强盛的生命力。在古代,旅游文化是一种贵族文化,为少数人所拥有,因而势单力薄,不能充分发挥其积极作用。今天,普通大众既是旅游文化的实践创造者,又是旅游文化的主要消费者,因此,旅游文化建设必须坚持大众化发展的原则。与此同时,由于旅游文化需求存在明显的多样化和个性化特性,人们对具有地方和民族特色的文化极感兴趣,所以旅游文化建设也表现出很强的独特性。基于以上分析可知,对于旅游文化建设,既不能只考虑大众性和普遍性的要求,千篇一律,无法形成独具特色的旅游文化,也不能只考虑独特性与个性化的要求,脱离了大众性文化基础,丧失旅游文化长盛不衰的生命力。二者应该相辅相成,相互交融,才能永葆旅游文化的活力。

(四)理论性与应用性的统一

从研究形式和学科划分来看,旅游文化研究的理论色彩很浓。一方面,它迅速扩展自己的研究范围,把触角伸向旅游活动的各个领域,并逐步形成旅游文化分支,如旅游消费文化、旅游审美文化、旅游企业文化等;另一方面,旅游文化研究又不断汲取各学科的研究成果,充实完善自己的理论体系,然后重新认识旅游活动,发掘其中的科学内涵,促使其向纵深方向发展。从研究目的和特点看,旅游文化研究的应用性极强。因为从一开始,它就确立了促进旅游业可持续发展的根本目的,所以旅游文化研究必然具有很强的实践性。不难发现,旅游文化的发展建设,不仅具有浓厚的理论基础色彩,而且具有极强的实践应用性能,不可偏废其一。

【思考题】

当前和今后一段时期内,旅游文化建设的主要任务是什么?怎样看待旅游文化的发展趋势?

项目小结

本项目简要介绍了旅游文化的基本含义,从旅游主体文化、旅游客体文化和旅游媒体文化三个方面对旅游文化的构成进行了阐述,对旅游文化形成的基础和途径进行了探讨。旅游文化具有地域性、民族性、传播性、多样性、实用性等特点,它的突出地位体现在旅游文化是旅游活动的核心、旅游产业的灵魂、旅游经营的卖点、旅游竞争的核心、旅游可持续发展的动力五个方面。旅游文化的功能包括教化功能、审美功能、经济功能和交流功能。旅游文化建设包括旅游主体文化建设、旅游客体文化建设及旅游媒体文化建设三个方面。随着世界范围内旅游活动的广泛兴起,旅游文化发展趋势呈现出世界性与民族性的统一、传统性与现代性的统一、大众性与独特性的统一、理论性与应用性的统一等诸多特点。本项目的学习使学生掌握旅游文化的基本知识,并能运用所学知识分析解决旅游发展中有关文化开发利用和传承保护的问题。

项目实训

1. 以小组为单位,对当地游客进行调查,了解旅游客源地和旅游目的地的文化交流中出现了哪些冲突和融合,形成调研报告。

2. 以小组为单位,走访当地旅游行政部门,了解政府在旅游文化建设方面有哪些重要举措,分析这些举措的可行性,形成调研报告。

拓展训练

推进文化自信自强,铸就社会主义文化新辉煌
(摘自中共二十大报告)

全面建设社会主义现代化国家,必须坚持中国特色社会主义文化发展道路,增强文化自信,围绕举旗帜、聚民心、育新人、兴文化、展形象建设社会主义文化强国,发展面向现代化、面向世界、面向未来的,民族的科学的大众的社会主义文化,激发全民族文化创新创造活力,增强实现中华民族伟大复兴的精神力量。

我们要坚持马克思主义在意识形态领域指导地位的根本制度,坚持为人民服务、为社会主义服务,坚持百花齐放、百家争鸣,坚持创造性转化、创新性发展,以社会主义核心价值观为引领,发展社会主义先进文化,弘扬革命文化,传承中华优秀传统文化,满足人民日益增长的精神文化需求,巩固全党全国各族人民团结奋斗的共同思想基础,不断提升国家文化软实力和中华文化影响力。

(一)建设具有强大凝聚力和引领力的社会主义意识形态。意识形态工作是为国家立心、为民族立魂的工作。牢牢掌握党对意识形态工作领导权,全面落实意识形态工作责任制,巩固壮大奋进新时代的主流思想舆论。健全用党的创新理论武装全党、教育人民、指导实践工作体系。深入实施马克思主义理论研究和建设工程,加快构建中国特色哲学社会科学学科体系、学术体系、话语体系,培育壮大哲学社会科学人才队伍。加强全媒体传播体系建设,塑造主流舆论新格局。健全网络综合治理体系,推动形成良好网络生态。

（二）广泛践行社会主义核心价值观。社会主义核心价值观是凝聚人心、汇聚民力的强大力量。弘扬以伟大建党精神为源头的中国共产党人精神谱系，用好红色资源，深入开展社会主义核心价值观宣传教育，深化爱国主义、集体主义、社会主义教育，着力培养担当民族复兴大任的时代新人。推动理想信念教育常态化制度化，持续抓好党史、新中国史、改革开放史、社会主义发展史宣传教育，引导人民知史爱党、知史爱国，不断坚定中国特色社会主义共同理想。用社会主义核心价值观铸魂育人，完善思想政治工作体系，推进大中小学思想政治教育一体化建设。坚持依法治国和以德治国相结合，把社会主义核心价值观融入法治建设、融入社会发展、融入日常生活。

（三）提高全社会文明程度。实施公民道德建设工程，弘扬中华传统美德，加强家庭家教家风建设，加强和改进未成年人思想道德建设，推动明大德、守公德、严私德，提高人民道德水准和文明素养。统筹推动文明培育、文明实践、文明创建，推进城乡精神文明建设融合发展，在全社会弘扬劳动精神、奋斗精神、奉献精神、创造精神、勤俭节约精神，培育时代新风新貌。加强国家科普能力建设，深化全民阅读活动。完善志愿服务制度和工作体系。弘扬诚信文化，健全诚信建设长效机制。发挥党和国家功勋荣誉表彰的精神引领、典型示范作用，推动全社会见贤思齐、崇尚英雄、争做先锋。

（四）繁荣发展文化事业和文化产业。坚持以人民为中心的创作导向，推出更多增强人民精神力量的优秀作品，培育造就大批德艺双馨的文学艺术家和规模宏大的文化文艺人才队伍。坚持把社会效益放在首位，社会效益和经济效益相统一，深化文化体制改革，完善文化经济政策。实施国家文化数字化战略，健全现代公共文化服务体系，创新实施文化惠民工程。健全现代文化产业体系和市场体系，实施重大文化产业项目带动战略。加大文物和文化遗产保护力度，加强城乡建设中历史文化保护传承，建好用好国家文化公园。坚持以文塑旅、以旅彰文，推进文化和旅游深度融合发展。广泛开展全民健身活动，加强青少年体育工作，促进群众体育和竞技体育全面发展，加快建设体育强国。

（五）增强中华文明传播力影响力。坚守中华文化立场，提炼展示中华文明的精神标识和文化精髓，加快构建中国话语和中国叙事体系，讲好中国故事、传播好中国声音，展现可信、可爱、可敬的中国形象。加强国际传播能力建设，全面提升国际传播效能，形成同我国综合国力和国际地位相匹配的国际话语权。深化文明交流互鉴，推动中华文化更好走向世界。

讨 论 二十大报告对我国旅游文化发展有什么要求？

在线自测

项目九 旅游影响分析

知识目标

- 了解旅游业在国民经济中的地位
- 掌握发展旅游业对经济、文化和环境的影响
- 掌握旅游业可持续发展的含义及内容

能力目标

- 能独立设计"旅游景区游客满意度调查问卷"
- 能独立制作"游客行为调查表"
- 能全面分析旅游影响产生的原因

思政目标

- 了解旅游活动对国民经济的影响,树立科学发展观
- 熟悉我国旅游发展新业态,培养学生创新能力

学习任务一 旅游的经济影响分析

任务导入 我国旅游业新冠疫情前后发展概况比较

2019年国内旅游市场和出境旅游市场稳步增长,入境旅游市场基础更加牢固。全年国内旅游人次60.06亿,比上年同期增长8.4%;入境旅游人次14 531万,比上年同期增长2.9%;出境旅游人次15 463万,比上年同期增长3.3%;全年实现旅游总收入6.63万亿元,同比增长11.1%。

在经过疫情的冲击后,2020年无论国内旅游人次还是旅游收入都出现了近十年来的首次"腰斩"。全年国内旅游人次28.79亿,比上年同期下降52.1%;国内旅游收入2.23万亿元,同比下降61.1%。另外,出境游遭"封印"的旅行社业务亏损近70亿元,星级酒店平均出租率下降至39%。

思考 旅游业的波动性,在经济方面对目的地会有哪些影响?

学习导读

旅游活动不仅是经济发展到一定阶段的产物,而且必将随着经济的发展而发展。反过来,旅游活动的发展也将对经济产生影响,这一现象已被各国重视,并指导着各国的旅游政策法规的制定。实际上,旅游消费的经济影响是双向的,既会影响旅游目的地的经济,也会对旅游客源地的经济产生影响。

知识链接

一、旅游业的经济地位

(一)旅游业是当今世界上最大的产业

现代旅游业产生于19世纪,在20世纪得到了前所未有的发展。特别是第二次世界大战以后,旅游业获得了相对和平与稳定的发展环境,迅速成为一个新兴产业。自20世纪60年代以来,全球旅游经济增速总体高于全球经济增速,旅游业逐渐发展成为全球最大的新兴产业。自20世纪90年代开始,国际旅游收入在世界出口收入中所占比重超过8%,高于石油、汽车、机电等出口收入,旅游业正式确立了世界第一大产业的地位。

(二)旅游业是第三产业的支柱

旅游业属于非物质生产部门的第三产业,它隶属于个人生活消费方面的服务。因其相对于其他产业来说投入低产出高,对其他行业又有一定的带动作用,所以世界上多数国家都很重视旅游业的发展。以我国为例,1992年在《关于加快发展第三产业的决定》中

就把旅游业确定为加快发展的重点产业;1995年第十四届五中全会又把旅游业确定为积极发展的新兴产业序列中的第一位;1998年11月,在中央经济工作会议上,提出把旅游业作为国民经济新的增长点;2001年,发布了《国务院关于进一步加快旅游业发展的通知》等。到2004年,我国旅游业实现增加值6 840亿元人民币,占当年GDP的5.01%;直接或间接惠及109个相关行业;2006年,我国旅游业总收入8 935亿元人民币,比上年增长16.3%,相当于国内生产总值比重的4.27%。2009年,国务院常务会议将旅游业定位为国民经济的战略性支柱产业和人民群众更加满意的现代服务业。2012年全年实现旅游业总收入2.59万亿元人民币,比上年增长15.2%。2017年实现旅游业总收入5.4万亿元人民币,同比增长15.1%;全年全国旅游业对GDP的综合贡献为9.13万亿元人民币,占GDP总量的11.04%。

二、旅游对目的地经济的影响

在现代旅游中,除少数情况外,各种类型的旅游活动的开展都伴有消费行为的发生。旅游消费的经济影响是双向的,不仅影响到旅游目的地的经济,还会对旅游客源地的经济产生影响,相比之下,对目的地经济影响更为显著,因此,在此主要讨论旅游业对目的地经济的影响。旅游者在旅游目的地的消费开支,不仅为目的地旅游企业提供了商业机会,还通过乘数效应对目的地经济中的很多其他方面产生了间接影响。当然,这些影响既有积极的一面,也有消极的一面。

(一)旅游对经济的积极影响

1. 增加外汇收入,平衡国际收支

这主要是针对目的地或接待国入境旅游而言的。入境旅游最重要的一个经济作用,就是创造外汇收入,增加外汇储备量,从而提高国际支付能力,平衡国际收支。

外汇是用于国际经济结算的以外国货币表示的一种支付手段。一个国家外汇储备的多少体现了其经济实力的强弱,包括应对可能发生的金融风险的能力、维护国家经济金融安全的能力以及国际支付能力的大小。一个国家的外汇收入通常由三部分组成:贸易收入、非贸易收入和资本往来收入。贸易收入是指商品出口带来的外汇收入;非贸易收入是指有关国际保险、运输、旅游、利息、居民汇款、外交人员费用等方面带来的外汇收入;资本往来收入指对外投资和贷款方面带来的外汇收入。所以,在创汇的意义上,接待国入境旅游同向海外出口商品没什么区别,因而,接待国的入境旅游业通常被称为旅游出口。

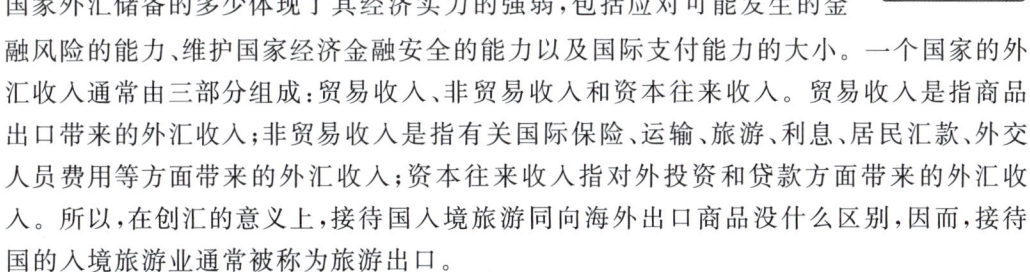

旅游出口相对于传统的商品出口有以下几方面的优势:

第一,旅游产品的换汇成本低于外贸商品的换汇成本。由于旅游出口是一种无形贸易,且旅游消费者必须要到旅游产品的生产地进行消费,所以这种出口节省了商品出口过程中的运输费用、仓储费用、保险费用、有关税金等开支以及与外贸进出口有关的各种繁杂手续。同时,旅游出口不存在商品出口过程中发生的损耗问题。有专家测算,旅游换汇成本仅为商品出口贸易换汇成本的三分之二左右。

第二,旅游出口是"就地出口,即时结算"。在外贸商品出口方面,从发货到结算支

付,往往要间隔很长一段时间,商品出口企业要承担在此期间由于汇率变动可能造成一定损失的风险;而在旅游出口方面,按照国际惯例,买方往往要采用预付或现付的方式结算。

第三,旅游出口可以免受关税壁垒的影响。在传统商品出口中,进口国出于各种目的往往会通过关税或者配额等手段,对进口商品种类和数量进行控制,而旅游出口不存在客源国实行的类似关税壁垒的问题。

第四,旅游出口可以产生服务换汇效应。旅游出口通过吸引客源国的旅游者来本国旅游,可以使目的地国家以较少的物资资源消耗,获得较多的外汇收入。

国际收支是指一个国家在一定时期内(通常为一年),同其他国家发生经济往来的全部收入和支出。当一个国家的国际收入大于国际支出时,其国际收支账户便会出现顺差或剩余,相反则出现逆差或赤字。旅游出口可以增加外汇收入,有利于顺差的形成,对目的地国家来说是有利的。然而,如果顺差长期过大,则会招致同贸易伙伴国家的经济摩擦,所以有些国家,例如日本,会在某一特定时期,鼓励本国居民到贸易伙伴国旅游。由此看来,旅游起到了平衡国际收支的作用。

2. 促进货币回笼

这主要是针对国内旅游而言的。一个国家要使本国整个社会经济保持正常运转,必须有计划地投放货币和回笼货币。货币的投放量和回笼量应有一定的比例,即货币投放于市场后,必须有一定数量的货币回笼,以保证社会上流通的货币数量与流通的商品数量相适应,这样才能避免通货膨胀,才能稳定市场。国家货币回笼的渠道主要有四种:商品回笼、服务回笼、财政回笼、信用回笼。旅游业是服务回笼,当汽车、住房、物质商品投放能力有限时,鼓励人们消费服务产品,就成为必要的回笼手段,可以加快资金周转,均衡国内财政收支。

3. 增加目的地经济收入,平衡地区经济发展

无论是发展国际入境旅游,还是发展国内旅游,都会给目的地带来经济收入,使财富从客源地向目的地转移。一般来说,经济较发达地区外出旅游的人数较多,而经济欠发达地区外出旅游的人数较少。当经济欠发达地区的旅游资源足以吸引经济较发达地区的居民前往旅游时,旅游者的消费就刺激了目的地旅游业的发展,从而带动目的地整个社会经济的增长,提高区域经济发展水平,缩小地区差异。

我国利用旅游的这一经济影响开展了旅游扶贫。例如,在我国的西部大开发中,旅游开发就是其中的一项重要内容。我国西部地区地貌多样、江河湖泊众多、生物类型丰富、自然景观雄奇壮丽、民俗风情富有文化底蕴、古迹遗存神奇珍稀、人文景观异彩纷呈,旅游资源非常丰富,与我国东部的旅游资源市场具有双重互补性。同时,旅游业较其他产业有投资少、见效快、回报率高的特点,对其他产业有较强的带动作用。

4. 增加就业机会

就业问题是国民经济中一个至关重要的方面,不仅关系每个劳动者的生存和发展,还涉及一系列的社会问题。一个国家安排就业能力的大小是其政局稳定与否的重要标志。旅游业属于服务业,其中的很多行业属于劳动密集型行业,需要大量的劳动力,同时,旅游业可以为不同层次的人才提供就业岗位,有利于缓解失业给国家和地区带来的压力。2017年旅游直接就业2 825万人,旅游直接和间接就业7 990万人,占全国总就业人口的10.28%。

5. 增加政府税收

税收是国家财政收入的主要来源之一,是政府增加对经济发展和公共事业的投资以维持国家机构正常运转的主要资金来源。无论发展国际入境旅游业还是国内旅游业,都可起到增加国家税收的作用。国家的旅游税收目前主要来自两个方面:一方面是从海外来访旅游者获得的税收,主要包括入境签证税、出入境时交付的商品海关税、机场税和执照税等;另一方面是来自旅游业各有关营业部门的税收和旅游从业人员的个人所得税等。

6. 带动相关行业发展

在现代化大生产条件下,各行业是有机联系在一起的,一个行业的兴起和发展,往往为其他相关行业提供条件,而其他行业的发展又必然反过来影响它,形成互动的发展关系。旅游业是综合性产业,它对其他行业有着较高的关联带动性,主要表现在两个方面:一方面,旅游业的发展需要物质生产部门提供一定的物质基础;另一方面,旅游业作为一个服务性产业,在为旅游者服务过程中,需要购买许多其他行业的服务和产品,从而推动这些行业市场需求的增加。比如,旅游业对民航、铁路、农林、文物古迹、风景园林等行业发展可以起到一定的推动作用。据测算,在国外,旅游业每增收1美元,可促进国民经济增加2.5美元;在我国,旅游业每增收1美元,可带动国民经济增加3.12美元。

7. 改善投资环境,扩大国际合作

旅游业的发展必须开展基础设施等硬件条件的建设,同时对软件环境也将产生深刻的影响,从而改善投资环境。旅游对投资环境的改善表现在以下方面:

第一,旅游业提供了开展经济合作的必要物质条件。发展旅游业必定会推进基础设施和旅游设施的建设,这为旅游目的地外来投资提供了良好条件。

第二,国际旅游业促进了各国人才和信息的交流。

第三,旅游经济本身的特性决定其最容易吸引外商的投资。旅游业是朝阳产业,有投资少、产出多、效益高的特点,对外资吸引力大。

第四,发展旅游业能够培养目的地政府和公众的服务意识,促进政策环境的改善,这是重要的投资软环境。

第五,旅游业是一种具有特殊优势的外向型经济,对扩大国际经济交流与合作发挥了积极作用。

(二)旅游对经济的消极影响

1. 可能引起旅游目的地物价上涨

就一般情况而言,外来旅游者的收入水平较高,他们在旅游过程中能够支付价格高于平时的日常消费,此外,他们还能够出高价购买食、宿、行以及以旅游纪念品为代表的各种商品。因此,在有大量旅游者来访的情况下,难免会引起旅游目的地的物价上涨,这必将损害当地居民的利益,在引起衣、食、住、行等生活必需品价格上涨的情况下更是如此。此外,随着旅游业的发展,旅游目的地的房价也会上升,这也将影响到当地居民的住房建设与发展。

2. 可能影响产业结构发生不利变化

每一个国家在不同的经济发展阶段、发展时点上,组成国民经济的产业部门是大不一样的。各产业部门的构成及相互之间的联系、比例关系不尽相同,对经济增长的贡献

大小也不同。因此，产业结构不合理会影响经济发展和社会稳定。旅游业是投资少、见效快、效益高的产业，容易吸引人们过度或者超前发展，从而引起产业结构的不利变化。例如，在有些原以农业为主的国家和地区，从个人收入来看，从事旅游服务的工资所得高于务农收入，因此，大量的劳动力弃农从事旅游业。这种产业结构不正常的变化带来的影响是，一方面旅游业的发展扩大了对农副产品的需求，另一方面却是农副业产出能力的下降。如果再加上农副产品价格上涨的压力，很可能会影响当地社会和经济的稳定。

3. 过分依赖旅游业会影响国民经济的稳定

一个国家或地区不宜主要依靠旅游业来发展自己的经济，特别是对我国这样一个大国来说，原因如下：

首先，旅游活动本身有很强的季节性。虽然可以通过一些营销手段减小这种需求的季节性所带来的影响，但不可能完全消除，因而旅游接待国或地区在把旅游业作为基础产业的情况下，淡季时难免会出现生产资料的大量闲置和工人失业等问题，从而会给接待国或地区带来严重的经济和社会问题。

其次，旅游需求在很大程度上取决于客源地居民的收入水平、休假制度和有关旅游度假的流行时尚，客源地的政治、经济、文化以及某些自然因素的变化都会影响人们的出行，进而影响接待国或地区旅游业的发展。

最后，接待国或地区甚至世界的各种政治、经济、文化以及某些自然因素的变化也会影响到旅游需求。有许多因素都不是旅游业所能控制的，一旦出现变化，就会影响目的地旅游业甚至国民经济的发展，造成严重的社会经济问题。因此，任何一个大国的旅游业发展都应适应其整个国民经济发展的需要，不能盲目开发。

【思考题】

旅游对目的地经济的积极作用表现在哪些方面？

学习任务二　旅游的社会文化影响分析

任务导入　　旅游与旅游文化

旅游业如何借文化提升魅力，文化如何借旅游业增强活力，最终实现产业融合发展，实现大旅游产业的整体升级，已成为当前文化旅游业发展的重要课题之一。文化是旅游的灵魂，突出旅游文化特色，是培育旅游经济核心竞争力的关键。从产业发展的角度看，旅游产业和文化产业相互融合，相得益彰，密不可分。文化的内涵决定着旅游产品的价值和品位，是旅游业增强吸引力、竞争力、影响力的关键所在，是支撑旅游业可持续发展的核心资源。旅游也是文化的载体，通过旅游寓教于乐，寓教于游，将我国悠久的灿烂文化广为弘扬、代代相传。只有紧紧抓住文化和旅游的内在联系，才能逐步提升旅游品位，促进旅游业转型升级，形成旅游与文化的双赢。当前，不少地方在旅游产业和文化产业融合方面做出了探索。位于陕西西安城区东南部的曲江新区，就是以文化产业和旅游产

业为主导的城市发展新区,核心区辐射带动大明宫遗址保护区、法门寺文化景区等旅游区域,是文化与旅游相融合、推动区域经济发展的经典案例。这些地方在发展"文化旅游+观光旅游"复合模式的同时,还形成了"综合性旅游+反哺区域经济"的大旅游样本。这种大旅游的本质体现在整合区域资源,谋求综合性旅游发展,通过文化旅游反哺地方经济,成为区域经济发展新的增长极。

我国历史悠久、文化璀璨,许多地区都拥有值得保留和传承的文化资源。将中华民族重要文化资源宝库中的文化资源转化为旅游产品,使之得到保护、传承和弘扬,并在新时代迸发出新的生命力是当务之急。各地尤其应将文化与旅游融合为一体,将文化贯穿于吃、住、行、游、购、娱的各个要素中,发挥旅游对文化消费的促进作用,延伸文化旅游发展的产业链,从而带动区域经济快速崛起。当然,发展大旅游如同彩线穿珠,串起的不仅仅是酒店、景区等传统旅游业,还串起了文化、科技、商业等各相关产业。因为有了旅游,当地的这些产业又有了新的发展机遇,而各产业的优化组合也促进了旅游业的繁荣发展,实现了传统文化与区域经济的双赢。这种融合式的发展正是大旅游发展机制的精髓,也是文化旅游业带来的聚合效应,这种聚合效应将推动区域经济呈现繁荣发展的新格局。

·思考· 文化对旅游业发展的作用表现在哪些方面?旅游活动对目的地文化可能会产生哪些影响?

学习导读

现代旅游和旅游业的发展对目的地乃至世界经济产生了巨大影响,对社会文化的影响也是不容忽视的。旅游活动的开展首先就是不同国家或地区之间的人员交流,在这个过程中进行接触和交往,本身就是一种社会现象。在此过程中,不论旅游者出于何种动机,都不可避免地要接触目的地的社会文化,其中包括民族历史、生活方式、风俗习惯、文学艺术、服装和饮食等。同时,旅游者也会以自己表现出来的本国、本民族或本地区的文化影响旅游目的地的居民。随着旅游者大规模地到来,外来旅游者与当地居民之间的个体接触便会演化成群体性的社会接触,不可避免地对目的地社会文化产生一定的影响。

知识链接

一、旅游对社会文化的积极影响

(一)增进各国之间的相互了解,促进友好交往

首先,可以了解别人。广泛开展旅游活动可以增加和扩大各国之间接触的机会和范围,提供了解其他国家的条件。由于旅游是不同国度、不同民族、不同信仰以及不同生活方式的人们之间的直接交往,不是以文字媒体或者以个别人为代表而进行的信息传递和间接沟通,所以更有助于增进不同国家和地区人民之间的相互了解。

其次，能够宣传自己。旅游业是目的地国家对外树立国家形象的有效手段。由于外国旅游者在目的地国家旅游过程中亲眼看见了该国的情况，所以其宣传的可信度高，外界很少会对他们所做的情况介绍表示怀疑。国际旅游在这方面所起的作用要比传统的宣传手段有效得多。同时，目的地国家可以通过热情友好、彬彬有礼的服务和真诚待人的美德，给广大旅游者留下美好难忘的印象，从而起到宣传的作用。

最后，促进友好交往。国际旅游活动的开展，不仅有助于改善和提高目的地国家的对外形象，而且可以增进各国之间的相互了解，消除因缺乏了解而可能存在的偏见和误会，从而有助于缓解甚至消除国际的紧张局势，推动世界和平。因此，人们也把国家之间的旅游活动称为"民间外交"。

(二)推动文化和科学技术的交流和发展

旅游者是文化的载体。伴随着旅游者的旅游活动，旅游者不自觉地主动充当了文化使者的角色。旅游文化的传播和学习是双向的主动行为，其作用不仅限于旅游者，也影响到目的地的居民。一方面，目的地居民通过与旅游者的接触，感受到异地文化；另一方面，旅游者也可通过多种形式得到学习、借鉴目的地文化知识的机会。总之，旅游是大众文化的传播形式，它为异地文化的融合提供了机缘。旅游文化交流所产生的异地文化的相互碰撞和交融，又成为社会发展的推动力。

科学技术的发展是旅行和旅游产生和发展的前提条件，同时，旅游也是科学研究和技术传播与交流的重要手段。在旅游发展的各个阶段，都曾有人以科学考察为主要目的，为完成某项研究而参与旅游活动。许多主观上出于其他目的的旅游，客观上也起到了传播和交流知识与技术的作用。

(三)有助于提高民族素质

1. 促进身心健康

随着现代社会城市化程度的不断加深，内容单调和节奏紧张的工作生活给人的压力、各种限制和规矩的约束、城市环境的不断恶化等，都迫使人们更加向往能够经常适时地改变一下生活环境，回到安谧、优美的大自然中去，以缓解压力、恢复体力、焕发精神、完成身心调整、促进自身健康发展。

2. 增长知识、开阔眼界

旅游是人们一种高层次的需求。旅游可以使旅游者离开惯常的生活环境，获得新知识，开阔了眼界，陶冶了情操，提高了生活质量。尤其对于年轻人来说，通过旅游了解世界、熟悉社会、增长知识和才干，是学习和接受新事物的有效途径。另外，对落后地区来讲，居民通过模仿和学习旅游者的行为举止、卫生习惯、经商意识等，可以使自身素质得到改善和提高。

3. 培养爱国主义情感

无论是在国内旅游时欣赏各地的自然名胜、历史文化和建设成就，还是在国外旅游时看到或听到对祖国历史文明和建设成就的称颂，都会激发和增强人们的民族自尊心和自豪感，从而加深对自己祖国的热爱。除了风景名胜、历史建筑外，几乎各国都建有一些历史博物馆、战争纪念地等爱国主义教育基地，有助于培养人们的爱国主义情感。

(四)促进民族文化的保护和发展

以民俗为代表的民族文化是一个国家或地区重要的旅游资源。旅游者对民族文化表现出来的高度兴趣与热情也为旅游地民族文化的发掘和保护提供了社会基础。旅游活动的开展可使旅游地居民认识到本民族传统文化的价值和魅力,从而使民族文化得到自觉保护。例如,我国贵州苗族、布依族的蜡染手工技艺以及绚丽多姿的民族服饰,云南丽江纳西古乐的挖掘与传承等。

二、旅游对社会文化的消极影响

(一)不良的"示范效应"

随着旅游活动的开展,旅游者不可避免地会将自己的生活方式带到旅游目的地。特别是在国际旅游方面,由于旅游者来自世界各地,他们具有不同的价值标准、道德观念和生活方式,这些东西无形之中也在传播和渗透,对目的地社会产生"示范效应"。

虽然我们知道旅游者和当地居民是互相影响的,但实际上,旅游者带给目的地社会的影响比他们接受目的地社会影响的程度要大,主要是因为:首先,大部分的旅游者都是来自较发达地区,他们的文化对目的地文化来说是强势文化,在强势文化和弱势文化的交流中,前者对后者影响更大一些;其次,对旅游者来说,他们与目的地居民接触的时间和范围都是有限的,经过短暂的接触之后他们又会回到自己惯常的文化环境中,而对目的地居民来说,旅游者的影响是长期持续、潜移默化的。例如,有些目的地居民受西方思想观念的影响,传统道德观念受到冲击,产生崇洋思想等。因此,旅游者的思想行为、道德观念可能会对目的地居民产生不良的"示范效应"。

(二)民族传统文化受到冲击

民族传统文化是目的地重要的旅游资源,有特色的民族传统满足了旅游者求新、求异、求知的心理需求,满足了旅游者高层次的文化追求。由于旅游者的大量进入,旅游者所代表的外来文化和现代时尚对传统文化产生了强大的冲击力,使目的地文化的民族特色逐渐消失。随着旅游者的进入,本地居民与外界交流增多,外来文化和本土文化相融合,使目的地民族文化的独特性丧失,进而减弱甚至丧失对旅游者的吸引力。例如,一些偏远地区,由于历史、社会、交通等方面的原因,过去与外界交往较少,具有相对封闭性,使独特的民间歌舞、传统节日、婚丧嫁娶、宗教仪式和建筑风格等民俗文化完整保存了下来,但由于旅游者大量进入,当地居民特别是年轻人逐渐放弃了本民族的生活方式,不断追求"现代化",使民族传统特色逐渐消失。

旅游的发展使传统手工艺得以发掘和保护,但是客观上也确实存在这样的情况:当传统手工艺品供不应求时,以赚钱为目的的仿制工艺品便会大量出现,它们在形状、大小、制作工艺、材料以及质量等方面很难和真正的传统手工艺品相比,但因其价格较低而被部分旅游者购买,这种仿制品不但不能表现传统手工艺的高超技艺和独特性,还会使旅游者对目的地民族文化产生一些错误的认识。

旅游的发展还可能会使目的地文化被不正当地商品化、庸俗化。传统的民间习俗和庆典活动都是在特定的时间和地点,按照传统规定的内容和方式举行的,但是,很多这样的活动随着旅游业的开展逐渐被商品化,它们不再按照传统规定的时间和地点举行,为了接待旅游者,甚至被搬上舞台,为了迎合旅游者的观看兴趣,添加、补充或者压缩活动

内容,表演节奏也明显加快,这些活动虽然被保留了下来,但在很大程度上已经失去了其传统的意义和价值。另外,一些地方因为发展旅游业,为了满足旅游者的食、购、娱的需求,开发商业一条街或者建设一些娱乐设施,没有考虑到要和整个目的地的环境氛围相一致,使一些宗教圣地庸俗化。

(三)干扰旅游目的地居民生活

旅游不仅可能造成目的地物价上涨,而且随着外来旅游者的大量涌入和游客密度的增大,当地居民的生活空间也在缩小。如有些旅游者消耗当地能源,个别旅游者不尊重当地风俗习惯,如不尊重当地居民,都会使当地居民由旅游业发展初期对旅游者的热情友好转化为对旅游超载时的不满、激愤,从而造成旅游者与当地居民之间关系紧张,甚至发生冲突。这种影响还可能造成当地居民的外迁。

三、正确认识旅游的社会文化影响

旅游对社会文化的各种影响并非都是必然的。旅游对社会文化产生的积极影响,有赖于目的地旅游业的合理规划和健康发展,有赖于目的地居民正确、合理的观念,有赖于旅游者的旅游主旨和自身素质等;而旅游对社会文化带来的消极影响,也仅具有潜在性或可能性,这些影响也只存在于某些目的地。致使旅游的潜在消极影响转化为实际社会问题的条件多种多样,其中目的地的旅游规划是重要条件之一。在制定规划时,要根据当地的自然条件和社会经济条件确定合适的旅游容量,防止旅游饱和或避免超负荷接待。同时,要加强法制建设,健全管理机制,制定和颁布旅游法律法规,还要加强管理和监督力度,严格遵守并执行国家的旅游政策和法规,严厉打击各种犯罪活动,将消极影响控制在最低程度。另外,还要加强宣传教育,提高旅游者和目的地居民的素质,使他们在相互尊重和理解的基础上加深了解,避免歧视和辱骂行为的发生,增进友谊,和谐相处,恰似费孝通先生的那句话"各美其美,美人之美"——尊重所有的文化,扩大旅游对社会文化的积极影响,减少消极影响。

【思考题】

在当今越来越强调文化内涵的旅游发展大环境下,旅游产品开发应如何充分发掘文化特色?

学习任务三　旅游的环境影响分析

任务导入　全域旅游助力美丽乡村建设

红嫂祖秀莲的家乡位于山东沂水县院东头镇桃棵子村,整个村落四面环山,依地势而建,层层梯田环绕,农户门前溪水潺潺,房前屋后或百年柿树或石盘石碾,溪流声和鸟鸣声不绝于耳,游客穿行其间,其乐融融。"这里真好,一步一景,让我们既受到红色教育,又体验了浓郁的田园风光。"江苏游客刘女士说。

沂水县将旅游元素融入美丽乡村建设,挖掘红嫂文化,传承红色基因,发展红色旅

游,修复了刘知侠旧居,建设了沂蒙红嫂祖秀莲纪念馆、知青老屋,利用村中旧民房开发了沂蒙老山街民宿,新建一山九墅、红云岗宾馆,原本名不见经传的小山村变为3A级旅游景区。

"沂水地下大峡谷景区主打漂流体验,天然地下画廊突出'江北天然溶洞'特色,萤火虫水洞景区构建了奇妙的昆虫世界。沂蒙山酒文化园展现酒文化,蒙山龙雾茶博园展示高山绿茶文化,峙密山居打造江北古村水乡。"谈起辖区内的景区,沂水县院东头镇旅游办主任宋林如数家珍。

院东头镇坚持"旅游+"发展模式,依托镇域内旅游资源数量多、类型全、品质高、组合优的特点,穿点成线、连线成面,通过发展旅游带动美丽乡村建设。如今的院东头镇,天蓝、水清、草绿,呈现了前所未有的"高颜值",为乡村振兴筑牢了根基。

(资料来源:中国旅游新闻网)

思考 全域旅游背景下,旅游的发展会对目的地环境带来哪些影响?

学习导读

旅游目的地的环境既包括自然环境,也包括经过人工改造的社会生活环境。旅游与环境之间有着非常密切的关系,是一种相生相克的关系。一方面,旅游目的地的环境是构成当地旅游产品的最基本的因素,它是旅游资源的一部分,同时环境质量也影响着旅游者对旅游产品的评价;另一方面,旅游者的活动都是以目的地的环境为依托的,所以,在促进旅游业发展的过程中,环境不可避免地要受到影响。因此,环境保护已经成为许多战略发展规划中不可缺少的部分,通过正确的旅游发展规划和管理可以减少对环境的负面影响。

知识链接

一、旅游对环境的积极影响

(一)提高了人们的环保意识

旅游业的发展不仅为目的地带来了可观的经济效益,还带来了一定的社会效益,为目的地居民提供了大量的就业机会,使目的地政府和居民开始重视本地旅游业的发展。在旅游业发展过程中,目的地政府和居民认识到旅游资源的重要性,而旅游资源对环境又具有较强依赖性,这就促使目的地政府和居民提高环保意识,认识到只有保护环境、改善环境质量,才能使本地旅游业得到可持续发展。

微课:旅游对环境的积极影响

(二)推动了对旅游资源的保护

发展旅游业推动了对自然景观的保护,使历史建筑和古迹遗址得到维护、恢复和整修。为了吸引更多的旅游者并提高他们的满意度,许多以风景区、野生动物保护区和历史古迹遗址为主的景区,环境保护问题引起了旅游经营者的高度重视。同时,发展旅游业为旅游资源的保护又提供了必要的资金支持。

(三)促进了旅游目的地环境和设施的改善

旅游环境的形成既有自然天成的成分,也有后天人工开发的成分,它是人与自然和谐发展的产物。就范围而言,旅游环境主要包括旅游目的地的环境和相关的旅游依托地的环境;就内容而言,主要包括旅游资源状况以及与旅游活动有关的自然和社会文化两方面的因素;就质量而言,旅游环境的质量要远远高于一般的环境。由于旅游业的发展对环境的依赖性较强,所以必须首先建立有利于旅游业发展的旅游环境。

旅游目的地要发展旅游业,除了景区的规划建设、环境的保护和改善,还要进行基础设施和旅游接待设施的建设,以满足旅游者在旅游活动中的各种需求,确保这些设施在功能上的完善和配置数量上的合理。

二、旅游对环境的消极影响

(一)旅游业的发展可能会造成环境污染

旅游业的发展对目的地环境污染主要表现为水质污染、空气污染和噪声污染。相对其他消费活动而言,旅游是一种奢侈的消费活动,旅游者在旅游活动中消耗的能源要比平常多得多。这些环境污染包括:随着旅游者的大量涌入,为旅游者提供交通、住宿和餐饮的企业会产生大量的废气、废水和废物,这"三废"一旦处理不当,就会对环境造成很大的破坏;旅游交通工具(如飞机、火车、汽车、船只等)排放废气,产生噪声,在山区或拥挤的地区,造成的污染也很大;海、湖、河以及其他水体,常被用来作为最便宜和最方便的废物处理区,旅游企业及相关企业生产排放的废水不仅会破坏水体景观的旅游环境,还会严重损害人类健康和动植物的生存;绿化的维护,特别是为维护高尔夫球场草坪而大量使用农药和化肥,造成水体、土壤污染;游乐场以及其他娱乐场所产生噪声、光、电污染;规划设计不合理的建筑物与整体景观不协调造成的视觉污染;垃圾废物污染;沙质退化等。

我国旅游业就有很多这方面的教训。例如,张家界因金鞭溪水体污染和景区的视觉污染将景区内数十家宾馆饭店迁出,花费了近3亿元人民币;四川省阿坝藏族羌族自治州曾经因为污染,把九寨沟景区内的宾馆饭店全部撤出,只保留快餐店,以减少景区内的水、气、噪声等污染;云南省的泸沽湖因为长期大量接待游客,生活垃圾处理成为一个严重问题,曾经因处理不当险些对泸沽湖水造成污染;等等。

(二)长期大量接待旅游者会对旅游资源造成损害及破坏

首先,会使当地历史古迹的原始风貌及其存在寿命受到威胁。这不但与部分旅游者的不文明行为有关,如随地丢弃垃圾、随地吐痰、触摸攀爬、在禁烟区内吸烟、乱刻乱画等,而且旅游者接待量的增加本身就会减少历史古迹的存在寿命。例如,甘肃省的敦煌莫高窟,旅游者呼出的二氧化碳、散发的体热以及其他有害气体和水分造成了封闭空间的环境变化,对其中的壁画和泥塑造成了不利影响;北京的故宫,曾因旅游者川流不息,大殿内的金砖被踩出凹坑,广场和通道的金砖也被严重损坏。

其次,可能加剧对自然环境和生态系统的损害和破坏。旅游者大规模到来,本身就会加剧自然环境和生态系统的损害和破坏。旅游者人数众多会踩实地面,影响植物吸收水分和营养,这就是一些旅游景点内古树生长不良的重要原因;旅游者的到来还会惊扰野生动物,打乱它们的生活规律,使其被迫迁徙;等等。例如,英国德比郡的马姆托尔山

每年大约接待25万名旅游者,在1993年时曾进口300吨岩石和土壤恢复其主峰;旅游者的鞋底每年都会从西班牙的贝尼多姆邻近的海滩带走约400吨沙子;巴厘岛的海洋珊瑚资源、珊瑚礁因旅游活动遭到破坏,海洋堆积物增多,海岸受到侵袭,新鲜水源的贮存量不断减少;等等。

(三)旅游开发经营中的不当行为破坏了当地原有的自然景观

第一,开发中的"破坏性建设"。在旅游业发展过程中,由于缺乏知识或考虑不周,旅游接待设施的建设缺乏规划,对景区的过度开发和建设都会造成资源和环境的破坏,主要表现在:为修建道路大规模开山劈石;舍弃自然的登山步道而铺设水泥台阶;建设的建筑式样与景区整体景观不协调;旅游度假地规划建设中的城市化倾向;自然风景区规划建设中的园林化倾向;等等。另外,开发建设中的一些不科学行为也会影响资源和环境,例如,在开发岩溶洞穴时,出口与入口设在相对高差很大的地点,形成"烟囱效应",加快了洞内空气流动,使岩溶堆积物迅速氧化,过早地变黑、粉化。

在我国旅游业的发展过程中,因旅游开发而对资源和景观造成破坏的现象不胜枚举。例如,1980年在泰山修建了中天门至岱顶的索道,悬挂在核心景区的景观轴线上,上站与南天门并列,在泰山"前额"炸山,破坏地形和生态1.9万平方米,是有史以来对泰山进行的破坏性最大的一次行为,在10~20千米都能看到。

第二,超负荷接待对环境产生不利影响。旅游业经营管理中,旅游者数量超过了合理容量,不但会影响旅游者的旅游感受,还会破坏旅游资源,降低环境质量,有时甚至会造成旅游者伤亡。例如,在中国旅游大发展的初期,峨眉山曾因接待设施不足,旅游者被迫在寺庙乃至厕所中过夜,旅游者拆了其门窗燃火取暖;苏州园林中也曾因旅游者过多导致有人被挤落湖中,假山也受到损害;"黄金周"期间,世界遗产山西平遥古城人满为患,明清一条街上游客如梭,形成"大人看后脑,小孩看屁股"的拥挤现象,根本无法观赏古城风貌;等等。

第三,管理中的失误造成目的地原有环境及氛围破坏。在旅游景区的经营管理中,管理部门的一些不当行为也会对环境造成破坏。一些景区管理部门为了追求经济效益,不顾自然资源和历史建筑的脆弱性和不可再生性,出让场地举办商业表演、大型集会等。例如,在某国家重点风景名胜区的塔林中,曾充斥着各种摊贩、算命者、乞讨者;作为世界文化遗产的明代长城——金山岭长城,曾经连续几年向外出租场地举办狂欢派对,人数最多时有1 300多人,对长城城体和环境造成了极大的破坏;等等。

三、旅游发展与环境保护的良性循环

旅游发展和环境保护是对立统一的,既不能为保护环境而放弃旅游业的发展,也不能为发展旅游业而牺牲环境。在旅游业的发展过程中,旅游建设应与环境保护同步规划、同步发展,努力使旅游业在实现良好经济效益的同时,避免对生态环境造成威胁和破坏。实现旅游发展和环境保护的良性循环可采取以下几方面的措施:

(一)大力开展宣传活动,提高人们的环保意识

旅游环境保护工作是一项系统工程,需要政府相关部门、目的地居民和旅游者的全体参与。因此,要大力开展宣传活动,在全社会形成保护旅游环境的意识和风气。尤其要注意提高旅游开发经营者、旅游者、目的地居民的环保意识,可在旅游活动中,增加与

环保有关的活动项目等。

(二)制定相关法律,依法保护旅游环境

完善法律法规是做好旅游环保工作的法律保障,同时,还要建立强有力的旅游环境保护管理机构和完善的管理体系,监督和管理旅游开发中的环保问题。

(三)在科研、监测、计划和技术管理等环节上采取有力的措施

建立旅游规划与开发的环境影响评估和监测制度;制定旅游设施规划建设标准;大力普及节能、节源的先进技术,提高能源、资源的利用率,减少污染;在规划设计中采用技术手段解决旅游容量超载问题;建立有效的预警机制;提高整体管理水平;等等。

(四)增加环保经费,提供资金保障

虽然旅游环境保护会增加旅游开发的投入,用于环保的投入和环保经费在现阶段会增加政府或旅游企业的经济支出,但是从长远利益上看,有利于旅游目的地和旅游企业的持续稳定发展。

【思考题】

如何能够在旅游业快速发展的过程中,将旅游开发对环境产生的消极影响降到最低?

项目小结

旅游活动的开展对经济、社会文化和环境产生了深刻而广泛的影响,尤其是对旅游目的地来说,这些影响既有积极的一面,也有消极的一面。旅游对目的地经济的积极影响表现在增加外汇收入,平衡国际收支;促进货币回笼;增加目的地经济收入;增加就业机会;增加政府税收;带动相关行业发展;改善投资环境;等等。旅游对目的地经济的消极影响表现在可能引起目的地物价上涨;产业结构发生不利变化;影响国民经济的稳定;等等。旅游对社会文化的积极影响表现在增进各国之间的相互了解,促进友好交往;推动文化和科学技术的交流和发展;有助于提高民族素质;促进民族文化的保护和发展;等等。旅游对环境的积极影响表现在提高了人们的环保意识;推动了对旅游资源的保护;促进了旅游目的地环境和设施的改善;等等。旅游对环境的消极影响表现在可能会造成环境污染;长期大量接待来访旅游者会对旅游资源造成损害及破坏;旅游开发经营中的不当行为破坏了当地原有的自然景观;等等。了解了旅游的影响,就要在旅游业的发展中坚持可持续发展观,在确定了旅游业可持续发展目标的基础上,把握好旅游目的地的旅游承载力,采取有效措施,通过旅游者、旅游企业、旅游目的地三方的共同努力,控制和减少旅游的消极影响,扩大积极影响,实现旅游业的可持续发展。

项目实训

1. 设计制作游客行为调查表，以小组为单位，在本地区主要景区开展游客行为调查活动，并对调查结果进行分析，形成调查报告。
2. 设计制作游客满意度调查表。

拓展训练　　"＋旅游"是产业扶贫和乡村振兴的重要路径

2020年4月，习近平总书记在陕西省柞水县小岭镇金米村、平利县老县镇蒋家坪村考察调研时指出："发展扶贫产业，重在群众受益，难在持续稳定。"

多年来，旅游业与乡村地区的各类产业和社会资源进行融合发展，打造新型乡村经济体系，一直是产业扶贫和乡村振兴中的重要组成部分，特别是在原有产业基础上以"旅游＋"为基本路径的融合发展模式，将乡村地区的生态、农业、林业、水利以及文化、历史、民俗等与乡村旅游进行有机嫁接和深度融合，让农民就地转型、就地就业、就地创业，使他们成为乡村旅游发展的参与和受益主体，带动了农民增收、贫困人口脱贫，促进了乡村经济和农村发展，并逐步形成了十分成熟的技术路径和发展模式。习近平总书记考察调研的两个村庄，就是这些模式的典型代表。

"生态＋旅游"，打造乡村现代生态产业链。柞水县小岭镇金米村位于秦岭深处，历史上村庄交通不便、村庄街道杂乱、房屋破旧、经济落后，曾经是一个典型的极度贫困村。近年来，该村以"两山"理论为指导，大力开展生态保护、环境优化和美丽乡村建设，实施山林绿化、筑坝拦河、埋设排污管道、街道整治、村庄亮化、改厕改圈等生态保护和环境优化工程，利用良好的山区环境大力发展木耳、中草药、土蜂养殖等生态产业，特别是地栽木耳产业，已经走上了规模化和品牌化的经营之路。

同时，该村依托规模化的地栽木耳产业，与旅游业融合发展，打造集休闲农业、观光游览、采摘体验为一体的乡村旅游产业，形成了独具特色的、具有高附加值的现代生态产业链，实现了"小木耳大产业"的放大效益。如今的金米村，全村所有的贫困户全部"镶嵌"在这个现代的生态产业链上，实现了"人人有事干、户户有产业"。正像习近平总书记指出的那样：人不负青山，青山定不负人。

"旅游＋生态"让金米村实现了整村脱贫，使这个原本大山深处的极度贫困村华丽转身成为名副其实的"金米"村。

"农业＋旅游"，促进传统农业提高附加值。平利县老县镇蒋家坪村也是一个典型的山区村，曾经是全县有名的8个深度贫困村之一，全村有386户、1 100多人。近年来，该村坚持走"旅游＋农业"的产业扶贫道路，使传统农业通过与旅游业的融合发展，大幅度提高了附加值，促进了农民增收和农业发展。

位于该村的女娲凤凰茶业现代示范园区是一个苏陕扶贫协作产业扶贫项目，该园区充分利用该村地理环境"高山、绿色、富硒、零污染"的特点，发展生态茶田1 200亩，并且依托生态茶园发展乡村旅游，培育特色茶旅民宿，走出一条"游茶山、品香茗、居民宿"茶

旅融合发展的致富增收之路。2019年茶区生产绿茶15吨，实现农业产值400万元，同时接待游客1万多人次，带动了园区内100多户贫困户、300多人通过产业脱贫，实现每年人均平均增收1 100多元，而且实现村级集体经济收入10万元，建立互助资金组织，发展会员121名，让所有的贫困户、贫困人口都不掉队。

如今的蒋家坪村，村内山清水秀，一排排整齐的茶树，在云雾缭绕中安静守候，整个村庄的森林覆盖率达90%以上。习近平总书记在蒋家坪村考察调研时非常肯定该村的产业扶贫做法，并且希望乡亲们要坚定不移走生态优先、绿色发展之路，因茶致富、因茶兴业，脱贫奔小康。

习近平总书记多次强调，发展产业是实现脱贫的根本之策。脱贫攻坚、乡村振兴，产业是基础。而以"＋旅游"为基本路径形成的旅游与其他产业和资源的融合发展模式，能够将更广泛的乡村资源通过与旅游业的融合发展，创新经济发展模式，提高传统产业附加值，实现农业增产、农民增收、农村发展。广大的乡村地区有着十分丰富的生态、经济、文化等资源，可以根据各地不同的资源，通过"森林＋旅游""水利＋旅游""农园＋旅游""果园＋旅游""菜园＋旅游"以及"农耕文化＋旅游""乡村生活＋旅游""民俗风情＋旅游"等方式，打造各具特色的融合型乡村旅游产品体系，形成以"＋旅游"为基本模式的产业扶贫和乡村振兴之路。

（资料来源：中国青年网）

讨论 怎样才能实现乡村振兴和旅游扶贫？

在线自测

项目十 旅游组织介绍

知识目标

- 掌握旅游组织的基本含义
- 明确旅游组织的主要职能
- 了解国际旅游组织的类型
- 了解我国旅游组织的类型

能力目标

- 能够正确认识主要国际旅游组织的职能
- 能够全面分析我国旅游组织的作用

思政目标

- 熟悉UNWTO等国际旅游组织的职能,培养学生的合作意识
- 践行国际旅游文明公约,正确引导旅游者的行为,使之符合规范

学习任务一　了解旅游组织

任务导入　世界旅游组织报告：2020—2021年新冠疫情重创旅游业　损失高达4万亿美元

联合国两家机构表示，新冠疫情对于旅游业的打击可能使全球国内生产总值在2020—2021年出现高达4万亿美元的损失。

联合国贸易和发展会议（贸发会议）和世界旅游组织共同发布的一份报告表示，上述损失包含疫情对于旅游业的直接影响以及相关行业所产生的连带效应，且要比2020年7月所预计的损失更加严重。

世界旅游组织表示，2020年1到12月，国际游客数量较2019年下降近10亿人次，降幅达73%，2020年第一季度的降幅更是进一步扩大至84%。报告表示，国际旅游业在2020年所产生的直接和间接经济损失约为2.4万亿美元，2021年的损失数额预计与去年持平，旅游业的复苏将在很大程度上依赖于全球新冠疫苗的接种情况。

全球免疫计划至关重要

贸发会议代理秘书长伊莎贝尔·杜兰特表示："世界需要全球免疫行动，以保护劳动者、减少负面社会影响，并在考虑到可能的结构性调整的基础上，对旅游业做出战略性决策。"

世界旅游组织秘书长祖拉布·波洛利卡什维利表示："旅游业是数百万人的生命线，加快新冠疫苗接种，保护社区，支持旅游业安全重启，对于恢复就业和产生急需的资源至关重要，尤其是在发展中国家，这些国家中有许多都高度依赖国际旅游业。"

发展中国家旅游业受到的打击尤其严重

报告表示，疫情对于旅游业的打击在发展中国家表现得尤其严重，前往这些国家的国际游客人数预计减少60%~80%。而新冠疫苗获取不平等则进一步加剧了发展中国家旅游业所遭受的经济损失，预计可能达到全球国内生产总值损失的60%。

在困境中复苏

报告预计，法国、德国、瑞士、英国和美国等新冠疫苗接种率较高的国家，其旅游业的复苏速度将相对较快，但由于旅行限制、对病毒传播的遏制不力、游客信心不足以及经济疲软等原因，国际旅游业可能要等到2023年或更晚才能恢复到疫情前的水平。

报告的模拟计算表明，虽然旅游业将在2021年下半年小幅回暖，但全年的损失预计仍将达到1.7万亿~2.4万亿美元，上述计算并不包含经济刺激政策所产生的收益。

三种可能的情况

关于2021年国际旅游业的形势，报告列出了三种可能的情况：第一种情况最为悲观，预计全年的国际游客数量将下降75%，国际旅游收入将减少近9 500亿美元，全球国内生产总值实际损失为2.4万亿美元。第二种情况预测相对乐观，预计全年国际游客数量将减少63%。第三种情况则预计各国和各区域之间的游客数量将出现显著差异，在疫苗接种率较低的国家，游客数量将下降75%，而疫苗接种率较高的国家，主要为发达国家和部分人口较少的国家，游客人数则将减少约37%。

思考： 联合国世界旅游组织是一个什么性质的旅游组织？

学习导读

旅游组织的产生和发展与旅游业的发展是相辅相成的。旅游业的发展促进了旅游组织的产生和发展，旅游组织的存在又推动着旅游业进一步发展。旅游组织的活动范围广、协调作用强，在旅游业发展中具有十分重要的现实意义。

微课：旅游组织认知

知识链接

一、旅游组织的基本含义

（一）组织的一般概念

所谓组织，是指为了达到既定目标而形成的具有一定纲领、一定结构层次的正式关系的人群集合体，如企业、学校、军队、政府部门和社会团体等。对于任何组织，其内涵主要包括三个方面：一是具有明确的组织目标；二是按目标需要确定的机构形式，成员之间有明确的分工与协作；三是形成不同的权力和责任制度。

组织性质是由组织本身所决定的，或者说由组织的构成要素所决定的，组织性质同时也反映了组织的构成要素，可以通过了解组织性质来确认组织的构成要素。从认识过程来说，也是先了解组织的外在性质，才能进一步去研究组织的内在构成要素。在系统科学研究中，人们从不同方面描述系统的基本特征，目的性、整体性和开放性是系统组成最普遍、最本质的特征。组织也是系统，任何一种组织都具有目的性、整体性和开放性这三个基本特征。

（二）旅游组织的特殊内涵

旅游组织是为了促进旅游发展而由一定成员组成的独立的人群集合体。其特征表现为：有相对稳定的组织成员，有自己的章程、组织机构、行为目标和活动经费，依据有关法律进行登记、注册或批准成立，以自己的名义从事各种与旅游有关的活动。

旅游组织有广义和狭义之分。广义的旅游组织通常包括：旅游行政组织，如中华人民共和国文化与旅游部；旅游行业组织，如中国旅游协会（CTA）；旅游民间组织，如世界旅行社协会联合会（UFTAA）；旅游教育组织，如桂林旅游学院；旅游科学研究组织，如国际旅游科学专家联合会（AIEST）；旅游出版组织，如中国旅游出版社（CTTP）；旅游经营组织，如各类旅游企业和个体旅游经营户等。狭义的旅游组织一般指旅游行政组织、旅游行业组织和旅游民间组织。以下主要介绍旅游行政组织和旅游行业组织。

二、旅游组织的类型划分

（一）旅游行政组织

旅游行政组织是专门负责旅游业的宏观调控、行业立法及监督检查，制定行业技术标准，指导旅游资源开发利用，进行旅游市场整体促销，加强旅游服务管理，维护旅游者合法权益等工作，具有宏观性、战略性和政策性的官方旅游管理机构。

目前，世界上多数国家为了加强对旅游业的干预和管理，设立了全国性旅游行政组织。但是，由于各国政治经济制度、旅游发展水平、政府产业政策以及旅游业地位等不同，国家旅游行政组织的设立形式、权力分配和社会地位也存在差异。综观世界各国情况，国家旅游行政组织的设立形式大致可以分为三类：

第一类：由国家政府直接设立，并作为政府一个职能部门的官方机构。以这类形式设立的国家旅游行政组织，又可以分为四种情形：一是由国家政府设立完整而独立的旅游部，如菲律宾、墨西哥和印度等国；二是与其他部门成立一个混合部，如马来西亚的文化旅游部，西班牙的交通、旅游和通信委员会，肯尼亚的旅游与野生动物委员会等；三是在政府某一部下设旅游局，如日本交通运输部下设国际观光局、新加坡工商部下设旅游促进局、比利时文化部下设旅游局等；四是国家政府单独设立直属的旅游局，如泰国、朝鲜等。

第二类：得到国家政府承认，代表政府执行全国性旅游事务的半官方组织。该类机构的负责人由政府有关部门任命，政府资助其全部或部分经费，但它们拥有法人地位，在行政和财政上获得独立。如英国、挪威等就设立了这种类型的旅游行政组织。

第三类：获得国家政府承认，代表政府行使旅游行政管理职能的民间组织。这种民间组织多为影响力较大的全国性旅游协会，经政府同意代行旅游行政管理职能后，通常会受到政府财政资助，但它的负责人不是由官方直接任命，而是在协会成员中选举产生的。这类组织对外代表官方旅游组织，对内代表旅游行业利益。如德国的旅游行业协会属于这种情况。

(二)旅游行业组织

在旅游业发展过程中，以加强行业合作、提高行业声誉、促进行业发展为目的而形成的各类旅游组织，都可称为旅游行业组织。旅游行业组织形式不一，性质也不尽相同。按照服务或管理的地域范围大小，可分为全球性、区域性、全国性、地方性等旅游行业组织；按照发起人与成员身份的关系，可分为官方旅游行业组织和非官方旅游行业组织；按照运行模式可分为营利性旅游行业组织和非营利性旅游行业组织；按照业务职能可分为政治与经济性、科学与技术性、业务与行业性旅游行业组织(表10-1)。

表10-1　　　　　　　　旅游行业组织类型划分

划分标准	主要类型	应用举例
服务或管理的地域范围大小	全球性旅游行业组织	联合国世界旅游组织(UNWTO)
	区域性旅游行业组织	太平洋亚洲旅行协会(PATA)
	全国性旅游行业组织	中国旅游协会(CTA)
	地方性旅游行业组织	海南省旅游协会(HNTA)
发起人与成员身份的关系	官方旅游行业组织	联合国世界旅游组织(UNWTO)
	非官方旅游行业组织	国际旅游学会(ITA)
运行模式	营利性旅游行业组织	世界旅行与旅游理事会(WTTC)
	非营利性旅游行业组织	国际旅游科学院(IAST)
业务职能	政治与经济性旅游行业组织	欧洲旅游委员会(ETC)
	科学与技术性旅游行业组织	国际旅游科学专家联合会(IASET)
	业务与行业性旅游行业组织	世界旅行社协会联合会(UFTAA)

除此之外,为了适应旅游业关联性强、涉及面广、综合性突出的发展特征,许多国家开始建立和健全旅游协调机构。尽管不同国家的旅游协调机构形式各异,但通常具有以下共同点:一是构成广泛性。凡是与旅游业有直接关联的政府部门,都是旅游协调机构的成员。二是机构权威性。旅游协调机构主要从事协调工作,多由政府总理或者副总理亲自主持,相关各部的部长、副部长或主管局长共同参与。三是旅游部门主导性。由于该协调机构服务的是旅游业,所以,旅游行政部门的代表在协调机构中处于主导地位。

三、旅游组织的主要职能

由于旅游组织的性质各不相同,所以其职能表现也不完全一样。

(一)旅游行政组织的主要职能

旅游行政组织的形式和地位不尽相同,权限有大有小,但它们作为旅游业发展的管理机构,一般具有以下职能:

第一,制定旅游业发展的战略规划和方针政策,并在实施过程中进行综合平衡和宏观调控。

第二,培育和完善旅游市场,推动旅游业体制改革。

第三,制定旅游业各项行政法规、行业规范并监督实施。

第四,促进和引导旅游行业的各项投入,推动旅游产业增长。

第五,进行国际旅游市场的促销和开拓,管理出入境旅游业务。

第六,对旅游企事业单位进行行业管理,依法进行监督检查。

第七,指导和管理旅游教育和培训工作,制定并实施旅游从业人员的职业资格制度和等级制度。

第八,负责旅游资源的普查和规划,协调旅游资源的开发利用和保护工作,组织并指导旅游产品开发。

第九,负责旅游统计工作,为旅游业发展提供信息服务。

第十,完成政府赋予的其他使命。

(二)旅游行业组织的主要职能

总体来说,旅游行业组织的职能体现在管理和服务两个方面,但其管理职能不同于旅游行政组织。旅游行业组织的管理不具有行政指令性和法规性,其有效性完全取决于组织本身的权威性和凝聚力。具体而言,旅游行业组织的职能表现如下:

第一,作为行业代表,与政府机构或其他行业组织协商有关事宜。

第二,对行业经营管理和发展问题进行调查研究,并协调解决行业发展过程中出现的各种具体问题。

第三,制定成员共同遵守的行业标准、经营守则及行规会约,并在行业成员之间提供技术指导。

第四,协调和处理行业发展中的各种关系,搞好行业内的旅游产品开发和市场营销推广。

第五,就行业发展现状、困难、对策及趋势等问题进行研讨。

第六,组织召开专业研讨会,为行业成员提供培训和咨询服务。

第七,加强成员间沟通,定期发布行业发展的统计分析资料。

第八,交流信息和经验,阻止行业内部的不合理竞争。

四、旅游组织的影响和作用

旅游组织是旅游业发展到一定阶段的必然产物,同时又是推动旅游业更好更快发展的重要力量。总的来说,旅游组织对于旅游业发展的影响和作用主要体现在以下五个方面:

第一,帮助树立和提升旅游目的地形象。各级旅游组织在当地一般具有广泛的代表性和影响力,旅游目的地和成员单位在接受各类旅游组织的管理、指导和帮助的同时,可以利用这种影响力来开展目的地营销,通过旅游组织发布的权威信息来确立自己的鲜明形象,扩大和提高自己在整个行业的知名度。

第二,推动和促进同行业的跨区域交流与合作。各级各类旅游组织通过组织内部的沟通和交流,实现资源共享和市场对接,从而共同推动不同区域旅游产业的合作发展。

第三,促进旅游信息的传播和利用。各级各类旅游组织一般都设有信息中心,负责收集行业第一手资料,并通过发布统计数据和分析报告,引导行业健康发展。

第四,通过监督并制止组织内部成员为追求短期经济利益而进行的破坏性开发与建设,提高旅游资源利用效率,将对环境损害程度降到最低,确保旅游业可持续发展。

第五,通过举办行业年会、专业研讨会、业务培训班等形式,提高旅游从业人员的业务水平和工作能力。在人力资源开发方面,为旅游业进一步发展提供强大支撑。

【思考题】

旅游组织有哪些类型?旅游组织的主要职能是什么?

学习任务二　了解国际旅游组织

任务导入　　携程集团宣布加入亚太旅游协会(PATA)

2021年11月17日,中国-全球领先的旅游服务供应商携程集团,宣布加入亚太旅游协会(PATA)。该协会是亚太地区最具影响力的旅游协会之一。

通过这一行动,携程集团将进一步确立其在亚太地区乃至全球旅游行业中的领先地位,这不仅能够提升携程集团在行业中的影响力,同时还有助于集团向业内其他伙伴传达更多的专业见解。作为PATA的会员,携程集团将在更大范围内刺激当地旅游行业的复苏,进一步增强亚太地区对本土及全球游客的吸引力。

携程集团与PATA的深度合作,将进一步扩大其业务覆盖范围,有助于其在旅游业各领域的深耕。同时,得益于PATA为会员提供的针对传统及新兴市场的大型活动参与机会,以及举办的有关地区发展趋势的研讨会及培训,携程集团将提升在各业务领域的能力,进而为合作伙伴提供更好的产品和更优的服务。如2021年PATA健康与高端旅游大会(PATA Wellness and Luxury Travel Conference and Mart 2021),携程集团首席执行官孙洁作为行业领袖之一列席会议,将集团的经验与专业见解分享给全行业。

(资料来源:亚太旅游协会中国官网)

思考　PATA是一个什么样的旅游组织,它对于推动亚太地区旅游发展有何重大意义?

学习导读

由于我国旅游业在世界旅游业中的地位提升,全球性国际旅游组织都在关注和谋求与我国的合作。国际性旅游组织有狭义和广义之分。狭义的国际性旅游组织指其成员来自多个国家并为多国利益工作和服务的全面性旅游组织;广义的国际性旅游组织还包括那些内容涉及国际旅游事务的其他国际组织,以及专门涉及旅游事务某些方面的国际性同业组织。

微课:我眼中的世界旅游组织

知识链接

一、世界主要国际旅游组织

(一)联合国世界旅游组织

联合国世界旅游组织(UNWTO,下文简称为"世界旅游组织"),是全球唯一的政府间国际旅游组织。近年来,为了避免与世界贸易组织(WTO)混淆,在一些国际文献中,人们开始将"UNWTO"用作世界旅游组织的英文简称,意指作为联合国特别代理机构的世界旅游组织。

世界旅游组织的宗旨是促进和发展旅游事业,推动经济发展,促进世界和平,增进国际了解。它负责收集和分析各类旅游发展数据,定期向成员国提供统计资料和研究报告,起草国际性旅游公约、宣言、规则、范本等。因此,世界旅游组织的主要职能是研究制定各种政策和规定,使旅游业在各政府及国际贸易中发挥应有作用。

世界旅游组织最早由1925年在荷兰海牙成立的国际官方旅游宣传组织联盟(IUOTPO)发展而来。当时虽然名义上为官方机构,但实际只是个民间协会。1947年更名为国际官方旅游组织联盟(IUOTO),旨在促进旅游业发展,推动各国经济、社会和文化繁荣,但仍然为非政府组织。1969年联合国大会批准将国际官方旅游组织联盟改为政府间组织,并于1970年墨西哥特别代表大会上,通过了世界旅游组织章程。1975年,世界旅游组织正式宣告成立,成为全球性的政府间国际旅游组织,总部设在马德里。

世界旅游组织的成员分为正式成员(主权国家政府旅游部门)、联系成员(无外交实权的领地)和附属成员(直接从事旅游业或与旅游业有关的组织、企业和机构)。联系成员和附属成员对UNWTO事务无决策权。世界旅游组织的机构设置主要包括全体大会、地区委员会、执行委员会和秘书处。1983年10月5日,世界旅游组织接纳中国为正式成员国,成为它的第106个正式成员。2020年,世界旅游组织有正式成员159个,联系会员6个,附属会员400多个,其中与旅游业有关的社团组织较多,此外还有一些成员是商业性旅游企业和非商业性机构。

世界旅游组织每两年召开一次大会。世界旅游组织成员按地区(非洲、美洲、东亚和太平洋、南亚、欧洲和中东)分为六个地区委员会。地区委员会每年召开一次会议,协调组织本地区的研讨会、工作项目及地区性事务和活动等。

执行委员会(下文简称"执委会")每年召开两次会议。一般情况下,执委会成员按5∶1的比例由正式成员国选举产生,加上东道主国,再由联系成员选举产生一个,共

22个执委,附属成员有其列席代表。执委会下设五个委员会:计划和协调技术委员会、预算和财政委员会、环境保护委员会、简化手续委员会、旅游安全委员会。2021年11月30日至12月3日,联合国世界旅游组织全体大会第24届会议在西班牙马德里召开,来自135个成员国和地区的1 000余名代表以线上或线下形式参会,其中包括84位部长级代表。联合国秘书长古特雷斯、世界卫生组织总干事谭德塞以及联合国贸发会议、国际民航组织等多个国际组织负责人在开幕式上发表视频致辞。

世界旅游组织下设秘书长、副秘书长、活动计划处长、计划援助处长、新闻通讯处长等职位。根据1977年11月联大通过的《联合国与世界旅游组织合作关系》规定,世界旅游组织能够以观察员的身份参加联合国经济及社会理事会会议及其他相关会议。2001年,世界旅游组织致函联合国,要求成为联合国专门机构。2002年7月,联合国经济及社会理事会所有理事国一致同意世界旅游组织的申请,并于2003年7月由联合国经济及社会理事会实质性会议审议通过,世界旅游组织于联合国第15次全体大会被正式宣布成为联合国专门机构。

世界旅游组织将每年的9月27日定为世界旅游日。为不断向全世界普及旅游理念,形成良好的旅游发展环境,促进世界旅游业的不断发展,每年都会推出一个世界旅游日的主题口号。作为世界旅游发展的行业性组织,UNWTO开展的主要活动有:

第一,技术合作。世界旅游组织是联合国开发规划署的执行机构,其进行技术活动的主要经费来源于开发规划署。世界旅游组织对世界各国在广泛的旅游领域提供咨询和援助,自1980年以来,世界旅游组织已参与了600多个旅游项目的技术合作。

第二,教育与培训。世界旅游面临的最大挑战是人才资源短缺,旅游业需要源源不断地招收具有不同专业技术知识和创新思想的人才。因此,世界旅游组织提供了不同形式的教育与培训,其中包括正在建立的一个全球性的不断扩大的教育培训中心网络。

第三,环境与计划。适度地发展旅游是世界旅游组织在环境与计划方面工作的基本点。强调在旅游产品和旅游服务的长期推销活动中,不仅要有商业意识,还要有环境保护意识。参加世界性或地区性的关于旅游与环境的会议。关于环境和计划,世界旅游组织还出版过多种重要的刊物。

第四,简化手续和自由经营。世界旅游组织致力于消除旅游障碍,促进旅游服务业自由经营。在这方面的活动有:建造方便伤残人旅游的设施,研究有关预订咨询的系统,出版有关研究和派生项目的刊物等。世界旅游组织和其成员国共同逐一调查在简化手续方面可以解决的实际问题。

第五,市场和促销。有165个国家向世界旅游组织提供对市场销售和战略规划十分重要的资料和预测,世界旅游组织根据这些数据不断检查和分析世界旅游的发展形势,并出版了一系列完整的期刊以及旅游其他方面的统计报告。

(二)太平洋亚洲旅游协会

太平洋亚洲旅游协会(PATA),简称亚太旅游协会,于1952年在夏威夷檀香山成立,总部设在美国旧金山。该协会是地区性的非政府间国际组织,是具有广泛代表性和影响力的民间国际旅游组织。该协会的宗旨是:发展、促进和便利世界各国的旅游者到本地区的旅游以及本地区各国居民在本地区内的旅游。该协会受到亚太地区各国旅游业界的普遍重视。

该协会的成员范围较广,有国家旅游组织、各种旅游协会、旅游企业以及其他与旅游有关的组织团体。它不仅包括亚太地区,而且包括如欧洲各重要客源国在内的政府旅游

部门和空运、海运、路运部门,旅行社、饭店、餐饮等与旅游有关的企业。目前,该协会的会员遍布40多个国家和地区,包括2 000多个来自不同国家和地区的旅游行业组织,近50多个国家的航空公司、机场和邮轮公司,400多家住宿企业和600家旅行社企业,还有数千名旅游专业人士遍布世界的将近40个太平洋亚洲旅游协会分会。中国国家旅游局于1993年加入该协会。

太平洋亚洲旅游协会每年召开一次年会,主要目的是讨论和修订协会的工作和长期计划。协会设有四个常务委员会,即管理工作常委会、市场营销常委会、开发工作常委会和调研工作常委会。此外,协会还设有出版处,出版发行各种研究报告、旅游教科书、宣传材料、旅游指南以及多种期刊等,其中主要期刊为《太平洋旅游新闻》。

(三)世界旅行社协会联合会

世界旅行社协会联合会(UFTAA)是全球最大的民间性国际旅游组织。世界旅行社协会联合会由1919年成立的欧洲旅行社组织和1964年成立的美洲旅行社组织,于1966年11月22日在罗马会议上合并而成,总部设在比利时的布鲁塞尔。自1974年以来,该联合会便一直同我国保持友好联系。1995年8月,中国旅游协会正式加入了该组织,成为该组织的正式成员。

20世纪70年代末,世界旅行社协会联合会共有76个国家参加,代表1.8万多家旅行社,50多万名职工。现有国家级会员102个,此外,另有许多国家的旅游企业、与旅游业有关的企业(如航空公司、游船公司、旅馆等)加入成为联系会员。

该组织的宗旨是:负责国际政府间或非政府间旅游团体的谈判事宜,代表旅游产业和旅行社的利益并提供服务。

(四)国际旅馆协会

国际旅馆协会(IHA)是旅馆和饭店业的国际性组织,于1947年在法国巴黎成立。总部设在巴黎。

国际旅馆协会的宗旨是:联络各国旅馆协会,研究国际旅馆业和国际旅游者交往的有关问题;促进会员间的交流和技术合作,协调旅馆业和有关行业的关系,维护本行业的利益。

该协会的会员分为正式会员和联系会员,正式会员是世界各国的全国性的旅馆协会或类似组织,联系会员是各国旅馆业的其他组织、旅馆院校、国际饭店集团、旅馆、饭店和个人。该协会现有正式会员80多个,联系会员4 000多个。中国旅游饭店协会于1994年3月加入国际旅馆协会,成为该组织的正式会员。

该协会每两年举行一次会员大会,商讨饭店旅馆业发展中的重大问题,修改和制定有关政策和行业规范,选举下届领导成员。该协会的主要刊物有《国际旅馆和餐馆》《国际饭店评论》《国际饭店指南》《旅游机构指南》等。

(五)国际民航组织(ICAO)

国际民航组织是国际性官方航空组织,是联合国的一个专门机构。它成立于1947年4月,总部设在加拿大的蒙特利尔。2021年,国际民航组织共有193个成员国。我国于1974年2月15日正式加入该组织,并在同年的第21届国际民航组织会议上当选为理事国。

该组织的宗旨是:制定国际空中航行原则,发展国际空中航行技术,促进国际航行运输的发展,以保证国际民航的安全和增长;促进和平用途的航行器的设计和操作艺术;鼓

励用于国际民航的航路、航站和航行设备的发展;保证缔约各国的权利受到尊重和拥有国际航线的均等机会等。

国际民航组织由大会、理事会和秘书处三级框架组成。大会是国际民航组织的最高权力机构,一般每三年举行一次。理事会是向大会负责的常设机构,由大会选出的33个缔约国组成。秘书处是国际民航组织的常设行政机构,由秘书长负责保证国际民航组织各项工作的顺利进行。其主要刊物有《国际民航组织公报》。

二、其他国际旅游组织

(一)国际旅游联盟

国际旅游联盟(AIT)是世界范围的旅游俱乐部和汽车协会的联合组织。该联盟于1898年在卢森堡成立,由欧美地区17家俱乐部发起,旨在为那些敢于去国外冒险的自行车和徒步旅游者提供伙食,是一个非盈利和非官方的组织。当时名为国际旅游协会联盟,1919年5月30日在巴黎改为现名。

该联盟的宗旨是:维护这一世界性组织的成员在国际旅游与汽车驾驶方面的一切利益;鼓励发展各种形式的国际旅游、汽车旅游和特殊旅游;协调会员组织之间为其成员在国外旅行时所需的相互服务;研究、介绍和传播关于旅游和汽车的信息;参加有关的会议和加强与国际官方和非官方组织的联系;向会员们提出建议和提供帮助。

该联盟的会员分为正式会员和附属会员。1984年拥有135个会员组织,遍及世界86个国家。其中正式会员124个(拥有6 300万个人会员),附属会员11个,都是国家旅游组织,虽然并非独立的俱乐部,但都支持联盟的宗旨。该联盟下分四个地区:一区(欧洲、中东和非洲地区)、二区(亚洲和太平洋地区)、三区(北美洲地区)、四区(拉丁美洲地区)。

该联盟的最高权力机构是全体大会,每年召开一次。总部设在日内瓦。该联盟出版发行《国际旅游联盟公报》。

(二)国际铁路联盟

国际铁路联盟(IUR)于1922年12月1日成立,总部设在法国巴黎。该组织是以欧洲铁路为主体的非政府性国际铁路组织,是联合国经济及社会理事会的咨询机构,简称"铁盟"。国际铁路联盟的宗旨是:统一和完善铁路运营条件和技术设备并使之标准化,保证铁路联运,协调各成员组织的铁路工作。

该联盟成员分为正式成员和准成员。凡是准轨和宽轨总长度在1 000千米以上,办理旅客和货物运输的铁路,同意"铁盟"章程者,都可以申请加入。成员为各参加国(或地区)的铁路组织,准成员为不经营铁路或经营某一市区或郊区铁路的运输业。到1983年,共有39个正式成员和39个准成员。该联盟出版发行《国际铁路》刊物。

中国铁路机构是"铁盟"创始成员之一,1970年中国台湾地区铁路管理局以"台湾铁路"名义加入。但是1979年6月,"铁盟"第37届全体大会一致同意中华人民共和国的铁路组织——"中国铁路"是唯一代表中国的全国铁路组织。

(三)国际航空运输协会

国际航空运输协会(IATA)成立于1945年,是以全世界国际航空公司为会员的国际性组织,总部设在加拿大的蒙特利尔。在全世界近100个国家设有办事处,280家会员航空公司遍及全世界180多个国家。在中国有13家会员航空公司(除中国香港、澳门和台湾)。

该协会宗旨是:为了世界人民的利益,促进安全、正常和经济的航空运输,扶植航空交通,

并研究与此有关的问题；促进同国际民航组织(ICAO)和其他国际组织的协调合作。

该协会的主要工作是规范行业行为，提出客货运率、服务条款和安全标准等使全球的客运业务制度走向统一，确定国际航空运输标准价格和排定国际航线航空时刻表等。该协会在全球国际旅游业中有十分重大的影响和作用。其主要刊物有《国际航空运输协会评论》。

(四)世界旅行社协会

世界旅行社协会(WATA)，于1949年5月5日在瑞士成立，总部设在日内瓦。它是一个独立的旅行社集团，是世界性的非营利组织，其中，该协会成员中有半数以上是私营企业组织。

该协会的宗旨是：推动旅游业的发展，收集和传播信息，参与有关发展旅游业的商业和财物工作。它现有会员240多名，分布在全球100多个国家。

该协会出版《世界旅行社协会万能钥匙》，每年一期，免费提供给旅行社。该刊是一份提供最新信息的综合性刊物，主要刊登会员社提供的各种服务项目的价目表，还刊登各国旅行社提供的国家概况和饭店介绍等。

(五)世界一流酒店组织

世界一流酒店组织(LHW)是世界性的行业组织，全球性的酒店促销与预订联合体，1928年在瑞士成立，总部设在纽约。该组织的宗旨是：将世界上最佳旅馆吸收为成员，促进世界各地一流酒店提高和保持其卓越地位、一流服务和优良传统；每年召开一次年会，交流经验，相互学习，相互促进；组织成员之间相互介绍客人。

该组织主要是欧洲国家投股，委托美国管理集团进行管理。总部设在美国纽约，在纽约、洛杉矶、伦敦等地设有18个办事处。各地的办事处通过地球卫星通信系统由电脑联结，能非常正确、及时地提供每个世界一流酒店里的客房信息，并能处理、确认宾客的预订。该组织现有200多个成员，拥有约5.4万间客房、600多个大餐厅、30多个高尔夫球场、500多个大小网球场及400多个室内外游泳池等。它们分布在40个国家的140多个城市旅馆和80个左右的乡村旅馆或休养胜地。

要申请成为"世界一流酒店组织"的成员，必须在位置、环境、组织、管理和服务等方面都具有最佳条件和最高标准，并经严格检查、审定，提交执委会讨论，合格者方可被接纳为正式会员。该组织规模日趋壮大，我国广州白天鹅宾馆、湖南华天大酒店、北京贵宾楼饭店与王府饭店已被接纳为该组织的成员。

【思考题】

世界主要国际旅游组织有哪些？联合国世界旅游组织经常开展什么活动？

学习任务三　　了解中国旅游组织

任务导入　第七届中国温泉旅游推广季系列活动在重庆举行

由中国旅游协会温泉旅游分会、重庆市温泉旅游行业协会共同主办的第七届中国温泉旅游推广季系列活动(以下简称"温泉推广季")暨中国第三届温泉与气候养

生旅游国际研讨会(以下简称"研讨会")于2020年11月26日至27日在重庆北碚举行。

中国温泉旅游推广季是由中国旅游协会温泉旅游分会主办的年度盛事,每年在全国不同城市举行,2020年选址为重庆。上百位来自全国的中温协会员企业代表共聚重庆,总结全年工作,交流发展经验。

研讨会以"温泉创新·健康赋能"为主题,以温泉产品、温泉项目的创新发展为重要切入点,邀请国际知名温泉酒店品牌、温泉产品品牌、温泉疗法品牌及温泉运营品牌专家共同探讨如何抢抓健康旅游产业发展机遇,推动温泉与气候康养产业创新健康发展。

据介绍,前两届国际研讨会分别侧重于国际前沿的温泉康养学术研究和温泉项目实操经验,而本届研讨会更注重温泉产品端的创新研发,除了邀请知名品牌代表做主旨演讲分享经验,还通过展会、惠民消费季两个抓手,增强温泉产业与康养产业、文创产业、美护产业、餐饮业的互动合作,催生新的市场机遇。

活动期间,还举办了首届中国温泉产品展示会,齐聚上百类温泉康养产品、温泉文创产品及温泉设备产品等,是全国首个以"温泉产品"为核心的展会活动。同时,现场还开展温泉知识问答、超低价购温泉票等活动,在向广大民众普及温泉康养知识的同时释放实惠。

此外,2020年重庆重点温泉工作成果正式对外发布,包括重庆市温泉康养旅游精品线路、重庆市温泉康养产业发展总体规划成果、重庆温泉康养系列研究成果等;中国旅游协会温泉旅游分会、重庆市温泉旅游行业协会、四川省温泉旅游协会签订战略合作协议,推动成渝温泉康养经济发展。

·思考· 中国旅游协会温泉分会的主要职能是什么?

学习导读

我国的旅游组织主要分为三大类,即旅游行政组织、旅游行业组织和旅游教育与学术组织。文化和旅游部作为我国最高的旅游行政机构,负责统一管理国际国内旅游业务。各省、市、自治区成立相应的文化和旅游厅或局,即地方旅游局或旅游发展委员会,分别管理省、市、自治区的旅游业务,受当地政府与文化和旅游部双重领导。目前,我国设有一些全国性旅游行业组织和若干地方性的旅游行业组织。

知识链接

一、旅游行政组织

我国旅游业实行的是政府主导型发展战略,各级旅游行政部门在负责管理旅游事务中扮演着重要角色。文化和旅游部作为国务院的职能部门,面向全行业,统管全国旅游事业。各省、自治区、直辖市相应地设立文化和旅游厅或局,经营管理本地的旅游工作。按照级别,我国的旅游行政组织主要包括:

(一)文化和旅游部

文化和旅游部(Ministry of Culture and Tourism of the People's Republic of China)

是我国最高的旅游行政主管机构,它对外代表我国的国家旅游组织,对内负责统管我国的旅游业。

1964年,我国成立"中国旅行游览事业管理局"。1978年3月,党中央和国务院同意将原"中国旅行游览事业管理局"改为直属国务院的"中国旅行游览事业管理总局",并且同意各省、自治区和直辖市成立旅游局。此后,根据我国旅游业管理工作的需要,国务院决定将旅游总局作为国家旅游行政机构,负责统一管理全国的旅游工作,从而确定了旅游总局作为我国国家旅游组织的地位。1982年8月,经全国人大批准,将"中国旅行游览事业管理总局"更名为"中华人民共和国国家旅游局",对外英文名称是"China National Tourism Administration",简写为"CNTA"。2018年3月,经第十三届全国人民代表大会第一次会议通过《深化党和国家机构改革方案》,决定组建文化和旅游部,作为国务院组成部门,以统筹文化事业、文化产业发展和旅游资源开发,提高国家文化软实力和中华文化影响力。2018年4月8日,文化和旅游部在北京正式挂牌。

文化和旅游部下设办公室、综合协调司、政策法规司、旅游促进国际合作司、规划财务司、全国红色旅游工作协调小组办公室、监督管理司、港澳台旅游事务司、人事司、机关党委、离退休干部办公室。另有6个直属单位,分别是机关服务中心、信息中心、旅游质量监督管理所、中国旅游报社、中国旅游出版社、中国旅游研究院。主管社团包括:中国旅游协会、中国旅行社协会、中国旅游饭店业协会、中国旅游车船协会、中国旅游景区协会。此外,在海外许多国家和地区设立了驻外机构。

文化和旅游部主要职责是,贯彻落实党的文化工作方针政策,研究拟订文化和旅游工作政策措施,统筹规划文化事业、文化产业、旅游业发展,深入实施文化惠民工程,组织实施文化资源普查、挖掘和保护工作,维护各类文化市场包括旅游市场的秩序,加强对外文化交流,推动中华文化走出去等。

(二)省、自治区和直辖市文化和旅游厅或局

我国各省、自治区和直辖市均设有文化和旅游厅或局,主管其所在省、自治区和直辖市的旅游行政工作。这些旅游行政机构在组织上属地方政府部门编制,在业务工作上接受地方政府、文化和旅游部的指导。其主要职能包括:负责所辖范围内的旅游发展规划工作、旅游资源开发工作、旅游行业管理工作以及旅游宣传和促销工作。

(三)省级以下的地方旅游行政机构

在省级以下的地方上,很多市、县也设立了文化和旅游局或其他旅游行政管理机构,负责相应行政区域范围内的旅游行业管理工作。

二、旅游行业组织

旅游行业组织是指由有关社团组织和企事业单位在平等自愿的基础上组成的各种行业协会。属非营利性的社会组织,具有独立的社团法人资格。

(一)我国旅游行业组织的宗旨和任务

我国旅游行业组织的宗旨是:遵守国家法律、法规和相关政策,遵守职业道德风尚,代表和维护行业的共同利益和会员的合法权益,在政府和行政主管部门的指导下,为行业和会员服务,在政府和会员之间发挥桥梁和纽带作用,为促进我国旅游业的持续、快速、健康发展做出积极贡献。

我国旅游行业组织的任务主要包括:

第一,向政府有关部门反映会员中的普遍性问题和合理要求,向会员宣传行政主管部门的有关政策、法律、法规并协助其贯彻执行,发挥桥梁和纽带作用。

第二,协调会员间的相互关系,发挥行业自律作用,制定行业自律公约,督促会员共同遵守。

第三,开展调查研究,为行业发展和政府决策提供建议,向会员提供国内外本行业的有关信息、资料和咨询服务。

第四,组织有关本行业发展问题的研讨和经验交流,推动和督促会员单位提高服务质量和管理水平。

第五,根据行业发展的需要,开展业务培训活动。

第六,加强同旅游行业内外有关社团组织的联系与合作。对外以民间组织的身份开展国际交流与合作。

第七,承办政府主管部门交办的其他工作。

(二)全国性的旅游行业组织

1. 中国旅游协会

中国旅游协会(China Tourism Association,CTA)是由中国旅游行业相关的企事业单位、社会团体自愿结成的全国性、行业性社会团体,是非营利性社会组织,具有独立的社团法人资格。1986年1月30日经国务院批准正式成立,是我国第一个旅游全行业组织。

中国旅游协会的登记管理机关是民政部,党建领导机关是中央和国家机关工委。中国旅游协会接受登记管理机关、党建领导机关和有关行业管理部门的业务指导和监督管理。

目前,中国旅游协会共有会员单位两百余家。协会会员的基本结构为大型综合性旅游集团、传统细分业态中的龙头企业、大型涉旅企业、新兴业态中具有发展潜力的创新型企业、省级旅游协会和重要旅游城市旅游协会、与旅游业关联度较高的国家级行业协会六大类型。

中国旅游协会共有18家分支机构,分别为妇女旅游委员会、民航旅游专业委员会、旅游教育分会、温泉旅游分会、休闲农业与乡村旅游分会、休闲度假分会、旅游商品与装备分会、民宿客栈与精品酒店分会、探险旅游分会、亲子游与青少年营地分会、健康旅游分会、文旅投资分会、旅游营销分会、金钥匙分会、文化体育旅游分会、智慧旅游分会、地学旅游分会和最美小镇分会。各分会的运转健康有序,所开展的活动在不同领域得到了一定程度的认可,形成了良好的业界口碑。

中国旅游协会的宗旨是:依法设立、自主办会、服务为本、治理规范、行为自律。本会遵守国家的宪法、法律、法规和有关政策,遵守社会道德风尚,代表和维护全行业的共同利益和会员的合法权益;努力为会员服务,为行业服务,为政府服务,充分发挥桥梁和纽带作用;与政府相关部门、其他社会团体以及会员单位协作,为促进我国旅游市场的繁荣、稳定,旅游业持续、快速、健康发展作出积极贡献。

中国旅游协会的业务范围包括:

第一,经政府有关部门批准,参与制定相关立法、政府规划、公共政策、行业标准和行业数据统计等事务;参与制定、修订行业标准和行业指南,承担行业资质认证、行业人才培养、共性技术平台建设、第三方咨询评估等工作。

第二,向会员宣传、介绍政府的有关法律法规政策,向有关政府部门反映会员的诉求,发挥对会员的行为引导、规则约束和权益维护作用。

第三,收集国内外与本行业有关的基础资料,开展行业规划、投资开发、市场动态等方面的调研,为政府决策和旅游行业的发展提供建议或咨询。

第四,利用互联网等现代科技手段,建立旅游经济信息技术平台,进行有关国内外的市场信息、先进管理方式、应用技术以及统计数据的采集、分析和交流工作。

第五,接受政府部门转移的相关职能和委托的购买服务;参与有利于行业发展的公共服务。

第六,参与行业信用建设,建立健全会员企业信用档案,开展会员企业信用评价,加强会员企业信用信息共享和应用;建立健全行业自律机制,健全行业自律规约,制定行业职业道德准则,规范行业发展秩序;维护旅游行业公平竞争的市场环境。

第七,开展有关旅游产品和服务质量的咨询服务,组织有关业务技能培训和人才培养;受政府有关部门委托或根据市场和行业的需要,举办展览会、交易会,组织经验交流,推广新经验、新标准和科研成果的应用。

第八,加强与行业内外的有关组织、社团的联系、合作与沟通,促进互利互惠的利益平衡。

第九,以中国旅游业的民间代表身份开展对外和对港澳台的交流与合作,搭建促进旅游业对外贸易和投资服务平台,帮助旅游企业开拓国际市场;在对外经济交流,旅游企业"走出去"过程中,发挥协调、指导、咨询、服务作用。

第十,依照有关规定编辑有关行业情况介绍的信息资料,出版发行相关刊物,设立下属机构或专门机构。

第十一,依法从事促进行业发展或有利于广大会员利益的其他工作。

2. 中国旅行社协会

中国旅行社协会(CATS)成立于1997年10月,是由中国境内的旅行社、各地区性旅行社协会等单位,按照平等自愿的原则结成的全国旅行社行业的专业性协会,是在国家民政部门登记注册的全国性社团组织,具有独立的社团法人资格。代表和维护旅行社行业的共同利益和会员的合法权益,努力为会员服务,为行业服务,在政府和会员之间发挥桥梁和纽带作用,为中国旅行社行业的健康发展做出积极贡献。

协会实行团体会员制,所有在中国境内依法设立、守法经营、无不良信誉的旅行社与旅行社经营业务密切相关的单位、各地区性旅行社协会或其他同类协会,承认和拥护本会的章程,遵守协会章程,履行应尽义务均可申请加入协会。协会将会员实行年度注册公告制度。每年年初会员单位必须进行注册登记。协会将符合会员条件的会员名单向社会公告。

协会的最高权力机构是会员代表大会,每四年举行一次。协会设立理事会和常务理事会,理事会对会员代表大会负责,是会员代表大会的执行机构,在会员代表大会闭会期间领导协会开展日常工作;常务理事会对理事会负责,在理事会闭会期间,行使职权。

协会成立以来,在文化和旅游部以及民政部的监督指导下,在全体会员的大力支持下,组织会员单位开展了调研、培训、学习、研讨、交流、考察等一系列活动;宣传贯彻国家旅游业的发展方针和旅行社行业的政策法规,积极反映行业诉求,总结交流旅行社的工作经验,为中国旅行社行业的繁荣发展做出了应有的贡献。协会网站"中国旅行社协会在线"为会员提供信息服务。

3. 中国旅游饭店业协会

中国旅游饭店业协会（China Tourist Hotel Association）成立于1986年2月，是由中国境内的旅游饭店、饭店管理公司（集团）、饭店业主公司、为饭店提供服务或与饭店主营业务紧密相关的企事业单位及各级相关社会团体自愿结成的全国性、行业性社会团体，是非营利性社会组织。本会会员分布和活动地域为全国。

中国旅游饭店业协会的宗旨是：代表和维护中国旅游饭店行业的共同利益，维护会员的合法权益，为会员服务，为行业服务，在政府与会员之间发挥桥梁和纽带作用，为促进我国旅游饭店业的健康发展做出积极贡献。

中国旅游饭店业协会的会员聚集了全国饭店业中知名度高、影响力大、服务规范、信誉良好的星级饭店、主题精品饭店、民宿、国际饭店管理公司等各类住宿业态。

中国旅游饭店业协会的最高权力机构为会员代表大会，由参加协会的全体会员单位代表组成。会员大会的执行机构为理事会，对会员代表大会负责。理事会在会员代表大会闭会期间负责领导协会开展日常工作。理事会闭会期间，常务理事会行使理事会职责。

2018年1月，中国旅游饭店业协会建立了新闻发言人制度，协会设有2名新闻发言人（由监事会成员担任）。

中国旅游饭店业协会的日常办事机构为秘书处。秘书处设秘书长1名。秘书处共有6个部门，包括办公室、财务部、大型活动部、会员部、综合部、星评办。

中国旅游饭店业协会为会员服务体现在：对行业数据进行科学统计和分析；对行业发展现状和趋势做出判断和预测，引导和规范市场；组织饭店专业研讨、培训及考察；开展与海外相关协会的交流与合作；利用中国旅游饭店业协会官网和中国旅游饭店业协会官方微信（微信号：CTHA－1986）向会员提供快捷资讯，为饭店提供专业咨询服务。

中国旅游饭店业协会接受登记管理机关、党建领导机关、有关行业管理部门的业务指导和监督管理。中国旅游饭店业协会设立了党支部，充分发挥社会组织中党组织的战斗堡垒作用和党员的先锋模范作用。

中国旅游饭店业协会是国际饭店与餐馆协会（英文缩写为IH&RA）的会员单位，也是世界旅游联盟（英文缩写为WTA）的创始会员，共有会员1000余家，现有副会长21名，常务理事单位24家，理事单位374家。

中国旅游饭店业协会设监事会，由监事长1名、副监事长1名、监事5名组成。

三、旅游教育与学术组织

目前，我国的旅游教育与学术组织数量很少。全国性的组织主要有高等旅游院校协作会和中国旅游未来学会。2003年年底为了广泛团结和凝聚旅游教育各方面的力量，为全国的旅游教育机构创造一个交流信息、学术研究、整合资源、共谋发展的服务平台，促进旅游教育质量的不断提高，使旅游人力资源的开发适应我国旅游业发展、实现世界旅游强国目标和参与国际竞争的需要，经文化和旅游部研究并报民政部批准，成立了中国旅游协会旅游教育分会。

【思考题】

我国旅游行政组织是怎样划分的？我国全国性旅游行业组织有哪些？

项目小结

随着旅游活动规模的不断扩大,旅游业在国民经济中的地位和作用越来越突出,世界各国政府都对旅游业的发展给予了极大关注。在世界范围内建立了全球性的国际旅游组织,各国也纷纷建立了全国性的旅游行政机构和旅游行业组织,它们在推动旅游业发展进程中起着非常重要的作用。国际旅游组织有狭义和广义之分,狭义的国际旅游组织指其成员来自多个国家并为多国利益工作和服务的全面性旅游组织。广义的国际旅游组织则还包括那些内容涉及国际旅游事务的其他国际组织,以及专门涉及旅游事务某些方面的国际性同业组织。我国的旅游组织包括旅游行政组织、旅游行业组织和旅游教育与学术组织三大类。在世界旅游日新月异的今天,全面了解各类旅游组织的产生、发展、职能与作用是十分必要的。

项目实训

1. 以小组为单位,在当地调研某一旅游组织,如旅行社协会、饭店业协会、车船协会等,了解其职能并分析它们在旅游业发展中的作用。

2. 你所在的学校有旅游社团吗?如果没有,那么就以旅游类专业学生为基础,广泛发动其他专业学生,成立一个旅游协会,制订工作计划,定期开展社团活动。

拓展训练

2021世界旅游联盟北大湖对话在吉林省吉林市成功举办

为全面贯彻落实习近平总书记"冰天雪地也是金山银山"和推动3亿人上冰雪等重要指示精神,预热2022年北京冬奥会,展现中国冰雪经济发展成果和巨大潜力,探讨冰雪经济发展新路径。12月24日至26日,由民革中央、吉林省委、吉林省政府、省政协共同主办,吉林市委、吉林市政府与吉林省文旅厅、省商务厅、省体育局等共同承办的2021冰雪经济高质量发展大会暨首届世界滑雪度假吉林北大湖峰会在吉林省吉林市顺利召开。

作为本届峰会的支持单位,世界旅游联盟于25日下午成功举办2021世界旅游联盟北大湖对话。法国、意大利、俄罗斯、北欧等国家和地区的代表,国内外专家学者、世界旅游联盟会员代表及企业机构代表齐聚北国江城,围绕"推动冰雪旅游高质量发展,打造世界级滑雪度假目的地"主题,立足国际视野,以世界滑雪度假发达地区经验赋能冰雪旅游发展,探讨了冰雪旅游发展的重要使命和美好愿景。

世界旅游联盟主席在致辞中表示,冰雪产业是绿色产业,产业关联度高,符合可持续发展理念;冰雪产业是朝阳产业,产业发展势头强劲,方兴未艾;冰雪产业是幸福产业,惠及地方经济社会发展和人民幸福生活。随着北京2022年冬奥会的临近,我国冰雪运动、冰雪旅游持续升温,各地掀起冰热潮,"三亿人上冰雪"的目标正逐步走向现实,冰雪产业迎来前所未有的发展机遇。

吉林省政府副省长在致辞中讲到,吉林省将积极构筑冰雪产业高质量发展体系,提高冰雪场地场馆建设水平,推进冰雪文化核心区建设,提升冰雪装备和保障服务措施,引进更多国际冰雪赛事,把吉林省打造成为带动三亿人参与冰雪运动的重要承载区,成为世界知名的冰雪旅游胜地。

主题演讲环节中,地中海俱乐部亚太区山地项目总监以中国滑雪市场的演变与客户体验为题发表主题演讲。他通过大数据分析发现,滑雪用户忠诚度高,且年龄结构偏低。他们期待有专业的滑雪教练指导,期待滑雪度假区能够提供高品质、多样化、专业性的滑雪服务。地中海俱乐部将积极布局滑雪进校园项目,培养青少年的滑雪兴趣,以带动滑雪亲子游、滑雪度假游的发展。

亚太旅游协会(PATA)首席执行官特别顾问以视频演讲的方式,深入分析了发展冰雪旅游需要考虑的一些因素。他认为发展冰雪旅游要重视可持续发展理念,加强本地人和游客之间的互动,增强游客地方文化的认同感。同时要以游客的需求为中心,及时探析游客的需求变化,提升供给能力。顺应市场发展。

谷歌中国旅游及公共行业总经理演讲的主题是科技打造冰雪之美,让世界看见美丽中国。他讲到,在美丽中国品牌打造上,要重视数据分析、重视科技赋能、重视智慧营销。要积极创建智能平台,引导用户创作,产生富有深度的视频内容以吸引了全世界对中国的关注。

万科集团副总裁介绍了万科深度参与北京冬奥会多个项目的建设。他预测,冬奥之后,完善的硬件和基础设施以及人们对冰雪旅游的逐步认识,中国冰雪产业将在后冬奥时代迎来黄金二十年。

崐鹏汇(北京)体育发展有限公司联合创始人介绍了欧洲冰雪产业的发展历程。他从冰雪发展历史中总结出要打造成为世界级冰雪旅游目的地,需要做好全季全时的冰雪旅游场景设计,要运用IP思维去构建独特的旅游目的地管理系统。

圆桌讨论环节,参加此次峰会的各业界大咖围绕"新旅游与世界级滑雪度假目的地构建"展开讨论。为吉林市打造"中国滑雪度假第一城"、"世界级滑雪度假目的地"建言献策。

世界旅游联盟将继续与吉林方面加强交流深化合作、共同勾勒冰运动发展的大坐标和新蓝图,推动冰雪旅游实现跨越式发展。

(资料来源:世界旅游联盟官网)

讨 论 世界旅游联盟是什么性质的旅游组织?它的历史使命是什么?

在线自测

项目十一

旅游业发展前景分析

知识目标

- 掌握旅游可持续发展的概念
- 掌握旅游可持续发展的内容
- 掌握旅游可持续发展的主要措施
- 了解世界旅游业的发展前景
- 了解中国旅游业的发展前景
- 了解"两山"理论的科学内涵

能力目标

- 能对旅游目的地进行可持续发展分析
- 能用可持续发展理念解决旅游业中存在的问题
- 能用"两山"理论准确分析旅游业发展中的有关问题

思政目标

- 展望我国未来旅游业,强化学生的使命感
- 学习旅游法律法规知识,建立行业法制观念

学习任务一　世界旅游业发展前景分析

任务导入　新冠疫情或推动全球旅游业再平衡

在新冠肺炎疫情冲击下,全球旅游业正面临严峻考验。联合国贸易和发展会议(以下简称"联合国贸发会议")根据与疫情防控措施持续时间相关的三种不同情况估算,新冠肺炎疫情可能导致全球旅游业损失1.2万亿美元至3.3万亿美元。但与此同时,疫情也给全球旅游业再平衡带来契机,构建旅游业与生态环境保护再平衡的长期可持续的公平增长模式至关重要。

新冠肺炎疫情令全球旅游业面临"大考"。

自新冠肺炎疫情暴发以来,全球旅游业陷入"断崖式"的下跌和持续停滞状态。目前,随着各国复工复产,情况略有好转。据联合国贸发会议估算,从最乐观的情况来看,如果国际旅游业停滞4个月,该行业将损失1.2万亿美元,相当于全球GDP的1.5%。如果国际旅游业中断8个月,损失将达2.2万亿美元,相当于全球GDP的2.8%。最悲观的情况是,国际旅游业中断12个月,这将带来约3.3万亿美元的损失,相当于全球GDP的4.2%。

伴随着全球旅游业的迅猛发展,旅游业成为很多国家的经济支柱产业,近20年来该行业收入增加了两倍以上,从4 900亿美元上涨至1.6万亿美元。根据联合国贸发会议的预测,新冠肺炎疫情下,国际旅游业的剧烈"降温"可能导致法国、希腊、意大利、葡萄牙、西班牙和美国等欧洲和北美热门旅游目的地面临数以10亿美元计的损失。其中,美国受到的打击最大。联合国世界旅游组织(UNWTO)预测称,如果限制措施持续到12月,2020年全球游客将同比减少最多80%,这是1950年以来的最大降幅,可能将有1.2亿人因此失业。

全球出现旅游业再平衡呼声

几十年来,全球旅游业迅猛发展,这使得不少地方在环境、文化、社会和财政方面面临风险。近年来,环境保护等相关问题引发各界反思。目前,由于新冠肺炎疫情全球大流行,2020年国际旅游人数将下降60%~80%,旅游业前景将更为不确定。在此背景之下,全球旅游业再平衡问题被推至风口浪尖。

2020年6月中旬,全球六大非政府旅游组织首次联合组建未来旅游联盟,该联盟具有力促新冠肺炎疫情冲击下全球旅游业恢复的全球使命,该联盟将在全球可持续旅游理事会(GSTC)的指导下开展工作。这六大非政府组织分别是:负责任旅游中心(CREST)、目的地管理中心、绿色目的地、国际可持续旅游委员会、旅游关怀和旅游基金会。该六大非政府组织联合呼吁,全球旅游业应当在新冠肺炎疫情消失之后的复苏过程中实现再平衡。

截至目前,已有22个利益相关者签署创建协议且做出承诺。这些签名者包括:冒险旅游贸易协会、全球生态旅游网络、约旦旅游局、斯洛文尼亚旅游委员会、不丹旅游理事会和世界野生动物基金会等。他们表示,将在制订工作计划时,把支持旅游业和旅游实体目的地发展作为其工作的长期核心战略。由此达成的指导原则明确提出,在保护旅游业所依赖的地方和人民的同时,建设更健康的旅游业在道义和商业上都势在必行。他们呼吁更多的全

球旅游相关利益者加入到该国际联盟中来。具体而言,后续支持并签署加入协议的旅游组织应当承诺遵循以下原则:纵观全局、使用可持续性标准、合作进行目标管理、重质轻量、要求公平的收入分配、减少旅游的负担、定义经济成功、减轻气候变化带来的影响、关闭资源循环、包含旅游业的土地利用、来源多元化市场、保护地方、操作业务负责等。

未来旅游联盟表示,综合来看,这些原则是建立在这样一种坚定信念之上的:建立负责任和可持续的旅游业新模式。新冠肺炎疫情造成的旅游业危机显示了旅游业对当地和全球社区的高度依赖性。由此,每个加入联盟的旅游组织都必须将目的地的需求和社区内的公平作为旅游发展、管理和推广决策的中心。只有各方齐心协力、负责任以及积极地去做这些事情,全球旅游业才能稳定健康复苏。这不是短期努力能达到的,需要长期的不懈坚持。

(资料来源:中国金融新闻网)

·思考· 新冠疫情对全球旅游业有哪些影响?我们应该采取什么策略来复苏旅游业?

学习导读

当今,在经济全球化和世界经济一体化的作用下,旅游业进入了快速发展的黄金时代,成为世界第一大产业。21世纪,世界旅游业将继续保持全球最大产业地位,国际旅游区域的重心将向东转移,国际旅游方式趋向多样化,国际旅游客源市场趋向分散化,中远程旅游渐趋兴旺,生态化旅游需求与旅游可持续发展不断融合,高科技在旅游业中的地位日益显著。

知识链接

一、旅游业将继续保持全球最大产业地位

旅游业作为朝阳产业,具有投资少、见效快、劳动密集、关联性强、无污染等特点,受到各国政府的重视,在各国经济中的比重日益提高、地位日益增强。旅游业是各国财政主要的纳税产业之一,全世界的旅游企业及从业人员的纳税总额高达3 030亿美元。旅游业对世界经济的贡献,不仅是其产值和提供就业岗位的贡献,它同时还带动相关产业的发展,带来一系列的经济效益。20世纪末,旅游业逐渐超过石油、汽车产业,成为世界上最大的产业。2019年,全球旅游总收入(包括国内旅游收入和入境旅游收入)为5.8万亿美元,相当于全球GDP的6.7%。目前,旅游业的产业地位不仅没有被动摇,而且有进一步增强的趋势,在全球产业中扮演着越来越重要的角色。

二、国际旅游区域的重心将向东转移

欧洲和北美是现代国际旅游业的两大传统市场。20世纪80年代初,欧洲和北美旅游市场分别占国际旅游市场份额的65.1%和21.5%,合计达86.6%,它们几乎垄断了国际旅游市场。80年代后,旅游发展相对成熟,市场基数相对较大的欧洲和北美以低于全球平均水平的速度持续增长,其在全球旅游市场的份额则不断下降。同期,亚洲、非洲、

拉丁美洲和大洋洲等地区一批新兴市场迅速崛起。尤其是东亚和太平洋地区的旅游业，在较小的基数上以大大高于世界平均水平的速度增长，占全球市场的份额从1980年的7.5%上升到2002年的17.5%。2005年至2016年间，全球旅游总人次中，欧洲板块占比从25.6%下降到16.3%，美洲板块从27.3%下降到17.7%，亚太板块从43.5%上升到63.0%。随着全球经济重心的东移，亚太地区将成为未来国际旅游业的"热点"区域，其旅游业将呈现更为强劲的增长势头。2019年，欧洲：入境旅游半壁江山地位有所松动，入境旅游收入占全球入境旅游总收入比例下降为39%；亚太：三个增速（国内旅游人次增速和稳定性排名、国内旅游收入增速趋势排名、旅游总收入相当于GDP的比重增速排名）位居全球五大区域之首；美洲："一稳二降"，旅游发展日渐式微，国内旅游人次长期平稳低速增长，入境旅游收入增速处于下降趋势，2019年增速仅为0.2%，旅游总收入相当于GDP的比重下降到5.6%；中东和非洲：接待入境旅游人次之和不足全球入境旅游总人次的1/10，且其发展波动性较强。

三、国际旅游方式趋向多样化

近年来，随着世界各国经济的发展和人民生活水平的提高，对有旅游活动经历的人们来说，已经积累了丰富的旅游阅历，不再满足于一般性的观光、度假旅游，开始追求丰富多彩、特色鲜明、文化内涵丰厚的旅游活动。他们希望在旅游中能结合自己的兴趣爱好，进行积极的探索、参与和休息，把旅游作为紧张生活的调剂品，用自己喜欢的方式出游，这样就要求旅游企业推出更多丰富多彩的旅游产品。那些走马观花、单纯游山玩水的观光旅游，将逐渐为多样化的旅游方式所取代。旅游方式朝着个性化、多样化、文化化的方向发展，各种内容丰富、新颖独特的旅游方式将应运而生，诸如文化旅游、寻根探祖旅游、房车旅游、自驾车旅游、健康医疗旅游、体育旅游、科考旅游、徒步旅游等。在科学技术进步的前提下，太空旅游、极地旅游、深海旅游等新的旅游需求也会得到更多的满足。旅游模式的发展将会出现很大变化：散客旅游逐渐多于团体旅游，短线旅游多于长线旅游，地区性旅游和中程旅游将成为旅游的主体，自助与半自助旅游将代替包价旅游，商务、会议旅游将成为团体旅游的主体。

四、国际旅游客源市场趋向分散化

长期以来，国际旅游的主要客源市场在地区结构上一直以西欧和北美为主。这两个地区作为现代国际旅游的发源地，其出国旅游人数几乎占国际旅游总人数的四分之三。目前，世界上最重要的旅游客源国中，除亚洲的日本、中国，大洋洲的澳大利亚外，其余大都集中在这两个地区。国际旅游客源市场在地区分布上畸形集中的局面正在改变。随着当代世界经济的迅速分化和重新改组，初步形成了北美、欧盟、日本、俄罗斯、中国等几大经济力量相抗衡的态势，直接影响各地区国际旅游客源的发生、发展、消长和转移，从而导致客源市场分布格局由目前的集中渐渐走向分散。到21世纪中叶，亚洲、非洲和拉丁美洲的一些新兴工业国，随着人均国民收入的增加，将会逐渐取代传统的旅游客源国，成为国际旅游的主体市场。

五、中远程旅游渐趋兴旺

旅游距离的远近受时间和经济等因素的影响。20世纪上半叶，人们一般只能进行短程旅游。中远程旅游，特别是横渡大洋的国际旅游的兴起，是第二次世界大战后航空运输大发展的直接结果。目前，飞机的飞行速度越来越快，续航技术日新月异，世界正变得越来越小，距离在旅游限制因素中的作用日趋减弱，人们外出旅游将乘坐更便捷的飞机和高铁。近年来，随着人们闲暇时间的增多，将有更多的人加入到中远程旅游的行列中来。随着更加快捷、安全、舒适的新型航空客机投入运营，全球性大规模的中远程旅游将成为可能。

六、生态化旅游需求与旅游可持续发展不断融合

随着人类环保意识的增强和回归自然欲望的日益强烈，生态旅游需求也应运而生。旅游者从最初的拥挤式旅游环境中走出来，开始追求自然、健康、卫生和环保型的旅游环境，"绿色"成为新世纪旅游业经营的关键点。面对新的旅游需求，世界旅游业的发展模式也逐渐从粗放型向集约型转变。在产品开发、市场开拓和服务方式等方面，推行可持续发展模式，即注重旅游供给在满足当代旅游者需要的基础上，不影响后代人的旅游需要，包括旅游资源开发与保护并重、旅游景区合理规划以及旅游发展的协同效应等。旅游业在充分利用各种资源的同时，应注意环境保护，实现可持续发展。

七、高科技在旅游业中的地位日益显著

科学技术推动了现代交通工具的改进，促进了旅游业的发展，方便了人类的旅游活动。旅游业运用高新技术的实践已经表明了高科技对旅游活动所产生的重要影响，如全球预订系统的应用使人类接触国际性的旅游服务变得便捷与简单。国际著名饭店集团如希尔顿饭店集团、喜来登集团等均拥有饭店预订系统，无论顾客身处何地，都能通过饭店预订系统查询并预订。同时，饭店企业通过网络开展营销，将无形服务有形化，利用三维图像、虚拟现实等先进技术，将饭店的实际形象展现给顾客，也方便了顾客选择饭店。目前，越来越多的饭店通过网络接受顾客预订。网上预订系统也被运用到旅游业其他领域中，如近年来出现的网上代理商、网上旅行社、网上旅游超市等旅游服务机构，通过网络展示自己的服务产品、旅游线路、旅游资源，为旅游者查询信息提供便利，得到了广大旅游者的青睐。旅游者则可以通过网络查询、选择、设计旅游行程，安排旅游计划。高新技术的应用方便了旅行活动，节约了旅游时间，降低了旅游成本。如航空电子售票业务的开展、电子票据的推行，一方面使网上预订、电话预订、信用卡支付、微信支付等业务变得简单易行；另一方面也节省了航空公司的宣传费用、乘客机票存放费用等。信用卡广泛推广后，支付行为变得更加方便，出门旅游无须携带大量现金。

【思考题】

世界旅游业发展的前景如何？哪些高科技在世界旅游业发展中得到应用？

学习任务二　中国旅游业发展前景分析

任务导入　　实现西藏旅游文化可持续发展

随着"十一"黄金周临近,金秋已至。西藏,一年四季都是迷人的,秋天同样颇具特色。

近年来,西藏自治区党委、政府高度重视发展旅游文化产业,并将其作为经济社会发展中的支柱产业大力扶持、积极发展、努力培育。目前,西藏旅游文化融合发展程度不断提升,围绕"食、住、行、游、购、娱",延伸形成了一批新的经济增长点,旅游文化建设不断优化,旅游文化基础逐步加强,节庆文化常态化发展,"互联网+"为西藏旅游文化转型升级提供了强有力的支撑。

要实现西藏旅游文化可持续发展,就是要秉承"创新、协调、绿色、开放、共享"的发展理念,加大基础设施建设力度,大力发展"特色、高端、精品"旅游。

加大基础设施建设支持力度。进一步增加旅游基础设施建设项目在全区"十三五"规划建设项目总盘子中所占的比例,积极争取国家旅游发展基金对西藏旅游的支持。紧紧围绕国家"一带一路"倡议,加快铁路、公路、光缆等基础设施互联互通。开通更多国内外航线,进一步拓展进出藏"陆路通道"和"空中走廊",为游客提供立体、便捷、快速的交通。

良好的生态环境是西藏旅游业最大的潜力、最好的品牌。要更加注重发展"特色、高端、精品"旅游,依托西藏得天独厚的地理位置和独具特色的自然人文资源,倡导绿色安全,坚守生态优先、保护第一的理念,推动旅游文化可持续发展,努力打造"各地都是旅游景区、各处都有旅游服务、人人都是旅游形象"的全域旅游体系,推动旅游发展方式转变,走质量效益型的节约化发展道路,努力实现大旅游、大产业、大发展。

要把旅游文化作为实现脱贫攻坚、富民兴藏的产业来规划、来建设、来发展,进一步提高和改善农牧民发展旅游的观念,提高农牧民对发展旅游的能力,提高农牧民对旅游项目的参与度,提高农牧民在发展旅游中的获得感,让更多的农牧民吃上"旅游饭"。

思考　西藏旅游业发展前景如何?为了实现旅游可持续发展,西藏应采取哪些有效措施?

学习导读

改革开放以来,我国立足国情,借鉴国外经验,坚持政府主导型发展战略,坚持大旅游、大市场、大产业的发展方向,走出了一条具有中国特色的旅游产业发展之路,实现了从"旅游资源大国"向"世界旅游大国"的历史性跨越,旅游业已经成为我国国民经济中的战略性支柱产业和最具生机活力的新兴产业。

知识链接

一、旅游业发展势头强劲,国际地位逐步提升

自1978年我国旅游业从外事接待型转为市场型以来,经历多年发展,产业规模逐渐扩大,在国民经济中所占比重日益提高,行业结构、管理水平以及市场规模越来越与国际接轨。1998年12月,中央经济工作会议确立旅游业为国民经济新的增长点后,旅游业在我国国民经济中的地位稳步上升。2009年12月,国务院下发了《关于加快发展旅游业的意见》,提出要把旅游业培育成"国民经济的战略性支柱产业和人民群众更加满意的现代服务业",力争到2020年我国旅游产业规模、质量、效益基本达到世界旅游强国的水平。2013年10月1日《中华人民共和国旅游法》颁布实施。2017年,全域旅游推动旅游经济实现了较快增长,国内旅游50.01亿人次,出入境旅游2.7亿人次,旅游总收入5.4万亿元,中国真正实现由旅游大国向旅游强国的迈进。2019年,旅游经济继续保持高于GDP增速的较快增长,国内旅游人次60.06亿,入出境旅游总人次3.0亿,全年实现旅游总收入6.63万亿元。2020年至2021年,受新冠疫情影响,旅游业发展遭受重创。

随着旅游业规模的日益扩大和改革开放的不断深化,旅游业启动新一轮的对外开放。我国积极参加世界旅游组织、亚太旅游协会、世界旅游联盟等国际旅游机构的活动,积极参与国际旅游事务规则的制定,加强多边和双边旅游合作,在世界旅游业中争取到更多的话语权,在国际旅游事务中发挥旅游大国应有的作用。近年来,中国连续担任世界旅游组织执行委员会委员,举办了一系列的国际性旅游活动,扩大了世界知名度,如2001年成功申办世界旅游组织大会,2006年在杭州举办世界休闲博览会,2008年北京承办奥运会,2010年上海承办世博会,2011年在西安举办世界园艺博览会,2017年在成都举行联合国世界旅游组织(UNWTO)第22届全体大会,2021年在北京举办世界旅游合作与发展大会。我国还积极拓宽国际旅游工作的领域,在旅游目的地保护与开发、旅游服务标准的制定、生态旅游、文化旅游、旅游扶贫等方面,发挥关键性的作用,组织参与国际专业问题的研究和交流,在多个领域紧密跟踪国际市场发展趋势,充分发挥旅游驻外办事处的联络和促进作用。

二、区域旅游协调发展

区域旅游协调发展是指区域之间相互联合,有利于不同区域旅游资源的优势互补,以便开展多样化的旅游活动,发挥整体优势。目前,我国区域旅游协调发展主要表现在三个方面:

(一)东西部旅游协调发展

我国东西部地区的旅游业发展情况是不同的。东部地区是目前旅游业发达的地区,是我国旅游发展的基地和主体,西部地区则是我国旅游发展的潜力和后劲所在。双方无论是在资源配置上,还是在市场共享上,都是优势互补的。东西部地区各有侧重,东部地区主要是提高旅游产品质量,多出精品;西部地区侧重点在于旅游产品创新,要出特品和绝品。东部要上水平,西部要上规模。只有协调好东西部地区的关系,才能促进不同区

域协调发展。要使中国旅游发展再上一个新台阶,要通过区域旅游开发,逐步实现向中西部地区转移,使温、冷线地区升温变热,充分发挥中西部地区的资源优势。

(二)城乡旅游协调发展

城市和农村互为旅游市场,城乡旅游将协调发展。改革开放以来,我国城市化的进程大大加快,中心城市和区域旅游发展形成一个新的格局,即以中心城市为主来带动区域旅游的格局,城市在区域旅游发展中的作用越来越重要。近年来,农民旅游消费增长有时甚至超过了城市居民旅游。城乡互动体现在三个方面:一是互为资源。城市性的资源,如各种建筑物、博物馆、美术馆、大型主题公园等成为发展都市旅游的基础条件,具体的产品形式主要是文化旅游和专题旅游。森林、观光农业、草原、峡谷等乡村性的资源,成为乡村旅游的主要吸引物,其产品的表现形式有生态旅游和特种旅游。城乡互为资源就使整个社会资源的利用度大大提高和广泛性大大增强。二是互为市场。城里人下乡旅游,乡里人进城旅游,形成了对流的旅游潮。三是城乡互为条件。在城乡接合部和环城市度假带,普遍形成了相互交融的局面,其态势已经形成,而且会进一步加强,尤其是交通技术的发展使城乡互动变得更便利。旅游呈现出从城市开始扩展、延伸到城郊接合部,再进一步扩展到远郊甚至扩展到农村的发展趋势。

(三)区域旅游成为一种趋势

随着旅游产业体系的不断完善,发展思路的不断成熟,打破区域封锁,提倡区域合作,开始成为业内共识。跨越行政区划的限制,建设一批具有一定规模、质量上乘、特色鲜明和富有吸引力的旅游区域,将在日益激烈的旅游市场竞争中占据优势地位。这种区域旅游合作的发展主要有两条途径:一是邻近区域的结合,例如,有计划地组织开展推进京津冀、东三省老工业基地、长江三角洲、海峡两岸、粤港澳三地、湄公河区域的旅游发展规划;按照《全国红色旅游发展规划纲要》的要求,积极做好重点红色旅游区规划等;二是以产品组合、线路组合形成区域旅游合作,如丝绸之路旅游、青藏铁路沿线旅游、川滇藏香格里拉生态旅游等。

三、旅游产业结构日趋完善

优化产业结构是旅游业发展中所面临的重要任务,也是我国旅游业发展的必然趋势。旅游产业结构是指旅游经济各部门、各地区、各种经济成分及经济活动各个环节的构成与相互联系、相互制约的关系。旅游产业结构主要包括旅游地区结构、旅游组织结构、旅游产品结构、旅游所有制结构和旅游行业结构,每种结构中都存在一定的比例关系。完善旅游产业结构,就是要对旅游生产要素进行优化组合。

(一)优化行业结构

旅游行业结构的优化就是通常所讲的食、住、行、游、购、娱六要素之间的优化。20世纪80年代始终存在短线制约,一开始的制约点是饭店,后来的制约点是交通,短线制约点在不断发生转移,进入90年代后才得到缓和。目前,旅游发展的短线制约点已经基本不存在,但薄弱环节还是存在的。20世纪末,最薄弱的环节就是购物环节,海外旅游者到中国购物占总花费的比重是20%,国内旅游者的购物比重不到10%,如果能够达到国际

上30%的平均购物比重水平,那么旅游购物就会形成一个大产业。

在我国旅游业的发展实践中,各种制约因素日益暴露出来。旅游资源分布不均、旅游客流过分集中、景区管理水平低下、旅游购物发展落后等阻碍着旅游产业的均衡发展,成为我国旅游业发展的瓶颈。各类旅游企业处于相互关联的关系链中,只有相互之间保持合理的比例关系,才能促进旅游业协调发展。因此,我国旅游业在综合平衡各种基本要素的基础上,以适当比例合理调整产业结构,发挥行业优势,是我国旅游业未来发展的客观要求。

(二)优化市场结构

市场结构若仅局限于单一市场或少数市场,不仅风险大,而且容易受制于人,优化的市场结构应该是多元化的。目前,我国已经形成入境旅游市场、出境旅游市场和国内旅游市场三大市场,总方向是大力发展入境旅游,积极发展国内旅游,适度发展出境旅游。海外市场和国内市场多元化的形成对旅游产业结构起到了一个基础性调节作用。

(三)优化产品结构

产品结构优化是指旅游产品的构成及各部分之间的相互关系的优化,其目标是产品多样化,即根据不同旅游者的消费需求和旅游动机,提供相应的旅游产品。随着人们旅游经验的增多,初级的游山玩水已经不能满足人们的旅游需要,专题和特种形式的旅游日益增加,享受性和游乐性旅游比重不断上升,在旅游产品开发与经营上,应更加注重多元化和特色化,以满足不同游客的消费需要。

1.完善观光旅游产品体系,满足游客多层次的旅游需求。例如:继续完善以世界遗产地为代表的世界级旅游产品系列;建设以丝绸之路等经典线路为代表的文化旅游产品系列;推出山地、湿地、河流、海洋、森林等自然生态旅游产品系列;建设多元化的地方民俗文化旅游产品系列;积极推动红色旅游产品系列;等等。

2.加快休闲度假产品建设,适应大众旅游由一般观光到度假休闲的消费转变。例如:推动国家级旅游度假区转型升级;提升热带、亚热带海滨度假地区;推动海滨、高尔夫、滑雪、温泉、森林等度假旅游产品开发,形成康体旅游产品系列;加快大中城市周边旅游带建设,形成大众家庭度假旅游产品系列;积极建设农家乐、自驾游等散客旅游基地,形成自助旅游服务体系。

3.推进现代化旅游产品建设,打造有中国特色的复合型产品体系。例如:大力开发与现代工业、农业、水利建设、交通建设、航天科技、生物工程相联系的旅游产品;努力开拓生态旅游、体育旅游、海洋旅游、保健旅游、温泉旅游、高尔夫旅游、游艇旅游等新型旅游产品,形成多样化、复合型的旅游产品系列。

4.提升专项旅游产品开发水平,形成新的旅游生产力。例如:引导会展旅游有序竞争;引导商务旅游专业化提升;促成奖励旅游的政策突破;引导游艇旅游高起点发展;促进科考旅游、探险旅游、极限运动等旅游产品的成长发展。对汽车俱乐部、游艇俱乐部等新的旅游业态及时研究、纳入管理、引导发展。

5.推动旅游纪念品的产业化发展,形成旅游纪念品开发体系。例如:形成地方特色

产品系列、民族特色产品系列、文化特色产品系列、实用特点产品系列和高技术含量产品系列等。

(四)优化组织结构

旅游组织结构的优化是指旅游行业机构的设置、旅游企业机构的设置和旅游企业规模的优化。要加强与有关部门对重大问题的研究与沟通,积极开展与相关部门和行业的进一步合作,争取发改委、财政、交通、民航、铁道、口岸等部门更多的支持。建立银旅合作、科旅合作、文旅合作、教旅合作、体旅合作等多种合作机制,与信息产业、各种媒体广泛合作,充分利用社会资源促进旅游业发展。协调好大、中、小型旅游企业的比例关系,一方面旅游企业将通过联合、合并或重组等多种形式推进企业的集团化进程,适当提高市场集中度以应对日益激烈的市场竞争;另一方面,引导中小型企业向专业化经营方向发展,使旅游企业的规模结构更趋合理。

四、旅游企业竞争日趋激烈

加入世贸组织后,中国旅游市场进一步对外开放,一大批有实力的国外旅游企业进入中国旅游市场。这些企业在带来大量国际客源和管理经验的同时,也加剧了国内旅游市场的竞争,给中国旅游企业带来全方位的冲击。中国旅游企业需要转变经营理念,增强竞争实力,迎接未来挑战。

五、旅游企业发展呈现集团化、网络化、品牌化的趋势

企业集团化是市场竞争的必然结果,也是现代经济发展的必然规律。集团化是旅游企业发展的趋势,这是因为企业集团有利于实现规模效益,实现产业结构优化,增强旅游企业的国际竞争力。旅游产业集团化势在必行,这主要是由中国旅游企业发展的外在压力和内在动力所决定的。一方面,旅游市场对外开放带来的外部压力,使中国旅游企业不得不选择集团化发展道路;另一方面,从内部动力看,旅游企业为了提高利润也应选择集团化。旅游企业集团通过大规模广泛布点,实行批量经营、降低成本,从而获得规模效益。不论从外部压力还是从内部动力分析,集团化都是中国旅游企业发展壮大、增强竞争实力的必然选择。国际化竞争促使中国大型旅游企业集团诞生,从而可以与跨国旅游集团相抗衡。今后,集团化创新将以经营合作为基础,以品牌合作为导向,以资本合作为路径,以项目开发合作为突破口,开展多层次、全方位的合作。

六、旅游业呈现高科技化发展趋势

目前,中国旅游业正经历着由规模到效益、由数量到质量、由粗放到精细、由国内到国际的产业提升阶段,要实现由旅游大国到旅游强国的成功跨越,必须以先进的信息技术、科学的管理手段、新颖的拓展理念来推动旅游业发展。旅游电子商务已经成了旅游业发展不可逆转的趋势,电子商务的便捷性、低成本、覆盖面广等优势是传统方式不可比拟的,旅游电子商务已经成为整个电子商务领域最大、最突出的部分。旅游者可以利用互联网进行旅游地的游览、旅游饭店的入住、旅行社产品的浏览,实现网上预订,达到旅游业全方位的网络化服务。旅游消费的电子化趋向十分明显,信用卡消费也越来越普

及。旅游资源开发的高科技化,特别是各种高科技主题公园建设过程中对旅游环境的模拟已成为现实。科学技术发展使得太空游、海底游、南极游等作为大众旅游方式成为可能。

七、旅游业将走上可持续发展之路

实施旅游可持续发展战略是我国旅游发展的必然选择。近年来,国家大力倡导"洁净旅游",要求所有的旅游目的地尽最大的努力控制污染、减少破坏,提供清洁、卫生、安全的旅游环境。旅游经营者都应当提供不危害旅游者健康的产品,进行公平竞争,正当经营,不搞欺诈、不设陷阱,自觉以诚信为本。行业协会要真正能够发挥行业自律的功能,大力提倡"绿色经营"的观念。旅游者在消费过程中要对自己的行为负责,为了自己和旅游目的地居民的共同利益而进行健康有益的旅游度假,提倡"绿色消费""公平旅游"。这绝非仅仅是为了在市场上重塑旅游业良好形象、振兴旅游业的权宜之计,而是促进社会文明和整个社会经济的可持续发展的重要一环。

【思 考 题】

我国旅游业发展前景如何?我国旅游业发展面临哪些挑战?

学习任务三 旅游业可持续发展分析

任务导入　　旅游魅力彰显　产业活力迸发

党的十八大以来,新疆大力推进旅游兴疆战略,旅游业进入前所未有的大发展时期,旅游业战略性支柱产业地位不断巩固,旅游富民的功能作用不断强化。

发展提速 亮点频现

在阿瓦提县刀郎部落景区"与刀郎人过端午",去温宿县"归园田居·塔村"观山景看星空……2021年端午假期,阿克苏地区各景区景点共接待游客41.94万人次,同比增长22.42%;实现旅游收入2.36亿元,同比增长84.26%。

新疆各地旅游业发展亮点频现,成为促进当地经济发展的助推器。

"十三五"期间,新疆旅游业迎来大发展。新疆旅游接待人次2017年首次突破1亿,2019年突破2亿。2020年,克服疫情的不利影响,累计接待游客1.58亿人次,增速居各行业前列,旅游业成为新疆高质量发展的标杆之一。

自治区文化和旅游厅相关人士介绍,新疆近年来出台了多个支持旅游业发展的文件,从土地投融资、财政投入等各个方面加大支持力度,形成了高位推进、全民参与、共同发展的格局。

如今,旅游业已成为新疆经济高质量发展的重要引擎和调结构、促就业、惠民生的重要产业。

跨界融合 活力四射

2021年6月12日，二道桥大巴扎非物质文化遗产馆在乌鲁木齐二道桥大巴扎景区开馆，游客们可近距离接触18项非遗项目、1 000多个非遗产品。

"这是我们推动'非遗进景区'的成果之一，将对进一步推动文旅融合，更好宣传、传承、保护非遗文化起到重要作用。"乌鲁木齐市天山区文化馆馆长韩非孜说。

党的十八大以来，新疆文旅融合步伐进一步加快，极大激发了旅游业的新活力。

持续挖掘景区文化内涵，红色文化、历史文化、民俗文化、工业文化、节庆文化、影视文化、非物质文化遗产等与旅游融合的新业态不断涌现，新疆文化和旅游消费市场加速转型升级。

尤为可喜的是，新疆创新推动"旅游+"，形成了全域旅游发展格局。水利、住建、交通、教育、体育、农业、林草等部门纷纷制定规划、方案，推动相关产业与旅游深度融合、携手发展，"农业+旅游""工业+旅游""交通+旅游""体育+旅游""医疗+旅游""水利+旅游""康养+旅游""航空+旅游"……旅游业的带动性不断增强，助力各行业高质量发展。

特色旅游 增收富民

这些天，阿勒泰市红墩镇博肯布拉克村村民邹艳正在翻修、扩建自家的农家乐。2015年，看到当地旅游业的发展势头，邹艳和丈夫开起了农家乐，收入可观。2021年，夫妻俩决定再投资扩大农家乐的规模。

近年来，旅游业在脱贫攻坚、富民增收以及美丽乡村建设中的作用越来越显著。

"十三五"期间，《新疆维吾尔自治区乡村旅游促进办法》等政策文件出台，农家乐、民宿、休闲采摘园、观光农业、乡村休闲主题乐园、乡村旅游景区等业态迅猛发展，带动了就业、农副土特产品的销售等。乡村旅游规模质量不断提升，乡村旅游就业人数迅速增加，助力增收致富的成效日益显著。

"十三五"末，新疆有农家乐8 000多家、全国乡村旅游重点村33个、自治区乡村旅游重点村70个。仅以全国乡村旅游重点村为例，许多村通过鼓励发展民宿、农家乐等，让当地农牧民实现人均年增收3 000元以上。

·思考· 为了实现旅游业"跨越式"发展，新疆采取了哪些措施？

学习导读

近年来，人类赖以生存和发展的环境遭到了越来越严重的破坏，人类不同程度地尝到了环境破坏的苦果。在社会发展的同时，人们把经济、社会与环境割裂开来，只顾谋求自身的、局部的、暂时的经济利益，而不考虑环境恶化给人类带来的后果。目前，摆在世界各国面前的一个重大问题就是资源短缺、环境污染和生态恶化，经济发展、资源利用及环境保护所形成的矛盾，已成为世界各国所面临的严峻挑战。可持续发展理论正是在环境生态危及人类生存、传统发展模式严重制约经济和社会进步、人类对环境保护呼声日益高涨的背景下逐步形成的。随着旅游业的发展，旅游业对环境、社会、经济和文化的负面影响正逐渐被人们意识到。生态环境恶化、不良思想泛滥、传统文化遗失、管理体制混乱，这些问题成为旅游业发展的绊脚石，只有旅游可持续发展才能消除这些障碍。

知识链接

一、可持续发展的由来和内容

(一)可持续发展的由来

"可持续发展"观念在中国传统文化中有相当明确的体现,早在春秋战国时代,古人就提出许多精辟观点。例如,《管子·八观》中指出,山泽纵然广大,土壤纵然肥沃,草地尽管丰茂,如果砍伐树木过多,种植桑树不得其法、放养牲畜过多,也将造成恶果。这种观念对以农业为主、多种生产力并存格局的形成和延续产生了很大影响,与目前提倡的"可持续发展"观念是一致的。

现代意义上的"可持续发展"产生于 20 世纪 60 年代。工业革命以后,人类以人定胜天的主人姿态,在经济增长与环境保护相背离的道路上走了近 300 年的历史。两者的背离,主要表现为人类掠夺式地向大自然夺取资源,肆无忌惮地向大自然排放废物,走了一条以牺牲生态环境换取经济增长的道路。这种涸泽而渔的做法,造成了全球性的资源恶化和生态破坏,严重危及人类的生存环境。20 世纪 60 年代以来,人类在大自然负面回报面前,不得不总结生态环境与经济发展相互关系的经验和教训。人们越来越认识到,经济发展问题不可能独立于环境问题,现在的发展模式侵蚀着经济发展所依存的环境基础,环境退化正削弱着经济的发展。人们开始思索如何改变经济发展模式来协调环境与经济的关系,保持社会经济的可持续发展。可持续发展理论正是在环境生态危及人类的生存、传统发展模式制约经济社会进步、人类对环境保护呼声日益高涨的背景下逐步形成的。因此,可持续发展观念的提出是对传统发展模式的挑战,是为谋求新的发展模式而创立的新的发展观。

1992 年,在联合国环境与发展大会上,全球 100 多个国家的首脑共同签署了《21 世纪议程》,即著名的地球宣言,它宣布全世界人民应遵循可持续发展原则,并采取一致行动,使可持续发展上升为国家间的准则。随后,各国政府相继发表宣言和行动计划,可持续发展成为人类经济和社会发展的重大课题。

(二)可持续发展的内容

可持续发展不是单一的某一方面的发展,而是一个复合性的概念,可持续发展的内容主要包括生态可持续发展、经济可持续发展和社会可持续发展。

1. 生态可持续发展

生态可持续发展就是指建立在自然资源可持续利用和良好生态环境的基础上,以保护和维持生物生命支撑系统和生态系统,保护自然资源和生物多样性,有效利用资源以保证可持续发展,形成生态环境的良性循环。因此,它要求重视资源与环境承载力的研究,建立科学的环境保护标准,防止环境污染与破坏,再利用新技术来恢复和重建已经被污染和破坏的生态系统,通过保护和重建自然环境,为人类可持续利用自然资源和环境提供基础条件。

2. 经济可持续发展

经济可持续发展不仅要求重视经济数量的有效增长，更要求重视经济质量的全面提高，包括节约资源、保护环境、优化配置、增加效益等。从生态经济学视角看，传统经济发展和可持续发展存在明显不同，前者主要强调高速度、高效率甚至高消费的工业化、城市化趋向；后者主要强调发展持续均衡的生态经济，杜绝环境污染和生态失衡。经济可持续发展为生态可持续发展提供良好条件，要对过去经济发展中"牺牲"的环境进行补偿，对已被污染破坏了的环境进行"后治理"。如果没有"后治理"，任其恶化，可能导致可利用资源进一步减少，经济可持续发展将失去基础。

3. 社会可持续发展

社会可持续发展是指国内和国际的社会稳定发展，这是可持续发展全过程的综合体现。因为可持续发展是以不断改善和提高人类生活质量为目标，所以我们应努力实现自然、经济与社会发展的和谐统一，构建人类与自然生态天人合一的社会共同体。只要社会在每一个时间段内都能保持资源、经济、社会和环境的协调发展，那么这个社会的发展就符合可持续发展的要求。

可持续发展的各方面内容是相互促进又相互制约的。生态可持续发展为经济可持续发展提供基础，生态和经济的可持续发展为社会可持续发展提供保障。反过来说，社会的可持续发展又为经济可持续发展提供条件，经济的可持续发展为生态可持续发展提供保障。而整个社会的可持续发展，既是一个全局性的综合过程，又具有永恒的目的，即谋求经济发展与人口、资源、环境的相互协调，实现经济和社会的持续、稳定、健康、协调、快速发展，在满足人类自身物质需求和精神需求的同时，求得资源的循环利用和环境的良性发展，最终达到真正意义上的人与自然的和谐相处。

二、旅游可持续发展的概念

1995年联合国教科文组织、联合国环境规划署和世界旅游组织在西班牙加那利群岛召开"可持续旅游发展世界会议"，会议通过《旅游可持续发展宪章》和《旅游可持续发展行动计划》两个文件，明确指出"旅游可持续发展的实质就是要求旅游与自然、文化和人类生存环境成为一个整体"，做到旅游、资源和生存环境三者统一，实现旅游与经济、社会、资源、环境协调发展。旅游业可持续发展不是单纯的经济发展、产值增加，而是生态、社会和经济的可持续性、综合性发展。因此，旅游可持续发展的概念可以表述为：在充分考虑开发旅游资源、维持文化完整、保持生态环境平衡的前提下，把旅游开发建立在生态环境承受力之上，满足人们对经济、社会和审美的需求，既能适应当代人的生存和发展需要，又不损害后代人利益，能为其提供同样的机会，努力谋求旅游与经济、社会、资源、环境的协调发展，并造福于子孙后代的一种旅游发展模式。

三、旅游可持续发展的特点

（一）公平性

公平性强调的是当代人的公平、代际间的公平及公平分配有限的旅游资源，特别是

公平分配那些不可再生的资源,在未找到替代性资源以前,尽可能地延长旅游资源的生命周期,避免不可再生的旅游资源过早地出现枯竭的现象。

(二)持续性

旅游可持续发展的核心就是持续性,它强调对旅游资源的合理开发利用。由于旅游资源是不可再生的稀缺性资源,在开发中要尽量保持原有特色,强调持续性,避免任何不可逆转的开发或破坏行为,以保证旅游资源的永续利用。

(三)和谐性

旅游可持续发展的根本目的就是和谐性。不仅要求旅游与社会、经济和谐,还要求资源利用和谐、生态环境和谐。很多旅游资源在实现自身经济价值的同时,还会随着合理有效的利用而变得更加有价值,更加有利于人类、环境和资源的和谐与协调。

(四)统一性

旅游可持续发展的实质内容是统一性,这是由旅游业的综合性所决定的。旅游业是一个大产业,内在的关联性非常强。因此,在旅游业发展过程中,必须始终坚持系统论的观点,努力做到统筹规划、均衡布局、科学安排、协调发展。

(五)合作性

旅游可持续发展的必然要求是合作性。实施旅游可持续发展战略,不仅要求政府、旅游部门、旅游者和环保部门齐心协力,还要求地方、区域、国家甚至全球性的通力合作。因为某个地区旅游开发可能会给其他地区带来积极或消极影响,只有不断加强合作,各方的共同利益才能得到保证。

四、旅游可持续发展的目标和原则

(一)旅游可持续发展的目标

1990年在加拿大召开的加拿大全球大会,比较全面、系统地表述了旅游可持续发展的目标:

(1)强化生态意识,增进人们对旅游所产生的环境效应与经济效应的理解;

(2)促进旅游的公平发展;

(3)改善旅游接待地区的生活质量;

(4)向旅游者提供高质量的旅游经历;

(5)保护未来旅游开发赖以生存的环境质量。

旅游可持续发展的核心目标是在为旅游者提供高质量的旅游环境的同时,力争改善当地居民的生活水平和生活环境。旅游业的可持续发展就是要使旅游者、当地居民、未来的旅游者及未来的当地居民受益,涉及同代人不同利益群体之间、同一利益群体代际和不同利益群体代际的公平问题。

(二)旅游可持续发展的原则

1. 公平性原则

既要保证不同代的人之间在旅游资源和旅游收入上的公平分配,还要体现多代内公平,即一部分人的发展不能损害另一部分人的利益,也就是说,旅游要能为现在的主人们和客人们提供生计,又能保护和增进后代人的利益,并为其提供同样的机会。

2. 持续性原则

旅游活动会必然对旅游资源与环境产生一些影响,要保持旅游持续发展,就不能超过旅游资源与环境的承载力。旅游开发一旦破坏了人们赖以存在的生态环境,发展本身就会衰退,需求就难以得到满足。

3. 共同性原则

由于各国文化、历史和社会经济发展水平不尽相同,实现旅游可持续发展目标的具体模式和道路也不同,但旅游可持续发展作为全球旅游发展的总体目标,它所体现的公平性和持续性却是共同的。

五、旅游可持续发展的主要措施

(一)实施旅游承载力管理,实现旅游可持续发展

旅游承载力是旅游可持续发展的核心问题。大量事实和研究成果表明,旅游对目的地的影响程度会随着来访旅游者数量的增加而增大。任何旅游目的地接待来访游客,都存在一个极限。如果长期持续超出这一极限,旅游发展的负面影响便会达到人们不能接受或不能容忍的程度。这种临界点在我国的有关旅游研究文献中被称为"饱和极限""负荷能力"或"环境容量",按照国际旅游界所使用的专业术语,称之为旅游目的地承载力。

对于旅游目的地承载力的理解,人们有多种不同表述,但其实质内容并无根本区别。一般认为:"旅游目的地承载力是旅游目的地在不至于导致当地环境质量和旅游活动质量不可接受或不能容忍的前提下,所能吸纳外来游客的最大数量。"世界旅游组织认为:"旅游承载力是指一个地区在提供使旅游者满意的接待及对资源产生很小影响的前提下,所能进行旅游活动的规模。"因此,要实现旅游可持续发展,就必须实施旅游承载力管理,科学合理地确定旅游承载力临界点。

(二)强化旅游管理能力,提高管理服务水平

旅游管理能力是实施旅游可持续发展的关键因素。我们不难发现,在有些地区,旅游发展对环境和社会的负面影响已经到了令人"难以接受"的程度,相反,另一些地区却并未出现严重问题。这种情况说明,如果说旅游发展对目的地环境和社会的潜在影响是不可避免的,那么它们能否形成严重问题是有条件的。致使负面影响由潜在状态转化成为现实问题的条件可能有很多,但其中很重要的一点便是旅游目的地的管理能力。管理工作所涉及的层面有很多,其中最基础的工作便是对目的地旅游业的发展进行规划与控制。依据当地的旅游承载力,制定旅游发展规划,防止超负荷发展。

(三)加强生态环境教育,增强环境保护意识

我国在旅游生态规划和生态教育方面都很薄弱,旅游业主要以盈利创收为目的,很多旅游区根本不进行环境影响评价。因此,必须加强宣传教育,转变全民观念,树立生态保护思想。第一,要通过立法,把对旅游区的环境影响评价真正落实到每一个景点,对所有从业人员进行系统的生态教育,切实加强环境管理。第二,要以可持续发展的战略眼光,把旅游业的目标与立足点建立在保证当代人和后代人的旅游需要上,以这种思想为指导做好各项具体工作。第三,要使生态旅游的全过程成为生态教育的全过程,在大自然中接受生态教育,使每一位旅游者从自己做起,从每一件保护自然的小事做起,使旅游者在大自然中唤起绿色的激情、绿色的愉悦、绿色的思考,体验大自然的和谐,体验天人合一的传统文化,达到热爱自然、师法自然、启迪人生的目的。旅游环境保护作为一项系统工程,需要政府部门、当地居民和旅游者的全体参与。

(四)增加环保经费,加强科学研究

环境保护是全社会和全民族的大事,有关部门应采取多种渠道筹集资金,保证充足的工作经费,确保旅游环境保护工作的正常进行。旅游学是一门交叉的学科,旅游环境保护涉及的学科面很广,在景区的开发与建设中,应开展多学科、深层次的调查研究。可从旅游业对旅游环境的依赖、旅游环境对旅游活动的承载能力、旅游业发展对旅游环境的破坏等方面研究旅游环境与旅游业的关系;从确定景观美学质量标准、自然生态质量标准、满足特种旅游活动的环境质量标准、旅游环境质量评价方法等方面研究旅游环境保护的方法;从美学、心理学角度出发研究旅游环境保护的工作方法;还要进行旅游环境保护政策研究,为正确的决策提供依据,以便科学地对旅游环境进行综合保护与治理,实现旅游的可持续发展。

【思考题】

为了实现旅游的可持续发展,我国政府应该采取哪些策略?

学习任务四 "两山"理论认知

任务导入 在不断实践中续写"两山"理论新篇章

"绿水青山就是金山银山",这一发展理念从提出到2022年已走过17个年头。它如同一颗绿色的种子,播撒在人们心中,也深植于华夏大地。秉持这一共识的人们探索出一条生态美、产业兴、百姓富的可持续发展之路。他们用充分的实践与丰硕的果实证明:经济发展不能以破坏生态为代价,生态本身就是经济,保护生态就是发展生产力。

2005年8月15日,时任浙江省委书记的习近平同志在浙江安吉县余村考察时首次提出"绿水青山就是金山银山"的科学论断。在这一理念的指导下,余村不再炸山采矿,

而是改为发展生态旅游,将生态效益更好地转化为经济效益和社会效益。

2012年,党的十八大把生态文明建设纳入中国特色社会主义事业"五位一体"总体布局,我国生态文明顶层设计和制度体系建设加快推进,"两山"理论成为新发展理念的重要组成部分。2017年,党的十九大将"必须树立和践行绿水青山就是金山银山的理念"写进大会报告。

"两山"理论深入人心,也被付诸行动。我国生态环境保护体制机制逐步完善,污染防治攻坚战全力推进,中央生态环境保护督察逐年开展,各地持续探索绿色发展之路。全国共建372个国家生态文明建设示范市县和136个"绿水青山就是金山银山"实践创新基地。长江生态加快修复,黄土高原渐披绿衣……天更蓝、水更净、地更绿之后,生态旅游、生物能源等产业随之涌现。持续改善的生态环境不仅给人民群众带来更优质的生活环境,还给人们带来可持续发展的机遇,成为最公平的公共产品、最普惠的民生福祉。

实践让我们进一步认识到,生态环境是人类赖以生存发展的前提和基础,没有良好的生态环境,人类的生存发展无从谈起。我们决不能再走先污染后治理的老路,决不能以牺牲生态环境为代价换取一时的发展。人与自然是生命共同体,人类必须尊重自然、顺应自然、保护自然。绿水青山本身就有含金量,我们要坚定走可持续发展之路,加快转变经济发展模式,推进经济结构的战略性调整和增长方式的根本性改变,在保护中开发、开发中保护,实现经济社会发展与人口、资源、环境的相协调,推动形成人与自然和谐发展的现代化建设新格局。

这些经验是人们在过去一段时间里探索出来的,有的甚至付出了壮士断腕、刮骨疗毒般的代价,成果来之不易。正因如此,我们更该珍惜。

目前,我国已进入高质量发展阶段,目标就是要推动我国经济持续健康发展,更好地满足人民群众多样化、多层次、多方面的需求。因此,打造环境友好型社会势在必行。同时,我们应该清楚地认识到,目前我国生态环境短板依旧明显,重点地区大气污染治理任务艰巨,如长江流域生态保护修复任务繁重,城市黑臭水体、农村环境"脏乱差"问题突出。这就要求我们必须持续践行"绿水青山就是金山银山"的绿色发展理念,补齐生态短板,增进生态福祉,在不断实践中续写"两山"理论新篇章、描绘美丽中国新画卷。

(资料来源:陈锐海.央广网,2020-08-10,有改动)

思考 什么是"两山"理论?这一理论的科学内涵是什么?

学习导读

习近平总书记指出:"我们既要绿水青山,也要金山银山。宁要绿水青山,不要金山银山,而且绿水青山就是金山银山。"这一科学论断,清晰阐明了"绿水青山"与"金山银山"之间的关系,强调"绿水青山就是金山银山"的价值理论,对于加强新时代社会主义生态文明建设、满足人民日益增长的优美生态环境需要、建设美丽中国具有重要而深远的意义。

知识链接

一、"两山"理论的发展历程

习近平同志在地方工作时就高度重视生态文明建设,积极探索"绿水青山"与"金山银山"之间的关系。

2005年8月15日,习近平同志在浙江省安吉县考察时,明确提出了"绿水青山就是金山银山"的科学论断。2006年,习近平同志进一步总结了人们对"绿水青山"和"金山银山"之间关系的三个阶段:第一个阶段是"用绿水青山去换金山银山";第二个阶段是"既要金山银山,但是也要保住绿水青山";第三个阶段是"绿水青山本身就是金山银山"。

党的十八大以来,习近平总书记从战略高度上更加重视生态文明建设。2013年9月7日,习近平总书记在哈萨克斯坦纳扎尔巴耶夫大学发表题为《弘扬人民友谊 共创美好未来》的重要演讲并回答学生关于环境保护的提问时指出:"我们既要绿水青山,也要金山银山。宁要绿水青山,不要金山银山,而且绿水青山就是金山银山。"

习近平总书记在参加第十二届全国人民代表大会第四次会议黑龙江代表团审议时的讲话指出:"绿水青山就是金山银山,黑龙江的冰天雪地也是金山银山。"从而把"绿水青山就是金山银山"延伸到"冰天雪地也是金山银山"。

党的十九大把"两山"理论写入《中国共产党章程》,成为生态文明建设的行动指南。

2022年10月16日,中国共产党第二十次全国代表大会在北京人民大会堂隆重开幕。习近平总书记代表第十九届中央委员会向大会作了题为"高举中国特色社会主义伟大旗帜 为全面建设社会主义现代化国家而团结奋斗"的报告,其中"推动绿色发展,促进人与自然和谐共生"部分明确指出:

大自然是人类赖以生存发展的基本条件。尊重自然、顺应自然、保护自然,是全面建设社会主义现代化国家的内在要求。必须牢固树立和践行绿水青山就是金山银山的理念,站在人与自然和谐共生的高度谋划发展。

我们要推进美丽中国建设,坚持山水林田湖草沙一体化保护和系统治理,统筹产业结构调整、污染治理、生态保护、应对气候变化,协同推进降碳、减污、扩绿、增长,推进生态优先、节约集约、绿色低碳发展。

二、"两山"理论的科学内涵

"两山"理论不仅仅是"绿水青山就是金山银山"一句话,而是三句话构成的完整表述:"我们既要绿水青山,也要金山银山。宁要绿水青山,不要金山银山,而且绿水青山就是金山银山。"由此可见,"两山"理论的科学内涵包括下列三个方面:

（一）"兼顾论"——"既要绿水青山，也要金山银山"

机械主义发展观认为，生态系统是经济系统的子系统，经济系统可以无限膨胀，人类可以不顾及环境容量，一味地追求经济增长，由此导致了生态破坏、环境污染、气候变暖等严重后果。环保主义发展观认为，生态系统的有限性决定了经济增长的极限，提出了"增长的极限""零增长观""小型化经济"等理念，没有顾及科技进步和制度创新的重要作用。

"两山"理论则认为，"绿水青山"与"金山银山"之间、生态保护与经济增长之间并非始终处于不可调和的对立关系，而是对立统一的关系。只要坚持人与自然和谐共生的理论，尊重自然、敬畏自然、顺应自然、保护自然，就可能兼顾生态保护与经济增长，实现生态经济的协调发展。因此，"绿水青山"与"金山银山"的兼顾是可能的。

（二）"前提论"——"宁要绿水青山，不要金山银山"

经济增长是在特定约束的条件下各种生产要素所带来的国民产出的增加。技术进步和制度创新可以使同样的要素投入带来更大的产出。但是，在环境容量给定、技术条件给定和制度体系给定的情况下，试图实现经济高速增长，只能建立在生态破坏和环境污染的基础之上，从而出现"以局部利益损害全局利益，以短期利益损害长远利益，以当代利益损害后代利益"的错误做法。

针对机械主义发展观指导下的"竭泽而渔""杀鸡取卵"的做法，习近平总书记明确指出"宁要绿水青山，不要金山银山"，一旦绿水青山被破坏，后果往往是不可逆转的，"留得青山在"才能"不怕没柴烧"。这就说明，在环境容量给定的情况下，要以此作为约束性的前提条件，再来考虑经济增长的可能速度。除非通过技术进步和制度创新，才可能在同样的环境容量下实现更高的经济增长。这说明，在条件约束下，无法做到兼顾的特殊情况时，要有所选择，要坚持"生态优先"。

（三）"转化论"——"绿水青山就是金山银山"

从字面理解，不仅石油资源是经济资源，可以转化为"金山银山"，生态环境和生态产品也是经济资源，也可以转化为"金山银山"。但是，仅仅这样理解是不够的，深入一层的理解是，"绿水青山"是实现源源不断的"金山银山"的基础和前提，为此，要保护好"绿水青山"。再深入一层理解，保护好生态环境、保护好生态产品就是保护好"金山银山"。与之对应的，减少资源消耗和污染排放就是减少对"绿水青山"的损耗，也就是保护"金山银山"。因此，"绿水青山就是金山银山"不能仅仅理解成生态经济化，而是生态经济化和经济生态化的有机统一。

生态经济化是将自然资源、环境容量、气候容量视作经济资源加以开发、保护和使用。对于自然资源不仅要考察其经济价值，还要考察其生态价值；对于环境资源和气候资源，要根据其稀缺性赋予其价格信号，进行有偿使用和交易。

经济生态化包括产业生态化和消费绿色化两个方面。产业生态化就是产业经济活动从有害于生态环境向无害于甚至有利于生态环境转变的过程，逐步形成环境友好型、气候友好型的产业经济体系。消费绿色化就是妥善处理人与自然的关系，逐步形成环境友好型的消费意识、消费模式和消费习惯。改变传统的摆阔式消费、破坏性消费、奢侈性

消费、一次性消费等消费行为,推进节约型消费、环保型消费、适度型消费、重复性消费等新型消费行为。可见,"绿水青山就是金山银山"既要强调生态环境的价值转化,又要强调经济活动的绿色转型。

无论是"兼顾论""前提论"还是"转化论",始终不变的是妥善处理好人与自然的关系,妥善处理好"绿水青山"与"金山银山"的关系,妥善处理好生态保护与经济建设的关系。在这些关系的处理中,习近平总书记要求始终坚持"生态优先,绿色发展"。因此,绿色发展观是"两山"理论的精神实质,绿色发展要渗透和贯穿于创新发展、协调发展、开放发展、共享发展的各方面和全过程,从而使新发展理念成为我国经济社会发展的指导思想。

三、"两山"理论的重大意义

(一)"两山"理论的区域意义

"两山"理论萌发于浙江省,也最早践行于浙江省。"两山"理论诞生以来,历届浙江省委省政府始终坚持以"两山"理论为指导,不断推进生态文明建设的战略深化,从生态省建设到生态浙江建设,从生态浙江建设到美丽浙江建设,从美丽浙江建设到诗画浙江建设,在战略深化中,一方面始终紧紧抓住"绿色"这一主线,另一方面又不断充实了审美和文化等内涵。

正是在"两山"理论指导下,浙江省成功创建全国第一个生态县——浙江省安吉县;浙江省杭州市被习近平总书记誉为"生态文明之都";浙江省成为全国第一个生态省。习近平同志亲自倡导并在践行"两山"理论过程中不断深化的"千村示范、万村整治"工程被联合国授予"地球卫士奖"。

可以说,浙江省是全国生态文明建设的"优等生"和"示范生"。正是因为浙江省各方面工作都做到"干在实处,走在前列",习近平总书记在2020年考察浙江时对浙江省提出了"努力成为新时代全面展示中国特色社会主义制度优越性的重要窗口"的殷切期望。就生态文明建设而言,"两山"理论不仅要指导浙江省率先建成美丽浙江,而且要指导浙江省成为美丽世界的"重要窗口"。

(二)"两山"理论的国家意义

党的十八大以来,习近平总书记不断丰富和完善生态文明思想,形成了以"两山"理论为核心的习近平生态文明思想。党的十九大,把"两山"理论纳入《中国共产党章程》。

第十三届全国人民代表大会第一次会议通过的《中华人民共和国宪法修正案》第32条明确指出:"贯彻新发展理论,自力更生,艰苦奋斗,逐步实现工业、农业、国防和科学技术的现代化,推动物质文明、政治文明、精神文明、社会文明、生态文明协调发展,把我国建设成为富强民主文明和谐美丽的社会主义现代化强国,实现中华民族伟大复兴。"这段文字虽然没有直接使用"两山"理论的表述,但是把与"两山"理论紧密相关的绿色发展、生态文明、美丽中国等均纳入其中。

党的十九大报告和全国生态环境保护大会描绘了我国生态文明建设的时间表:到2035年,基本建成美丽中国;到本世纪中叶,全面建成美丽中国。因此,"两山"理论对于建成美丽中国、加快我国从高速度增长转向高质量发展具有十分重要的指导意义。

(三)"两山"理论的世界意义

长期以来,在生态文明建设领域都是西方国家处于引领地位。"可持续发展""循环经济""低碳经济"等核心概念均是"舶来品"。随着"两山"理论的诞生,"绿色发展""生态产品""自然资源资产"等源自中国的理论逐渐被西方国家所接受。

2016年5月26日举行的第二届联合国环境大会高级别会议发布了《绿水青山就是金山银山:中国生态文明战略与行动》报告。联合国环境规划署前执行主任表示,可持续发展的内涵丰富,实现路径具有多样性,不同国家应根据各自国情选择最佳的实施路径。中国的生态文明建设是对可持续发展理论的有益探索和具体实践,为其他国家应对类似的经济、环境和社会挑战提供了经验借鉴。

不仅"两山"理论被国际社会高度认可,而且以"两山"理论为指导的生态文明建设的"中国做法""中国方案""中国经验"也被国际社会广泛借鉴。因此,"两山"理论对于美丽世界建设、人类命运共同体建设、全球生态经济协调发展等具有十分重要的指导意义。

【思考题】

"两山"理论对我国旅游业发展有什么重要意义?

项目小结

21世纪,旅游者的足迹遍布世界的每一个角落。世界旅游业将继续保持全球最大产业地位,国际旅游区域的重心将向东转移,旅游方式趋向多样化,国际旅游客源市场趋向分散化,中远程旅游渐趋兴旺,生态化旅游需求与旅游可持续发展在旅游业中的地位日益显著。我国实现了从"旅游资源大国"向"世界旅游大国"的历史性跨越,旅游业发展势头强劲,国际地位逐步提升,区域旅游协调发展,旅游产业结构日趋完善,旅游企业竞争日趋激烈,旅游企业发展呈现集团化、网络化、品牌化的趋势,旅游业呈现高科技化发展趋势。可持续发展的内容主要包括生态可持续发展、经济可持续发展和社会可持续发展。旅游可持续发展的特点为公平性、持续性、和谐性、统一性和合作性。旅游可持续发展的核心目标是在为旅游者提供高质量的旅游环境的同时,力争改善当地居民的生活水平和生活环境。旅游可持续发展的原则为公平性原则、持续性原则、共同性原则。旅游可持续发展的途径为:实施旅游承载力管理,实现旅游可持续发展;强化旅游管理能力,提高管理服务水平;加强生态环境教育,增强环境保护意识;增加环保经费,加强科学研究。"两山"理论是习近平生态文明思想的科学内核和鲜明特色。深入推进生态文明建设,必须了解"两山"理论的发展历程,把握"两山"理论的科学内涵,明确"两山"理论的重大意义。

项目实训

1. 以小组为单位,组织学生对当地旅游业进行考察和调研,对当地旅游业的发展前景进行科学分析,并形成书面调研报告。

2. 以小组为单位,结合旅游业可持续发展相关内容,组织学生对当地旅游业进行可持续发展分析,针对当地旅游业发展中存在的问题,提出旅游可持续发展的策略,并形成书面分析报告。

拓展训练　　全球休闲农业的九大发展模式

农业旅游的收入大于农业生产的收入,但农业生产主体地位并没有被削弱,农业旅游始终是农场经营多样化的一个方面。从农场的经营规模、经营效益以及市场需求特点出发,各景点都坚持小型化经营的取向及私营化的管理方式。

1. 英国:旅游环保型

英国是世界上发展农业旅游的先驱国家。高度发达的城市化为农业旅游提供了庞大的目标市场。作为世界上工业化起步最早的国家,在20世纪70年代,英国的城市人口就占全国人口的80%以上。由于人们闲暇时间的增多、私人汽车拥有量的增多、消费需求层次的提高等诸多因素,英国农业旅游应运而生并迅速发展起来。

1992年,英国有农场景点186个、葡萄园81个、乡村公园209个,占英国人造景点的十分之一。目前,全英国近四分之一的农场直接开展农业旅游。

农业旅游的经营者绝大部分为农场主。每个农场景点都为游客提供参与乡村生产生活、体验农场景色、氛围的机会。农场内一般设有一个农业展览馆并配以导游和解说词介绍农业工作情况,此外还备有农场特有的手工艺品,农场提供餐饮、住宿服务。多数景点有儿童娱乐项目。

农业旅游者90%以上是本地区居民,各景点普遍运用本土化的市场战略来扩大市场,以实现利润最大化。

2. 德国:社会生活功能型

20世纪90年代以来,德国政府在倡导环保的同时,大力发展创意农业,主要形式是休闲农庄和市民农园。

市民农园利用城市或近邻区的农地规划成小块出租给市民,承租者可在农地上种植花、草、蔬菜、果树等或经营家庭农艺。通过亲身耕种,市民可以享受回归自然以及田园生活的乐趣。种植过程中,绝对禁用矿物肥料和化学保护剂。

休闲农庄主要建在林区或草原地带。这里的森林不仅发挥着蓄水、防风、净化空气及防止水土流失的环保功能,还发挥着科普与环保教育的功能。

学校和幼儿园的教师经常带孩子们来到这里,成人也来参加森林休闲旅游,在护林

员的带领下接触森林、了解森林、认识森林。一些企业还把团队精神培训、创造性培训等项目从公司封闭的会议室搬到开放的森林里,产生了意想不到的培训效果。

在慕尼黑市郊,当地农民在政府的帮助下,开辟了骑术治疗项目。农民们将优良的马匹出租给骑马爱好者,他们可以在马背上重新认识森林和草原,同时也将枯燥的内外科治疗及心理治疗寓于骑马休闲活动之中,在取得良好治疗效果之余还会带给人们与众不同的体验经历。

3. 荷兰:高科技创汇型

在荷兰,创意农业发展模式为高科技创汇型。荷兰是世界著名的"低地"国家,全国有四分之一的国土位于海平面之下,人均耕地面积仅1亩(约666.67平方米)多。相对较差的农业条件,促使荷兰在农业方面不断创新,从而走上创意农业之路,并成为世界农业领先大国,在美国、法国之后,居世界第三位。

荷兰创意农业的科技含量在世界领先,其在发达的设施农业、精细农业基础上,集约生产高附加值的温室作物和园艺作物,拥有完整的创意农业生产体系。荷兰的花卉业世界闻名,花卉业的发展战略以技术为中心,强调适度规模经营、高度集约化管理、发展高新技术产品、占领技术制高点。

荷兰创意农业的创汇经济功能突出。荷兰不少农产品单产量都居于世界前列,番茄、马铃薯、洋葱等的出口额均居世界第一位。荷兰是世界最大的蘑菇生产国、乳制品出口国、禽蛋出口国和花卉生产国,世界花卉进出口贸易的67%来自荷兰。自20世纪90年代以来,荷兰每年农产品净出口值一直保持在130多亿美元,约占世界农产品贸易市场份额的10%。荷兰人均农产品出口创汇居世界榜首。

4. 日本:政府扶持型

政府扶持型模式是指政府建立法律框架和制度安排,通过税收、补贴、公共产品等手段对农业旅游进行宏观调控和规范管理,促进农业旅游可持续发展。

日本政府扶持绿色观光农业发展最为典型。1994年制定实施《农山渔村余暇法》,对绿色观光农业旅游设施建设进行软硬件支持;1995年颁布《农山渔村旅宿型休闲活动促进法》,制定"促进农村旅宿型休闲活动功能健全化措施"和"实现农林渔业体验民宿行业健康发展措施"。通过政府立法支持,日本绿色观光农业发展迅速,全国绿色观光设施超过5 000个,年接待旅游者近800万人次。

5. 法国:非政府组织型

非政府组织型模式是指通过行业协会、社团组织、商会联盟等非政府机构进行农业旅游的行业自律与规范管理,以法国农业旅游协会为代表。在法国乡村发展之初,政府与行业协会的合作便应运而生。

协会在政府的政策指导下制定相应的行业规范和质量标准,推动行业自律以实现农业旅游的持续发展。早在1954年,联邦国营旅舍联合会主办"法国农家旅舍网",此后各类农业旅游社团组织和中介机构陆续成立,有力促进了农业旅游的经验交流、信息传播、人才培训。

截至 2005 年,法国已有 1.77 万农户从事农业旅游,超过 5 800 户农民加入全国性的联合经营组织。2007 年,有 2.92 亿人次前往乡村休闲旅游,占全国旅游人数的 33.4%,农业旅游收入约 244.6 亿欧元,相当于全国旅游收入的 1/5。

6. 澳大利亚:产业协同型

产业协同型模式是指以产业化程度极高的优势农业为依托,通过拓展农业观光、休闲、度假和体验等功能,开发农业旅游产品组合,带动农副产品加工、餐饮服务等相关产业发展,促使农业向第二、三产业延伸,实现农业与旅游业的协同发展,以澳大利亚葡萄酒旅游为典型。

澳大利亚葡萄种植始于 1788 年,自 1810 年开始了商业化的葡萄酒酿造和销售,2008 年澳大利亚葡萄酒产量为 1 257.14 亿升,出口量为 714.17 亿升,成为世界第六大葡萄酒生产国和第四大葡萄酒出口国。

澳大利亚以葡萄庄园的生产设施、田园风光、特色饮食、葡萄酒酿造工艺生产线、葡萄酒历史文化为吸引物,开发体验旅游和文化旅游的多元旅游产品组合。

通过成立维多利亚葡萄酒业旅游委员会、南澳葡萄酒业旅游委员会,促进葡萄酒业与旅游业协同发展,吸纳乡村地区剩余劳动力,创造产业经济乘数效应。2009 年,澳大利亚葡萄酒旅游吸引了 66 万人次的国际游客和 410 万人次的国内游客,创汇达 48.9 亿澳元。

7. 新加坡:科技依托型

科技依托型模式是指在农业资源相对匮乏的国家,发挥科技研发推广优势以促进农业旅游发展,新加坡发展农业科技园就是典型。

新加坡全国可耕地面积仅 5 900 公顷,占国土面积的 9.5%,科技农业成为新加坡农业发展的最重要途径。20 世纪 80 年代起,新加坡政府大力发展农业科技园,园区内建设了生态走廊、蔬菜园、花卉园、热作园、鳄鱼场、海洋养殖场等,逐渐形成了独特的旅游吸引力。现今,新加坡的农业科技园已成为集农产品生产、销售、观赏于一体的综合性农业公园,园区展示国内外先进农业科技成果,每年吸引近 600 万人次的旅游者。

8. 美国:民俗节庆型

民俗节庆型模式是将农耕文化、民俗风情融入传统节日或主题庆典中,通过农业节庆活动推动旅游、会展、贸易、文化等行业发展,促进经济增长并创造社会文化价值。

美国南瓜节、草莓节和樱桃节是民俗节庆型农业旅游的典型。旧金山半月湾南瓜艺术节是世界著名的农业旅游节庆活动之一,每年接待游客数十万人次,与南瓜、万圣节相关的艺术品摊位 250 个左右,给当地带来约 1 000 万美元的直接经济收益。

北卡罗来纳州草莓节、田纳西州草莓节、加利福尼亚州草莓节、佛罗里达州草莓节等节庆旅游历史悠久、形式多样,包括草莓采摘品尝、农副产品加工制作、草莓小姐评选及专门为儿童和残疾人设计的娱乐项目。农场、旅游企业、零售企业、娱乐企业紧密合作,形成战略联盟,带动草莓加工销售,拉动农民就业,促进地区间文化交流,提高区域旅游知名度。

9. 印尼：居民参与型

居民参与型模式是指在农业资源丰富、人口众多的发展中国家和地区，通过发展农业旅游促进农民就业增收，提高农村文化素质并改善农村地区基础设施建设。

坐落在印度尼西亚东爪哇省的玛尔戈乌托莫阿格罗度假村成立于1976年，经典的旅游项目包括在乡村花园内参观胡椒、豆蔻、咖啡、雪茄等热带作物的种植和加工过程，夜间在沙滩边观看海龟产卵等。玛尔戈乌托酒店有服务员工近百人，其中绝大部分是当地村民。

村民广泛参与旅游活动不仅获得可观的收入，同时还在与旅游者的交流互动中传播了乡村文化，提高了游客满意度，改善了当地社区福利水平。

讨论 /// 我们应借鉴国外的哪些经验来发展中国休闲农业旅游？

在线自测

参考文献

[1] 李天元.旅游学概论[M].天津:南开大学出版社,2015.
[2] 吴必虎.旅游学概论[M].北京:中国人民大学出版社,2013.
[3] 郭胜.旅游学概论[M].北京:高等教育出版社,2014.
[4] 李长秋.旅游学概论[M].北京:旅游教育出版社,2014.
[5] 丁勇义.旅游学概论[M].北京:清华大学出版社,2015.
[6] 傅云新.旅游学概论[M].广州:暨南大学出版社,2011.
[7] 龚鹏.旅游学概论[M].北京:北京理工大学出版社,2016.
[8] 金丽娟.旅游学概论[M].北京:清华大学出版社,2016.
[9] 张杰,等.旅游学概论(第二版)[M].上海:格致出版社,2017.
[10] 卢丽蓉,等.中国旅游客源地概况[M].北京:旅游教育出版社,2017.
[11] 石强.旅游概论[M].北京:机械工业出版社,2017.
[12] 魏向东.旅游概论[M].北京:中国林业出版社,2000.
[13] 李映辉.旅游概论[M].长沙:中南大学出版社,2005.
[14] 彭兆荣.旅游人类学[M].北京:民族出版社,2004.
[15] 马勇.旅游学概论[M].北京:高等教育出版社,2012.
[16] 苏勤.旅游学概论[M].北京:高等教育出版社,2001.
[17] 陶汉军.旅游学概论[M].北京:旅游教育出版社,2001.
[18] 黄福才.旅游学概论[M].厦门:厦门大学出版社,2001.
[19] 李肇荣.旅游学概论[M].北京:清华大学出版社,2006.
[20] 方相林.旅游学概论[M].郑州:郑州大学出版社,2002.
[21] 刘振礼.中国旅游地理[M].天津:南开大学出版社,2015.
[22] 王会昌.中国旅游文化[M].重庆:重庆大学出版社,2001.
[23] 何雨.旅游规划概论[M].北京:旅游教育出版社,2004.
[24] 全华.旅游资源开发及管理[M].北京:旅游教育出版社,2006.
[25] 后东升,等.旅游学概论[M].咸阳:西北农林科技大学出版社,2007.
[26] 田里.旅游学概论[M].天津:南开大学出版社,2006.
[27] 刘纯.旅游心理学[M].天津:南开大学出版社,2000.

[28] 赵湘军.旅行社经营管理[M].长沙:湖南大学出版社,2006.

[29] 喻学才.中国旅游文化传统[M].南京:东南大学出版社,1995.

[30] 马耀峰.旅游资源开发[M].北京:科学出版社,2005.

[31] 戴斌,等.旅行社管理[M].北京:高等教育出版社,2010.

[32] 罗明义.国际旅游发展导论[M].天津:南开大学出版社,2006.

[33] 黄远水.中国旅游地理[M].北京:高等教育出版社,2010.

[34] 李琼英,等.旅游文化概论[M].广州:华南理工大学出版社,2008.

[35] 吴玲,等.中国旅游地区概况[M].北京:旅游教育出版社,2006.

[36] 王兴斌.中国旅游客源国概况[M].北京:旅游教育出版社,2010.

[37] 章海荣.旅游文化学[M].上海:复旦大学出版社,2005.

[38] 库珀(Cooper,C.),等.旅游学原理与实践[M].张俐俐,蔡利平,译.北京:高等教育出版社,2004.

[39] 洪帅.旅游学概论[M].上海:上海交通大学出版社,2011.

[40] 张凌云,等.旅游学概论[M].北京:北京师范大学出版社,2012.

[41] 赵利民,等.旅游概论[M].北京:旅游教育出版社,2011.

[42] 李玉华,等.旅游学概论[M].北京:北京大学出版社,2013.

[43] 王昆欣,等.旅游概论[M].北京:高等教育出版社,2021.

[44] 沈满洪."两山"理念的科学内涵及重大意义[J/OL].中国社会科学网,2020.